让我们 甲骨文 一起追寻

本中文版根据兰登书屋 2012 年版本译出。

朱可夫

STALIN' S GENERAL
THE LIFE OF
GEORGY ZHUKOV

斯大林的将军

〔英〕杰弗里·罗伯茨 / 著
（Geoffrey Roberts）

李晓江 / 译

献给西莉亚

中文版序

《斯大林的将军》中文版是我的第二本由社会科学文献出版社翻译出版的书。很高兴能够写这篇序言并对编辑董风云和译者李晓江表示谢意。

我的第一本由社会科学文献出版社翻译出版的书是《斯大林的战争》。[①] 通过对斯大林的战争领袖作用的研究，该书提出——虽说有点争议——苏联独裁者是个非常有力的最高统帅，他在打败希特勒的过程中起到了至关重要的作用。作为最高统帅，斯大林依靠自己的将军，尤其是副最高统帅格奥尔吉·朱可夫元帅取得了苏联对纳粹德国的胜利。1941 年，被斯大林派去拯救列宁格勒和莫斯科，不让德国人占领它们的是朱可夫。1943 年，在斯大林格勒和库尔斯克扭转了战争势头的是朱可夫。率领红军打到柏林的是朱可夫。接受德国无条件投降，又在一个月之后即 1945 年 6 月的莫斯科胜利大阅兵上接受致礼的还是朱可夫。骑着白色骏马出现在红场上的朱可夫，是第二次世界大战中最具符号意义

① 〔英〕杰弗里·罗伯茨：《斯大林的战争》，李晓江译，北京：社会科学文献出版社，2013。

的画面之一。如果说斯大林是第二次世界大战中苏联赢得胜利的组织者，那朱可夫就是这一胜利在军事方面的设计师。

虽然斯大林依然是个有争议的人物，但朱可夫却是大多数人眼中的英雄。他的传记是个激动人心的故事，讲述了一个贫苦农民的孩子是如何在红军中一步步成长为第二次世界大战中最伟大的将军的。它还讲到了他跌宕起伏的战后生涯，当时他曾先后逃过了斯大林和赫鲁晓夫的清洗。斯大林和赫鲁晓夫都企图把他从第二次世界大战的历史中抹去，但又都未能得逞。在那些艰难的日子，朱可夫再次展示出铸就了他作为一名伟大的将军的种种品质：意志坚定、百折不挠、坚持不懈、足智多谋。就如同战争期间一样，起初在对手手下吃了败仗的朱可夫又重新站了起来，赢得了争夺历史记忆的胜利。

对中国读者来说特别有趣的一点是，作为将军，朱可夫是 1939 年 8 月在哈拉哈河地区与日本关东军的作战中一战成名的。有些历史学家所说的“漫长的”第二次世界大战，正是从 1931 年日本占领中国东北和 1937 年入侵中国其他地方开始的。日本在中国的侵略和扩张引发了与苏联的边境冲突，而最大、最重要的冲突就发生在哈拉哈河地区。朱可夫对日本人的决定性的胜利使后者相信，继续在亚洲大陆扩张并非明智之举。于是，日本转向东南亚，并走上与美国交战的道路。

1939 年之后，朱可夫并未进一步在对日战争中发挥作用，但他参与策划和准备了 1945 年 8 月苏联红军对中国东北的进攻。苏联打败了盘踞在那里的日军，这对于迫使日本投降和结束第二次世界大战具有重大的意义。

当然，朱可夫并不是所有人的英雄，即便在俄罗斯也是如此。他有时受到的指控是：他是个残忍的将军，只在乎赢得胜利。的确，朱可夫的部队伤亡率很高，可也并不比其他苏联将军的高。红军面对的敌人是野蛮的，他们必须打一场残酷的战争，而胜利并不是可以轻易到手的。朱可夫犯过许多代价很高的错误，尤其是在战争的头几年，但他对战役的精心准备以及他充满活力和想象力的领导方式也拯救了许多生命。朱可夫是个严厉但有同情心的将军。他相信，要拯救自己士兵的生命，最严格的纪律和最艰苦的训练就是最好的办法。他把自己的回忆录献给苏联的普通士兵绝不是偶然的。

朱可夫是个坚定的共产主义者，哪怕在战后受到斯大林的排挤和打击时也仍然对他忠心耿耿。但他保持着自己在思想上的独立性，并在与独裁者的交往中表现出在斯大林的将军中独一无二的个人勇气。斯大林死后，朱可夫批评了苏联独裁者战前对红军的清洗导致许多忠诚而有才干的军官被处死和遭监禁。但朱可夫也同样坚决认为，斯大林是个杰出的最高统帅。1969 年朱可夫回忆录的出版，实际上成了为斯大林恢复战争领袖名誉的一个重要的里程碑。

朱可夫是个实干家，他的个性特点的形成在很大程度上受到了他作为一名强硬而具有献身精神的军人的公共形象的影响。即便在私生活中，他也是寡言少语。但在他的心灵中也有较温柔的一面，而且随着年纪的增长，他也变得更平和、更善于表达了。忽略朱可夫私人生活和内心生活的传记不会是完整的。在这本书中，你们将会遇到一个有缺点但非常有人情味的英雄：他经历了 20 世纪的一些最重大的事件，并对其产生过重要的影响。

杰弗里·罗伯茨
2015 年 3 月

前言及致谢

如果说俄罗斯有卓越的英雄，那就是格奥尔吉·朱可夫（Georgy Zhukov），那个打败了希特勒（Hitler）的人，那个从贫困中崛起并成为二战中最伟大的将军的农家子弟，那个个性鲜明、与斯大林和赫鲁晓夫都闹翻过却大难不死的人。在兰登书屋的乔纳森·乔（Jonathan Jao）建议我写一本新的朱可夫传记的时候，我的好奇心被勾了起来。当初我在写《斯大林的战争》时，就想对朱可夫在苏联战胜纳粹德国的过程中所起到的作用，特别是对其自我标榜的回忆录所引发的神话一探究竟。如果说过去有哪位苏联的将军是我特别喜爱的，那是康斯坦丁·罗科索夫斯基（Konstantin Rokossovsky）。他是朱可夫的竞争对手，领导风格截然不同。对于这项新的写作计划，我原定的题目是“朱可夫：一部批判性的传记”，目的是想给出一幅瑕瑜互见的完整画面，在紧紧抓住他那些激动人心的军事成败和过山车般的政治经历的同时，也揭示出围绕其生活和事业的诸多神话。但随着写作的深入，我越来越赞同朱可夫的观点。对于他，我既有赞同又有批评，所以，我希望本书能被看作对他的一个公正的再评价，它在充分尊重朱可夫个人及其成就的同时，也克服了朱可夫崇拜中的夸大之词。

这不是关于朱可夫的第一部英文传记，我得感谢艾伯特·阿克塞尔（Albert Axell）、威廉·斯帕尔（William J. Spahr）——尤其是奥托·普雷斯顿·钱尼（Otto Preston Chaney）的开拓性努力。他们的工作的主要局限在于，过于信赖朱可夫的回忆录。那些回忆录作为原始资料是不可或缺的，但也不是没有问题的。在现在的这部传记中，我利用了俄罗斯档案中的大量新材料，包括俄罗斯国家军事档案馆的朱可夫个人档案。许多俄罗斯学者的工作也让我获益良多，这其中特别是 V. A. 阿法纳西耶夫（V. A. Afanas'ev）、V. 丹尼斯（V. Daines）、A. 伊萨耶夫（A. Isaev）和 V. 克拉斯诺夫（V. Krasnov）。他们对朱可夫在二战中的作用都做过非常有价值的传记性研究。不过，我写的传记是全景式的，它对朱可夫的早期生活及战后的政治生涯都给予了应有的关注。

在莫斯科，我的研究得到了俄罗斯科学院历史科学研究所的朋友们的大力帮助，尤其是奥利格·勒热舍夫斯基（Oleg Rzheshevsky）、米哈伊尔·米亚赫科夫（Mikhail Myagkov）和谢尔盖·利斯季科夫（Sergey Listikov）。勒热舍夫斯基教授特意安排了我与朱可夫长女叶拉（Era）的见面和采访。尼基塔·马克西莫夫（Nikita Maximov）和亚历山大·波兹杰耶夫（Alexander Pozdeev）两位先生陪我一同兴致勃勃地去了朱可夫的家乡——那里现在是用他的名字来命名的——并参观了朱可夫博物馆。鲍里斯·索科洛夫（Boris Sokolov）对朱可夫抱有敌意的看法我并不认同，但他大度地提醒我，要关注伊琳娜·马斯蒂基纳（Irina Mastykina）对朱可夫的家庭及私生活的研究。

承其好意，埃文·莫兹利（Evan Mawdsley）读了本书的初稿，他在指出其中错误的同时，也提出了宝贵的建议。那些错误中最为好笑的就是我以为朱可夫当初爱上的是一位年轻的体操运动员而不是女中学生。[①] 埃文自己对苏德战争的研究，就像克里斯·贝拉米（Chris Bellamy）、大卫·格兰茨（David Glantz）、乔纳森·豪斯（Jonathan House）及已故的约翰·埃里克森（John Erickson）的著述一样，也是不可或缺的。有关朱可夫战前在红军中服役的情况，给了我较多启发的是玛丽·哈贝克（Mary Habeck）、马克·冯·哈根（Mark von Hagen）、西蒙·内夫（Shimon Naveh）、罗杰·里斯（Roger Reese）和大卫·斯通（David Stone）的著作。

我要感谢约翰·拜尔勒大使[②]于百忙之中抽出时间来为我讲述他父亲约瑟夫于1945年邂逅朱可夫的故事，从而为我重构这一事件提供了必要的素材。

为我对朱可夫的研究提供了展示机会的有“世界军事史协会”、“爱尔兰俄罗斯与东欧研究会”、伦敦的“俄罗斯与苏联研究合作协会”、梅努斯大学（Maynooth University）“军史与战略研究中心”以及赫尔大学（University of Hull）政治与国际研究系。

---

① 俄文的“女中学生”（gimnazistka）与英文的“体操运动员”（gymnast）拼写很相似。——译者注

② John Beyrle（1954～），美国外交官，苏联与东欧事务专家，曾任美国驻保加利亚大使（2005.7～2008.4）和驻俄罗斯大使（2008.7～2012.1）。其父约瑟夫·拜尔勒（Joseph R. Beyrle，1923～2004）二战时作为伞兵在美军101空降师服役，诺曼底战役中被德军俘虏。1945年1月从纳粹战俘营逃脱后加入苏军的一支坦克部队，同年2月在受伤住院期间得到朱可夫的探望，并在伤愈后被护送至莫斯科的美国大使馆。约瑟夫战后在美国的一家公司工作。——译者注

如果没有我就职的爱尔兰科克大学提供的资金支持和专职研究机会（research leave），我就不可能有大量的时间在莫斯科进行研究和写作。

本书有幸得到两位非常出色的编辑的帮助：一位是我的妻子西莉亚·韦斯顿（Celia Weston），这本书就是献给她的；另一位是乔纳森·乔，他为如何写作通俗的学术性传记给了我大师般的指导。我还有幸得到我的经纪人安德鲁·洛尼（Andrew Lownie）的服务。他也鼓励我接受挑战，为更广泛的读者写作。

最后要感谢的是奈杰尔·汉密尔顿（Nigel Hamilton）的《如何写传记》。只是在重读了那本书之后——当时我已完成了有关朱可夫的写作——我才意识到我从中汲取了多少宝贵的教益。不过，本书存在的任何不足都完全在于我自己，而不能归咎于他或这篇前言中提到的任何人。

目 录
CONTENTS

地图及图表

朱可夫生平和事业年表

1896 年

12 月 1 日：格奥尔吉·康斯坦丁诺维奇·朱可夫出生于俄罗斯卡卢加省斯特列尔科夫卡村

1903 年

开始读小学

1908 年

到莫斯科当毛皮匠学徒

1914 年

8 月：第一次世界大战爆发

1915 年

8 月：应征加入沙皇军队并被分派到骑兵部队

1916 年

10 月：在行动中负伤并因作战勇敢而获得勋章

1917 年

3 月：彼得格勒兵变之后沙皇尼古拉二世逊位

11 月：布尔什维克推翻临时政府并夺得政权

1918 年

10 月 1 日：参加红军

1919 年

3 月：成为共产党预备党员

10 月：在俄国内战的行动中负伤

1920 年

与亚历山德拉·季耶夫娜结婚

3 月：参加在梁赞举办的红军骑兵指挥员培训班

5 月：成为共产党正式党员

10 月：晋升为排长，接着又升为连长

1921 年

朱可夫的父亲去世

3 月：因勇敢而被授予勋章

1922 年

6 月：被任命为第 38 骑兵团连长

1923 年

3 月：晋升为第 40 骑兵团副团长

7 月：被任命为第 39 布祖鲁克骑兵团团长

1924 年

10 月：进入列宁格勒高级骑兵学校学习

1928 年

女儿叶拉出生

1929 年

女儿马加丽塔出生

进入莫斯科伏龙芝军事学院学习

1930 年

5 月：晋升为第 7 萨马拉师第 2 骑兵旅旅长

1931 年

2 月：被任命为骑兵监察部助理

9 月：日本入侵满洲

1933 年

1 月：希特勒在德国上台

3 月：被任命为第 4（伏罗希洛夫）骑兵师师长

1935 年

被授予“列宁勋章”

1937 年

女儿埃拉出生

5 月：图哈切夫斯基元帅遭到逮捕和处决，对军队的清洗开始

7 月：日本入侵中国

7 月：被任命为驻扎在白俄罗斯的第 3 骑兵军军长

1938 年

3 月：调任第 6 哥萨克军军长

6 月：被任命为白俄罗斯军区副司令

1939 年

5 月：调往中蒙边境

6 月：被任命为驻哈拉哈河地区的第 57 特别军军长

7 月：第 57 军被改编为第 1 集团军群，由朱可夫指挥

8 月 20 日：对哈拉哈河地区的日军发起攻击

8 月 23 日：苏德条约签订

8 月 30 日：因哈拉哈河大捷而被授予“苏联英雄”称号

9 月 1 日：德军入侵波兰

9 月 17 日：苏军入侵波兰东部

12 月：苏军入侵芬兰

1940 年

3 月：苏芬和约签订

5 月：被任命为基辅特别军区司令

5 月：在苏联武装力量中恢复将军军衔

6 月 2 日：第一次面见斯大林

6 月 5 日：晋升为大将

6 月 22 日：法国投降

6 月 28 日：率领苏军占领比萨拉比亚和北布科维纳

12 月 18 日：希特勒下达有关“巴巴罗萨行动”的指令

12 月 25 日：做题为“当代进攻战的特点”的报告

1941 年

1 月：参加总参谋部军演

1 月 14 日：被任命为总参谋长

2 月：在苏共十八大上当选中央候补委员

5 月 15 日：起草苏联对德国的先发制人的打击计划

6 月 22 日：德军入侵苏联

6 月 30 日：明斯克陷落

7 月 10 日：成立大本营，作为最高统帅部的作战司令部

7 月 29 日：被解除总参谋长职务，并被任命为预备队方面军司令

8 月 8 日：斯大林成为武装力量的最高统帅

8 月：领导叶利尼亚反攻

9 月：基辅陷落，列宁格勒被围

9 月 11 日：被任命为列宁格勒方面军司令

10 月 11 日：被任命为西方方面军司令

12 月 5 日：莫斯科反攻开始

1942 年

1 月：发动第一次“勒热夫—维亚济马行动”

6 月：德军向巴库和斯大林格勒方向发动南方攻势

7 月：第二次“勒热夫—维亚济马行动”

7 月 17 日：斯大林格勒保卫战开始

7 月 28 日：斯大林发布 227 号命令——“一步也不后退！”

8 月 26 日：被任命为斯大林的副最高统帅

11 月：第三次“勒热夫—维亚济马行动”（“火星行动”）

11 月 19 日：“天王星行动”——红军在斯大林格勒的反攻

1943 年

1 月：负责监督打破德军对列宁格勒的封锁的行动

1 月 18 日：晋升为苏联元帅

2 月：斯大林格勒的德军最终投降

7 月：库尔斯克战役

11 月：解放基辅

1944 年

朱可夫的母亲去世

6 月：“巴格拉季昂行动”；盟军在法国登陆

8 月：华沙起义

9 月：负责监督苏军入侵保加利亚的行动

11 月 12 日：被任命为白俄罗斯第 1 方面军司令

1945 年

1 月：发动“维斯瓦河—奥德河行动”；占领华沙

2 月 18 日：大本营要求白俄罗斯第 1 方面军停止向柏

林推进

4 月 16 日：向柏林发动进攻

4 月 25 日：苏美军队会师易北河

4 月 30 日：希特勒自杀

5 月：红军攻占柏林，朱可夫接受德国投降

5 月 30 日：被任命为苏联驻德占领军司令

6 月 24 日：朱可夫领导红场的胜利阅兵

7～8 月：参加波茨坦会议

1946 年

2 月：当选最高苏维埃代表

3 月 22 日：被任命为苏联地面部队总司令

6 月：被解除苏联地面部队总司令职务并被调往敖德萨

1947 年

2 月：被取消苏共中央委员会委员资格

1948 年

1 月：因从德国攫取战利品而受到严厉的批评

2 月：调任乌拉尔军区司令

1950 年

再次当选最高苏维埃代表

在斯维尔德洛夫斯克遇见加琳娜·谢苗诺娃

1952 年

10 月：出席苏共十九大，并当选中央委员

1953 年

3 月：返回莫斯科并被任命为国防部副部长

3 月：斯大林去世

6 月：逮捕贝利亚

1954 年

朱可夫的姐姐玛丽亚去世

9 月：负责监督在托茨科耶进行的核试验和演习

1955 年

2 月：被任命为国防部部长

5 月：签订《华沙条约》

7 月：出席日内瓦峰会并与艾森豪威尔会谈

1956 年

2 月：在苏共二十大上当选中央主席团成员

2 月 25 日：赫鲁晓夫在苏共二十大上发表“秘密报告”

11 月：负责监督苏联对匈牙利的武装干涉

1957 年

1 ~2 月：访问印度和缅甸

6 月：带头维护赫鲁晓夫，反对所谓的反党集团企图发动的政变

6 月：女儿玛丽亚出生

10 月：中央委员会以朱可夫疏远军队与党的关系为由，解除其职务

1958 年

2 月：中央主席团要求他从武装力量中退休

1959 年

在苏共二十一大上遭到国防部部长马利诺夫斯基的抨击

1961 年

在苏共二十二大上遭到赫鲁晓夫的抨击

1964 年

10 月：赫鲁晓夫下台

1965 年

与亚历山德拉·季耶夫娜离婚

1966 年

与加琳娜·谢苗诺娃结婚

11 月：被第 5 次授予“列宁勋章”

1967 年

12 月：亚历山德拉·季耶夫娜去世

1968 年

1 月：中风

1969 年

4 月：朱可夫回忆录第一版出版

1971 年

9 月：赫鲁晓夫去世

1973 年

11 月：加琳娜·谢苗诺娃去世

1974 年

6 月 18 日：在克里姆林宫的医院去世

7 月：朱可夫回忆录修订版出版

1

荣耀易逝*：格奥尔吉·朱可夫元帅的浮沉

在格奥尔吉·康斯坦丁诺维奇·朱可夫元帅的一生中， 3
所有胜利的时刻都无法与1945年6月他在红场胜利阅兵仪式上接受致礼的那天相比：朱可夫，骑着名为“茨皮基”(Tspeki)的白色阿拉伯骏马，伴着多达1400人的乐队演奏的格林卡(Glinka)的《光荣》(属于祖国俄罗斯)，从斯帕斯基大门进入广场——克里姆林宫在他的右侧，正前方是圣巴希尔大教堂著名的洋葱形圆顶。等待着他的是由若干混成团组成的、代表苏联武装力量各兵种的一个个方阵。在广场中央，朱可夫与K. K. 罗科索夫斯基元帅会合。后者向接受检阅的部队发出立正的口令，然后陪同朱可夫策马走向每个混成团并向他们致敬。

致礼完毕，朱可夫和约瑟夫·斯大林(Joseph Stalin)一同站在列宁陵墓上方的主席台上并发表讲话，庆祝红军对纳粹德国的胜利。此时的天空乌云密布，并下起了细雨，

* 原文为拉丁文“sic transit gloria”。这句话带有宗教色彩，意在感叹尘世的荣耀短暂而易逝。——译者注

而且越下越大。朱可夫曾想把自己被淋湿的帽子摘下来擦一擦帽檐，但看到斯大林并没有这样做，便打消了这个念头。

骑兵出身的朱可夫对阅兵仪式中的致礼环节还是非常期待的，但发表讲话就不同了，那可是世界上无数的人都会看到和听到的。想到这，他就有点儿紧张。他尽自己所能做了
4 充分的准备，甚至还在女儿叶拉和埃拉（Ella）面前进行了试讲。她们都被深深地打动了，禁不住使劲地鼓掌。发表讲话是经过精心安排的，稿子的边上都有提示，告诉朱可夫在讲的时候要抑扬顿挫，以及什么时候语调要庄严。

朱可夫表现得比较紧张，不过很威严。他的讲话磕磕巴巴，但很有力，最后还用这样一句话掀起了高潮："光荣属于我们英明的领袖和统帅——苏联元帅、伟大的斯大林!"此时，礼炮齐鸣，乐队奏响了苏联国歌。

讲话之后，朱可夫站在斯大林身旁检阅了部队。在这中间，阅兵队伍还停了一会儿：200 面缴获的纳粹旗帜在鼓声中被堆靠在克里姆林宫的墙边，就像 1812 年库图佐夫（Kutuzov）元帅的手下打败拿破仑之后把法兰西旗帜扔在沙皇亚历山大一世（Tsar Alexander I）的脚下一样。阅兵式结束的当天，最后还进行了盛大的焰火表演。[1]

对于斯大林让朱可夫来领导这次阅兵，没有人说三道四。因为不管怎么说，他是斯大林的副最高统帅，而且被普遍认为是苏联战胜希特勒德国的主要设计师——那场胜利不仅使苏联，也使欧洲避免了纳粹的奴役。阅兵式新闻片在世界各地放映，这进一步加强了朱可夫作为二战中最伟大的苏军将领的地位。

1941 年夏天德军入侵苏俄的时候，是朱可夫领导了红

军的第一次成功的反攻，迫使德国国防军后撤，从而向全世界证明，希特勒的战争机器并不是战无不胜的。1941 年 9 月，当列宁格勒遭到德军的围攻时，被斯大林派去解救那座危城的还是朱可夫。一个月后，为了指挥保卫苏联首都的战斗，朱可夫又被斯大林召回莫斯科。朱可夫不仅遏制住了德军向莫斯科推进的势头，还在 1941 年 12 月发动反攻，从这座城市赶走了德国国防军，从而粉碎了希特勒要用闪电战一举击败红军并征服苏俄的妄想。

六个月后，希特勒企图对红军再次施以重击。这次的攻 5
势是在南方，目标是占领苏联的巴库油田。在德军向南推进的势头正劲的时候，朱可夫发挥了核心作用，策划了 1942 年 11 月苏军在斯大林格勒的反攻——那是一场包围战，把 30 万德军士兵困在了那座城市。继这场辉煌的胜利之后，他又在 1943 年 7 月的库尔斯克坦克大战中大获成功，消灭了德军仅存的装甲后备力量。1943 年 11 月，朱可夫和未来的苏联领导人尼基塔·赫鲁晓夫（Nikita Khrushchev）驱车进入被收复的乌克兰首府——基辅，受到了成群结队的人们的热烈欢迎。1944 年 6 月，朱可夫负责协调从德军手中解放白俄罗斯的“巴格拉季昂行动”。“巴格拉季昂行动”使红军兵临华沙，并于 1945 年 1 月占领了波兰首都。“维斯瓦河—奥德河行动”由此拉开序幕，朱可夫的军队在这次攻势中横扫波兰，进入东普鲁士，并将柏林置于打击的范围之内。1945 年 4 月，朱可夫指挥苏军向柏林发起总攻。夺取德国首都的惨烈战斗让苏军付出了 8 万条生命的代价，但到 4 月底，阿道夫·希特勒自杀了，苏联旗帜飘扬在帝国国会大厦的废墟之上。1945 年 5 月 9 日，正是朱可夫正式接受了德国的无条件投降。

在1945年6月检阅了红军陆海空部队之后，作为苏联的顶级战士，朱可夫的战后生涯似乎注定会同样辉煌。1946年3月，他被任命为苏联所有地面部队的总司令。可是，三个月的时间都还没到，斯大林就解除了他的职务，并把他贬为敖德萨军区司令。

朱可夫之所以被解除职务，表面上是因为他对斯大林不忠、不敬，并把苏联人所谓的伟大的卫国战争的胜利过多地归功于他自己。但实际上，朱可夫忠于斯大林，这一点是没有任何问题的。如果说有谁该得到“斯大林的将军”这一称号的话，那就是朱可夫。的确，在自我吹嘘方面，朱可夫不甘人后——至少私下里是这样——可那是全世界高级将领
6 的通病，其中也包括他在苏军统帅部的支持斯大林解除其总司令职务的许多同僚。事实上，让斯大林真正感到不满的是朱可夫独立的个性以及他按照自己的所见所闻讲真话的习惯。这种品质在战时对独裁者是很有用的，但在和平时期就不怎么值得称道了。因为此时的斯大林感到，除了自己，他不需要任何人的建议。像朱可夫一样，斯大林也可能有虚荣心。他对自己的副手在战争期间和战争刚结束时受到的关注感到嫉妒，尽管在树立朱可夫作为一名伟大的将军的威望方面，他本人也曾经推波助澜。斯大林如此对待朱可夫，也是向其他将领传递一个信号：既然他们中最有名的、与斯大林关系最紧密的朱可夫都会遭遇这样的命运，那么，他们中的任何人，要是不老老实实，也可能会得到这样的结果。

据朱可夫的女儿叶拉说，哪怕是在家里，朱可夫也不喜欢流露自己的感情，但是，被贬到敖德萨这件事却令他十分痛苦。[2]后来，他曾对苏联作家康斯坦丁·西蒙诺夫（Konstantin Simonov）说：“当时我下定决心，一定要保持

自我。我知道他们在等着我认输，以为我在军区司令的位置上一天也待不下去。我不能允许这种事发生。当然，名声就是这么回事。它同时也是把双刃剑，有时会伤到你自己。经过这次打击，我竭力保持曾经的我。从中我看到了自己内心的救赎。”[3]

然而，朱可夫的麻烦才刚刚开始。1947 年 2 月，他被开除出苏共中央委员会，理由是他有“反党情绪”。惶恐不安的朱可夫恳求斯大林，想私下里当面向独裁者为自己辩白。不过，斯大林未予理睬，于是，反朱可夫的运动继续进行。1947 年 6 月，朱可夫受到严厉批评，原因是他在歌唱家利季娅·鲁斯拉诺娃①于 1945 年 8 月访问柏林时给她颁发了军功章。不久，鲁斯拉诺娃和她的丈夫 V. V. 克留科夫（V. V. Krukov）将军就被逮捕并关押起来。“1947 年的时候，我成天提心吊胆，害怕被逮捕，”朱可夫后来回忆说，“我还准备了一只袋子，把我的内衣放在里面。”[4]

接下来事情的发展越发不妙：对朱可夫在驻德期间攫取的战利品的调查开始了。根据苏共一个专门委员会的报告，朱可夫个人囤积了大量的战利品，其中包括 70 件黄金珠宝、 7
740 件银器、50 幅小地毯、60 幅画、3700 米丝绸，而且还有——想必是用行家的眼光看的——320 件皮草（他年轻时做过毛皮匠）。朱可夫申辩说，这些东西要么是礼物，要么是用自己的钱买的。但委员会查明，他的说法是想推脱责任的不实之词。委员会的结论是：虽说还不至于开除他的党籍，但他要把自己的非法所得上交国家。1948 年 1 月，朱

① Lidiya Ruslanova（1900～1973），俄罗斯伟大的民歌演唱家，二战中曾辗转东部战场为苏军官兵演唱以鼓舞士气。二战后一度被捕并被投入劳改营，直到斯大林死后才被释放。——译者注

可夫被降为总部设在斯维尔德洛夫斯克（Sverdlovsk）的乌拉尔军区司令。[5]

对朱可夫的进一步惩罚是，就当他这个人没有存在过一样。书面的卫国战争史中没有他，描写1945年胜利阅兵的绘画中也没有他。在1948年的一部讲述莫斯科战役的纪录片中，几乎没有看到朱可夫的面孔。在1949年的一幅描写斯大林和他的高级将领们策划斯大林格勒大反攻的招贴画中，也看不到朱可夫的身影。

但是，早在1949年10月就有了朱可夫要复出的迹象。当月的《真理报》刊登了F. I. 托尔布欣（F. I. Tolbukhin）元帅的讣告，朱可夫也在签名者之列。[6]1950年，朱可夫和其他许多高级军官一起，再次当选为苏联最高苏维埃代表。1952年，在官方的《苏联大百科全书》第二版中，出现了关于朱可夫的词条，虽然不长，但内容却是正面的，强调了他在战争期间对于实现斯大林军事计划的重要作用。[7]1952年10月，朱可夫作为代表出席了苏共十九大，并恢复了中央委员会候补（即试用）委员资格。不可思议的是，朱可夫当时竟然以为斯大林准备任命他为国防部部长。[8]

1953年3月，斯大林去世。在独裁者的国葬仪式上，朱可夫是军方仪仗队伍中非常引人注目的一员。[9]在后斯大林时代，任命朱可夫为国防部副部长，是新的苏联政府最早宣布的决定之一。随着1955年2月朱可夫被继斯大林之后担任苏共领导人的赫鲁晓夫任命为国防部部长，对他的平反工作也继续迅速展开。1955年7月，朱可夫参加了在日内瓦举行的英、法、美、苏大国峰会。这也是战后的首次峰会。他在那里遇到了战争刚结束时曾在柏林共事的德怀特·

艾森豪威尔（Dwight Eisenhower）总统，并与之进行了会 8
谈。让当时的《时代》杂志感到好奇的是："两位老兵的友谊能否成为美苏紧张关系真正缓和的基础？"[10]

作为国防部部长，朱可夫在苏联成了引人关注的公众人物，其地位仅次于赫鲁晓夫。1957 年 6 月，在反对以前外交部部长维亚切斯拉夫·莫洛托夫（Vyacheslav Molotov）为首的强硬派企图剥夺赫鲁晓夫领导权的斗争中，朱可夫扮演了重要角色。但不幸的是，对朱可夫而言，他在与莫洛托夫的斗争中所表现出的勇气，使自己成了赫鲁晓夫眼中的政治威胁。1957 年 10 月，朱可夫受到指控，说他阴谋削弱党在武装力量中的作用。在那些指控朱可夫最力的人当中，有许多都是战争期间曾与他并肩战斗的将军和元帅。朱可夫被赫鲁晓夫解除了国防部部长职务，并于 1958 年 3 月在六十一岁这个还相对年轻的年龄时退役了。

就像在斯大林时代被外放一样，朱可夫在赫鲁晓夫时代剩余的时光里，也遭受了同样的命运：从历史书籍中除名。例如，苏共在从 1960 年开始出版的大部头、多卷本卫国战争史中，在极力夸大赫鲁晓夫的作用的同时，对朱可夫几乎只字不提。[11]朱可夫失势的另一个表现就是把他与外界隔离开来。1963 年，美国作家科尼利厄斯·瑞安（Cornelius Ryan）在为他的那本研究柏林战役的书而访问苏联的时候，唯一被禁止见到的苏联元帅就是朱可夫。[12]

让朱可夫聊以自慰的是，他可以写自己的回忆录。他的作家角色的榜样是温斯顿·丘吉尔（Winston Churchill）。他读过后者以回忆录的形式撰写的二战史——20 世纪 50 年代在苏联出版并限制发行的俄文译本。丘吉尔写那部书时的座右铭是，历史会证明他是对的——因为他将会书写历史！朱可夫似乎也抱有类似的想法，他不仅要用回忆录来表明自己的观点，还要用它来回击和反驳赫鲁晓夫那帮人对他的批评，尽管那意味着会为了对自己有利而影响到历史记录的准确性。

只要赫鲁晓夫还在继续统治苏联，朱可夫的回忆录就不
9 可能出版。当他的女儿埃拉问他为什么还要劳神费力的时候，朱可夫说自己是为书桌的抽屉写的。不过，1964 年 10 月，赫鲁晓夫下台了，为恢复朱可夫作为重要军事人物的名誉的工作也开始了。最值得注意的是，苏联媒体又开始发表朱可夫的文章了，包括他对莫斯科、斯大林格勒、库尔斯克和柏林等战役的记述。

朱可夫的第二次平反重新激起了西方对他的兴趣，这种兴趣曾在他当初被免去国防部部长职务时有所消退。1969 年，美国记者和历史学家哈里森·索尔兹伯里（Harrison E. Salisbury）在一本名为《朱可夫元帅的最伟大战役》的书中发表了朱可夫文章的未经授权的译文。索尔兹伯里在引言中对朱可夫有一段很有名的描述，说他是“20 世纪大规模作战的大师”。[13] 多数评论家对此都表示认同。在英国，苏联红军研究方面首屈一指的权威约翰·埃里克森曾在《星期日泰晤士报》上写道：“20 世纪迄今为止所出现的最伟大的军人，是苏联的格奥尔吉·朱可夫元帅。稍稍数一下就可以发现，他是个从未输过一场战役的将军……长期以来都是德意志将军掌握了发言权，吹嘘他们自己的技艺……现在轮到朱可夫元帅了——他出现得是晚了些，但可以一锤定音。”[14]

1969 年 4 月出版的那版朱可夫回忆录很漂亮，有彩色的地图和许多照片，其中有些是来自朱可夫的个人档案。[15] 苏联公众对这部回忆录非常期待。最初印刷的 30 万部很快

便销售一空，接着又卖出了几百万部，还包括几十万部的各种译本。这部回忆录很快就成为有关苏联卫国战争的最有影响力的个人记述，而且现在依然如此。

在争夺卫国战争的历史记忆的战斗中，朱可夫取得了胜利，但他没能活着品尝到胜利的滋味。他死于1974年自己的回忆录修订版发行的时候。[16]朱可夫在1968年有过一次严重的中风，而且再也没能痊愈。他的第二任妻子加琳娜（Galina）罹患癌症所带来的精神压力，加重了他的病情。当四十七岁的加琳娜于1973年11月去世的时候，朱可夫自己的健康状况也迅速恶化。1974年6月，七十七岁的朱可夫在克里姆林宫的医院与世长辞。

朱可夫的葬礼是自斯大林去世以后苏联最为盛大的葬 10
礼。成千上万的人来到莫斯科中央陆军剧院（Central House of the Soviet Army）瞻仰朱可夫的遗体。在6月21日他的骨灰被安葬在克里姆林宫墙体中的时候，扶柩者中为首的是苏共总书记列昂尼德·勃列日涅夫（Leonid Brezhnev）；在随后举行的追悼会上，主要的发言者是国防部部长A. A. 格列奇科（A. A. Grechko）元帅。[17]

在俄罗斯，无论是过去还是现在，朱可夫不但被视为二战中最伟大的将军，也被视为俄罗斯历史上最有才能的军事领导人。在西方，朱可夫的声望只是稍稍地逊色一些。当然，并不是所有人都把朱可夫视为英雄。即便在俄罗斯，他也有自己的批评者。有人认为他是个自负而残暴的人，军事上的名声是吹出来的。曾是苏联情报官员的维克托·苏沃洛夫（Viktor Suvorov）的历史书籍在俄罗斯非常畅销。据他说，“国家的所有高级军队领导人都反对朱可夫。这些将军和元帅们知道，朱可夫虚荣心很强。他们知道，他这人既讨厌，又乏味。他们知道他粗俗，是个篡位者。他们知道，再也找不到第二个像他那样的野心家。他们知道，他把挡在自己路上的所有人都踩在脚下。他们知道，他有强烈的权力欲，而且总以为自己一贯正确”。[18]

正如我们将会看到的，朱可夫在性格上当然是有缺陷的，在他的职业生涯中也的确有许多可供那些与之共事的将军们谈论的负面的东西，但苏沃洛夫突出的只是负面的东西。苏沃洛夫的指责对朱可夫在俄罗斯的声望几乎没有影响。即便有，这种持续的争议也只是增加了朱可夫作为一个取得了史诗般成就但同时又有着深刻的性格缺陷的人的魅力。

对朱可夫的一种最为常见的批评是：他不爱惜自己手下士兵的生命；他不在乎为了胜利所需付出的生命的代价。对于这样的批评，朱可夫坚决予以否认。他指出，坐在扶手椅中的批评者说这个那个战役可以用小得多的生命的代价赢下来，这种话事后说起来很轻松。不错，他是喜欢进攻，但在战争期间，他也学到了撤退的好处。实际上，有大量的证据表明，朱可夫当时也在尽力保存他的力量，保护他的士兵。
11 他的战役准备总是一丝不苟，而且只要斯大林允许，他就会集中足够多的资源。可以肯定的一点是，朱可夫的部队的伤亡率绝不比其他苏联将领的高，包括人们认为比较宽厚的罗科索夫斯基。认为朱可夫这人漠视手下士兵的生死，这种看法也是错误的。他有时对自己的部下残酷无情，但那不是他生性残忍，而是指挥风格的问题。而且在受挫或不满意的时候，朱可夫的怒火大多是指向高级指挥官，所以后来有些人才对他如此不满。

在朱可夫出版自己的回忆录时，俄罗斯的档案还未开放，能够查阅到的独立的文献资料很少，或者根本就没有。

要写他的传记，只能是给他获得官方批准的回忆录做注解，那样一来，对他的生平的记述就会出现偏颇。到20世纪90年代初，随着新版朱可夫回忆录的面世——书中增加了在20世纪60年代被苏联审查人员剔除的大量材料——情况开始好转。[19]1991年苏联政权终结之后，有无数与朱可夫职业生涯相关的俄罗斯军事和政治方面的档案文献都公开了。最近，这些材料又得到了补充，朱可夫的一些私人文件在档案馆中也可以直接查阅了。[20]现在，可以在文献证据的基础上叙说他的生平了。

朱可夫的一生远不只是一张他打过的那些战役的年表。他的故事是与他为之服务的苏联政权的成败联系在一起的。不管怎么说，朱可夫是个忠诚的共产主义者，对斯大林和苏维埃政权忠心耿耿。他对纳粹分子的胜利虽说对人类的帮助很大，但也让一个就其本身而言是高度集权的高压体制得以强化并获得了合法性。朱可夫不仅是军人，也是意识形态的追随者。他认为苏联采取的镇压措施对于自己所信奉的共产主义来说是必要的。即便他活着看到苏联的终结，他也未必会觉得有必要抛弃自己的信仰，或为自己在拯救斯大林政权方面所扮演过的角色而道歉。相反，就像他那一代的许多人一样，他会说自己不但是个共产主义者，还是个爱国者，而苏维埃政权——尽管它有种种缺陷——是他唯一可以为其服务的、代表自己国家利益的政权。

朱可夫既不是完美无瑕的传奇英雄，也非诋毁者所说的 12
彻头彻尾的恶棍。毫无疑问，他是个伟大的将军，一个有着极高的军事才能的人，一个具备了为打赢野蛮的战争所必须具备的性格力量的人。但是，他也犯过许多错误，无数的人因为这些错误而付出了血的代价。朱可夫是个有着性格缺陷的、充满矛盾的人，所以，对于他的生活和事业，我们不可能轻易地做出裁决。但除了他的那些重大的胜利和败绩之外，使朱可夫成为一个令人如此着迷的主题的，也正是那些缺陷和矛盾。

2

青春传奇：从农家子弟到共产主义战士，1896～1921

关于格奥尔吉·朱可夫的童年和青年，现有的故事听起 13
来就像是乞丐变富翁的童话。故事是这样的：1896 年，朱可夫出生于俄国农村一个贫苦的农民家庭，十二岁时被送到莫斯科当毛皮匠学徒，1915 年应征加入沙皇军队并参加了第一次世界大战，负过伤，并因作战勇敢而获得勋章。1917 年的俄国革命使年轻的格奥尔吉卷入了政治。他先后加入红军和共产党，在俄国内战中站在获胜的布尔什维克一方。在被选中参加军官培训之后，朱可夫在红军中逐级晋升，成为苏联元帅和二战中最著名的苏军将领。

故事基本属实。朱可夫出身寒微却跃居社会的顶层，这是理解他对共产主义和苏维埃体制的信仰终生不渝的关键。朱可夫从成年起便为之服务的是一个野蛮、高压、专制的政权，而且不时地采取恐怖手段。它在经济上并不特别有效，尽管它可以在紧急情况（例如战争）下有效地动员各种资源。这一体制始终未能践行其平等主义理想，统治它的是一个很少——如果说有过的话——得到大多数人拥护的政党。但是与旧的沙皇政权相比，它给朱可夫这样的人提供了此前从未有过而且也无法想象的提升自己社会地位的机会。升迁带来的是实实在在的特权、社会地位以及强烈的身份意识：
14 自己是精英中的一分子，负有建立社会主义新社会的责任。这并不是说朱可夫之所以忠于苏维埃体制，仅仅是因为这样才有出人头地的机会。对于他以及其他许多成功地成为新的苏维埃精英成员的人来说，在其理想与升迁所带来的好处之间，并不存在任何矛盾。在迈向更好的世界的过程中，两者都被认为是不可或缺的。

关于朱可夫早年生活的故事，问题在于，它的主要信息来源是朱可夫本人。如果用现代社会的标准来衡量，他的童年生活的确是很艰苦的，但他的家庭背景并不像该神话所暗示的那样，连基本的权利都没有。考虑到他的出生地以及家庭的亲戚关系，他还是个相对来说得到优待的（privileged）农民。

童年和青年时期

朱可夫的故事要从 1896 年 12 月 1 日一个名为斯特列尔科夫卡（Strelkovka）的村子开始说起，它属于莫斯科西南约 80 英里的卡卢加省（Kaluga Province）。[1]他的父亲康斯坦丁（Konstantin）是个鞋匠，母亲乌斯金妮娅（Ustin'ya）是做农活的。“朱可夫”这个姓源于俄语中表示“甲虫”的“Zhuk”。在俄罗斯俚语中，它还可以指有点儿捣蛋的人。朱可夫的父母都是二婚，两人以前的配偶都死于肺结核。[2]朱可夫在自己的回忆录中说，他的父母结婚时年龄都已经很大了，分别是五十岁和三十五岁。不过，据他的小女儿玛丽亚（Maria）说，教堂的记录（写回忆录时朱可夫没看到）表明，康斯坦丁和乌斯金妮娅在

1892年结婚时，一个是四十一岁，一个是二十六岁。[3]不过，考虑到俄罗斯农民艰辛的生活对于人的外貌的影响，在朱可夫的记忆或想象中，自己的父母要比实际的年龄显老也不足为奇。

格奥尔吉是家中的第二个孩子，他还有个比他大两岁的姐姐，名叫玛丽亚。在他五岁的时候，他的母亲又生了个男孩阿列克谢（Alexei），但这个孩子只活了不到一年。“我和姐姐，更不用说爸爸和妈妈，都很难过，经常去看他的坟墓。”[4]三个孩子都受洗成了俄罗斯东正教徒。“我的父亲从出生、教养和观点来说，和他的士兵一样，”朱可夫的女儿玛丽亚声称，“都是东正教徒。他们和他一起在战斗前祈祷：‘上帝与我们同在！’”[5]二战期间，有传闻说朱可夫在 15
自己的小车里有一尊圣像。可是当朱可夫战时的司机被问及此事的时候，他说这是胡扯。“他是个党员……要是车里有圣像，我是会知道的。”[6]虽然他的女儿相信他是个东正教徒，但没有任何证据可以表明，宗教信仰在朱可夫的生活中起过任何作用。

朱可夫出生于其中的俄罗斯，是一个幅员辽阔的陆上帝国，从华沙到符拉迪沃斯托克，从北冰洋到里海和黑海，绵延数千英里，横跨10个时区。在它的境内，生活着100多个民族和族群，尽管人口中占多数的是和朱可夫一样的俄罗斯人。1900年，俄罗斯的人口约有1.4亿，其中绝大多数是农民。

朱可夫在卡卢加省的出生地位于所谓的“中央工业区”，它包括莫斯科及其周边省份。与俄罗斯南部及乌克兰大草原的肥沃的“黑土地”不同，“中央工业区”的地貌以湖泊、河流和成片的森林为主，很适合朱可夫喜爱的渔猎活动，但不太适合农业。它的主要的农作物是亚麻和蔬菜，而不是谷物。在“中央工业区”中承担农活的主要是像朱可夫的母亲那样的妇女。男人们则从事农业以外的活计和手艺，所以他们经常到莫斯科揽活。在那里，他们发现到处都是和他们一样的来自乡下的人。

20 世纪初的俄罗斯，随着小学教育在农村的普及，农民的生活正经历着一场文化革命。村庄不论大小，大多建起了学校。朱可夫就是受益者之一，他接受了三年完整的小学教育，而多数农民都会选择两年。这表明，他的父母或许是贫穷的，但对于自己儿子的期待还是较高的。把教育当作提升个人社会地位的途径，这是朱可夫一生秉持的态度，而且他还把这样的态度传给了自己的家人。

朱可夫的父亲康斯坦丁虽说有一门手艺，可从来没有多
16 少活可干，因此，格奥尔吉年幼时一直饱受贫困的煎熬。这种贫困是俄罗斯农民共同的命运，就连那些生活在相对富裕的“中央工业区”的农民也不能幸免。

格奥尔吉长得像他的母亲，而且他也继承了她那强壮的体格——据说她能背着一袋 200 磅重的粮食走一段路。[7] 但是从感情上来说，他似乎与自己的父亲更亲近，尽管康斯坦丁要经常外出，到莫斯科找活干——这也许正是原因所在。“我爱父亲，他也很宠我。不过，偶尔他也会因为我犯的错误而惩罚我，用他的皮带抽我并要我道歉。我比较犟，不管他抽得有多狠，也会咬紧牙关，从不求饶。有一天，他又这样抽我，我就从家里跑掉了，在邻居家的大麻地里躲了三天。”[8] 在当学徒的时候以及在加入军队之后，朱可夫也经常受到体罚，但他并未因此而怀恨在心。在多年之后，他告诉自己的女儿玛丽亚说：“艰难的生活是人生最好的

学校。”[9]

格奥尔吉于1903年七岁时开始上学并成功完成了三年的小学课程。为了庆祝他的成功，母亲给了他一件新衬衫，父亲给他做了一双新靴子。不久，家里人便做出决定，让朱可夫到莫斯科跟着他的舅舅米哈伊尔（Mikhail）当毛皮匠学徒。

莫斯科离斯特列尔科夫卡坐火车只要四个小时（现在是一个小时多一点），但对小格奥尔吉来说，那可是个大不一样的陌生世界。1908年夏天，当他来到莫斯科的时候，熙熙攘攘的人群、高大气派的建筑（村里的房子没有超过两层的）以及疯狂的生活节奏，让他感到头晕目眩，不知所措。不过，莫斯科到处都是像他那样的人：受过教育的农村小伙子，有亲戚在这座城市，做毛皮匠、裁缝、木匠、皮匠之类的手艺。

他舅舅的门店在市中心，离红场不远。朱可夫一天要干十二个小时，其中有一小时的午饭时间。工作很辛苦，还要时不时地挨师傅（和女工头）的打，但格奥尔吉不仅熬过来了，还挤出时间来上夜校继续自己的教育。朱可夫在后来的生活中一直都保持着良好的学习习惯。朱可夫不属于那种才智出众的将军，宁可说，他属于苏联人所谓的实干型，也 17
就是注重实际行动的人；但在军事理论和战略战术方面，他是个好学生，而且还如饥似渴地广泛阅读文学作品。据他的女儿埃拉说，读书在朱可夫的家中总是处于中心位置。到这位元帅去世的时候，他在自己的乡间别墅已经积攒了20000册图书。可惜的是，在他去世之后政府收回了别墅，大部分藏书都变成了纸浆，最后只有几百册被博物馆收藏了。[10]

与格奥尔吉一道自学的是他的表兄弟、老板的儿子亚历山大（Alexander）。他们一起学习俄语、数学、地理及科普读物，还有一个科目是德语。为了帮着做生意，亚历山大被自己的父亲送到莱比锡学习德语。在定期返回莫斯科家中的时候，他就抽空教他的表兄弟这门语言[11]，而朱可夫将会在自己的军事生涯中把它派上大的用场。

1914 年，朱可夫学徒期满。此时的他作为一个手艺不错的毛皮匠有了不错的收入，手下还有 3 个小徒工。从他与自己那些毛皮匠同事在当时一起拍的一幅照片来看，这是一群衣着体面而又温文尔雅的富足的年轻人，对自己的未来充满信心。另一张朱可夫与亚历山大一起拍的照片也表明，这个年轻人已经超越了他卑微的出身，成功适应了城市的新环境。要不是 1914 年 8 月爆发了第一次世界大战，朱可夫无疑会继续做他的毛皮匠，并最终经营起他自己的作坊。

朱可夫在回忆录中很坦率，说自己年轻时缺乏政治热情，并说这在他的同事中很普遍。他将其归因于手工业者的小资产阶级个人主义思想，而这种思想是与工业无产阶级的团结一致截然不同的。与此同时，他又声称自己已经受到由于第一次世界大战的冲击而正在俄国传播的各种革命思想的影响，并暗示说，自己逐渐开始信奉共产主义思想。可是，除了朱可夫自己的证言之外，没有任何证据可以证明这种阶级意识和斗争精神的萌发。他当初投身于共产主义事业时很可能并不像他后来说的那样坚决。他的确
18 成了一个忠贞的共产主义者，但那是由于机缘而非有意的安排，是由于军事和政治事态发展的偶然性而非社会主义思想的启示。这其中最重要的事件莫过于第一次世界大战，他由此而开始了自己的军事生涯。

沙皇的士兵

1914年的“七月危机”引发了第一次世界大战。在奥匈帝国的皇储弗朗茨·费迪南大公（Archduke Franz Ferdinand）于6月底在萨拉热窝被波斯尼亚的塞尔维亚民族主义分子暗杀之后（一同遇害的还有大公的妻子苏菲），奥匈帝国针对塞尔维亚进行了战争动员。当奥匈帝国于7月28日对塞尔维亚宣战的时候，俄国也开始动员，以支持其巴尔干盟友和斯拉夫兄弟国家。为了回应俄国的战争动员，作为奥匈帝国的盟友，德国于8月1日对俄宣战，并在两天后向与俄国结盟的法国发动了进攻。随着8月4日英国对德国宣战——理由是德国侵犯了中立国比利时——大战的主角纷纷登场。随后，其他一些国家也卷入了战争：土耳其（1914年）和保加利亚（1915年）加入德国和奥匈帝国一方，日本（1914年）、意大利（1915年）和美国（1917年）加入英、法、俄一方。

从俄国人的立场来看，他们卷入的是一场保卫国家、反对德国和奥匈帝国侵略者的战争。由于战争的爆发，俄国进行了大规模的爱国主义动员，就和四分之一个世纪以后希特勒进攻苏联时的情形相似。受到爱国热情鼓舞的朱可夫也想从军，但在与来自老家村子的另一个毛皮匠商议之后，他决定等到征召他这个年龄段的人的时候再说。不过，亚历山大却决定从军，并试图说服格奥尔吉也那么做。

1915年夏天朱可夫应征入伍的时候，他同舅舅米哈伊尔进行了商量。米哈伊尔告诉他，他可以以生病为由推迟一年。当朱可夫说他身体很好、完全可以到前线服役时，他的舅舅问他，是不是真的想成为亚历山大那样的傻瓜。“我告诉他，”朱可夫回忆说，“我有义务保卫祖国。”[12]

19 1915年8月，朱可夫在卡卢加省报到入伍，并被分配到第5预备骑兵团。在那里，他“因为（对骑兵）抱有许多浪漫的想法……而对当兵感到非常开心”。[13]9月，朱可夫和他的团一起被派往乌克兰的哈尔科夫省，加入第10骑兵师。正是在那儿，他接受了骑兵训练。他的第一匹马是一匹名为“恰谢奇娜娅”（Chashechnaya）的深灰色烈马，他一天要给它刷洗三次。

到1916年时，朱可夫已完成了自己的骑兵训练，接着又被选中接受进一步的培训，预备将来成为军士。在此期间，成年后的朱可夫第一次与上司发生了冲突。那是一个特别野蛮的军士，绰号“四指半”，因为他右手的食指缺了半截。“四指半”找朱可夫的茬，还对他施压，要他不当骑兵而去做文书。尽管朱可夫期待着能够以第一名的成绩毕业，但就在考试的前两周，由于对“四指半”的不忠和不服从，他被宣布除名。当时，他以为自己的骑兵生涯就此完结了，但在一位一同受训的士兵将此事报告给指挥官以后，他摆脱了这样的厄运。那位指挥官决定让朱可夫完成训练。

在回忆录中说到自己参加的军士培训时，朱可夫的心情很复杂。一方面，在骑术、武器的使用和操练方法方面，这种培训的确不错；另一方面，“教给军士的不是合乎人道的处理问题的方式，对他的期待就是要把士兵变成听话的机器。维持纪律靠的是严厉。虽然条例并未规定可以采取体罚的方式，但这种做法实际上却司空见惯”。[14]

1916年8月，朱可夫被派往摩尔多瓦境内的德涅斯特河（River Dnestr）沿岸承担战斗任务，当时那里属于沙俄的一个省。朱可夫还没到前线就受到了战火的洗礼：他所在的部队遭到了一架侦察机的轰炸，结果炸死了一名士兵，炸伤了五匹马。到前线后不久，朱可夫就因为抓到一名德国军官而获得了自己的第一枚勋章——“圣乔治十字勋章”。在苏联记者于 1945 年在柏林写的一篇没有发表的采访中，朱可夫回忆说自己当时对情报工作十分着迷，而且因为懂得一点德语，就专门抓俘虏。[15]在 1916 年 10 月又一次执行侦察巡逻任务的时候，朱可夫的两位同伴被地雷炸成了重伤，他本人也被爆炸的气浪从马背上掀了下来。严重震伤的朱 20
可夫被转移到乌克兰的哈尔科夫住院治疗。这次负伤让朱可夫得到了他的第二枚“圣乔治十字勋章”。1916 年年底，他被派回自己原来的部队——第 5 预备骑兵团。就如他在自己的回忆录中所说的：“当初我离开时还是个年轻的士兵，现在带着军士的杠杠、实战经验和两枚‘圣乔治十字勋章’回来了。”[16]

革命与内战

朱可夫原来的部队驻扎在哈尔科夫东南约 80 英里的巴拉克利亚（Balakleya）附近的拉格利（Lageri）。在那里，朱可夫和他的伙伴们很快便卷入了 1917 年的革命进程——它从统治俄国达 300 年之久的罗曼诺夫专制王朝的垮台开始，到列宁和布尔什维克夺取政权而达到了高潮。沙皇尼古拉二世在俄国首都彼得格勒发生总罢工和士兵哗变之后于 1917 年 3 月的逊位加快了这一进程。（彼得格勒的前身是圣彼得堡，1991 年苏联解体后它又恢复了原来的名称。在苏联时代，它被更名为列宁格勒。)

沙皇下台的背后，是民众风起云涌的不满和抗议浪潮。对俄国而言，战争进行得并不顺利。它连遭败绩，丢失了领土，伤亡惨重。事实证明，沙皇政府没有能力组织好国家的战争努力。武器弹药匮乏，部队的许多基本需要——食物、被服和医疗救助——都是由民间组织提供的。为了支付战争费用而大印钞票，使通货膨胀日趋严重，而货币贬值和农民惜售又导致城市的粮食短缺。城市居民的反应是举行罢工和政治示威活动。1915 年 11 月，沙皇尼古拉接管了武装力量的指挥权，结果让自己成了俄国的军事失败和战时的种种弊端的罪魁祸首。雪上加霜的是，中产阶级不再信任他的领导能力并坚持呼吁实现俄国的现代化和民主化。

21 当 1917 年 3 月彼得格勒纺织女工的罢工和示威发展成全市范围的抗议活动时，问题就到了非解决不可的程度。部队接到了恢复秩序的命令，许多示威者被枪杀。但在后来，该市卫戍部队的士兵发生哗变并加入抗议者一边。有人劝说对自己的首都失去控制的尼古拉，应该为了国家的利益而引退。他曾想传位于自己的弟弟米哈伊尔大公，但遭到后者的拒绝。罗曼诺夫专制王朝就此终结。

由自由主义、民主主义和社会主义政治家们组成的临时政府取代了沙皇政府。临时政府的目标是，在政治、经济和社会方面进行紧急改革，并做好制宪会议选举的筹备工作，而制宪会议将就国家的新宪法达成一致。不过，事态的发展让这些计划落了空。因为此时的政权是一种“二元政权”，权力和权威由临时政府和工农兵苏维埃代表分享。苏维埃作为普选产生的委员会，在地方层面接管了国家的管理。它们比临时政府更加激进，这就为布尔什维克和其他革命集团的鼓动和宣传，即要求在俄国建立一个不但是民主的还是社会主义的政权，提供了适宜的土壤。在弗拉基米尔·伊里奇·列宁（Vladimir Ilyich Lenin）的领导下，布尔什维克要求一切权力都归苏维埃，要求“和平、面包和土地”——土地归农民，面包给工人，并让俄国退出战争。布尔什维克的政策很受欢迎，尤其是在士兵和工人当中。不到六个月，他们就成为俄国最强大、最有组织的政党。1917 年 11 月，布尔什维克在彼得格勒策划政变，推翻了临时政府，并宣布成立新的社会主义政府，它将代表各个苏维埃的利益而进行统治。

这些很快从彼得格勒波及全国各地的剧变有一个重要的
特点，即军队的政治化。临时政府的首批法令之一就是，准
备发布命令，批准成立士兵委员会和水兵委员会，以便选出
他们的地方苏维埃代表。朱可夫当选为自己所在的骑兵连的
委员会主席和团苏维埃代表。他后来声称，当时自己在团里 22
支持布尔什维克派，但他的当选很可能只是反映了他作为优
秀军士的地位和威望，而不是自己的政治倾向。朱可夫还提
到了团苏维埃是怎样被反苏维埃分子接管的。结果，这个团
的一些部队与乌克兰的反革命民族主义分子站在了一边。他
自己的部队被解散了，士兵们被遣散回家，而他有几周一直
在东躲西藏，以逃避替乌克兰民族主义分子效力的军官们的
追捕。看来正是因为这个原因，他要一直等到布尔什维克夺
取了政权之后才来到莫斯科。

1917 年年底，朱可夫又回到了自己的家乡斯特列尔科夫卡，打算——他在自己的回忆录中说——休息一下再加入布尔什维克于 1918 年 1 月建立的红军。但不巧的是，他得了斑疹伤寒，所以他又过了半年才加入军队。不过，现在看来，朱可夫当时的做法很可能是和多数被遣散的前沙皇军队

的士兵一样：回家静观其变。

1918 年 3 月，布尔什维克与德国签订了《布列斯特—利托夫斯克和约》，俄国退出了战争。不过，和平的代价是很高的，布尔什维克被迫将大片的土地割让给德国人。布尔什维克的反对派因此发动了武装暴动，反对列宁政府，而这在俄国还处于战争状态的时候他们是不愿意去做的。为了应对刚刚开始的内战，布尔什维克开始组建武装力量，以便保卫自己用革命的手段夺取的政权。职业军队取代了曾经帮助布尔什维克夺取政权的革命的民兵组织。军官选举被取消，传统的指挥结构又确立了，同时还开始发给适当的薪饷。最重要的是，布尔什维克开始征召前沙皇军队中的军官和军士。1918 年 9 月初，布尔什维克发布命令，要求朱可夫那个年龄段的人于月底前报到入伍。[17]

朱可夫虽然是住在布尔什维克统治下的俄国的心脏地带，但实际上，他也可以像许多俄国农民一样，不去理睬征兵令。他之所以应征，多半是出于职业上的考虑，而不是政治上的选择，因为这给了他继续自己的军事生涯的机会。就
23 像许多在红军中服役的第一代军人一样，朱可夫的政治信念是其从军的结果而非原因。

1918 年 10 月 1 日，朱可夫加入红军的莫斯科第 1 骑兵师第 4 团。[18] 布尔什维克党的党员是首批应征入伍的，朱可夫所在的部队也有许多信仰共产主义的干部。在这样的环境中，朱可夫被布尔什维克所吸引并于 1919 年 3 月成为共产党（布尔什维克党的新名称）的预备党员，那是不奇怪的。预备党员有一段预备期，在此期间，申请入党的人必须证明自己对共产主义事业的忠诚。朱可夫要到 1920 年 5 月才能成为正式党员。[19]

1919年5月，朱可夫所在的师被派往乌拉尔地区南部，参加布尔什维克与海军上将亚历山大·高尔察克（Alexander Kolchak）的作战。后者是前沙皇军队的指挥官，此时已夺取西伯利亚地区的政权，并一心想推翻布尔什维克政府。6月，朱可夫经历了自他成为红军战士以来的第一次战斗——与大约800名哥萨克骑兵的激战。9月，他又参加了一次战斗，这次是在俄国南方的察里津（1924年更名为斯大林格勒）。在10月底的一次白刃战中，朱可夫被手榴弹炸伤了。在萨拉托夫（Saratov）野战医院治疗的期间，他遇到了一个名为玛丽亚·沃尔霍娃（Maria Volkhova）的年轻女学生。他俩有一个月的时间形影不离，但在玛丽亚回到其位于波尔塔瓦（Poltava）的家乡而朱可夫也被送回斯特列尔科夫卡的家中继续康复的时候，这段关系就结束了。事实证明，这只是暂时的分离，三年后，这段关系又恢复了，尽管朱可夫此时已娶了另外一个女人。之后不久，玛丽亚为朱可夫生下了一个私生女——马加丽塔（Margarita）。[20]

红军指挥员

1920年1月，朱可夫返回了部队。但是，由于尚未痊
愈（他再次得了斑疹伤寒，这种病在当时很常见），他被分
配到第3预备骑兵师。三个月后，朱可夫迎来了其红军生涯 24
的新的转折点：他被派去参加红军骑兵指挥员培训，地点是
在莫斯科东南约100英里处的梁赞（Ryazan）。红军骑兵指
挥员培训实际上是用来训练下级军官的，但当时布尔什维克
已经取消了军官衔，而且要等到二战的时候才恢复，所以在

红军中就用“指挥员”① 这个统称来区分级别的高低。

关于朱可夫在梁赞的情况，有一些非常有趣的文件，可以让我们对他在这段时期的活动有个大致的了解。[21]

朱可夫是由他所在师的党组织推荐参加培训的。他在1920年3月15日报到，并被安排参加预备课程的学习——那是要让受训学员接受基本的教育。俄语、数学、地理、卫生保健、军队管理、政治教育、军事条例，所有这些科目他都拿到了良好或优秀，于是很快就结业并开始学习专门的骑兵战术课程，而且尽管他曾在沙皇军队中干过，但最后竟然能帮着训练其他学员了。

在梁赞，朱可夫在自己所在的党小组中非常积极，甚至一度成为它的书记。但似乎是因为发生了一场与该小组主席斯塔文科夫（Stavenkov）有关的争论——他被指控在执勤时打瞌睡——朱可夫辞去了这一职务。在党小组开会讨论此事的时候，朱可夫竭力为斯塔文科夫辩护，说他是个不错的党务工作者，也是个不错的指挥员。朱可夫反对拟议中的把斯塔文科夫从培训班除名的做法，并认为倒是那个指控他的人应该被踢出党小组，并开除出党。除一人弃权外，朱可夫的动议被一致通过。

朱可夫还是培训学校卫生状况三人监督小组的成员和负责检查新学员资格的委员会的成员。从这一点来看，朱可夫的能力在当时已经得到了认可。不过，朱可夫在学校的表现还难称楷模。1920年7月底，他因违反纪律而被停了几天

① “指挥员”这个词与苏联的某些历史时期相关，而且带有特定的意识形态色彩，但在英文中，它与更职业化的说法“指挥官”（commander）是同一个词，所以在本书中会视具体的情况而作不同的翻译。——译者注

课。确切的原因到现在都还不清楚。

1920 年 8 月，朱可夫在梁赞的培训结束了。他和其他 120 名学员被编入莫斯科第 2 步兵旅。该旅是个混成部队，有两个步兵团和一个骑兵团。8 月底，该旅被派往北高加索 25
的克拉斯诺达尔（Krasnodar），参加与弗兰格尔男爵（Baron Wrangel）武装的作战，后者是以克里米亚为根据地的反布尔什维克武装的首领。在参加了几次战斗之后，朱可夫被调往第 14 骑兵独立旅第 1 骑兵团，该团的任务是肃清新热列利耶夫斯卡亚镇（Novozherelievskaya）附近弗兰格尔武装的残部。

到 1920 年 10 月时，朱可夫已晋升为排长。在该旅被派往沃罗涅日省镇压反布尔什维克的农民暴动时，他又晋升为连长。那次暴动发展成了所谓的“坦波夫叛乱”（Tambov Revolt），领导者是曾经担任过地方民兵组织指挥官的 A. S. 安东诺夫（A. S. Antonov）。与安东诺夫武装的交锋，是朱可夫在俄国内战中经历过的最激烈的战斗。在一次小规模的战斗之后，朱可夫获得了他的第一枚红军奖章——“红旗勋章”。据嘉奖令说，朱可夫的连队“在 1921 年 3 月 5 日……顶住了敌军 1500～2000 名骑兵七个小时的猛攻，而后发动反击，经过六次白刃战，终于打垮了匪徒”。朱可夫在自己的回忆录中说：“在一次白刃战中，一名安东诺夫匪徒用他的枪管被截短了的步枪向我射击，把我的马给打死了。马倒下时压在我的身上，让我动弹不得，要不是指导员诺切夫卡（Nochevka）来救我，接下来我就会被砍死。他手起刀落，杀死了那个匪徒，并抓住他的马的缰绳，扶我骑了上去。”[22]

到 1921 年夏天，坦波夫叛乱被镇压了下去，但朱可夫的部队要一直追剿安东诺夫残部到这一年快结束的时候。朱可夫的伙伴中就有他年轻的妻子。据他的女儿叶拉说，朱可夫是在调到沃罗涅日时遇到她妈妈、乡村教师的女儿亚历山德拉·季耶夫娜（Alexandra Dievna，出生于 1900 年）的。按照叶拉的说法，如果他们是在 1920 年结的婚，那它一定是一场旋风式的罗曼史，因为朱可夫是 10 月才到那儿的。“那些日子很难，”叶拉说，

> 为了追剿（安东诺夫）匪帮，这支小分队不停地
> 26 调动。妈妈是小分队的工作人员，从来没有离开过这位指挥员的视线。有一次因为在准备业余文艺演出时出了点差错，他差点把她关禁闭。但居无定所的军队生活中的艰难困苦，并没有妨碍他们的幸福。我记得，他俩都喜欢回忆那段岁月：妈妈如何在轻型马车中颠簸数小时，她怎样把短的军上衣改成内裤和把红军的白粗布衬衫改成内衣，她怎样把绳子变成“凉鞋”。[23]

在朱可夫的回忆录中，对这一切都轻描淡写。但那时除了讲述他童年和少年时代的生活之外，他的回忆录中没有什么东西是真正属于他个人的。一旦他加入红军，他的回忆就成了其军事生涯和为苏维埃国家服务的历史记录。比如说，就连他父亲于 1921 年去世这件事，他都没想到要提一下。

献身于他认为作为一名苏维埃战士所应承担的社会主义神圣义务，这当然是朱可夫生活中的核心内容，但远远不是他生活的全部。哪怕是在压抑、刻板的苏维埃体制中，公民也是有个性和除公共生活之外的私人生活的。朱可夫也不例外。在军事和政治生涯中的辉煌背后，是驱使着他不断向前

和从容面对失败的个人抱负以及强悍的性格。若是说我们从他童年和青年时代的故事就可以看出他所有的个人品质和性格特点，那就把事情看得过于简单了，但是，这些故事中的相当多的内容都具有深远的意义：在艰难困苦面前的泰然自若；坚持学习和自我提高；作战勇敢；以及勇于承担责任和发挥领导作用。

从童年到成年，从乡村到城市，经历战争与革命，加入红军和共产党——从年轻的格奥尔吉的这些故事中，可以得到的典型的教益是：时事的混乱与动荡，为那些有才能的人提供了上升的机会，而他们也抓住了机会。这种模式在朱可夫的生活和事业中还会不断地重复。

3

军人生活：一名红军指挥员所受的教育，1922 ~ 1938

27 1921 年，俄国内战结束，红军大部也随即复员。到 20 年代中期，红军兵力已从 500 万缩减到 50 万左右。在留在部队的那些人当中，也包括朱可夫。对于自己为什么决定要继续服役，朱可夫在其回忆录中并没有直接做出解释，但他特意提到了 1921 年 2 月苏共要求所有党员留在军队的指示。当时有很多这样的指示，但它们对于阻止党员的大批退伍几乎不起作用。朱可夫之所以留在军队，是因为军队适合他。就像他自己说的，“大部分留下来的人之所以那么做，是考虑到自己的意向和能力，才选择了献身军队工作”。[1]

内战结束时，朱可夫虽然还只是个低级指挥官，但他完全有条件在红军中为自己争取一个好的前程。他做过沙皇军队的军士，又是红军的低级指挥官，而且因为作战勇敢，两支军队都给他颁发过勋章。相对来说，他还接受过较好的教育，参加过红军骑兵指挥员的培训。特别是，朱可夫是党员，这在新的苏维埃政权中可是事业进步的最重要的资格。

20 世纪 20 ~ 30 年代，朱可夫在红军中的崛起并不是突如其来的，而是个稳步前进的过程。他在 1922 年起步时是

个连长，到那个十年结束时升到了团级和旅级指挥职务。他 28
的第一个高级指挥职务是在 1931 年被任命为红军骑兵监察部助理，接着便是师级和军级指挥职务。1938 年，他被任命为白俄罗斯军区副司令，具体负责训练。直到 1939 年 5 月朱可夫被派往远东调查苏蒙军队在与日军的边境冲突中失利的情况时，他的名字才开始引起人们的注意。

共产党的军队

朱可夫在其中干出一番事业的那个组织，在苏维埃社会主义的威权主义高压体制中，具有举足轻重的地位。实际上，关于年轻的苏维埃政权，现在的典型描述是：它是某种形式的“军事社会主义”，是 1917 年革命的产物，同样也是俄国内战的产物。[2]

内战期间有无数的人被杀死或饿死。为了胜利，布尔什维克学会了冷酷无情；只要有必要，它们就会使用无论何种程度的暴力去保卫自己的政权。政治动员的方式由说服变成了强制。布尔什维克党（它在 1918 年更名为共产党）的管理变得越来越等级分明，强调下级对上级的服从。在 1919～1920 年内战最激烈的时候，布尔什维克差点就失败了，当时它们在俄罗斯中部和北部的据点遭到反革命白军的团团围困。白军在军事上得到了英、法、日、美这些外国政府的援助，因为它们害怕取得成功的布尔什维克革命会传染给自己的国家。因此，布尔什维克认为内战是一场生死搏斗，它所面对的敌人不仅来自国内，还有整个资本主义世界。布尔什维克希望其他国家的社会主义革命运动最终会帮自己一把，但当这种帮助并未出现的时候，它们就接受了这样的观点：

至少暂时来说，苏维埃社会主义国家只能与资本主义共存。

内战是赢了，但布尔什维克仍然担心资本主义国家的外部进攻有可能与国内的颠覆活动联手并构成致命的威胁。在
29 20世纪二三十年代的苏联，战争的创伤随处可见。在两次世界大战的整个间隙期，苏维埃政权在大部分时间里都处于半战争动员的状态。在这种紧张气氛下，红军被视为对保卫革命而言不可或缺的盾与剑。

红军——其正式名称是“工农红军”——也被视为对群众进行社会主义教育的学校，是遵守纪律和履行政治义务的典范，它将把全体人民与苏维埃政权牢牢地结合在一起。不过，那只是理论上的；实际上，对于大多数应征入伍的人来说，在红军中服役是一种冷酷无情的，而且也会把人变得冷酷无情的经历。对于朱可夫那样的职业军官，这种经历的意义就比较积极了。他们受人尊敬，津贴和待遇比那些应征入伍的人要好很多。现政权给予红军的崇高地位也强化了他们对苏维埃政权及其领导人的忠诚感。

20世纪20年代末，苏联开始实施快速现代化计划，红军对现政权变得越发重要了。快速现代化计划有两个主要方面。首先是加快工业化和城市化的速度。1928年，苏联人开始实施一系列五年计划中的第一个。这些五年计划的目的是要大幅提高工业产量，并把国家从以农民为主的社会改造成先进的工业化国家。按照官方的统计数据，20世纪30年代工业产量增加了850%。真实的数字很可能要低一些，但可以肯定的是，苏联当时的工业化规模是巨大的。在此期间建造了成千上万个工厂，修筑了许多新的水坝、运河、公路和铁路，城市人口增加了3000万。由于担心资本主义国家的进攻，工业化的努力大多集中于国防工业。这就像苏联领

导人约瑟夫·斯大林在 1931 年 2 月的一次有名的讲话中所说的，“我们比先进国家落后了五十到一百年。我们必须在十年内弥补这一差距。我们要么做到这一点，要么就被它们彻底打败”。[3]

其次是苏联农业的强制集体化。布尔什维克在意识形态上主张农业部门要由国家控制，但直到 20 世纪 20 年代后期，它们才开始强迫农民放弃自己的土地，加入集体农庄。到 1937 年时，苏联农业集体化的程度已经超过了 90%。但是，来自农民的阻力相当大，农业生产也遭到严重的破坏。 30
对于集体化浪潮所导致的危机，共产党政权采取的办法是大规模的处决、逮捕和驱逐，结果造成了数百万农民的死亡。特别是 1932～1933 年，集体化过程中的野蛮行为再加上天灾，在俄罗斯的部分地区和乌克兰引发了严重的饥荒。高压政治的主要推动力量是苏共以及国家安全机构，但红军也有份，尽管现在还没有证据可以证明朱可夫当时也直接参与了集体化运动。

在朱可夫决定继续服役的时候，红军的地位还远远没有后来那么高。在内战刚结束的那段时间里，乱哄哄的复员工作不仅破坏了红军的正常运转，也削弱了它的士气。党内还有人主张，要废除常备军，依靠带有业余性质的自卫队——这也是 1917 年布尔什维克夺权时的想法。对此，红军的各位领导人表示，因为国内外的威胁依然存在，所以必须保留专门的常备军。

党内争论的结果是，在两种立场之间采取折中的办法：除了一些地方师之外——这些地方师主要由每年服役数月的兼职军人组成——建立一支 50 万人左右的正规部队。正规部队集中在边境地区，而地方师通常驻扎在比较安全的内地。但即便是所谓的正规部队，入伍者大多也只服役两年时间。红军中由职业军人构成的核心依然只是很少的一部分，地方师则几乎是清一色的步兵。在红军的 11 个骑兵师和 8 个骑兵旅中，地方师只有 1 个。骑兵部队在人员配备、物资供应和技术效率方面都保持了相对较高的备战水平，这就使朱可夫成了内战后经过整编的红军中的精英。在伟大的卫国战争期间，之所以会涌现出那么多骑兵出身的高级军官，部分原因就在于此。

内战后红军改革的关键人物是它的总参谋长米哈伊尔·伏龙芝（Mikhail V. Frunze），他同时还担任陆海军人民
31 委员（即国防部部长）。伏龙芝改组了红军的指挥结构，取消了内战中形成的军政双重领导制——在这种制度下，政治委员对指挥决定拥有否决权。1924 年，伏龙芝开始采取一长制，从而取消了政治委员在军事决策中所扮演的角色。

朱可夫当时是在伏龙芝手下的莫斯科第 1 骑兵师服役。他在谈起内战后伏龙芝在重建红军方面的功绩时，就像苏联的许多军事回忆录的作者一样，满怀爱戴与敬佩。1925 年 10 月，由于胃部手术失败，伏龙芝过早地离开了人世，但他在新红军中确立的职业精神却保留了下来。伏龙芝信奉铁的纪律和高强度的训练，以及对军官除了要进行政治教育之外还要进行职业教育，这些都在日后被朱可夫融入了自己的指挥风格之中。

伏龙芝对共产主义事业充满了热情，不过，在军事事务尤其是战略思想上，他也并不保守，而是有着创新思维。在他的帮助下，经过整编的红军对军事战略、战术及技术进行了热烈的辩论。由于红军对保卫苏维埃社会主义联盟来说极为重要，所以在独立思考日益受到压制，就连最温和的有关

党的路线的讨论都被绝对禁止的苏维埃体制下，它还能被允许保持一种特别具有创造性的活跃的氛围。

之所以会出现正统性与创造性兼而有之的这种奇怪局面，原因之一是，它符合约瑟夫·斯大林的领导风格。斯大林在1922年成了苏共的总书记，并从20世纪20年代中期开始一直是苏维埃政权中的绝对主宰。1924年列宁去世的时候，作为继承人的斯大林开始显露峥嵘，并通过一连串的党内斗争，击败了自己的政治对手，确立了自己的支配地位。到20世纪20年代末，斯大林在成为党及党所统治的国家的领导者的道路上，一直顺风顺水。斯大林的领导风格有个特点：为了实现规定的目标，他一贯主张创新，只要这些新的东西不去质疑党的权力或他自己的独裁地位就行。作为一名忠诚的共产主义者，同时又是愈演愈烈的对斯大林的个人崇拜的信徒——尽管比较温和——朱可夫 32
在这种规定好的、有时还具有建设性的框架中工作，是没有任何困难的。[4]

团长

1922年6月，朱可夫被任命为第38骑兵团中的连长，这意味着他要负责大约100个士兵。1923年3月，他被提升为第7萨玛拉骑兵师第40团副团长。7月，他被临时、接着又正式任命为该师第39布祖鲁克骑兵团团长。朱可夫在二十六岁时的级别就相当于西方军队的陆军中校了。此后七年他一直都是团长。就像他在回忆录中所说的，这一时期对他的军事教育影响是最大的：

> 指挥一个团一直被视为掌握战争艺术最重要的阶段。团是基本的作战部队，团一级的战斗需要所有地面部队的配合……团长必须对自己的部队，以及作战中通常配属该团的支援部队非常熟悉。他必须正确选择主要的作战方向，并相应地集中自己的主要兵力……一个团长，如能熟练掌握管理一个团的方法，并能使之始终处于战斗准备状态，那么，无论是在和平时期还是战争时期，他在各级指挥岗位上，都会是优秀的军事领导者。[5]

当朱可夫接管第39布祖鲁克骑兵团的时候，该团的情况相当糟糕：缺乏战斗准备，军官们不清楚在和平时期如何开展自己的工作。[6]朱可夫很快就使局面有了改观。1923年，在上级的工作检查中，他的成绩得到了肯定：“在理论和实践上都做好了充分的准备。热爱且熟悉骑兵工作。能使
33 自己很快适应环境。具有很强的纪律性。短期内将他的团提升到最高水平。任命他为团长是完全正确的。”[7]

从朱可夫任团长时的命令和报告来看，他成功的关键是，对于和训练、纪律及政治指导有关的细节一丝不苟。[8]据20世纪20年代曾在他手下服役的A. L. 克罗尼克（A. L. Kronik）说，朱可夫是个率直而严格的指挥员，在个人交往中不苟言笑，尤其是和他的部下，他从来不喜欢和自己的手下搞得太熟。朱可夫的态度，克罗尼克特别指出，“表达了他对自己之于下属的责任的理解，他认为自己不但是他们的指挥员，还是他们的导师”。[9]

1924年10月，师长决定派朱可夫到列宁格勒高等骑兵学校参加为期一年的培训。培训的目的是让高级指挥员在军

事和政治技能方面接受全面的教育，好让他们在返回部队后再反过来教给自己的下属。“课程安排得满满的，”朱可夫回忆说，“除了上课之外，课余时间我们还得进行大量的研究。”[10]

在朱可夫的同学当中，有两位未来的苏联元帅——康斯坦丁·罗科索夫斯基和伊万·巴格拉米扬（Ivan K. Bagramyan）。他们两个注定要在朱可夫的生活和事业中扮演重要的角色。

罗科索夫斯基出生于1896年，父亲是波兰人，母亲是俄罗斯人。他是在华沙附近长大的，所以他的俄语带有波兰口音。1914年战争爆发时他加入了沙皇军队，在骑兵部队中表现优异，到1917年时已晋升为低级指挥官。在布尔什维克夺取政权时，罗科索夫斯基加入了作为红军前身的赤卫队。在俄国内战期间，罗科索夫斯基负过两次伤，获得了两枚“红旗勋章”。到内战结束的时候，他作为优秀的骑兵指挥员已是大名鼎鼎。他的个性及领导风格与朱可夫的恰好相反。作为指挥官，朱可夫武断、毫不妥协〔就像乔治·巴顿（George S. Patton）将军一样〕；罗科索夫斯基则文质彬彬，比较谦和（像德怀特·艾森豪威尔），喜欢用哄而不是强迫的方式，让自己的士兵做到最好。二战期间，他俩由于 34
个性不同，发生过几次激烈的冲突。

伊万·巴格拉米扬是亚美尼亚一个铁路工人的儿子，也是红军中能成为元帅的为数很少的非斯拉夫人。他生于1897年，一战时曾在沙皇军队中服役，后来又成为在俄国革命和内战的乱世中兴起的亚美尼亚民族主义运动的军官。巴格拉米扬于1920年加入红军，但直到1939年才成为共产党员。像罗科索夫斯基一样，他也有一种知识分子的气质，所以在20世纪30年代被安排在总参军事学院教学。1940年，他时来运转，走上了作战指挥岗位，并获得了高级军衔。当时他和朱可夫一起在基辅特别军区服役。

罗科索夫斯基在回忆录中对骑兵学校的那个班是这样说的："我们年轻，充满朝气，很快就自然而然地走到了一起，成为一个紧密的团队。我们学习的劲头都很大，尤其是朱可夫，他完全沉浸在征服军事科学的奥秘之中。每当我们顺便去他的房间的时候，他总是趴在铺在地上的地图上仔细研究。那时候对他来说，责任高于一切。"[11]巴格拉米扬对朱可夫更是赞美有加："（他）在我们这批学员中是最有天赋的。那时候他表现出的，不仅是超群的意志力，还有特别具有原创性的思维。在骑兵战术方面，朱可夫不止一次用意想不到的方式打得我们措手不及。他的决定产生的争议总是最大，但他通常都能用有力的逻辑来为自己的观点辩护。"[12]回忆肯定会受到事后看法的影响，尽管如此，朱可夫当时是个专心致志的学员和年轻有为的指挥官，这一点是不用怀疑的。

培训课程包括各种马上的竞赛项目：跳越、赛马、障碍赛、竞速赛、马刀和长矛的使用。朱可夫、罗科索夫斯基和巴格拉米扬都参加过这些竞赛。1925年夏天，学习转入野外战术训练，参加培训的学员最后要强行军，抵达沃尔霍夫河并带着自己的马一起游过去。"与马一道泅渡很不容易，"朱可夫回忆说，"单是着装游泳还不够，还得控制住游泳的马。"[13]

35 培训结束后，朱可夫和其他两位同事决定骑马返回自己部队的驻地——白俄罗斯的明斯克，而963千米也将是集体骑乘的世界纪录。这段路程只花了七天时间，而且朱可夫的马还瘸了，所以他只好不时地下马牵着它走。他们在到达明斯克的时候，受到了成群结队的人们的热烈欢迎，统帅部也进行了表彰，并准予短期休假以示鼓励。朱可夫回到斯特列尔科夫卡看望了他的母亲和姐姐（此时他父亲已经去世）。在返回部队的时候，他得知自己所在的团将与另一个团合并，并由他指挥这个新扩编的团——梅列克斯—普加切夫斯克第 39 骑兵团，它由原来的 41 团和 42 团组成。此后不久，他又被任命为该团的政治委员。朱可夫同时担任梅列克斯—普加切夫斯克团的军事指挥员和政治委员，这在第 7 萨玛拉师尚属首例，但与伏龙芝改革是一致的。这说明，无论是从军事能力还是从对党的忠诚来说，上级对他都是信任的。[14]

除了要搞好军事与政治的平衡之外，朱可夫还要处理好他个人的感情纠葛。当第 7 萨玛拉师于 1923 年秋天到明斯克换防的时候，朱可夫与 1919 年年底时他在萨拉托夫养伤期间结识的那位年轻的女学生玛丽亚·沃尔霍娃再续前缘。在此期间，他还维系着与亚历山德拉·季耶夫娜的婚姻，并在 1928 年生下了他的大女儿叶拉。六个月后，也就是在 1929 年 6 月，玛丽亚生下了朱可夫的第二个女儿——马加丽塔。据马加丽塔说，朱可夫对她十分宠爱，亲自为她办理了出生登记。她之所以取这个名字，是因为她那红润的双颊和蓝色的眼睛，让他想起了一种花。不过，马加丽塔是由继父养大的。20 世纪 30 年代，朱可夫与她和她的母亲失去了联系，直到二战中她的继父在行动中牺牲了，他们才又恢复了联系。[15]

1929 年年底，朱可夫被送到莫斯科的伏龙芝军事学院，参加高级指挥员的深造。朱可夫再次遇到了一群非常优秀的、注定会在卫国战争中身居要职的同学，包括在列宁格勒

36 被围时指挥苏军的 L. A. 戈沃罗夫（L. A. Govorov）元帅和苏军著名坦克指挥官 F. I. 托尔布欣（F. I. Tolbukhin）元帅。这次培训是为了培养师及师以上的指挥员，重点主要放在当代条件下战役实施的理论与实践。1930 年春天时的朱可夫结业报告，对这位三十三岁的指挥员的能力做了敏锐的评估：对多兵种联合战术的了解完全符合要求，参加军事演习和小组作业的情况也是如此；对野战勤务条例的熟悉程度符合要求；军事行动的战术决定明确而果断，值得称道；如继续进步，将有能力指导团、师两级作战的战术准备工作。朱可夫唯一学得不好的科目是参谋工作，它得到的评语是“勉强”符合要求。报告的结论是：“从气质和性格特点来看，他显然是一个前线指挥员（不太适合参谋工作）。”[16]

大纵深战役理论

红军和其他军队一样，也很注意吸收一战的经验和教训，注意评估现代军事技术的新发展，尤其是坦克和飞机对于未来战争的影响。红军还需要吸收俄国内战的经验，因为那次冲突和以静态的阵地战为主的一战很不一样，它的特点是在数百英里的范围内进行大规模的机动作战。红军的领导层认为，未来战争将会是机械化的战争，是坦克、大炮、飞机、摩托化步兵和空降部队的联合作战，以快速突入敌方领土和防线的纵深地带。

到 1930 年年初，红军制定并采取了“大纵深战役”和“大纵深作战”的双重理论。根据这一理论，由各兵种组成的连续的攻击波将突入敌方的整个防御纵深，然后利用该突
37 破口，从背后包围敌军。战争将包括一连串这样的军事行

动，并运用苏联人所谓的“作战艺术”，即对“联合兵种”（即武装力量的不同分支）的精细管理，开展大纵深战役和大纵深作战。该理论与大约同一时期德国人提出的闪电战概念很相似，后者是利用密集的坦克纵队在狭窄锋面上取得突破，然后从背后包围敌军。不过，苏联人还不像德国人那样以坦克为核心，而是强调多兵种的联合作战；除了独立作战之外，坦克还可以在联合作战中发挥支援作用。与德国人相比，他们考虑得比较多的是坦克在作战中与炮兵、步兵、骑兵还有空军的协同性和同步性。

按照这一新的理论，红军在1932年成立了世界上第一个机械化军：它有两个编队，每个编队都有数百辆坦克和装甲车，并有步兵、炮兵和空军小分队的支援。万一发生战争，机械化部队将成为陆军的核心打击力量。到1936年时，苏军已经拥有4个机械化军、6个机械化独立旅和4个坦克独立团。但是，在实施大纵深战役和大纵深作战方面，一些实际的困难很快就暴露出来。在大纵深战役中，怎样为参加攻击的坦克补充燃料和给养？行动缓慢的步兵和炮兵如何跟上行动迅速的机械化部队？中央指挥部（在野外通信还不是很先进的时代）怎样为在敌方腹地行动的部队提供指导？至少是理论上的解决这些难题的办法是：让坦克放慢速度，好让它们的补给能够跟得上；用摩托化来加快步兵和炮兵的行动速度；对各联合兵种进行更加严格而集中的控制与协调。[17]

在两次世界大战的间隙期，红军在理论和实践的发展方面的关键人物是伏龙芝的继任者米哈伊尔·图哈切夫斯基（Mikhail N. Tukhachevsky），他在20世纪20年代担任总参谋长并在20世纪30年代成为副国防人民委员。[18]朱可夫第

一次见到图哈切夫斯基是在 1921 年镇压坦波夫省农民暴动的时候。他对图哈切夫斯基非常钦佩：“他通晓军事科学的
38 各个方面。他作为一个聪明而博学的职业军人，对于战术战略的问题了如指掌。他对于不同兵种在现代战争中的作用有着深刻的理解，因而能够创造性地处理各种问题。……图哈切夫斯基是伟大的军事思想家，是红军优秀军人中的一颗璀璨的明星。”[19]

由于相对来说级别较低，而且对理论或参谋工作没有多大兴趣，朱可夫在确立红军的军事思想方面看不出起到了什么作用，但他确实领会了大纵深战役和大纵深作战的精神和方法。事实证明，这对他后来作为一名将军的实践有非常大的影响。他后来特别强调 1936 年的《野战勤务临时条例》的影响。按照它所制定的原则，红军是作为一支以进攻为主的军队来解决战役和作战问题的；它将调动多个兵种，联合攻击敌方的纵深：

> 使用坦克、大炮、航空兵以及搭乘坦克的步兵发动大规模突袭，作为现代消灭敌人的主要手段，使得向敌方阵地的整个纵深同时发起进攻成为可能，目的是分割和彻底包围并歼灭敌人。[20]

不过，到这些条例颁布的时候，红军内部对大纵深战役和大纵深作战理论的批评已越来越多。1936 年 7 月爆发的西班牙内战对红军作战思想的改进与修订产生了重要影响。当时，弗朗西斯科·佛朗哥（Francisco Franco）将军和由保守派、君主主义者及法西斯分子结成的同盟，发动了武装叛乱，反对由选举产生的共和派政府。2000 多名苏联军事顾

问参加了西班牙内战，而且苏联也是共和派政府的主要军火供应国，提供了大量的坦克。西班牙内战的两个主要的教训似乎是：首先，坦克经不住大炮和反坦克武器的打击，所以，要是正面交锋，坦克部队会损失惨重；其次，如果没有步兵的紧密支援，坦克难以取得决定性的成果。这使苏联的军事思想更加强调多兵种联合作战的重要性（它反对坦克独立作战）和坦克对步兵的支援作用。1939 年 11 月，苏联 39
决定解散机械化军并将坦克编成较小的作战单位分散到整个武装力量之中，原因之一就是西班牙内战的经验。

冉冉升起的明星

1930 年春天，当朱可夫结束其在伏龙芝军事学院的培训时，他还是个不知名的中级骑兵指挥官，只不过正处在上升期。1930 年 5 月 17 日，未来的元帅和国防人民委员、当时的骑兵军军长 S. K. 铁木辛哥（S. K. Timoshenko）写道，在之前的七年，朱可夫把自己团的士气和备战工作都提升到最高水平。[21]朱可夫在当月得到晋升，指挥第 7 萨玛拉师第 2 骑兵旅，其中包括第 40 团和他以前所在的 39 团。此时，第 7 师师长是朱可夫的老同学罗科索夫斯基，朱可夫被任命为旅长想必和他也有关系。从罗科索夫斯基 1930 年 11 月给这位新旅长写的鉴定中就可以看出朱可夫此时的个性和业务能力：

> 坚定，果断。有主动精神并知道怎样把它运用到自己的工作中。一贯严格要求。在个人交往中有点冷漠，不够婉转。明显有点固执。非常自负。在军事问题上准备得很充分。拥有大量的实际指挥经验。热爱军队工作

> 并总是追求完美。可以看出，他的能力有进一步发展的空间。有威信。这一年，他的旅在操练和步枪的战斗训练方面，以及整个旅的战术和作战方面，都收到重大的成效。熟悉并关心动员工作。对节约使用武器装备以及马匹管理中存在的问题，都给予了应有的关注，而且取得了积极的成果。政治方面也做好了充分的准备。把他安排在这一岗位上是完全正确的。只要经过适当的培
> 40 训，他可以成为师长或机械化部队的指挥员。不能安排他从事参谋和教学工作——他讨厌那样的工作。[22]

此后不久，即 1931 年 2 月，朱可夫又得到晋升，这次是骑兵监察部助理。[23]骑兵监察部的总部设在莫斯科，朱可夫在那里的工作是负责军事训练。他还被选为自己所在的党支部的书记。监察部的工作与亚历山大·华西列夫斯基（Alexander M. Vasilevsky）所在的国防人民委员部的作训部有密切的联系。卫国战争期间，朱可夫和他发展起了亲密的私人关系和工作关系，当时华西列夫斯基是总参谋长，朱可夫是斯大林的副最高统帅。

华西列夫斯基出生于 1895 年。因为他的父亲是俄罗斯东正教神父，所以预定要成为神职人员。1914 年，战争的爆发中断了他在神学院的学习。华西列夫斯基与红军精英中的大部分人都不一样，他出身于步兵而不是骑兵。一战期间，他在西南战线作战并升为上尉。加入红军以后，他在内战结束时成了副团长。由于受过教育，华西列夫斯基倾向于被安排去从事教学、训练和参谋工作。但由于其“资产阶级”背景，他直到 1931 年才成为预备党员，1938 年才转为正式党员。

华西列夫斯基在自己的回忆录中说，朱可夫的“军事才能一年比一年突出。我记得在他指挥骑兵师和骑兵军以及成为白俄罗斯军区副司令员的时候，他的能力在自己的同志中间，得到了一致好评”。[24]

1931年10月，朱可夫在监察部的上司、俄国内战时期第1骑兵集团军的传奇司令谢苗·布琼尼（Semyon Budenny），在给朱可夫的鉴定中得出的结论，与罗科索夫斯基的结论非常相似。朱可夫是“一个有着强大的意志力的同志，对自己以及自己的下属要求非常严格……没有必要那么严厉和粗暴”。不过，他在军事和政治方面是个全面的好同志，布琼尼最后说，能指挥一个师，甚至主管一个骑兵学校。[25]

朱可夫在指挥中往往过于严厉，他在多年之后终于承认 41
了这个错误。“过去有人说我对部属要求太严，但我当时认为，这对于一个布尔什维克的指挥员来说，是绝对必要的。现在回过头来想想，我承认自己有时候要求太严了，对自己下属的过错不够冷静和宽容……对于他们的工作或行为，我见不得任何的懈怠。他们有些人不能够理解这一点，而我呢，当时对人性的弱点或许不够宽容。”[26]

朱可夫在骑兵监察部的工作涉及安排野战部队和参谋机构的演习、组织军演、召开作训军官的会议、交流情况和经验。他还参与制定了20世纪30年代初的《红军骑兵勤务条例》，当时正在把机械化部队以及炮兵和坦克部队并入骑兵部队。[27]

在骑兵监察部工作了两年之后，1933年3月，朱可夫被安排去指挥驻扎在白俄罗斯斯卢茨克（Slutsk）的第4（伏罗希洛夫）骑兵师。朱可夫在第4师（在它从第3骑兵军划归第6哥萨克军之后于1936年更名为第4顿河哥萨克师）干了四年。在此期间，他“一心想让自己的师成为红军中最优秀的集体”。他麾下有第19、20、21、23骑兵团，以及第4骑炮团和第4机械化团。据朱可夫说，该师在他接手时的情况很差，因为在它从列宁格勒调到白俄罗斯之后，前十八个月的时间一直忙于给自己修建营房和马厩。“结果，一个训练有素的师变成了一群不称职的劳动力。更糟糕的是，建材短缺和多雨天气等不利因素，使得冬季的防寒工作没能够及时做好，影响了士气和斗志。纪律松弛了，马匹生病的比例也增加了。”[28]朱可夫解决问题的办法就是反复的训练和演习，同时狠抓纪律。到1935年的时候，朱可夫已经扭转了该师的局面，他和自己的部队因此都获得了“列宁勋章”。该师驻地在白俄罗斯军区，这就意味着它参
42 加了红军为准备机械化战争和贯彻大纵深战役及大纵深作战思想而举行的所有重大的演习。因此，朱可夫对于自己的第4机械化团及其坦克的表现十分关注。

曾任第4骑兵师参谋长的L. F. 米努克（L. F. Minuk）回忆说，朱可夫是个精力充沛、有组织有纪律的指挥员，他对细节一丝不苟，对自己和下属同样要求严格。米努克完全认可朱可夫的指挥风格，因为它效果很好，而且就应该那样，因为第4师驻扎在边境地区，一旦发生战争，遇到敌人的进攻，它就会首当其冲。“如果一个指挥员在我面前都控制不住自己，犹豫不决，那在战斗中我们还能指望他什么?”这话朱可夫曾多次对米努克说过。但朱可夫不单是批评自己的指挥员，米努克说，他还纠正他们的错误，并照顾他们个人的需要——例如，帮助他们解决家庭和健康问题。工作之外，米努克回忆说，对朱可夫来说不存在官阶和等级，他可以变得很随和：“在他的身上，我从来没有发现任何自负、傲慢或自大，但是在与下属的工作关系和非工作关

系之间，是有明显的界限的。”[29]

对朱可夫的回忆往往要么是赞美，要么是指责，而在这里，米努克站在哪边，是显而易见的。但米努克的回忆与这样一幅正在浮现出来的画面是一致的：一个强硬但很受人尊敬的指挥官，他能让人既爱又怕。最重要的是，这个人满怀成功的愿望。

朱可夫的回忆录很少提及自己的个人生活，写的几乎全都是他的军队生涯。我们对他在20世纪30年代私生活的了解，是来自其长女叶拉的回忆。显然，朱可夫在家中就和他在工作中一样讲究秩序，他不喜欢迟到或不守信用。无论是虚伪还是不诚实，他在家中都不会容忍。在叶拉的记忆中，她的父亲总是在读书和研究。这样的说法得到了她的妹妹——1937年出生于斯卢茨克的埃拉的证实。她说，书籍在朱可夫的家中总是占据着中心位置。叶拉的回忆有助于我
们了解她们的母亲亚历山德拉。她对朱可夫忠贞不渝，既是 43
他的妻子，又是他的助手。例如，结婚头几年，她帮助他进一步提高俄语水平。亚历山德拉为人随和，交朋友——包括与朱可夫那些同事们的妻子——比较容易。朱可夫深爱着他的妻子和家人，就像她们也深爱着他一样，这一点叶拉和埃拉都深信不疑。[30]即便考虑到由于子女之爱而难免会有的一些夸大的地方，朱可夫在红军中的事业有成显然也离不开他家人的支持。两位女儿对他的回忆还表明，朱可夫就像许多军人一样——实际上，男人一般都这样——也把自己的情感能量留着用在工作中。

1937年7月，朱可夫又升了一级，他被任命为白俄罗斯军区第3骑兵军军长。接着，在1938年3月，他被调往第6哥萨克军——他对这个安排非常高兴，因为他先前领导

的骑兵第4师就在这个军。作为军长，朱可夫主要考虑的是如何把骑兵用于机械化军队的战斗中以及在作战和战略上的问题。他还通宵达旦地学习马克思列宁主义经典著作——那“绝不是件容易的事!”他在自己的回忆录中强调说，“尤其是学习卡尔·马克思的《资本论》和列宁的哲学著作。”[31] 1938年6月，他被任命为白俄罗斯军区副司令，专门负责骑兵部队和坦克旅的训练工作。

朱可夫在20世纪30年代升迁的速度相对来说是比较快的，那是因为形势出现了两点非常重要的新变化：一是苏联武装力量在20世纪30年代扩军的幅度非常大；二是斯大林在1937~1938年对红军的大清洗。

从1932年到1939年，苏联的国防开支从占预算的10%增长到25%。20世纪30年代初，红军的数量增加到将近100万；到30年代末，编制人数达到400多万。红军的扩编基本上是通过把地方的预备役师转为正规师和把服役时间从两年延长到三年来实现的。从1932年到1937年，国防预算的绝对增长量是340%；然后在1937年至1940
44 年又翻了一番。到1939年的时候，苏联每年生产的飞机有10000多架，坦克近3000辆，火炮17000多门，机枪114000多挺。此外，军官的薪水和待遇也有了大幅改善。1939年时，朱可夫的军长年薪是2000卢布，这相当于1934年军长年薪的三倍。[32]

大规模重整军备的计划的起因，要追溯到1927年的战争恐慌。当时的苏联人相信，英国人和波兰人正在策划联手发动进攻。苏联人在检查自己的防御工事时，发现它们不堪一击。那次检查恰逢苏联开始实施自己的第一个工业化五年计划，该计划有望使红军获得加强其军事实力所需的技术资源。

1931年，日本入侵中国东北，这加重了人们对于苏联国防状况的担忧。苏联人在中国有许多利益，特别是边境安全，而且他们担心，日本人的进攻可能会演变为更大范围的地区冲突，从而把自己卷进去。另外，1933年1月，阿道夫·希特勒和纳粹在德国上台，而纳粹政治主张的核心就是反共反苏。希特勒在《我的奋斗》中宣称，要在俄罗斯谋求日耳曼民族的“生存空间”。为了应对这些严峻的威胁，苏联人在这个十年余下的时间里，试图建立一个由反对日本尤其是反对德国威胁的各国组成的国际同盟。但是，要保卫自身的安全，重整军备之后的红军才是苏联人的根本依靠。

武装力量的发展为朱可夫这样的有才能的职业军官提供了前所未有的事业机遇。在红军中服役的地位也提高了，这尤其是对于高级指挥官来说。1935年9月，红军基层和中层又开始采取正式的军衔——中尉、上尉、大尉、少校和上校。不过，那时还没有将军衔，旅、军一级指挥官的名称依旧是按照他们的职务来定的。虽然红军中没有将军，但元帅倒是有的。1935年11月，这一头衔被授予K. 伏罗希洛夫（Kliment Voroshilov）、图哈切夫斯基、总参谋长布琼尼、A. I. 叶戈罗夫（A. I. Yegorov）和远东集团军司令V. K. 布柳赫尔（V. K. Blukher）。

斯大林主义的恐怖 45

20世纪30年代末，斯大林对红军的大清洗是影响朱可夫职业生涯的第二点新变化。这并不是第一次对红军的清洗，20世纪的20年代以及30年代初就已经搞过几次了，当时清洗的对象是前沙皇军队的军官和那些同情列夫·托洛茨基（Leon Trotsky）的人——后者是斯大林的主要竞争对手，从1929年开始流亡国外。不过，在1937年的清洗中，苏军统帅部第一次被卷了进去。1937年5月开始的清洗惊心动魄：图哈切夫斯基元帅和另外7名高级军官遭到逮捕，罪名是叛国和勾结纳粹德国、阴谋推翻苏维埃政府。6月，所有被告都受到秘密审判、被判有罪并执行枪决。判决书公布在苏联媒体上。审判后不到十天，又有另外980名军官被捕。在大清洗中，从武装力量中开除的军官有34000多名，这其中也包括罗科索夫斯基，他于1937年8月遭到逮捕和监禁。最后虽然有大约11500名军官恢复了名誉（罗科索夫斯基也在其中），但大多数人不是被枪毙了就是死在了牢里。死者中包括3名元帅（图哈切夫斯基、叶戈罗夫和布柳赫尔）、16名将官、15名海军将领、264名上校、107名少校和71名中尉。不过，军官中损失最严重的是政治委员，他们中有数千人死于清洗。作为武装力量中政治正确的维护者，在军官们的政治忠诚受到怀疑的时候，他们很容易成为替罪羊。而且，政治委员也是许多职业军官憎恶的对象，所以有些人乘机告发他们。

没有人真正知道清洗的确切起因，但是，斯大林似乎是真的以为红军中有人对他构成了威胁，尽管现在并没有发现一点点不忠或图谋不轨的证据。二战之后，斯大林对军队进行清洗时的所有受害者都得到了平反，其中有许多是在20世纪50年代中期朱可夫主管国防部的时候。[33]

武装力量并不是斯大林发泄其愤怒与偏执的唯一对象。在1934年12月列宁格勒党委书记谢尔盖·基洛夫（Sergey
46 Kirov）被暗杀之后，许多党员遭到逮捕，他们被怀疑参与了杀害苏联领导人的阴谋。20世纪30年代中期，布尔什维克党的前领导人纷纷受到政治公审，对他们的指控是：特务、破坏分子和阴谋反对斯大林。受到缺席审判的首席被告是托洛茨基。1940年，他在墨西哥被斯大林的特工人员暗杀。接下来就是以斯大林的安全首脑尼古拉·叶若夫（Nikolai Yezhov）的名字命名的所谓“叶若夫时代”——疯狂追查莫须有的“内部敌人”，导致大批党政官员被捕和被处决。这一连串的事件，就是人们所说的“大恐怖”。在这段时期，政治高压和官方许可的暴力活动搞得人心惶惶，数百万人被捕，数十万人被处死，而且基本上都是在1937～1938年。在这种背景下，对军队的清洗相对来说还算是克制的；与其他苏联人民的遭遇相比，除了对统帅部的打击之外，这算是比较轻的。[34]

这些事件对朱可夫产生了怎样的影响呢？在其于苏联时代出版的回忆录中，朱可夫强调说，1937年“那年的没有事实依据的逮捕，违反了社会主义法律。杰出的军队领导人遭到逮捕，这自然影响到我们武装力量的发展和备战”。[35]在其死后出版的后苏联时代版本的朱可夫回忆录中，他对斯大林的清洗谈得比较多。其中，他指名道姓地提到了自己直接知道的一些非常有名的受害者，提到自己因为与他们有联系而遭到怀疑。他还讲述了他怎样为手下的一名在党的会议上遭到攻击的师长出面说话，并取得了成功。在朱可夫对大清洗的叙述中，最令人感兴趣的，是说他怎样在第6骑兵军的党委会议上受到指控，罪名是态度严厉、粗暴，并与“人民的敌人”有着可疑的良好关系。朱可夫为自己做了有力的辩护，扭转了会议的势头，因而逃脱了被审查和可能遭受的被开除党籍的命运——要是那样，接下来就要被逮捕了。[36]

据叶拉和埃拉说，她们的父亲当时预计到随时会遭到逮捕，所以就准备了一只包袱，以防万一。在 1971 年的一次采访中，朱可夫告诉苏联作家兼记者康斯坦丁·西蒙诺夫：

> 47 在我的一生中，1937～1938 年的那段时间最难熬。有关我的那些必然是灾难性的文件已经准备好了；显然，它们已经很充分了，某个地方有人带着装有这些文件的公文包正在匆匆奔走。总之，事情是这样的：早晚我会和其他许多人一样……然后，在这所有的一切之后，突然来了电话，要把我调到哈拉哈河！……我高高兴兴地去了那里。[37]

问题在于，朱可夫对事情经过的说法现在还得不到文献证据的支持，而且只有一位幸存的见证人，那就是他自己。朱可夫自己把自己说成是差点儿成为大清洗的受害者，现在看来似乎是有意为之，这是为了堵住别人的嘴巴，省得别人说他是大清洗的受益者，尽管他被提升为第 3 军和此后第 6 军的军长恰好是因为他的前任们遭到了清洗。另外，如果朱可夫的行为实际上就像他在自己的后苏联时代版本的回忆录中所描述的那样，那毫无疑问，他也会加入他们的行列。只有那些规规矩矩、不招惹任何是非的人——应该说这在武装力量中是绝大多数——才能在大清洗中幸存下来。不过，这并不是说清洗没有给朱可夫带来烦恼，或者没让他感受到某种实实在在的惶恐。但现在很难回避这样的结论，即当时朱可夫与大多数苏联公民一样，不想招惹麻烦，所以就把自己的怀疑憋在心里，并这样来安慰自己：斯大林一定清楚他自己在干什么。[38]

朱可夫声称他只是因为在 1939 年 5 月被派往哈拉哈河

才逃过一劫，这种说法同样也有问题。要是对他的忠诚有怀疑，苏联领导层为什么还要把如此重要的任务交给他呢？再说了，朱可夫被派往哈拉哈河，不是去打仗，而是去调查在中蒙边界与日本人发生冲突期间当地军事领导工作的失败之处的。实际上，他是被派往远东搞清洗的。苏维埃体制的严厉性和压制性又一次帮了朱可夫的忙。

4

一将成名：哈拉哈河，1939

48 1939 年 5 月，由于苏日军队在中蒙边界的哈拉哈河发生了一连串的流血冲突，朱可夫被派往远东，领导一个督查小组调查与日军作战的第 57 特别军军长 N. V. 费克连科（N. V. Feklenko）“工作不能让人满意”的原因。国防人民委员克莱门特·伏罗希洛夫在 5 月 24 日的命令中对朱可夫的任务做了详细的交代：“调查第 57 军军长及其参谋人员在作战训练方面的工作，以及该军军长为了使部队做好行动准备，采取了哪些措施支持自己的部下；核实第 57 军人员的数量及构成、该军武器给养的状况及保障情况。如发现作战训练方面存在不足，立即与该军军长一道采取果断措施予以纠正。”[1]

朱可夫之所以被委以重任，是由于 20 世纪 30 年代初他在骑兵监察部工作过，以及他在作战训练方面的鼎鼎大名。在被调往远东的前一年，他作为白俄罗斯军区副司令员，具体负责的就是骑兵部队和坦克旅的训练；而总参谋部的看法则是，在与日本人即将进行的作战中，装甲力量及快速移动会在哈拉哈河地区平坦的开阔地带发挥重要作用。

5 月 24 日，朱可夫给自己的妻子亚历山德拉写信说： 49

爱妻：

今天我和人民委员在一起。我想，事情进展得非常顺利。我要执行一项长期的任务。人民委员说大约需要三个月的时间。

首先我要请求你不要抹泪，要坚忍、坦然地面对这次痛苦的离别。想想看，亲爱的，非常困难的工作就摆在我面前，而我，作为一名党员和红军指挥员，必须以身作则，迎难而上。你是了解我的，我不喜欢对工作马马虎虎，但我又放心不下你和我们的孩子。我请你为我创造这种安宁。拜托你，尽你最大的力量……至于我，你可以百分之百地放心。

你的眼泪让我很伤心。但我理解，这对你来说也很难。

深情地吻你，吻我亲爱的女儿们。

你的若尔日（Zhorzh）[2]

苏日对抗

哈拉哈河地区冲突的根源在于俄日之间在中国的长期竞争。[3]出于战略和经济方面的考虑，这两个国家在 19 世纪后期就深深地渗透进了中国。1894 ~ 1895 年的中日战争使得日本从中国皇帝的手中夺走了对朝鲜的控制权。中国还将辽东半岛割让给日本。不过，在法国和德国的支持下——这两个国家同样担心日本在中国的渗透，因为它们在那里也拥有广泛的利益——俄国向日本人施压，要他们放弃对辽东半岛

的控制权。随后，俄国人进入辽东半岛，并从中国人那里租
借了亚瑟港（旅顺）作为海军基地，从而使他们拥有了终
年不冻的通向太平洋的出海口。为了打通与亚瑟港的陆上交
50 通，他们开始修筑后来所谓的“中东铁路”①。这条线路贯
穿满洲（中国东北的旧称），并与符拉迪沃斯托克及“跨西
伯利亚大铁路”连在一起。他们还开始蚕食日本在朝鲜的
经济利益。这一切引起了日本人的警觉。他们试图通过谈判
与俄国人达成交易，用俄国在满洲的霸权来换取其对日本人
在朝鲜的控制权的承认。谈判失败后，日本人于 1904 年 2
月偷袭了驻扎在亚瑟港的俄国舰队。

在 1904～1905 年的日俄战争中，沙皇军队无论是在陆上还是在海上，都连连败北，包括丢掉了亚瑟港。双方伤亡数万人。俄国的军事失败是促成 1905 年革命的原因之一。当时爆发了一连串的罢工、抗议和暴力骚乱，目的是逼迫沙皇尼古拉二世改革其独裁政权。1905 年 9 月，内外交困的沙皇不得不与日本签订了耻辱的《朴茨茅斯条约》。根据条约，俄国人被迫撤出满洲，承认日本在朝鲜的统治地位，并将俄国自 1875 年起占领的萨哈林岛南半部分的控制权归还给日本人。此外，日本人还获得了中东铁路南段的控制权。

---

① Chinese Eastern Railway，指 1898～1903 年沙俄为强化其在远东的利益，依据 1896 年与清政府签订的《中俄密约》在中国东北修筑的以哈尔滨为枢纽的“T”字形铁路线，其东西向的干线经满洲里—哈尔滨—绥芬河分别与俄境内的赤塔及符拉迪沃斯托克相连，从而贯通了沙俄的西伯利亚铁路。日俄战争战败后，沙俄将中东铁路南向支线长春至大连段转让给日本。“九一八”事变后，由于日本势力在东北的扩张，当时的苏联政府单方面将中东铁路其余部分的路权卖给了日本人。中东铁路的名称在历史上几经变化。建筑之初曾称“东清铁路”，中华人民共和国成立后称“中国长春铁路”，在这之间又曾称“中国东省铁路”，简称为“中东铁路”“中东路”。——译者注

俄日之间接下来的冲突发生在1917年布尔什维克夺取政权之后。1918年夏天，7万日军以美、英、法军队为后援，在符拉迪沃斯托克登陆，并与布尔什维克在西伯利亚的反对势力联合起来。此次武装干涉的背景是，1918年3月苏维埃政府与德国签订和约，俄国退出第一次世界大战。日本与西方国家联合组成远征军，表面上是为了保障它们给前俄国盟友所提供的战争物资的安全，实质上是为了更广泛地干预俄国内战，推翻布尔什维克革命政权。在布尔什维克赢得内战之后，1920年4月，西方国家的军队撤出了西伯利亚，但想在西伯利亚建立永久基地的野心勃勃的日本人，又在那里赖了两年，只是由于苏联人的坚决反对，他们才最终撤走。

但日本在朝鲜和中国东北的势力依然根深蒂固——前者 51
于1910年被日本人吞并，后者则有关东军保护着日本人控制的中东铁路南段及其周围地区。1931年9月，日本关东军借口部分铁路线路遭到蓄意破坏——据说是中国的民族主义异见分子所为——入侵并占领了中国东北。1932年2月，日本人在满洲成立了名为“满洲国”的傀儡国家。

苏联人对事态的发展忧心忡忡，他们担心日本帝国主义再次觊觎西伯利亚。1932年12月，日本人拒绝签订苏联人提出的互不侵犯条约，这让苏联人的担心变得越发强烈。莫斯科采取的对策是，不断加强苏联在远东地区的军力。

对莫斯科而言，最紧迫的问题就是如何处置伪满洲国境内的中东铁路北段。它们是由苏联人控制的，但此时却在日本人的地盘上。解决这个难题的办法就是在1935年3月把铁路卖给了日本人。但在当时，苏联和伪满洲国之间的边境领土争端是个更加棘手的问题，由此引发的一连串边境冲突把苏联和日本的军队都卷了进去。1936年11月，日本与纳粹德国签订《反共产国际协定》，进一步加剧了苏日之间的紧张状况。该协定表面上是针对“共产国际”——它是布尔什维克于1919年为挑动世界革命而成立的——实际上矛头对准的却是苏联。它还含有一个秘密协议：如日本和德国当中的任何一方卷入与苏联的战争，另一方都将保持善意的中立。该协定使斯大林更加相信，日本的特务和破坏分子已经渗透进西伯利亚，于是，他便大肆逮捕居住在该地区的土生土长的朝鲜人和日本人。

1937年7月，日本入侵中国华北，并很快占领了北平和上海。在中日战争期间——它被许多历史学家视为最终演变为第二次世界大战的全球性冲突的开始——苏联成了中国的主要军火供应国。从1937年到1941年，苏联为中国提供了904架飞机、82辆坦克、602辆拖拉机、1516辆汽车、1140挺重机枪、9720挺轻机枪、50000支步枪、1.8亿发子
52 弹、31600枚炸弹和200万发炮弹。在华的苏联军事顾问有数百名，其中包括许多飞行员。[4]

苏日关系中特别棘手的是蒙古与伪满的边界问题。1924年作为苏联的附庸国而成立的蒙古人民共和国曾是中国的外蒙古。在日本人占领满洲之后，蒙古与伪满政府之间的边界争端开始增多。由于争端逐渐升级，莫斯科在1936年3月签订了苏蒙互助条约，意在表明其维护蒙古和反对日本蚕食的坚定立场。

在1939年的哈拉哈河战役之前，最严重的事件是1938年苏联远东军与日本关东军在朝鲜、满洲及与苏联接壤的哈桑湖（Lake Khasan）地区发生的师级强度的冲突。经过一番激战，日本人后退了，没有挑起进一步的对抗，而是接受了苏联划分的边界。如果态度强硬，日本人就会退让，这一点苏联领导层并不是没有注意到。

总的来看，尽管是苏联人取得了胜利，但红军在哈桑湖战役①中的表现也暴露出一些问题。经过调查之后，远东集团军在1938年被解散，取而代之的是两个独立的集团军群。苏联人还决定成立第57特别军，专门部署在蒙古。

哈拉哈河冲突与伪满和蒙古的边界的划分有关：边界是像日本人说的沿哈拉哈河，还是像蒙古人说的在这条河以东的地方？争端牵涉到的是一片数平方英里的荒无人烟的地区的归属问题，所以，这一争端对于苏日双方来说，其实都不太重要。但由于苏日之间在中国问题上积怨已久，争端的意义就被放大了：要紧的是苏日之间在远东的权力关系和两国之间万一发生更全面的军事冲突谁有可能占得上风的问题。

远赴蒙古 53

在5月24日接到伏罗希洛夫的命令后不久，朱可夫就抵达了位于塔木察格—布拉克（Tamtsak-Bulak）的第57军司令部。5月30日，他和他的督查小组向伏罗希洛夫呈交了报告，认为5月28日和29日在哈拉哈河以东地区与日军的战斗“格外混乱”，结果苏军有71人阵亡、80人负伤、33人失踪。朱可夫在报告中说，作战之所以组织混乱，是由于战术不当、战役管理计划不周密和未能料敌在先。[5]6月3日，朱可夫在给伏罗希洛夫的报告中写道，在军指挥部的参谋人员当中，称职的只有参谋长库谢夫（Kushchev）。至于费克连科，“无论是作为布尔什维克还是作为个人，都很好，绝对忠于党的事业，而且他也很尽力。但是从根本上来说，他做事缺乏条

① 即“张鼓峰事件”。——译者注

理，目标不够明确。要对费克连科做出更全面的评估，只能等到对他有进一步的了解之后”。[6]当时在蒙古的还有空军副司令 Y. V. 斯穆什克维奇（Y. V. Smushkevich），他被派到哈拉哈河是为了支援对日空战。从在白俄罗斯军区那时候起，他对朱可夫就非常了解。6 月 8 日，斯穆什克维奇向伏罗希洛夫报告称：“我最后的结论是，军指挥部和费克连科本人都不称职……毫无疑问，军指挥部没有做好作战的准备工作，或者说准备得很糟糕……朱可夫现在正在进行整顿。在我看来，最好是让他暂时代理军长。”伏罗希洛夫当天给斯穆什克维奇答复说同意他对形势的分析，并告诉他会撤换费克连科。[7] 1939 年 6 月 12 日，朱可夫被任命为第 57 军军长。

朱可夫以他特有的魄力和决心投入到自己的新的指挥工作之中。他一上来就采取措施，打算主要依靠特工渗透、空中侦察和对在押人员的审讯，建立起一套情报系统。没有这样的情报系统，朱可夫在 6 月 16 日给伏罗希洛夫的电报中说，“我们对敌人就没有全面而清晰的了解”。朱可夫的另一个举措是改进训练，尤其是整顿 57 军的纪律，为与日军即将
54 开始的战斗做好准备。7 月，战火重燃。当时的日军试图赶走哈拉哈河东岸阵地上的苏军并在河西岸建立起自己的桥头堡。红军在激战中遭受了重大伤亡。从 5 月 16 日至 7 月 25 日，57 军的伤亡超过了 5000 人，且大多数伤亡发生在 7 月的战斗中。所以，毫不奇怪，朱可夫在纪律方面变得越发地强硬。按照命令，指挥员和政委本人要为自己部队的战斗表现负责。要是他们未能执行命令，就会受到军法审判和严厉处罚。7 月 13 日，朱可夫下达命令，枪毙两名怯战的士兵。在分发给 57 军全体指战员的这项命令的最后说：“保卫蒙古人民共和国的劳苦大众，使他们免遭卑鄙的入侵者的蹂躏，这项崇高的荣

誉已经落到我们这些有着一亿七千万人口的民族的子孙身上……我要你们拿出自己的勇气、男子汉的气概、胆量、勇敢和英雄主义精神。让卑鄙的懦夫和叛徒去死吧！”[8]

七月战斗的中途发生了一件小插曲，它对朱可夫个人产生了很大影响。副国防人民委员 G. I. 库利克（G. I. Kulik）来到哈拉哈河督战。7 月 13 日，他命令朱可夫把河东的苏军大部撤到河的西岸。在执行纪律方面一向毫不含糊的朱可夫立即行动起来，但当莫斯科的总参谋部看到他的战况报告并发觉了正在发生的事情之后，他们命令他停止后撤。在 7 月 14 日与总参谋长鲍里斯·沙波什尼科夫（Boris Shaposhnikov）的通话中，朱可夫解释说，他是在按照库利克的命令行动，但既然要他停止后撤，那他就会停止后撤。伏罗希洛夫当天也发电报给朱可夫，严令不准后撤。在此期间，库利克向莫斯科求援，要求支持他的决定，但伏罗希洛夫未予理睬，而是命令他不要插手 57 军的事务。[9]

此事透露出莫斯科做出的一项重要的组织决定。至当时为止，第 57 军在形式上一直隶属于 G. M. 什捷尔恩（G. M. Shtern）指挥的方面军群。1939 年 7 月 5 日成立的这个方面 55
军群统辖所有部署在西伯利亚和远东的苏联军队。7 月 19 日，57 军被编入第 1 集团军群，并可以单独采取军事行动，不受什捷尔恩方面军群的节制。之所以做出这一特别安排，目的是要保证：除了莫斯科总参谋部的直接指令之外，朱可夫的行动不会受到其他方面的干预。伏罗希洛夫和沙波什尼科夫看来是想在即将打响的战役中，避免再次发生像库利克那样的事情。指挥结构在 7 月 31 日定了下来，这一天，朱可夫正式从师级指挥员提升为军级指挥员——这相当于西方军队中的将军。

制订战役计划

什捷尔恩的方面军群继续参与了哈拉哈河战役的计划与准备工作。7 月 27 日，什捷尔恩给朱可夫下达指示，要他在 7 月 31 日之前拿出歼灭日军并将其逐出蒙古领土的计划。虽然朱可夫在回忆录中并没有把制订 1939 年 8 月的进攻计划说成是自己的功劳，但他确实让人产生了这样的印象，即他和他的参谋人员是这一计划制订工作中的核心。这听起来似乎是有道理的，因为他是前线指挥官，莫斯科也给了他行动的自主权。但是，8 月 10 日将计划草案交给莫斯科的是什捷尔恩，而且是什捷尔恩的参谋长 M. A. 波格丹诺夫（M. A. Bogdanov）制订了对战役进行周密部署的计划。[10] 朱可夫也许是该战役计划的执行者，但不是它唯一的设计者。

在红军为八月攻势所做的准备中，最重要的是增加哈拉哈河地区的苏军兵力。截至进攻前夕，第 1 集团军群下辖第 57 师和第 82 步兵师及第 36 摩托化步兵师、第 6 和第 8 蒙古骑兵师、第 7 和第 8 机械化旅和第 5 机枪旅、第 6 和第 11 坦克旅。朱可夫麾下总共有 35 个步兵营和 20 个骑兵连。在向日军进攻时，他能够调集 57000 人、500 多门大炮、近
56 900 辆坦克和装甲车以及 500 架飞机。与他对阵的日军有 25 个营又 17 个连，共计 75000 人，大炮和飞机的数量与苏军相当，但坦克和装甲车的数量要比朱可夫的少很多。[11]

要集中这样一支庞大的力量并做好供应和备战工作，后勤保障是一项艰巨的任务。这一地区荒无人烟，路况很差，最近的铁路卸货点也远在 400 英里之外。据朱可夫说，在卸货点和军营间往返一趟需要五天时间，所以苏联人不得不动

用大约 5000 辆卡车，把 18000 吨炮兵弹药、6500 吨航空兵弹药、15000 吨燃料和各种润滑油、7500 吨固体燃料、4000 吨食品和 4000 吨其他物资运进来。[12]

为了不让日本人察觉到自己的进攻意图和准备工作，苏联人非常注意做好他们称之为“欺骗”（*maskirovka*）的保密工作。物资和军队的调动都是隐蔽的，用于进攻的突击部队一直到最后时刻才展开。无线电通信还发出假情报，好像红军正在掘壕固守，而不是准备进攻。一本名为《苏军战士防御须知》的小册子被分发给部队，而且还故意把消息泄露给日本人。训练是秘密进行的，与计划草案有关的文件也只发给最高级的指挥人员。行动指令和作战命令只用一名打字员打印。[13]为了迷惑日本人，朱可夫还不断对敌军阵地发动局部进攻。“伪装”方面的这些花招收到了效果。关东军没有料到苏军正准备发动大规模进攻，所以当朱可夫开始进攻的时候，完全是出其不意，这是此次行动很快便取得惊人战果的主要原因。

8 月 17 日，朱可夫向第 1 集团军群下达了关于哈拉哈河攻势的总命令。[14]进攻将于 8 月 20 日开始；命令说，其目标是要包围并摧毁位于哈拉哈河以东蒙古境内的日军。朱可夫为此将自己的部队分成三个集群。作为朱可夫右翼的南部集群将发起主要打击，渡过哈拉哈河向诺门罕（Nomonhan）前进，目标是包围海拉斯台音河（Khailastyn-Gol，哈拉哈河的支流）以北的日军。在那里，它将与朱可夫的中央及北部集群会合，歼灭被围日军。北部集群的任务是进攻弗伊高 57 地（Fui Heights）的日军北翼，支援中央集群和南部集群对海拉斯台音河以北的敌军发起的强攻。朱可夫的装甲部队和机械化部队大部分集中在北部集群和南部集群。主要由步兵组成的中央集群，将对海拉斯台音河北、南两岸的敌军阵地发起正面突击。在后一种情况下，它还将与南部集群的部分兵力会合，实施另一项包围行动。朱可夫的司令部设在中部的哈马尔达巴（Hamar Daba），一支强大的机动预备队就部署在他的身后，准备用来扩大北部和南部集群的战果（见地图1）。

哈拉哈河大捷

8月20日星期天凌晨，进攻开始了。据朱可夫说，之所以选择这一天，是因为日军的许多高级军官没有料到苏军会发起进攻，星期天时他们还在休假。朱可夫在其回忆录中说：

> 早晨6点15分，我方炮兵对敌人的高射炮和高射机枪阵地猛烈开火。我方有些炮群则向我航空兵的轰炸目标发射烟幕弹。在哈拉哈河地区，正在进入战斗位置的飞机轰鸣声越来越响，震耳欲聋。150多架轰炸机和大约100架战斗机出现在空中……8点45分，各种口径的火炮和迫击炮开始向敌方目标开火……同时，我方飞机也袭击了战线后面的目标……9点整，当我航空兵猛烈扫射敌军并轰炸其炮兵阵地时，空中升起了红色信号弹，宣布进攻开始。攻击部队在炮火的掩护下发起了冲锋。[15]

行动基本上是照计划进行的。苏军的坦克和摩托化部队迅速占领了日军的步兵和炮兵阵地。苏联空军出动几百架次，

58

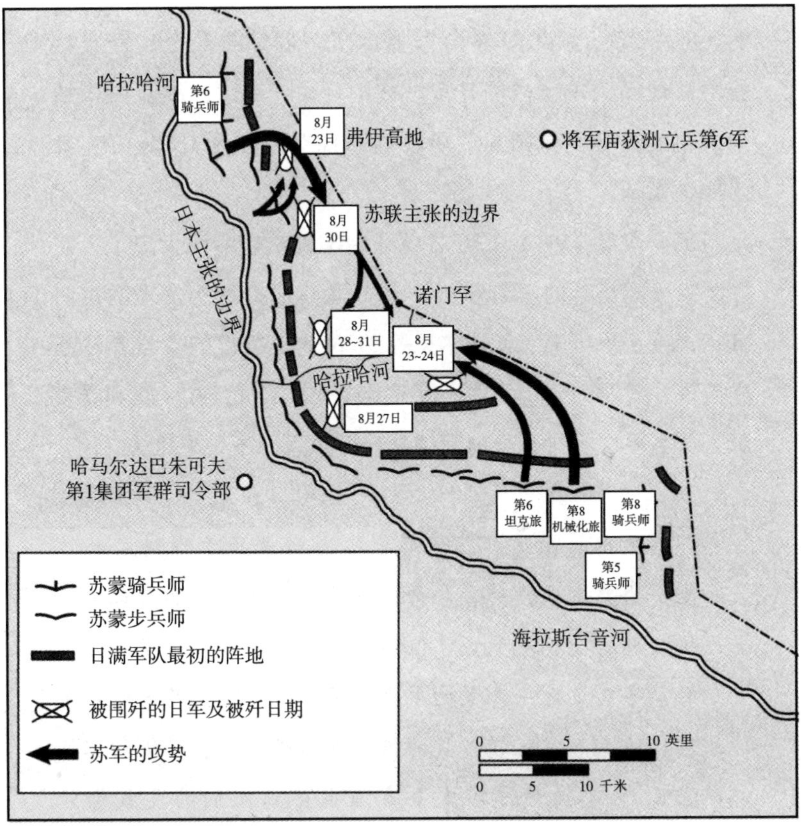

地图1　哈拉哈河战役，1939年8月20～31日

59 倾泻了86吨炸弹。苏联炮兵猛轰日军阵地，造成敌军的大量伤亡。8月24日，战事一度陷入胶着。当时，日军发动了反击，企图突破苏军在海拉斯台音河北岸布置的包围圈。但是，朱可夫投入了他的部分预备队，包括第6坦克旅，顶住了日军的反扑。经过三天的激战，日军反击的势头逐渐减弱。8月27日，朱可夫向第1集团军群发布命令，宣布哈拉哈河地区蒙古境内的日军已被围歼。[16]不过，战斗尚未结束，小股被分割包围并负隅顽抗的日军要在8月28～31日才能被肃清。

苏联政府早在8月30日就开始庆祝哈拉哈河大捷了。在国防人民委员部的《红星报》和苏联其他报纸上发表的声明宣布，授予朱可夫、什捷尔恩等31位此次战役的参与者“苏联英雄”称号（这是苏联的最高荣誉）。不过，在获奖和受表彰人员名单中，排在最前面的是什捷尔恩而不是朱可夫：

> 杰出的指挥员、伏罗希洛夫同志的才华横溢的学生、哈桑湖战役的领导者格里戈里·米哈伊洛维奇·什捷尔恩，出色地完成了他的军事使命。作为我党最著名的军事人才之一和党的中央委员会成员，他是勇敢的布尔什维克和军队指挥员的楷模。苏联英雄、军级指挥员G. K. 朱可夫的名字完全有理由得到人们的爱戴和钦佩。作为一个出色的组织者，一个有着不屈的意志和无穷的勇气的人，他把自己的部队牢牢地团结在一起，完成了政府所赋予的军事使命。[17]

有人根据这项嘉奖令推测，什捷尔恩与哈拉哈河大捷的关系也许要比后人相信的要大。其实，这当中的原因可能很简单，那就是在他们两人当中，什捷尔恩的级别更高（也更有名），而且起草政府公报的人也许并不知道总参谋部允许朱可夫便宜行事。

实际上，在八月攻势的准备过程中，什捷尔恩的确是起 60
到了核心作用，但主要的组织者和执行者还是朱可夫。战役期间他可以自行决策，如果考虑到这场攻势的进展和实现其作战目标的速度，这一点并不奇怪。朱可夫后来声称，在进攻开始后的第三天，什捷尔恩来找他，建议暂停两到三天，以便在继续包围日军之前调整部署并补充物资。朱可夫说他当时对什捷尔恩说得很直接：如果他是在提建议，那是一回事，但如果是在下命令，那自己就会越过什捷尔恩向莫斯科求助。不用说，什捷尔恩做出了让步，于是，朱可夫便继续发动进攻。[18]这种事也许真的有过，但更重要的是，这个故事说明，朱可夫与什捷尔恩的关系总体上比较紧张，而这种紧张又是由总参谋部在指挥上的不同寻常的安排所导致的。朱可夫是什捷尔恩的下级，而如果上级被排除在重大的指挥决策之外，那后者难免会产生不满。在 1940 年 12 月的统帅部会议上讨论哈拉哈河之战对于当代战争的教训时，两人的紧张关系将再次表现出来。[19]

由于战役在 8 月 28 日已临近尾声，朱可夫开始给自己的妻子写信——这封信是他在 9 月 1 日完成的：

我的爱妻！

给你献上问候和我所有深情的吻。我收到了你的许多来信和电报，但请原谅，因为战事繁忙，我无法回复。从 8 月 20 日开始，我一直在连续作战。现在，歼灭日本武士的任务就要完成了。歼灭（敌）军损失了

100多门大炮和大批各种类型的机器装备……

我要告诉你，战斗自始至终都很激烈。作为指挥员，我当然得工作，不能睡觉。那不算什么，只要有个好的结果。你记得我曾经从莫斯科给你写信说，必须以优异的表现来完成党的任务。我不知道这次冲突会如何发展。但愿它很快结束，那样，我们就可以团
61 聚了。今天我让通信员把这封信送给你。我想这会结束的。

今天我看到报道，说我获得了“苏联英雄”称号。显然，你已经知道这个消息了。政府、党和伏罗希洛夫给了我这样的荣誉，我要加倍努力，尽到我对祖国的责任。

深情地吻你。

直到我们很快重逢。

若尔日[20]

由于不清楚自己的妻子收到信没有，9月中旬朱可夫又给她写了信：

我还活着，活得很好。想必你从塔斯社的报道中听说了中蒙边界上的这场战役。现在你知道我当初为什么那么急着离开斯摩棱斯克了。你从塔斯社的报道中想必还了解到，无论是在陆上还是空中，日本武士都已被歼灭……行动期间我感觉很好。总之，就像在内战中一样。[21]

呆板、中规中矩、几乎不流露真实感情，朱可夫与其第

一任妻子的通信都是这样的。考虑到朱可夫写信时的背景和状况，这一点并不奇怪。对像朱可夫这样的级别很高的苏联公民来说，人们对他们的期待是政治忠诚，而不是个人感情，而且他们可能也想到，自己的私信会受到安全机构的检查。但是，他们的通信并不缺乏个人的内容，并可以在规定的框架内表露自己的偏好。就朱可夫而言，很显然，他喜欢上战场，这一点将会成为他与家人战时通信中反复出现的主题。

朱可夫的坎尼之战①

对于朱可夫在哈拉哈河取得的胜利，人们几乎是交口称赞，说它是战术上的神来之笔，是多兵种联合作战的典范，证明了现代的机械化部队的力量与速度。在阿尔文·库克斯 62
（Alvin D. Coox）对该战役所做的很有影响力的研究中，关于苏军的夏季攻势这一章，标题是“坎尼之战重现：朱可夫的杰作，1939 年 8 月”。[22]另一位美国军事史学家威廉·斯帕尔的看法也一样：“在汉尼拔歼灭特雷恩蒂乌斯·瓦罗的罗马军队差不多 2000 年之后，朱可夫在蒙古草原的 74 千米宽、20 千米纵深的战场上打了一场坎尼战役，一场成功的合围。”[23]这实在是过誉了，因为汉尼拔在坎尼取得的胜利被认为是史上最辉煌的战绩之一，是全世界将军们此后都渴望仿效的利用钳形运动实施包围的典范，尽管布匿战争最终的赢家是罗马而不是迦太基。

哈拉哈河之战也被认为是朱可夫作为作战指挥官走向成

① 坎尼（Cannae）是古代意大利东南部阿普里亚地区的一个村庄，公元前 216 年 8 月 2 日，汉尼拔率领的迦太基军队在这里以少胜多，取得了对罗马军队的决定性胜利。——译者注

熟的关键时刻。例如，按照美国传记作家奥托·普林斯顿·钱尼（Otto Preston Chaney）的说法，

> 这场战役显示出朱可夫的指挥风格：亲自勘察、抢得先机、大胆进攻、创新、地面和空中力量的巧妙配合，而且如果形势需要，能够接受大量伤亡……事实证明，他能够在强大的压力下保持镇静，同时具备把握全局的能力……事实表明，他作为指挥官，在要求部下执行自己的命令方面说一不二，但在他确信会达到自己的目标时，也能够采取灵活的策略缓和自己的严厉态度。这种能力反映在他的集中优势兵力、他的大胆而成功的合围计划、他的积极而灵活地减少被包围敌军的数量上，以及他对诸兵种协同和对各种现代武器特别是各种进攻手段的正确结合上，结果使苏军取得了彻底的胜利。[24]

这都是些实话，但只是在某种程度上而已。就像我们已经知道的那样，朱可夫远非哈拉哈河大捷唯一的制造者。哈拉哈河大捷是他以及他的参谋人员、什捷尔恩的方面军群以及莫斯科的总参谋部共同努力的结果。他在指挥上所
63 展示出来的特点令人称道，但那些特点无疑是所有优秀将领都孜孜以求的。此外，如果面对的是处于劣势的敌人，总是更容易有好的表现，尤其是在你打赢的时候。朱可夫真正的考验还未到来：在1941年夏天被德国人打得大败时保持镇静，而那个对手可要远远强于装备落后的老式的关东军。

哈拉哈河之战对于朱可夫的性格和心理的影响更为重

要。他表现优异并因取得红军自内战以来的首次大胜而受到赞誉。在苏联人的眼中，这场胜利让他们一雪前耻，报了俄国在1904~1905年日俄战争中战败的一箭之仇。朱可夫的自信心有了极大提升。从那以后，在他那些同辈的将领当中，有和他差不多的，但没有超过他的。

从记者康斯坦丁·西蒙诺夫对自己初次见到朱可夫的描述中，可以看出哈拉哈河之战已经使朱可夫好像变了一个人。西蒙诺夫是在战役结束后不久来到哈拉哈河的。他与一群苏联记者一起到朱可夫的地下掩体去采访他。朱可夫坐在角落里，在一张小桌子的后面。“他一定是刚洗过澡，”西蒙诺夫回忆说，“双颊红红的，冒着汗，没穿衬衣，黄色的外衣掖在他的法兰绒长裤里。个头不高，宽阔的胸膛把他的外衣绷得紧紧的，这让他显得非常敦实。”在一位情报官拿着报告进来的时候，朱可夫愤怒地瞪着这位军官说：“6个师？胡说八道。我们在那儿查明的只有2个师。其余的都是胡说。”他转向记者们说：“他们就是这样子做事的。”当那位军官问他是否可以离开时，朱可夫告诉他：“走吧。告诉他们不要在那儿瞎编了。如果有空白的地方，就诚实些，让它们空着好了，不要为了安慰我，就用不存在的日军师来代替它们。”那位军官走后，朱可夫又说了一遍：“他们就是这样子做事的。这些情报官。”[25]很难想象朱可夫早先会在一群记者面前表现得如此坦率而自信。

西蒙诺夫在十年后写了一部关于哈拉哈河之战的小说
《战友们》，主人公是苏军的一位无名的“指挥员”。西蒙诺 64
夫一直说这是个虚构的人物，但人们都看得出来，他所描写的那位严厉、精力十足而又雷厉风行的指挥员就是朱可夫。[26]

朱可夫逐渐增强的自信心在1939年11月给沙波什尼科夫的有关哈拉哈河之战的长篇报告中也有所反映。报告开头对费克连科的“犯罪”行为提出了严厉批评，说他没能为与日本人的作战做好充分准备；在报告中，费克连科后来被描写成“人民的敌人”。报告用大量的篇幅说明了坦克在打败关东军的过程中发挥的重大作用，但朱可夫也指出了坦克的一些不足。他认为，要是缺少情报，战场的通信状况又不好，就难以给坦克的行动指引方向。有几次，坦克就是因为缺少步兵的支援而让日军给跑掉了。情报工作的不足导致未能调集预备队扎紧对日军的包围圈。朱可夫对空军也提出了批评，特别是在战役的第一阶段。他指出，各部队没有为集群作战做好准备，不同类型的飞机的行动没有配合，对敌人的空中战术也缺乏研究。尽管如此，朱可夫的总体结论还是非常肯定的：“在8月20日至31日的哈拉哈河战役中，工农红军的部队和蒙古人民共和国的部队实施了当代最为复杂的军事行动并成功赢得了胜利。这场胜利，在我们看来，所有的指挥员都应该好好地加以研究。”[27]

哈拉哈河之败对日本人产生的政治影响是，认为日本应该采取“南进战略”的人的地位得到了加强。这种战略认为，最好是建议日本向东南亚和太平洋地区扩张，而不是与苏联人在西伯利亚苦战。1939年8月23日苏德协定的签订，以及苏德同盟在欧洲的迅速形成，在粉碎了德日联手对苏开战的梦想的同时，也使日本政策中的这一倾向获得了更多的支持。朱可夫当时并不了解这一点，但日本之所以最后走上1941年12月偷袭珍珠港的道路，实际上也和他有关。当苏德协定破
65 裂，德国人在1941年夏天果真向苏联发动进攻的时候，日本人又开始考虑“北进战略”，即彻底征服中国并进攻苏联，但

那个时候，日本已在远东陷入与美国人的权力争斗而无法脱身，而且它的“南进战略”也已走得太远。

战役结束后，朱可夫就赶往蒙古首都乌兰巴托（Ulan Bator）与家人团聚，他的第1集团军群的司令部也设在那里。在接下来的九个月里，他一直都在那儿。之所以会出乎意料地在蒙古逗留这么长的时间，原因之一就是苏日停战谈判拖拖拉拉地谈了几个月。在1939年9月达成停火协议之后，什捷尔恩和朱可夫接着就与日本人谈判边界问题的细节，双方直到1940年6月才达成一致。

从朱可夫的角度来看，他在乌兰巴托的逗留有利有弊。一方面，欧洲已沦为战场。为了反对希特勒对波兰的入侵，英法在9月3日对德宣战。而在此之前的几个月里，苏联人一直在与英法谈判，商讨建立针对德国的三国同盟。但斯大林认为，英法之所以要拉他入伙，是为了替它们当炮灰。他在外交上迈出了惊人的一步：与希特勒签订互不侵犯条约，使苏联置身于战争之外。该条约还包含一项秘密协议，把波兰及爱沙尼亚、芬兰、拉脱维亚、立陶宛这些波罗的海国家划分为苏联与德国的势力范围。红军按照条约于9月17日加入了德国人对波兰的进攻，夺回了西白俄罗斯和西乌克兰，那些地方都是在1919~1920年的俄波战争中输给波兰人的。对于苏联的入侵，波兰人几乎没有抵抗，但此次入侵却是红军自内战以来的最大的军事行动。接着，由于爱沙尼亚、拉脱维亚和立陶宛都屈服于斯大林建立军事基地的要求，苏联的影响力扩张到了波罗的海地区。

另一方面，待在蒙古意味着1939~1940年冬季红军在芬兰进行的战役与朱可夫没有关系。红军在那次冲突中损失惨重，伤亡了20万人，其中阵亡近5万人。1940年3月，所谓的“冬季战争”最后以苏芬和平条约的签订而告终。
66 促使双方媾和的原因是，英法有可能对这场冲突进行干涉，那样一来就会把德国人拖进苏芬冲突并很可能使整个斯堪的纳维亚半岛卷入战火。

“冬季战争”的教训苏联人还没怎么消化，希特勒就发动了闪电战，于1940年5月入侵西欧。在不到六周的时间内，法国就投降了，只剩下英国在孤军奋战。但朱可夫此时已回到西线，并准备在为即将到来的苏德战争而进行的备战工作中，成为关键性的人物。

5

在基辅：演习与备战，1940

1940 年 5 月从远东召回朱可夫，是苏芬战争惨败后苏联为了对红军进行彻底整顿而采取的措施之一。 67

在红军于 1939 年 12 月进攻芬兰的时候，斯大林和苏联领导层期待的是一场轻松的胜利。苏联人甚至还抱有幻想，以为芬兰的工人阶级会发动起义，把红军当作社会主义救星来欢迎。但芬兰人却进行了顽强的抵抗，并因此而赢得了广泛的同情和钦佩。苏联人在政治上承受的许多负面的后果之一，就是因为侵略而被逐出国际联盟，而这样的羞辱就连纳粹德国、日本帝国和法西斯意大利也不曾有过，因为它们都是自己主动退出该组织的。20 世纪 30 年代，苏联一直都是最为倡导集体安全的国家，主张国际联盟要用行动来反对侵略，现在它自己恰恰是因为这一罪名而遭到国际社会的谴责。

在军事战线上，苏芬战争主要有两个阶段（见地图 2）。1939 年 12 月，红军出动 5 个集团军约 120 万人，在 1500 辆坦克和 3000 架飞机的支援下，沿宽大锋面对芬兰人的防线发起进攻，主攻方向是卡累利阿地峡的曼纳海姆防线（Mannerheim Line）。这条以芬兰武装力量总司令的名字命名

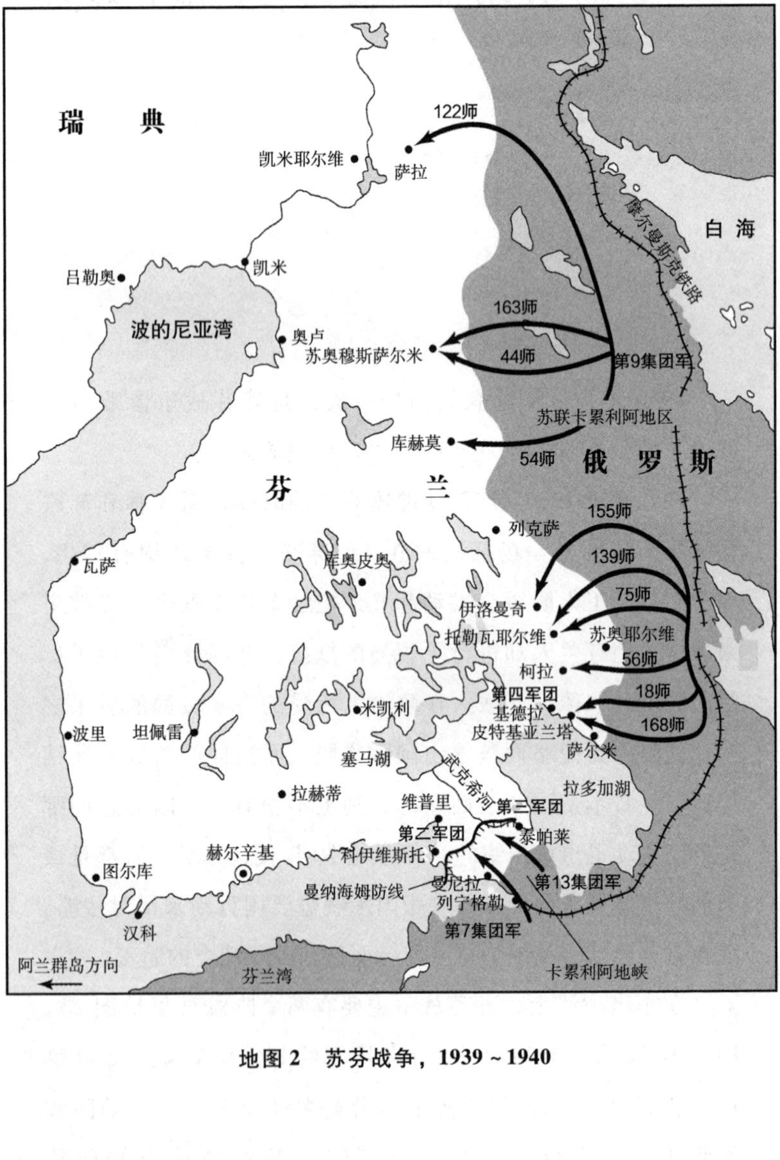

地图 2　苏芬战争，1939 ~ 1940

的防线，是一道天然与人工相结合的狭长防线，纵贯整个地峡。攻打曼纳海姆防线的主要突击力量是列宁格勒军区司令K. A. 梅列茨科夫（K. A. Meretskov）率领的第7集团军。 69
苏军的目标是突破曼纳海姆防线，占领维普里（Viipuri），然后向西朝芬兰首都赫尔辛基方向推进。部分是由于天气恶劣，但主要是因为红军实力不济，进攻起初未能得手。随后，苏联人调整部署，增派兵力，于1940年1月在基辅特别军区司令铁木辛哥的指挥下——他因为战事僵持太久而被调到北方——再次发动进攻。铁木辛哥的进攻成功了。到1940年3月，红军已处于收拾残敌并向赫尔辛基进发的态势。但斯大林因为担心英法的干涉而决定与芬兰人谈判，并在1940年3月12日与其签订了和约。依照和约规定，芬兰人对苏联的领土要求做出让步，把自己的边界从列宁格勒往后移，但他们在政治上依然保持独立，因而也保有了自己的自由，可以在1941年6月德国入侵行动开始的时候，选择与德国人一起进攻俄国。

苏联人在苏芬战争结束后对这场冲突进行了检讨，想要弄清楚自己的伤亡为什么那么大（20万人，其中有5万人阵亡），为什么就连制服芬兰这样的小国也那么困难。在1940年4月的统帅部特别会议上，斯大林表达了自己的不满，说红军仍抱着俄国内战时的经验教训不放，没能让自己的思维现代化，特别是在火炮、坦克、飞机以及火箭在当代战争中的作用的问题上。[1]

为了进一步总结芬兰战争的经验教训，会议之后还专门成立了一个委员会。该委员会的工作推动了苏联武装力量的一系列改革。5月，政府恢复了将军军衔，并在6月将数百名经历过战斗洗礼的军官晋升为将军。大约在同时，斯大林给数千名被清洗和贬黜的军官恢复了职务，其中包括20世纪20年代就与朱可夫当过同学的K. K. 罗科索夫斯基上校，后者在1937年遭到逮捕和关押。1940年5月16日，红军修改了训练条例，以便更加切实地做好备战工作；7月，强化了武装力量纪律处分条例；8月，在战术层面上恢复了在战前清洗中被取消的一长制，这样一来，野战军官在指挥决策
70 上便无须和政治委员的意见保持一致。另外，为了改进武装力量的宣传工作并招募更多的官兵加入共产党，红军也采取了一些措施。

红军改革的另一个推动因素是，1940年5~6月，德国的闪电战在入侵西欧的行动中战果惊人。希特勒的装甲师给斯大林留下了深刻的印象，于是他推翻了先前做出的取消机械化军的决定，并于1940年7月下令成立9个机械化军，每个军有1000多辆坦克，并有摩托化步兵、信号部队和工程部队的支援。大约在同时，斯大林还做出决定，生产多种型号的坦克、大炮和飞机。它们将成为苏联武装力量在卫国战争中的主战装备，其中就包括著名的T-34坦克。

改革的关键人物是铁木辛哥，他在1940年5月取代了克莱门特·伏罗希洛夫成为国防人员委员。实际上，人们也常常把这些改革称为“铁木辛哥改革”。另一项变动是改组总军事委员会，它是负责红军的总体组织、运作和动员的机构。斯大林退出该委员会，并由铁木辛哥接替伏罗希洛夫的主席位置。[2]

战争期间，BBC开过一个有名的玩笑，说铁木辛哥有爱尔兰血统，他的真名是蒂姆·奥辛哥（Tim O'shenko）。[3]但谢苗·康斯坦丁诺维奇·铁木辛哥实际上是于1895年出

生在敖德萨地区。他和朱可夫同龄，而且也出身于农民家庭，一战期间也在沙皇骑兵部队服役。1917 年革命之后，他加入红军和共产党，并在内战中迅速晋升为师长。铁木辛哥属于所谓的“骑兵帮”——内战期间和斯大林并肩战斗过并参加了察里津（后更名为斯大林格勒）保卫战的一群高级军官。伏罗希洛夫也属于这个小集团。[4]

内战以后，铁木辛哥成了第 3 骑兵军军长，罗科索夫斯基是他手下的师长，而格奥尔吉·朱可夫又是后者手下的团长。铁木辛哥在 1930 年把朱可夫提拔为旅长。从 1933 年至 71
1935 年，两人又开始一起共事。当时，铁木辛哥是白俄罗斯军区副司令而朱可夫是师长。铁木辛哥接着又成为基辅特别军区司令，1939 年就是由该军区为首入侵波兰东部的。铁木辛哥领导那次行动的方式和他收拾红军在芬兰的乱局一样，给斯大林留下了深刻的印象。铁木辛哥的女儿嫁给了斯大林的儿子瓦西里，这可能对他的前程也有帮助。因此，当斯大林由于他的老伙计伏罗希洛夫在“冬季战争”中表现出来的无能而终于对其失去耐心的时候，铁木辛哥就顺理成章地接替了国防人民委员一职。

由于铁木辛哥被任命为国防人民委员，基辅特别军区司令的位置就出现了空缺。朱可夫在哈拉哈河战役中的大获成功——相比之下，他的许多同侪在芬兰战争中都表现平平——让他顺利接替了铁木辛哥在基辅的职务，因为在即将到来的与德国的战争中，该地区注定要成为前线。朱可夫与铁木辛哥的私人关系无疑也促成了此事。

1940 年 5 月，朱可夫被从蒙古召回；6 月 2 日，他第一次见到了斯大林。斯大林的习惯是晚睡晚起，朱可夫在他的办公室见到他时已是夜里 11 点。[5] 见面持续了半个小时。

据朱可夫说，主要是讨论了哈拉哈河战役。斯大林想了解朱可夫对日本军队的看法以及他在蒙古碰到的困难。在苏联时代版本的朱可夫回忆录中，他谈到了对斯大林的第一印象："斯大林的外表，他的轻柔的嗓音，他的判断之深刻与正确，他对军事问题的了解，他在听取我汇报时专注的神情，所有这些都给我留下了深刻的印象。"在其 20 世纪 90 年代出版的后苏联时代的回忆录中，后面还有一句："要是他对每个人都这样，那人们为什么全都把他说得那么可怕？"[6]

6 月 5 日，《真理报》公布了朱可夫晋升为大将的消息——那是仅次于元帅的最高级别的军衔——并且特别提到了他在哈拉哈河战役中对坦克的使用成效显著。一同获得晋升的还有朱可夫在哈拉哈河战役中的同事 G. M. 什捷尔恩，
72 但他只被晋升为上将。[7]这是《真理报》公布的首批晋升为将军的人员名单，罗科索夫斯基在 6 月 10 被晋升为少将。

在基辅特别军区

当朱可夫在 1940 年 5 月到乌克兰接管基辅特别军区的时候，他似乎是做好了应对长期挑战的准备。作为苏联最大的军区，基辅军区管辖的范围包括统一后的整个乌克兰，要守卫的国境线长达 500 英里。它是苏联西部边境的三个特别军区之一，另外两个分别是总部设在明斯克的西部特别军区和总部设在里加（Riga）的波罗的海特别军区。之所以"特别"，是因为它们对保卫苏联具有重要的意义，而且它们可以在无须另外动员预备队的情况下，独立承担战略层面的军事行动。万一发生战争，如果要对敌方领土实施反入

侵，每个特别军区就会发挥重要的作用。由于那段时间红军一直在整编和扩军，所以现在很难弄清楚，在朱可夫于1940年中期接管基辅军区的时候，它到底有多少兵力。但可以肯定，他所指挥的力量包括多个集团军和作战师，编制有几十万人，另外还有许多坦克、飞机和大炮。[8]

朱可夫很乐意被派往乌克兰。用他的话说就是，“让我负责国内最大的军区，我感到十分光荣……基辅特别军区是个一流的军区……指挥各集团军、编队和参谋机构的是一批年轻有为的军官和将军。”[9]

实际上，基辅的情况根本不像朱可夫回忆的那样乐观。红军此时特有的那些问题也在困扰着基辅军区：士气低落、训练落后、纪律松弛、开小差的多、装备和设备有缺陷、住房短缺，尤其是优秀军官太少。在1939年9月苏联入侵波兰之后，该军区管辖的范围扩大到西乌克兰，再加上它的一些最优秀的作战师和部队被调走参加对芬战争，情况变得更乱了。[10]正因为存在诸如此类的困难，苏联才会给基辅派来一位素以通过无情的纪律和严格的训练打造部队而著称的指挥 73
官。

朱可夫到达基辅后面临的另一项紧迫的任务是，为进攻罗马尼亚领土做好准备。1940年6月26日，苏联政府向罗马尼亚发出最后通牒，要求归还比萨拉比亚（Bessarabia）〔现属当代的摩尔多瓦（Moldova）〕，一个从1918年起一直由罗马尼亚人占领的有争议的地区。斯大林还要求罗马尼亚人割让北布科维纳（North Bukovina）——该地区居住有乌克兰人，但苏联人此前从未对其提出过主权要求。斯大林估计不会因为比萨拉比亚和布科维纳而与罗马尼亚爆发战争，但为了以防万一，朱可夫还是奉命成立了“南方方面军”，由来自他的军区的第 5 和第 12 集团军以及来自邻近的敖德萨军区的第三个集团军组成。在答复苏联的最后通牒之前，罗马尼亚人曾征求柏林的意见。德国人对苏联的行动感到不快，但希特勒在 1939 年 8 月签订苏德协定时就已将比萨拉比亚让给了斯大林。罗马尼亚人得到的建议是，照苏联人的要求去办，于是，他们在 6 月 28 日就这样做了。同一天，朱可夫的部队越过边境。两天后，新吞并的领土就处在红军的控制之下。[11]

朱可夫对自己的部队在占领比萨拉比亚和布科维纳过程中的表现感到不满。7 月 17 日，朱可夫发布命令，列举了种种不足，包括缺乏战斗准备、对部队的组织和控制不当、情报工作不力、纪律败坏、对待当地居民的行为恶劣。随后，按照其特有的行事风格，朱可夫又发布了若干详细的指示，对部队进行必要的训练和整顿，以便达到要求，完不成任务的指挥官要受到惩罚。他还把这种威胁付诸行动，解除了几个师长的职务，并将其中的一个送上了军事法庭，原因是他对自己的师失去了控制，让手下士兵在比萨拉比亚胡乱杀人。[12]

罗科索夫斯基也是朱可夫手下的指挥官之一，他被安排在基辅军区继续指挥第 5 骑兵军，那是他在被清洗前指挥的部队。但由于第 5 骑兵军还在从别处来乌克兰的路上，罗科索夫斯基就被临时安排到受朱可夫直接指挥的岗位上："我当时被安排到一个由将军们组成的团队，直接与军区
74 司令一起工作。我们把大部分时间都花在了部队上。朱可夫将军分派的任务极为有趣，所以我能看得出我们部队的长处和不足。"[13]

基辅军区有个名叫米哈伊尔·卡拉什尼科夫（Mikhail

Kalashnikov）的年轻的坦克驾驶员也在朱可夫手下服役。他在自己的回忆录中说："我们立马就感受到 G. K. 朱可夫的意志和干劲。"卡拉什尼科夫当时正在努力改进苏联坦克的性能。他发明了一个可记录坦克发动机运行状况的装置，这让他引起了朱可夫的注意。卡拉什尼科夫对该装置的演示打动了朱可夫，于是他决定把他送到基辅的坦克技术学校学习，然后又送到莫斯科，那里正在对类似的装置进行测试。这是卡拉什尼科夫事业的开端，他后来成了举世闻名的武器设计师，最有名的就是发明了 AK-47 自动步枪。正如朱可夫的一位传记作者强调的，"朱可夫营造的注重革新的氛围，为这位未来的设计师的成长提供了肥沃的土壤"。[14]

朱可夫在基辅时还结识了尼基塔·赫鲁晓夫，后者当时是乌克兰的党的书记。两人的人生道路有过多次相交，而这是其中的首次。赫鲁晓夫当时对朱可夫的评价很高，并在回忆时说朱可夫"接替铁木辛哥的位置非常令人满意"。[15]

苏联的战争计划

对朱可夫来说，1940 年夏天还有一项重要的任务：让自己的军区齐心协力，参与到苏联的总的战争计划的修订之中。从 1928 年至 1941 年，苏联共计制订过七个这样的元计划（meta-plan），确定了红军的大的战略框架，即红军如何对敌发动反击的总体构想。每个计划都设定了假想敌，评估了敌军的规模及可能采取的部署，并预测了敌军可能的入侵线路。二战爆发前的最后一个计划是于 1938 年 3 月在时任总参谋长鲍里斯·沙波什尼科夫元帅的领导下准备的。作为前沙皇军官，沙波什尼科夫是红军的理论权威，他的《军

75 队大脑》一书对一战前的奥匈帝国总参谋部的运作做了详细的研究，1935 年苏军正式成立总参谋部时就是仿照奥匈帝国的总参谋部。[16]

沙波什尼科夫的 1938 年战争计划，认为苏联的主要敌人，在欧洲是德国及其盟友，在远东则是日本。虽然苏联武装力量必须做好两线作战的准备，但德国才是首要威胁，西线才是主战场。德国人，沙波什尼科夫说，企图入侵苏联的线路要么是在普里皮亚季沼泽以北向明斯克、列宁格勒或莫斯科方向，要么是在普里亚季沼泽以南，目标是向基辅推进并占领乌克兰。至于到底会采取哪条线路，要取决于欧洲的政治形势及德国与其东欧盟友（波兰也可能加入其中）确切的反苏阵容。为了反击以德国为首的入侵，该文件接着详细介绍了苏军作战计划的两种变化。如德国人从北线发动进攻，红军将就地反击，而在南线采取守势；如德国人在南线发动进攻，红军也就地反击，而在北线采取守势。两个方案的目的都是与敌军主力交战并歼灭之。[17]

接下来一版的战争计划是在 1940 年夏天准备的，当时的形势已有了很大的变化。1940 年版的计划虽说总体上与 1938 年的差不多，但它预测德国人会在北线发动进攻，从东普鲁士（在纳粹占领波兰后，它此时已和德国本土连为一体）向立陶宛、拉脱维亚和西白俄罗斯（三个波罗的海国家此时都已并入苏联）发起攻击。因此，该计划认为，红军主力应集中在北线。[18]总参作战部副部长 A. M. 华西列夫斯基也参与了计划的制订工作。在卫国战争中，他将成为与朱可夫关系最紧密的同事。

1940 年 8 月，沙波什尼科夫由于健康原因辞去了总参谋长的职务，这一版战争计划是之前由他的参谋人员准备的。接替沙波什尼科夫的是基里尔·梅列茨科夫，他在对芬兰的损失惨重的首轮进攻中曾担任过指挥官。在做了进一步的完善之后，新计划草案于9月18日完成。“九月计划”仍然认为德国人最有可能从北线发动进攻，但也不排 76
除他们有可能会把主力集中在南线。因此，它重申，有必要对苏联的战略反应准备两套不同的方案。如果德国人在南线集中，红军就也在那里集结，并向被德国占领的波兰境内的卢布林和克拉科夫方向发动反击，继而向德国南部布雷斯劳方向攻击，目标是切断希特勒与其巴尔干盟友及该地区重要的经济资源之间的联系。如果德国人在北线动手，那红军就进攻东普鲁士。[19]

九月计划曾被提交给斯大林和苏联领导层讨论。10月初，在征求过意见之后，苏联人对九月计划做出了一项至关重要的修改：把红军的主要攻击力量集中在南线，任务是向卢布林、克拉科夫和布雷斯劳推进。在铁木辛哥和梅列茨科夫交给斯大林的备忘录中，对于这一改动的原因并未做出说明。[20]这其中可能有几种情况。朱可夫在自己的回忆录中给出的解释是，斯大林认为希特勒首先考虑的是夺取乌克兰及俄罗斯南部的经济与矿产资源，包括高加索的石油。但现在并没有任何直接的证据可以证明把红军主力集中在南线主要是斯大林的决定，尽管这样做肯定得到了他的支持。另一种可能是，在制订1940年战争计划期间，苏联领导层的心思正放在巴尔干的局势上，包括希特勒在8月做出的保证罗马尼亚在失去比萨拉比亚之后的未来安全的决定。按照这种看法，把主力集中在南线的决定，有可能更多的是出于政治的而非战略的考虑。[21]另一个有趣的建议来自马特维·扎哈罗夫（Matvei Zakharov）元帅对战前苏军总参谋部的研究：个人偏好和官僚主义因素有可能起到了决定作用。如果把资源集中在南线，受益的主要是基辅军区。梅列茨科夫和铁木辛哥两人以前都做过基辅军区的司令。总参谋部参与制订战争计划的高级军官，有许多也曾在基辅军区服役，其中包括很有才干的 N. F. 瓦图京（N. F. Vatutin）将军。他在 1940 年 7 月调到莫斯科之前，曾经是朱可夫的参谋长。[22] 可以肯
77 定，在朱可夫的领导下，基辅军区非常支持德国人会在西南集结的判断，而且还到处游说，以期得到更多的兵力来应对这一情况。[23]

更有甚者认为，斯大林和他的将军们当初之所以选择把主力集中在南线，是因为红军正在计划对德国发动先发制人的打击，而与到处都是河流、湖泊、沼泽和森林的东普鲁士相比，波兰南部的平原是一条更为容易的进攻线路。但是，最有可能的解释就是最直截了当的解释：苏联人估计战争爆发时德军会把主力集中在南线。随后数月，这种估计主导了苏联人对于和德国行将发生的大战的看法，而这些看法也得到了大量情报的支持，它们都显示德国国防军沿苏德边境增加的兵力主要集中在南线。这种错误的估计说明，德国人的情报战起到了作用，掩盖了他们的真实意图，即在北线集中并向列宁格勒方向和明斯克—斯摩棱斯克—莫斯科一线发动进攻。

苏联人把兵力集中在南线的决定是致命的。当 1941 年 6 月德国人发动进攻的时候，苏联军队及其装甲力量的主力都部署在西南方向。不过，应该说明的是，希特勒起初的确是想让德军集中力量从南线进攻的，但他的将军们让他改变了主意。即便是这样，莫斯科也只是在 1941 年夏天德国人已经攻入苏联境内的时候，才成为主要的攻击目标。

1940年12月的指挥工作会议

1940年9月底，朱可夫应邀要在即将召开的高级指挥员会议上做题为“当代进攻战的特点”的报告，并且要在11月1日之前向铁木辛哥提交报告的草案。“由于我的题目很大，会议的层次又很高，”朱可夫回忆说，“为了写这份报告，我花了整整一个月的时间，每天都要花很多小时。军区作战部部长伊万·巴格拉米扬给了我宝贵的帮助。”[24]和
朱可夫不同，未来的苏联元帅巴格拉米扬在总参军事学院学 78
习过。据巴格拉米扬说，朱可夫曾建议他请军区司令部的其他人帮忙。朱可夫得到了巴格拉米扬等人的帮助，这让他的某些批评者得出了一个不公正的结论，说报告之所以质量很高，应该是巴格拉米扬等人的功劳。但是，巴格拉米扬并不这样认为。他在自己的回忆录中写道：“朱可夫不仅拥有杰出的军事天赋，而且才智过人，有着铁一般的意志。”说朱可夫才智过人，表现之一便是他对巴格拉米扬这样的有才干的军官，能够识人用人，所以巴格拉米扬非但不会因此而心怀怨恨，依旧对他忠心耿耿。[25]

之所以选择朱可夫来做这个特别的报告，是因为他是哈拉哈河之战的胜利者，同时又是军区司令，而该军区将在时机来临的时候，在苏联对德国的进攻战中扮演重要的角色。朱可夫的主要任务是，对德军在西欧的进攻行动的经验进行评估。在这方面，他的参谋长M. A. 普尔卡耶夫（M. A. Purkaev）将军帮了大忙。普尔卡耶夫能讲流利的德语和法语，而且刚从苏联驻柏林武官的任上卸任回国。朱可夫还可以查阅苏联军事刊物上发表的有关德国军事行动的报告和文章，包括翻

译过来的国外作者的评论。[26]

这次为期一周的会议是1940年12月底在莫斯科召开的。参加会议的有270名高级军官，包括各军区和集团军的司令和参谋长、各军事学院院长、武装力量各兵种总监，以及众多的军长和师长。与会军官中有24人参加过一战，43人参加过俄国内战，5人参加过西班牙内战，10人参加过苏芬战争，4人参加过哈拉哈河战役。铁木辛哥致开幕词，简要地介绍了会议议程。接着是梅列茨科夫，他讲了总参在备战中有关作战和指挥的训练情况。第三个是朱可夫，之后是空军的P. V. 雷恰戈夫（P. V. Rychagov）将军有关争夺制空权的报告。莫斯科军区首脑I. V. 秋列涅夫（I. V. Tulenev）讲的是现代防御战的特点，西部军区司令D. G. 巴甫洛夫
79 （D. G. Pavlov）将军讲了机械化军队在进攻行动中的使用。最后，步兵总监A. K. 斯米尔诺夫（A. K. Smirnov）将军做了有关步兵在攻防中的作用的报告。每个报告过后，与会者都进行了广泛的讨论——共有74人发言。会议结束时铁木辛哥进行了总结。[27]

朱可夫做报告的那天是圣诞节。他的主题是当代战争给进攻战带来的教训。他的主要结论是，当代军队拥有飞机、坦克、高度机动的火炮和摩托化步兵等各种力量，这使它们能够发动迅猛的进攻。在当代进攻战的战例中，他介绍得最详细的是哈拉哈河战役。朱可夫说，这次行动经过精心准备，它的特点是坦克、火炮、步兵、航空兵紧密协同。另一个例子是德国人入侵西欧的行动。其特点是：在空中力量的支援下，坦克和机械化军团实施大胆而坚决的前插，并由同样的部队利用各自的突破口扩大战果。德国人占领波兰用了18天，占领荷兰、比利时和法国北部用了20天，占领法国

中部和南部用了 18 天，这些都证明了一点，即当代进攻战的特点是迅猛和一鼓作气。朱可夫认为，德军的胜利，是沿宽大锋面在几个不同的方向实施战略行动的结果。据此，朱可夫提出，战略进攻应在 250 ~ 300 英里宽的锋面展开，目标是切入敌方纵深 50 ~ 100 英里。这样的行动需要 85 ~ 100 个步兵师，4 ~ 5 个机械化军，2 ~ 3 个骑兵军以及 30 ~ 35 个航空兵师。朱可夫设想，在这样的行动中，突破敌人防御的方式与哈拉哈河战役中相似，只不过规模要大得多：强大的机动力量在两翼发动进攻，将敌军主力钉在中间，而由此撕开的缺口和形成的包围圈则交给强大的预备队去扩大战果。要想成功，这样的行动在开始阶段就要歼灭三分之一到一半的敌军，而且每天都要保持向前推进 10 ~ 15 千米。“火炮、坦克、摩托化军队、航空兵等当代作战手段的发展，”朱可 80
夫最后说，“正在为进攻战打下宽广的基础，从而使远距离、高速度的进攻战成为可能。”[28]

在讨论朱可夫的报告时，有六个人发表了意见。他们谈的基本都是技术性问题：大规模进攻行动所需的兵力、这些兵力何时及怎样展开、这类行动的时机选择和各个阶段，以及推进的速度。争议最多的是列宁格勒军区第 1 机械化军军长 P. L. 罗曼年科（P. L. Romanenko）将军提出的意见。他说朱可夫的观点还是 1932 年至 1934 年间的思维，没有适当考虑德军在西欧军事行动的经验。那些行动表明，有必要组建大规模的“突击集团军”，每个突击集团军要有 4 ~ 5 个机械化军、3 ~ 4 个航空兵军、1 ~ 2 个空降兵师，以及 9 ~ 12 个炮兵团。在进攻行动中，这些突击集团军不只是用在扩大战果阶段，也要用在突防阶段。什捷尔恩将军的评论最为详细，这也许是因为朱可夫触怒了他，因为朱可夫在发言中顺便提到，在哈拉哈河行动的第一阶段（什捷尔恩当时是总指挥），第 57 特别军的备战工作做得不好。什捷尔恩说，除了目前的战争外，也应考虑到一战的经验。而这两次冲突都表明，进攻行动的准备工作要花很长的时间，在哈拉哈河的情况也是如此。在谈到与朱可夫在哈拉哈河战役中的分歧时，什捷尔恩提出的最尖锐的意见，也许是突防时坦克投入的时机问题。朱可夫认为应该展开得相对早一点，而什捷尔恩则认为要等到发动强攻的步兵和炮兵完成了自己的任务之后，特别是在遇到呈纵深梯次配置的坚固防御时才展开。在卫国战争期间，朱可夫采纳了什捷尔恩的看法，一般都要等到多功能的野战集团军取得必要的突破之后，才将独立的坦克编队投入战斗。但在这次会议上，朱可夫对什捷尔恩的看法未置可否。在对讨论情况的简短总结中，他认为对于自己的报告不存在根本性的分歧。[29]

81 与朱可夫的报告类似，巴甫洛夫将军的报告也是关于机械化部队在装甲战中的使用问题。巴甫洛夫和朱可夫一样，指挥的也是一个对于苏联对德进攻战计划的实施来说至关重要的军区（西部军区）。作为 30 年代末红军装甲部队指导委员会的首脑，巴甫洛夫在苏联坦克理论的发展中发挥了重要作用。在芬兰战争期间，对于把坦克部队在陆军中广泛分散使用的效果，巴甫洛夫产生了怀疑，德国装甲师在西欧的成功进一步加重了这种怀疑。巴甫洛夫的报告体现了一种新的思路：把坦克部队作为独立的兵种，在进攻战中大量地集中使用。巴甫洛夫自始至终都强调自己的观点与朱可夫观点的兼容性，并重申了朱可夫的这样一个看法，即坦克可用来最大限度地穿透敌军的防御（50～100 英里），摧毁敌军的预备队并取得战略行动的胜利。[30]

铁木辛哥在总结讲话中力挺朱可夫和巴甫洛夫报告中偏好进攻的主张，包括他们对现代进攻手段的速度和威力的评估。会议也考虑了防御问题。铁木辛哥的总结讲话有整整一大段都是讲这个问题的。他坚决认为，并不存在有人说的“当代防御战的危机”。有人认为，波兰和法国的速败证明，在火力强大且高度机动的当代进攻力量面前，防守是没有用的。铁木辛哥对此表示质疑。他认为，在当代条件下的有效防御是可能的，但这种防御必须要有纵深，要分成若干区域和梯次。但铁木辛哥也明确表示，“防守不是打败敌人的决定性手段，只有进攻才能达到这一最终的目的。只是在没有足够的力量发动进攻，或者是有助于创造进攻的必备条件时，才会采取防守的策略”。[31]

斯大林没有出席此次大会，但在1941年1月2日，与会者当中包括铁木辛哥、梅列茨科夫、朱可夫及巴甫洛夫在内的高级军官，都集中到他在克里姆林宫的办公室，召开了两个小时的会议，向独裁者汇报大会的情况。[32]据朱可夫说，让人意外的是，会议是由斯大林召集的，而且他当时还埋怨说，自己熬了个通宵，给铁木辛哥修改会议的总结 82
讲话，但自己还没来得及把改过的发言稿给他，国防人民委员就已经讲完了。铁木辛哥说自己是把大会时间表和讲话稿一起给他的。斯大林怨气未消，说不能指望他什么都看。[33]

军演

同一天，总参谋部开始了两场军演中的第一场。在这些图上作业中，参与双方都拨给了一定的兵力和资源，而对于他们采取的措施和反措施，则由一个独立的评委会进行评估。评委会为首的是铁木辛哥、梅列茨科夫、沙波什尼科夫和苏联军方其他有名的人物。制订军演方案的是总参作战部部长 N. F. 瓦图京将军领导的小组。演习的目的是，就当代攻防行动的计划与实施，给高级指挥官们一个至少是纸上谈兵的机会。

1941 年 1 月 2～6 日的第一场演习的大致情节是，敌军从东普鲁士入侵白俄罗斯和波罗的海地区。朱可夫领导的团队扮作西方（即德国）的部队，而巴甫洛夫指挥的则是东方（即苏联）的部队。巴甫洛夫先是设法限制敌方在边境地区的渗透，然后向自己的左翼发动猛烈的反攻，打算从背后包抄朱可夫的军队。朱可夫的应对是，把巴甫洛夫的军队困在自己的筑垒地域，同时却在自己的左翼向里加方向发动反攻（见地图 3）。1 月 8～11 日的第二场演习的重点是西南战场，它设想的是苏联入侵波兰的德占区并进攻德国的盟国——罗马尼亚和匈牙利。在这次演习中，朱可夫和巴甫洛夫互换了角色。朱可夫再次成功地实施了合围行动，攻入波兰德占区的腹地并歼灭了敌军大量的作战师（见地图 4）。两次演习一次都没有进行到底，但朱可
85 夫两次都明显占了上风。当然，对于巴甫洛夫，朱可夫有一个优势，那就是他在哈拉哈河实施过大规模行动，有实战经验。

演习及其结果有三个方面的问题发人深省。首先是这样一个假设，即德国人会率先采取敌对行动，而苏联人则在边境地区经过大约两周的持续战斗之后转入反攻。其次是两次演习都证实了在西南地段发动反入侵战略行动的优点，因而让“十月计划”把苏军集中在该地区的决定得到了更

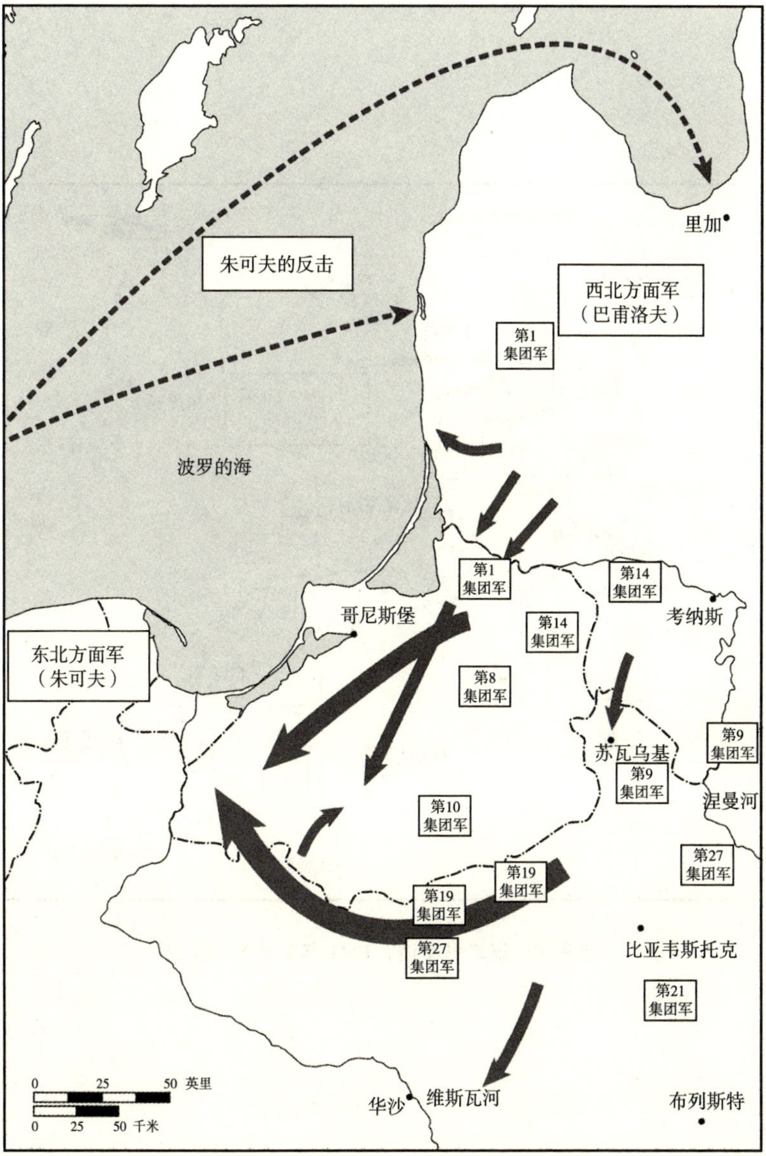

地图 3　第一场军演，1941 年 1 月 2 ~ 6 日

84

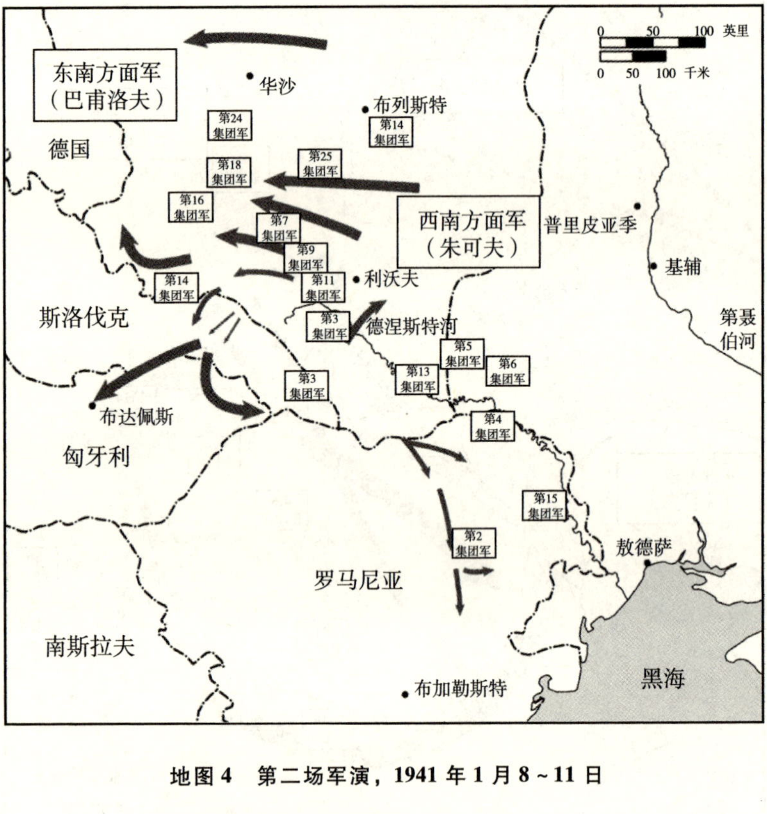

地图 4　第二场军演，1941 年 1 月 8 ~ 11 日

多人的支持。最后是预计战争爆发时红军可能遭受的人员损失是每月 12 万人，但事实证明，这一数字被大大低估了。[34]

朱可夫显然只记得第一场演习。他回忆道：

> 利用有关敌人的实际资料和兵力情况，我展开行动的线路……刚好就是德军日后展开行动的线路。主要的打击就发生在日后发生的地方。编组的方式和日后在战争中的差不多。边界的轮廓、地形和形势，这一切使我做出的决策就和日后德国人做出的一样。[35]

想必是朱可夫在大会和演习中的表现打动了斯大林，所以他才会不顾朱可夫缺乏在总参谋部工作的经验，让他取代梅列茨科夫的总参谋长职务。铁木辛哥的提携以及他本人熟悉白俄罗斯和基辅这两个军区的情况，对他的任命也起到了作用。同样重要的还有，朱可夫信奉在苏联的战争计划中体现的崇尚进攻的思想。苏联人想对德国打一场进攻战，而在斯大林的眼中，朱可夫就是那个可以谋划红军进攻的人。[36]

1941 年 1 月 14 日，斯大林在自己的办公室召见了朱可
夫和梅列茨科夫，并宣布了这一决定。据梅列茨科夫说，苏 86
联独裁者说："铁木辛哥同志请求委任朱可夫同志为总参谋长。"这对梅列茨科夫来说是可以接受的，因为不管怎么样，这份差事他本来就不想干，他是在 1940 年夏天沙波什尼科夫病倒时被安排接替他的工作的。当时斯大林就告诉他，在找到更为合适的人选之前，暂且这样安排。[37]如此看来，斯大林认为朱可夫就是他要找的人。

和其他所有人一样，朱可夫对斯大林也心存敬畏，而且一直到苏联独裁者去世时为止都是如此。即便在朱可夫自己的名声和荣耀如日中天的1945年，在他与斯大林的关系中也是后者居于支配地位，这一点是没有任何疑问的。但是，个人关系中的不平衡并没有妨碍在他们之间形成一种创造性的而且富有成果的伙伴关系。这种伙伴关系在把红军引向军事史上的最伟大的胜利之前，先使红军走到了完败的边缘。

6

灾难的制造者？朱可夫与 1941 年 6 月 22 日

1941 年夏天，红军连遭败绩，而且其失利之惨重，是 87
史上其他军队所未曾有过的。从 1941 年 6 月 22 日德军入侵俄国开始，红军几周之内的伤亡人数就达到了数百万，而且几个月之后就败退到列宁格勒和莫斯科城下。到 1941 年秋天，希特勒企图用闪电战一举征服俄国的计划眼看就要得逞了，苏联作为独立国家的存续已命悬一线。

当 6 月 22 日的灾难降临到红军和苏联人民头上的时候，朱可夫是总参谋长，而且主要负责意料之中的对德战争的计划与备战工作，这也是他传记中最重要的内容。1941 年 7 月底，斯大林解除了他的总参谋长职务，让他去负责预备队方面军，并在斯摩棱斯克地区对德军发动反攻。朱可夫在回忆录中声称，他之所以被解除参谋长职务，不是因为他不称职，而是因为他提出的把苏军撤出基辅的建议触怒了斯大林。[1] 1941 年 9 月德军包围乌克兰首府的时候，红军损失了 50 万人，他此时这样说是想撇清自己与此事的干系。实际上，派他到预备队方面军并不是斯大林对他的惩罚，甚至也不是降级，而是给了他一项重要的任务。朱可夫对这项任务十分期待，而且执行得也非常成功。他在 1941 年 8 ~9 月发起的叶利尼亚攻势，实际上是苏德战争初期的一个转折点。
88 它是红军对德国国防军取得的首次重大胜利。它把德军向莫斯科的推进延误了几周的时间，而这几周非常关键。

总参谋长

朱可夫是在 1941 年 1 月 14 日被任命为总参谋长的，但上任是在 2 月 1 日。除了总参谋长一职，他还是副国防人民委员，并在 3 月 15 日被安排另外再负责军队的通信、燃料供给、防空及总参军事学院的管理。[2]他作为总参谋长新确立起来的地位还反映在，他于 1941 年 2 月的苏共十八大上当选为中央候补委员（即可以参加中央委员会会议，但没有投票权）。中央委员会照理说是苏共的最高决策机构，而实际上，它是受斯大林和政治局支配的。朱可夫的当选，虽然从个人的角度来讲非常重要，但作为党员，这在政治上几乎没有任何实质性的意义。不过，作为党和军队团结一致的象征，这还是非常重要的。

成为苏联精英中的一分子的朱可夫，在格拉诺夫斯基街（Granovsky Street）的一幢专门的大楼里得到了一套公寓。那是一条安静的小巷子，就在从克里姆林宫出来的道路边上。他的邻居中有布琼尼元帅和铁木辛哥元帅，而前国防人民委员伏罗希洛夫元帅也住在隔壁的楼里。朱可夫一家在这里住了近二十年时间，即便战后朱可夫被外放，他们的住处也没有被收走。

成为总参谋长之后，朱可夫头几个月一直都在深入了解总参谋部的各项工作。要学的东西很多，而他必须尽快掌握它的运作，这一点随着战争进入了倒计时而显得格外紧迫，因为有大量的证据表明，希特勒正准备发动进攻。

1939年8月“苏德协定”签订之后，苏德合作一度呈现出要变为永久伙伴的样子。两国在政治、经济、军事方面进行了广泛协作。苏联成了德国战争经济的主要原材料供应 89
国。反过来，德国人也向苏联人提供机器、工业产品和武器装备。德国占领波兰之后，斯大林支持希特勒发出的和平倡议，而在与芬兰的“冬季战争”中，苏联人在政治上也得到了那位元首的支持。德国潜艇获准在摩尔曼斯克北部的苏联领土上建立基地。宣传方面，双方也不再相互攻击，这一点与20世纪30年代大不一样，那时的苏联人曾经在意识形态领域对纳粹德国发起反法西斯圣战，而纳粹则把共产党人（以及犹太人）视为自己主要的敌人。

1940年夏天，随着德国打败法国，斯大林与希特勒的关系也开始恶化。斯大林原以为第二次世界大战会重复第一次世界大战的故事，即德国人与英国人和法国人在西欧陷入一场旷日持久的争斗。但他此时却发现，自己碰到的是一个不仅统治了欧洲大陆，还扬言要征服不列颠的拍档。虽然斯大林准备与希特勒结盟，可他并不相信希特勒。1940年7月，来自德国的威胁加剧，为此，苏联人占领了爱沙尼亚、拉脱维亚和立陶宛这些波罗的海沿岸国家，并通过比萨拉比亚行动向罗马尼亚境内扩张，时任基辅军区司令的朱可夫参与了那次行动。斯大林还试图与德国及其法西斯盟国——贝尼托·墨索里尼（Benito Mussolini）的意大利进行谈判，就巴尔干地区的势力范围问题达成协议。但希特勒断然拒绝了这一提议，而且还把罗马尼亚纳入自己的保护范围，要求苏联停止对罗马尼亚领土的进一步蚕食。

斯大林采取的这些举措本来是防御性的，是为了与德国人谈判，以签订新的苏德条约，但希特勒却认为苏联人的举动是攻击性的，这使他开始重新考虑在东方谋求“生存空间”，向俄境内扩张并使其殖民化。

1940 年 11 月，苏德关系的危机已到了严重的关头，当时斯大林派自己的外交部部长维亚切斯拉夫·莫洛托夫到柏林与希特勒谈判。由于苏联人拒绝了希特勒的提议，不愿在德意日轴心集团中充当低级伙伴，谈判失败了。在自己的提议遭到拒绝之后，1940 年 12 月 18 日，希特勒下达了关于“巴巴罗萨行动”的命令——“巴巴罗萨”是入侵俄国的代号。[3]

从 1940 年中期开始，来自军方、政界和外交领域等各
90 种渠道的关于德国即将发动进攻的报告就如同涓涓细流一般不断地流向莫斯科。1941 年年初，在德国人为入侵而开始积极准备的时候，情报就更多了，涓涓细流最终变成了潮水。传到斯大林那里的情报，朱可夫并不全都了解，但他照例可以收到苏军情报部门这个最权威的信息来源所提供的情报。[4]

按照俄文首字母的缩写通常被称为“格鲁乌”（GRU，情报总局）的苏军情报机构，隶属于总参谋部。1941 年时，格鲁乌的负责人是副总参谋长 F. I. 戈利科夫（F. I. Golikov）将军。通过格鲁乌的活动搜集到的情报，并不全都送给朱可夫，但他收到的情报的确是最为关键的，而戈利科夫有关敌军沿苏联边境集结的情报简报对于苏联的战争计划和备战来说也是极为重要的。

3 月 10 日，戈利科夫向斯大林、朱可夫和铁木辛哥呈交了一份有关德国武装力量兵力情况的报告。据苏联人在 1940 年 9 月的估计，德军有 228 个师，其中包括 15 ~ 17 个

坦克师和8～10个摩托化师。六个月后，德军有263个师，包括20个坦克师和20个摩托化师。同一时期，西欧的德军也在向东欧大量（10%）调动，现在德军兵力的47%都集中在了东欧。对苏联人而言尤其重要的是，东欧德军的部署进行了调整，现在主要是集中在东南方向（即乌克兰对面）。

3月20日，戈利科夫提交了一份情报简报，它里面的那些情报都指出，德军将于1941年春天进攻苏联。戈利科夫强调，这些情报大多是来源于英美。他的结论是："对苏军事行动最有可能是在打败英国之后或在英德缔结体面的和约之后开始。有关对苏战争在今年春天不可避免的那些传言和文件证据，应该是英国甚至德国情报部门散布的假情报。"戈利科夫的这份报告受到了包括朱可夫在内的许多人的诟病，认为这位情报首脑的观点是为了迎合斯大林。不 91
过，戈利科夫随后的报告又较为客观地提供了德国及其盟国的军队沿苏联边境集结的情报。4月4日，他报告说，德国军队正在不断地由西向东调动，包括又调来了6个步兵师和3个坦克师。4月16日，他又报告说，在东普鲁士和波兰的德占区，德军有78个师。他还特意指出，有报告说德国国防军军官的家属们撤离了华沙地区。戈利科夫在4月26日的报告中说，现在在苏联边境附近的德军有95～100个师。到5月5日时，这一估计又增加到103～107个，而到5月15日则增加到114～119个，其中有23～24个师针对的是波罗的海特别军区，30个师针对的是西部特别军区，33～36个师针对的是基辅特别军区。5月31日，戈利科夫报告说，苏联边境附近的德军有120～122个师。他强调，在参加1941年4月入侵希腊和南斯拉夫行动的部队腾出手之后，德军右翼（与乌克兰相对）的兵力明显加强了。同时，戈利科夫也指出，德国人（在包括北非和地中海在内的各个战场上）仍然部署了122～126个师对付英国人，所以，他们还在考虑入侵英国。[5]

奇怪的是，苏联人并没有把这些新的不祥的预兆看作迫在眉睫的威胁。对于这件显然是不合常理的事情，现在的解释是：苏联人起初夸大了德军的总兵力。他们估计，截止到1941年春天，其数量已达到300个师，而实际上当时只有不到200个师。从这个角度看，苏联人估计与自己对阵的有120个师，既不算多，也不像是马上就要入侵的样子。[6]

德国在集结兵力，苏联人的反应则是继续加紧备战。在朱可夫最初签发的文件中，有一份1941年的动员计划。这份时间为1941年2月中旬的计划，要把红军的兵力从400万人出头扩充到800万人以上。在计划增加的300个师当
92 中，有60个坦克师和30个摩托化师，它们将组成30个机械化军，每个机械化军有3个师。绝大部分红军（650万人）都将部署在苏联西部的各个军区。该动员计划将征召近500万预备役人员，其中包括60万名军官和88.5万名军士。苏联人当时打算到什么时候完成动员，这一点目前还不清楚，但可以肯定的是，不是在1941年年底之前。这样，到6月德军发动进攻的时候，红军虽说有300多个师，包括198个步兵师、61个坦克师、31个摩托化师和13个骑兵师，但许多师都不满员，军事人员总数缺编100万人。部署在西部各个军区的兵力不到300万人，其中大部分是在西南，那里有97个师，包括27个坦克师。[7]

从1940年夏天开始，总参谋部就在制订1941年的动员计划，所以，它和刚上任的朱可夫没有多大的关系。在经过

修订的1941年3月8日的苏联战争计划（“三月计划”）中，朱可夫可能有较多的发言权，但它对现存的日期为1940年10月的计划（“十月计划”）改动并不大。三月计划估计，德军有260个师，其中有大约110个师的部署是针对苏联的。不过，它认为德国人要等到对英国的战事结束之后，才能调动200个师的兵力，并在来自罗马尼亚、匈牙利和芬兰的70个师的支援下对付苏联。为了应对由这支力量发动的进攻，苏联人计划在其西部各个军区部署至少250个师。关键在于，三月计划与十月计划一样，虽然没有排除德军会在北方从东普鲁士发动进攻的可能性，但都以为主攻方向会在南方。苏联计划采取的对策是，从乌克兰发动大规模的反攻并突入波兰的南部。[8]

苏联人似乎在1941年5月中旬还准备了另一个版本的战争计划（“五月计划”）。不过，这份文件是怎么产生的，它的地位如何，现在还有很多不同的看法。这份日期为5月15日的有争议的文件，是由时任作战部副部长A. M. 华西列夫斯基将军手写并由其顶头上司瓦图京修改的。该计划的标题是“在与德国及其盟国开战的情况下，对苏联武装力量战略部署计划的若干考虑”，并附有铁木辛哥和朱可夫的签名——这就是人们常说但并不准确的所谓的“朱可夫计 93
划”。五月计划与1940年的十月计划以及1941年的三月计划大体是一样的：抵挡住德军的进攻，然后在行动的主战场发起反击，目标是摧毁敌军的主力，并把战火烧到敌方的境内（见地图5）。但是，五月计划中有一个现在引发了很多争议的新内容——建议实施先发制人的打击：

鉴于德国目前使其军队——包括后方——保持动员

94

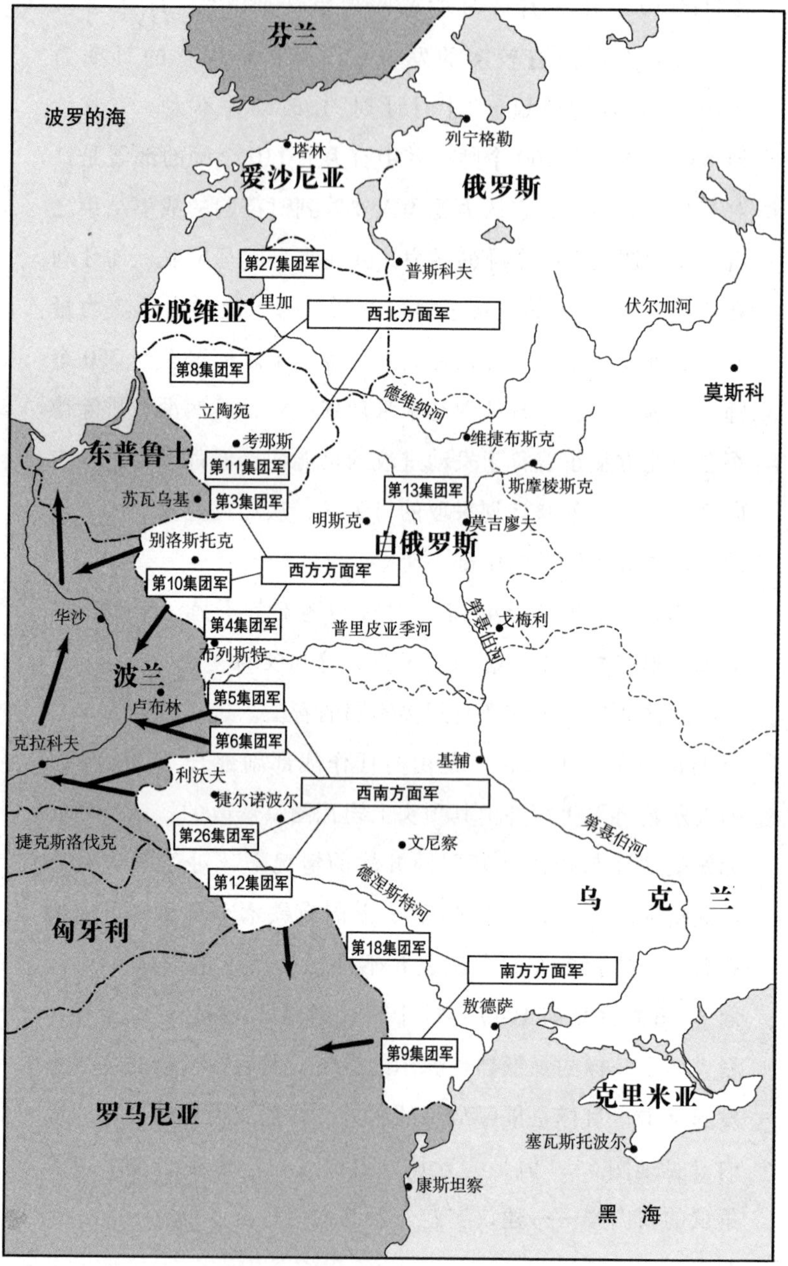

地图 5　苏联对德进攻计划，1941 年 5 月

状态，它有可能先于我们完成部署并发动突然进攻。

为防止这种情况（并摧毁德军），我认为有必要在任何情况下都不能把主动权交给德军的指挥机构，有必要在部署上抢在敌人的前面，并趁德军还在部署、尚未组织起战线或尚未使军队的各个部门协同一致的时候，就对其发起进攻。红军首要的战略目标是，摧毁部署在德布林（Demblin）以南的德军主力……西南方面军的主要打击方向是克拉科夫和卡托维茨（Katowitze），以切断德国与其南方盟国之间的联系。西方方面军的左翼沿塞德莱茨（Sedletz）和德布林方向发起支援进攻，目标是牵制华沙的敌军并帮助西南方面军摧毁卢布林的敌军编队。对芬兰、东普鲁士、匈牙利及罗马尼亚要进行积极防御，并做好在有利条件下进攻罗马尼亚的准备。

文件最后请求斯大林允许进行“及时”而“秘密”的动员，并集中统帅部的各个预备集团军。[9]

红军崇尚进攻的军事思想和准备一旦进入敌对状况就对德国打进攻战，这让有些历史学家误以为斯大林打算在 95
1941年夏天对希特勒发起先发制人的打击。根据这种看法，关于1941年6月22日还有一个未曾讲述的故事：红军之所以会被打得措手不及，不是因为德军的入侵来得突然，而是因为红军本身当时正在忙于准备进攻。1941年的五月计划是否能作为证据来支持红军准备发动先发制人的打击这一假说呢？问题在于，这份文件虽然是准备交给斯大林的，但目前尚不清楚它是否交给了斯大林。20世纪90年代，五月计划的存在已是众所周知的事情，之后便有传闻说朱可夫和铁木辛哥曾经与斯大林谈过这个计划，但这都是些事后的说法。从这些相当可疑的事后说法中又衍生出这样一则最常听到的故事：华西列夫斯基通过修改1941年的三月计划而重新制订的五月计划，与斯大林1941年5月5日对红军各参谋学院2000名毕业学员发表的秘密讲话有关。斯大林每次公开或半公开的讲话都被广为传播，这在当时是很正常的。但这一次却没有公布讲话的原文，只是在第二天的《真理报》上有一篇简短的报道，标题是《我们必须做好准备，应对任何意外》：

> 斯大林同志在他的讲话中着重提到了红军在过去几年发生的深刻变化。他还基于现代战争的经验强调说，红军的组织结构已经发生重要的变化，而且基本上都进行了重新装备。斯大林同志对从军事学院毕业的军官们表示欢迎，并希望他们能够在自己的工作中取得成功。[10]

毫不奇怪，关于斯大林对他的毕业学员可能还讲了哪些别的内容，当时有各种各样的传闻。其中之一就是说，斯大林发出警告，与德国必有一战；而另一种说法是，他赞成进攻战，以扩大社会主义体系的范围。苏联人透露给德国人的说法是，斯大林谈到了与希特勒的新的妥协方案。与传闻相比，真相往往平淡无奇。从1995年公开的斯大林讲话的原文来看，他讲话的主题就像《真理报》报道的那
96 样，是红军的改革、整顿和重新装备。但讲话也涉及与改革及红军实力有关的许多细节，而这些都属于大战之前不能公开的信息。

毕业典礼结束之后，在克里姆林宫举行了一场招待会。

斯大林在招待会上像往常一样数次提议干杯。他的祝酒词有些被记了下来。据共产国际领导人格奥尔吉·季米特洛夫（Georgy Dimitrov）日记的记载，斯大林的“心情很好”，并且说“我们的和平与安全政策同时也是备战的政策。没有进攻就没有防守。军队必须养成崇尚进攻的精神。我们必须做好战争的准备”。另一个在场的人的记录则是，斯大林说：“好的防守意味着进攻。进攻是最好的防守。”据官方的记录，斯大林还说：

> 和平政策是好事。我们直到现在……采取的都是一种（基于）防御的路线……但是现在，当我们的军队经过重建，装备了大量的现代战争装备的时候，当我们已经变得更加强大的时候，就必然要从防御转向进攻。为了保卫我们的国家，我们的行动必须要有攻击性。军事思想也必须从防御转向进攻。我们必须要用崇尚进攻的精神来改造我们的训练、我们的宣传、我们的鼓动、我们的报刊。红军是一支现代的军队，而现代的军队是崇尚进攻的军队。[11]

人们的推测是，在听了斯大林的讲话和祝酒词之后，朱可夫和铁木辛哥决定下令制订先发制人的打击计划。在这一点上，五月计划的故事出现了分歧。一部分历史学家认为斯大林当时否决了计划草案，另一部分历史学家则说他同意了，而且还下令准备在1941年夏末发动先发制人的打击。可能我们永远也不会弄清楚，斯大林有没有看过五月计划或者他对该计划有什么看法，但是，从这份文件可以看出朱可夫和铁木辛哥当时的想法，因为如果华西列夫斯基没有得到上级的指示，是不会制订出这样的草案的。但是，就像历史学家埃文·莫兹利提出的，朱可夫和铁木辛哥当时在想的，很可能并不是立即发动先发制人的打击，而是让红军“在
97 将来某个特定的时刻，到了德国人要向苏联发动进攻的最后阶段，而不是在此之前，对德国人发起先发制人的打击”。[12] 至于那个时刻到底是什么时候，五月计划并没有明确的说明，但就像我们已经看到的，格鲁乌的情报报告指出，德国人并不会马上发动进攻。同时，朱可夫和铁木辛哥关心的是加紧苏联的动员计划，而华西列夫斯基的文件也许是想——并且也许是用来——说服斯大林加快动员的步伐。不管怎么样，五月计划并没有带来任何具体的后果。红军在继续按部就班地加强军事力量，但对于统帅部的各个预备集团军来说，无论在哪个阶段都没有进行过秘密动员，说要发起先发制人的打击。采取的动员措施如下：

- 从 1941 年 2 月开始，在波罗的海特别军区、基辅特别军区和西部特别军区组建 3 个方面军（集团军群）司令部（西北、西和西南）。
- 3 月 8 日，决定征召 90 万预备役人员。
- 5 月 13 日，命令各军区将 28 个师和 9 个军的司令部及 4 个集团军（第 16、19、21 和 22 集团军）司令部从内地移往边境。
- 5 月 20 日，要求边境各军区制订详细的国境守卫计划。
- 5 月 27 日，命令边境各军区修建野战指挥所。
- 截止到 6 月初，以大规模训练演习的名义征召了近 80 万的预备役人员。

- 6月，有38500人被派驻边境各军区的筑垒地域。
- 6月12～15日，命令各军区将部队向边境方向移动。
- 6月19日，命令将各军区司令部移往新指挥所，同时对各个目标进行伪装并疏散飞机。[13]

这些措施确实相当全面，但就像埃文·莫兹利还指出 98
的，仍然远远不足以发动五月计划草案中设想的先发制人的打击。[14]

朱可夫这段时间经常到克里姆林宫斯大林的办公室去见他。据斯大林的会客日志记载，从1941年的2月1日至6月21日，朱可夫总共见了斯大林26次。其中除了有一次之外，他都是和铁木辛哥一起去的。最长的一次见面（有3个多小时）是在5月24日，当时朱可夫和铁木辛哥以及军队的其他一些重要人物，包括瓦图京和西部特别军区司令巴甫洛夫，都在斯大林的办公室。有人提出，就是在那次会议上做出了决定，要在1941年夏天对德国发动先发制人的打击。但是，那次会议更有可能是讨论当前的动员措施。况且斯大林在之后的十天当中，并没有见过朱可夫、铁木辛哥或他的任何将领，这不像是做出了重大决策要与德国开战的样子。[15]

归根结底，现在并没有任何证据可以证明，斯大林想要或打算在1941年夏天与希特勒开战（至于他是不是考虑过到1942年苏联备战工作完成的时候有这种可能性，那是另外一回事）。相反，他想尽可能地推迟开战——实际上，包括朱可夫在内的许多军事分析家都把这个时间想得太长了。直到战争爆发前夕，斯大林仍然相信战争可以再延后数月，相信即使德国人真的发动进攻，苏联的防线也可以守住，并且有时间组织反攻。

战争倒计时

对于德国人的进攻这一迫在眉睫的危险，虽然苏联人可能还心存侥幸，但在 1941 年 6 月，越来越多的证据表明，进攻也许会来得比他们想象的要快。从西部边境的各个军区都传来德军准备入侵的详细情报。尤其令人感到不安的是，有报告说，罗马尼亚和芬兰也在进行战争动员。[16]同时，在政治战线上，德国人对苏联人想在两国之间重启谈判的暗示不屑
99 一顾——这些暗示所采取的方式是，由苏联官方新闻机构塔斯社在 6 月 13 日发表声明，驳斥苏德即将开战的谣言。塔斯社说，苏联在遵守苏德互不侵犯的条约，德国也是如此，相反的传闻都是谎言，是挑拨离间。声明否认德国向苏联提出了新的要求，但暗示，即使那样，也是可以协商的。在所剩无几的太平日子里，苏联人向德国人摆出了若干安抚的姿态，但柏林不为所动。[17]6 月 15 日，格鲁乌的最新情报简报证实，德国已把大量的军队调往东方，现在，沿苏联边境部署的德国国防军有 120～122 个师，其中大部分都集中在西南方向。[18]

朱可夫在回忆录中声称，他和铁木辛哥对不断迫近的战争危险做出了反应，并在 6 月 14 日面见斯大林，敦促他向边境地区的所有部队发出警报，并允许在靠近边境的地方部署更多的兵力——这些措施将加强防御掩护，对在战争来临时保护苏联的全面动员是必不可少的。但斯大林却表示反对，理由是这样做带有挑衅的意味，而且，驻守在边境地区的力量无论如何已经足够强大了。“我们离开克里姆林宫的

时候心情很沉重，”朱可夫回忆说，“我想走一会儿。我的心情很郁闷。在克里姆林宫旁边的亚历山德罗夫花园，孩子们正在无忧无虑地嬉戏。我想起了自己的女儿，强烈地意识到我们对于这些孩子，对于他们的未来，对于整个国家，肩负的责任多么重大。”[19]很感人的故事，只是是否有过这样的见面还未可知。根据斯大林的会客日志，朱可夫和铁木辛哥是在 6 月 11 日见他的，6 月 18 日又见了一次，但在此期间没有。目前没有任何同时期的文献材料——这与事后回忆所说的相反——可以证明朱可夫和铁木辛哥比斯大林更清楚德国威胁的紧迫性，至少在入侵即将开始之前是这样的。6 月 19 日，朱可夫命令西部边境地区的各个方面军将司令部移往前方的指挥所，但截止日期是 6 月 23 日，也就是德军实际上已经发动进攻的第二天。

历史学家们对于该问题的讨论，都把焦点集中在诸如斯大林对于情报的误读，或者是他过于相信希特勒在打败英国之前不会进攻苏联之类的问题之上。这些考虑都是合 100
理的，但斯大林之所以对德军即将发动进攻的种种警报充耳不闻，最重要的原因是，他以为即便自己失算，遭到希特勒的突然袭击，那也没多大关系。[20]无论是斯大林还是总参谋部都没有料到，德国人会从战争的第一天开始，就在进攻中投入巨大的军事力量。正如朱可夫在回忆录中说的，苏联人预计敌对行动开始时会在边境地区先进行几天规模相对较小的战斗。在此期间，双方将对其主力进行动员，然后投入战斗。和斯大林一样，朱可夫与苏军总参谋部认为己方在边境地区采取的防御措施，完全可以挺过开战之初的那段时间，从而为红军其他部队完成动员并转入计划中的反攻赢得时间。

6月21日晚，朱可夫在基辅军区的老参谋长普尔卡耶夫打电话给他，说一名德军逃兵主动提供情报，警告说德军正在开往出发地域，并于次日发动进攻。[21]现在看来，单是这件事还不可能引起多大的担忧，随后采取的那些措施肯定还有其他原因。实际上，催促采取行动的很可能正是斯大林本人。他是唯一掌握各方面情报的人——不仅仅是格鲁乌提供的情报，还有其他情报机构以及政界和外交人员的报告。对于斯大林来说，很显然，进攻确有可能，尽管他或许还心存侥幸。从晚上8点50分开始，朱可夫和铁木辛哥与斯大林在他的克里姆林宫办公室里开了一个半小时的会议。[22]会议结果就是向列宁格勒、波罗的海沿岸地区、西部军区以及基辅军区等下达命令，警告说德军有可能在6月22日或23日发动突袭。命令要求各军区避免采取任何带有挑衅意味的行动，但要使自己的部队进入全面战备状态。这道命令在6月22日零点过后不久便下达给各个军区。

“巴巴罗萨行动”

将近拂晓时分，德国入侵苏联的行动开始了。德军152
101 个师在北方14个芬兰师和南方14个罗马尼亚师的掩护下，
在1000英里的战线上发起猛攻。匈牙利和意大利的军队、西班牙的“蓝色师”、克罗地亚和斯洛伐克的小分队以及从纳粹占领下的欧洲各国招募的志愿部队，也陆续加入了这支350万人的入侵大军。

入侵的军队分为三个集群：北方集团军群由东普鲁士发起进攻，从波罗的海沿岸地区向列宁格勒推进；中央集团军群向明斯克、斯摩棱斯克和莫斯科方向前进；南方集团军群则向乌克兰及其首府基辅方向前进。与苏联预料的相反，德军的主攻方向集中在普里皮亚季沼泽以北，沿列宁格勒和莫斯科方向。德军入侵行动的代号是“巴巴罗萨”，这是为了纪念神圣罗马帝国皇帝腓特烈一世（绰号“红胡子”）。他为了使基督教圣地摆脱穆斯林的控制，曾经领导过12世纪的一次十字军东征（见地图6）。

在1940年12月18日的命令中，希特勒已经明确了此次入侵的战略目标：

> 德国国防军必须做好准备，一举击败苏俄……装甲先头部队要通过大胆、迅速的穿插，摧毁驻守在俄国西部的（红）军大部，要防止还有战斗力的人员撤退到辽阔的俄国内地……行动的最终目标是，要建立一个大致沿伏尔加河到阿尔汉格尔斯克的防御俄国的屏障。

德国人打算采取的战术与他们在波兰和法国使用的几乎一模一样。先由强大的装甲师组成的密集纵队突破敌方的防线并从背后包抄苏联军队，随后由步兵师摧毁被包围的敌军并守住已经夺取的领土。

另外，德国人计划在俄国发动的是毁灭战、灭绝战（Vernichtungskrieg）。要摧毁的不仅是红军，还有苏联的整 103
个共产主义政权。按照纳粹的反犹主义意识形态的说法，苏联是犹太人和布尔什维克的国家，是受犹太人控制和影响的共产主义政权。纳粹的种族主义意识形态还把俄国的各个斯拉夫民族说成是低等种族（Untermenschen）。与对待犹太人不一样，纳粹为斯拉夫人安排的命运不是灭绝或驱逐，而是奴役。

102

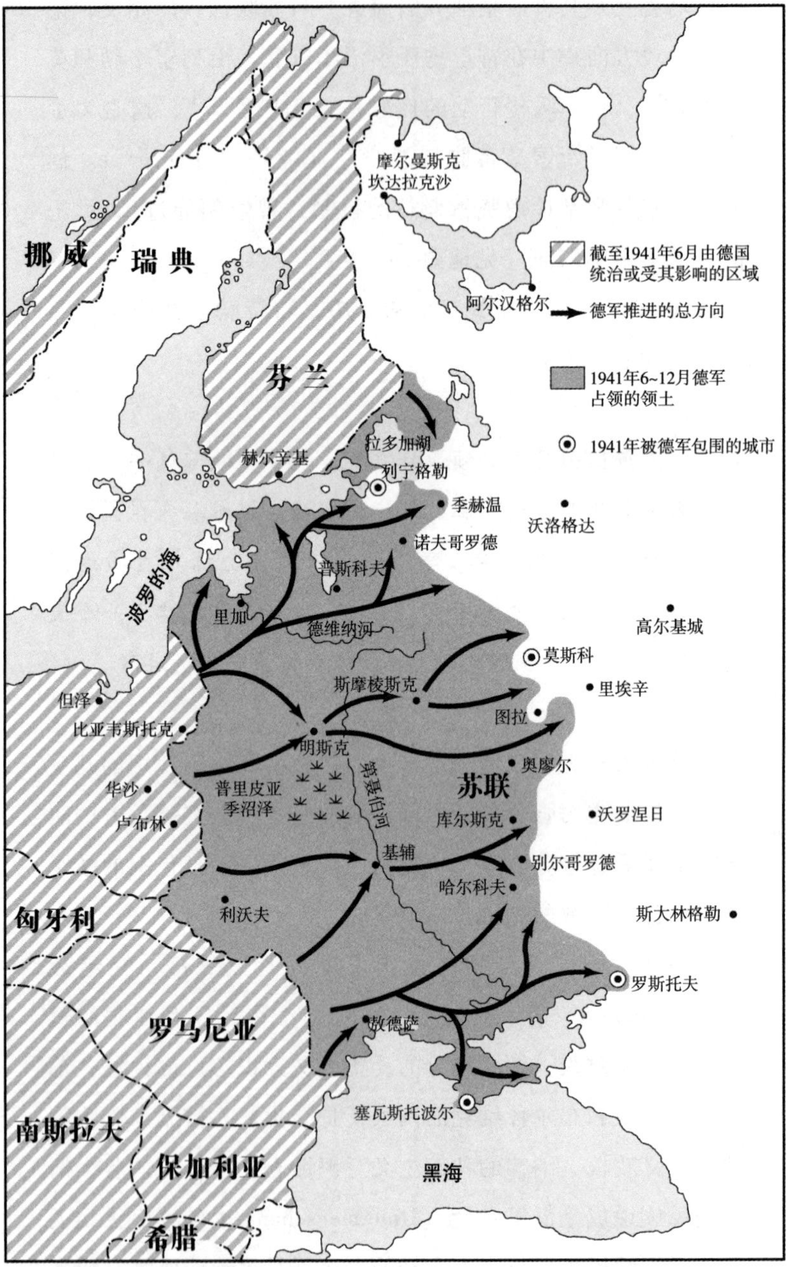

地图 6　“巴巴罗萨行动”，1941 年 6 ~ 12 月

希特勒要对俄国发动的战争，是带有意识形态色彩的战争。“对俄国的战争，”他在1941年告诉自己的将军们，“是不能有骑士风度的；这是不同意识形态和不同种族的斗争，因此，必须要以前所未有的无情与残酷来进行这场斗争。”随后他又发布命令，让德国士兵在俄国可能犯下的任何罪行都不会受到惩罚；他还命令他们对所有共产党员一律就地枪决。犹太人大屠杀的起因就包含在这些命令之中——这种大屠杀是从1941~1942年德国人处死100万苏联犹太人开始的。德国人野蛮对待苏联战俘的起因也在于这些命令。苏联战俘在被囚禁期间，由于条件恶劣、饥饿、疾病和虐待而死亡的达到了300万人。

随着德军入侵的详细情况慢慢地传到莫斯科，朱可夫和铁木辛哥在清晨5点45分返回了斯大林的办公室。他们待了将近三个小时，并在早晨7点15分下达了二号命令，要求部队歼灭那些越过边境的敌军，但自己不得擅自越过边境。空军接到的命令是，攻击空中和地面的敌军，并向德国境内60~100英里的纵深发动进攻，但不得擅自飞越芬兰和罗马尼亚的上空。当晚9点15分，又发布了三号命令，说德军的进攻主要集中在西北方向立陶宛国境线附近的苏瓦乌基（Suvalki）突出部和普里皮亚季沼泽南面的扎莫斯季耶（Zamost'e）。在这些地区，虽然“敌军取得了相当大的胜利……但在国境线的其他地段……敌人的进攻已被击退，而且损失惨重”。为此，命令西北方面军和西方方面军进攻苏瓦乌基的敌军，并在6月24日之前收复被敌人占领的地区。
为发动此次反击，命令还要求西方方面军投入2个机械化军 104
的兵力对苏瓦乌基德军的侧翼和后方进行有力的回击。在南方，命令要求西南方面军进攻、包围并歼灭扎莫斯季耶地区的敌军，然后向苏联边界以西 100 千米的卢布林前进，并在 6 月 24 日之前占领该地区。这次行动计划动用 5 个机械化军，并集中方面军所有的空中力量。[23]除了在南方发动反攻的胃口没有那么大，以及要求立即而不是经过一段时间的准备和动员之后再发动反攻之外，三号命令与一月军演及三月和五月战争计划中设想的情形非常相似。

朱可夫在回忆录中一心想撇清自己与三号命令的干系。按照他对事态发展的说法，6 月 22 日下午 1 点，斯大林打电话给他，命令他作为统帅部的代表立即前往基辅的西南方面军。“我在天黑之前到达了基辅乌克兰共产党中央委员会，赫鲁晓夫正在那里等我。”在自己到达西南方面军之后，朱可夫说，瓦图京打电话给他，告诉他有关三号命令的情况以及斯大林要求也署上他的名字。朱可夫声称，要是让他来处理，他会等到形势变得较为明朗之后再下令发动反击。[24]这里的问题在于，斯大林办公室的日志表明，从下午 2 点到 4 点，朱可夫一直在和军方其他高级军官一起开会。此次会议有可能不仅讨论了前线的形势，还讨论了如何实施谋划已久的反攻。另外，根据巴格拉米扬的回忆录，朱可夫是在西南方面军接到三号命令之后才到达那里的。[25]

朱可夫之所以想撇清自己与三号命令之间的关系，是因为这道命令造成了灾难性后果。可是，考虑到他本人对进攻的偏好，没有理由认为他当时对于该命令中所体现的行动方针不是完全赞同的。实际上，在这种紧要关头，若不是为了专门监督落实三号命令所要求的大反攻，很难理解为什么要
105 把他这位总参谋长派到乌克兰。总参谋部一直认为乌克兰会成为主战场，而苏军的主力也部署在那里。有可能正是朱可夫自己主动要求把他派到他以前指挥过的西南方面军，以协

助执行他本人参与制订的计划。结果，朱可夫只在西南停留了很短的时间。6 月 26 日下午，他又回到莫斯科，回到斯大林的办公室。[26]

朱可夫在乌克兰期间，西南方面军尝试发动的反攻错误百出，虽说反攻确实在短期内迟滞了德军向乌克兰腹地的推进——迟滞其实也并不奇怪，因为德军对乌克兰的进攻相对来说没有那么猛烈，而且西南方面军是苏联西部国境线上最强大的力量，有 4 个集团军、8 个机械化军、7 个步兵军，以及 1 个空降兵军。西方方面军的情况完全不同，巴甫洛夫面对的是德军最强大的力量。朱可夫后来对巴甫洛夫有很多批评，特别是批评这位西方方面军司令对于部署在边境地区的自己的部队失去了控制。但是，巴甫洛夫遇到的最大的麻烦就是执行总参谋部的三号命令。他把自己第二梯队的部队深入到比亚韦斯托克（Bialystok）突出部——那里已到了波兰中部——结果使自己的部队陷入了德军大规模的两翼合围。德军在明斯克以东不远的地方合上双钳，落入包围圈的红军有 30 个师，最后有 40 万人被俘。当明斯克于 6 月底陷落的时候，巴甫洛夫的西方方面军，红军的第二大主力，实际上已不复存在（见地图 7）。

正是在这种情况下，斯大林把朱可夫紧急召回莫斯科。据朱可夫说，6 月 29 日，斯大林两次来到国防人民委员部，“两次都因为西方战略方向的形势而大发雷霆”。[27] 此事的另一位目击者是政治局委员阿纳斯塔斯·米高扬（Anastas Mikoyan）。他在自己的回忆录中写道，当朱可夫说不出已经造成的伤亡人数时，斯大林对他发火了：“总参谋部是干什么的？要是开战头几天总参谋长就惊慌失措，不和自己的部队保持联络，不代表任何人也不指挥任何人，那他是干什么

106

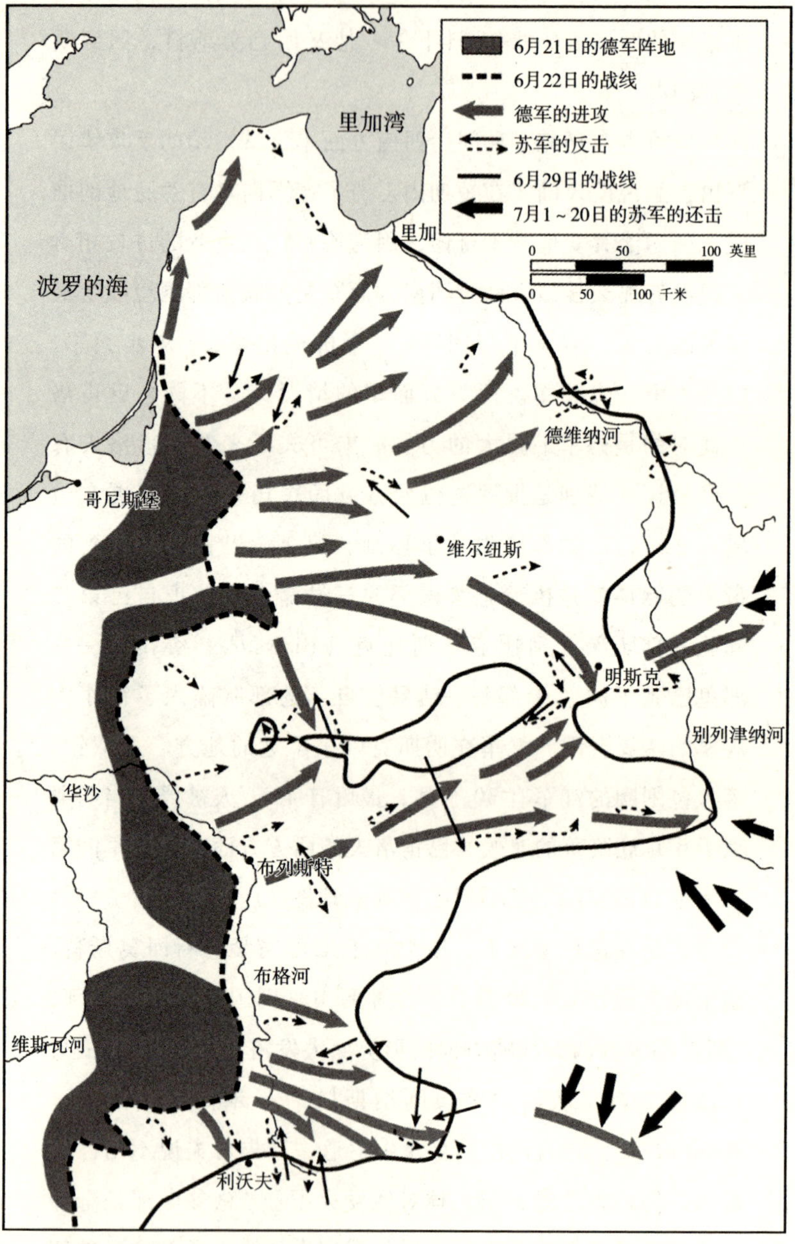

地图7　边境地区的战斗，1941年6月22日～7月9日

的？”据米高扬说，朱可夫“一下子哭了，跑进了别的房间。莫洛托夫赶紧跟在他后面……过了有5到10分钟，莫洛托夫和朱可夫一起回来了，后者看上去已经平静下来，可眼里仍然含着泪水”。[28]米高扬的故事不太可信，因为这无疑是赫鲁晓夫那帮人为了指责朱可夫而编造的，是要诋毁他个人的名声，不过，它确实也抓住了一点，那就是在战争初期损失惨重的时候，斯大林和自己的统帅部的紧张关系。 107

还有一个故事是说，在德国人发动进攻后，斯大林惊慌失措，沮丧不已，直到在自己政治局同事的催促下才恢复过来。但是据朱可夫说：“斯大林这个人意志坚强，绝不是懦夫。只有一次我看到他有点消沉。那是在1941年6月22日的黎明，当时他以为战争是可以避免的希望破灭了。1941年6月22日之后，斯大林整个战争期间都在坚定而沉着地掌管着这个国家……”[29]

7月1日，斯大林解除了巴甫洛夫的职务，并由铁木辛哥接任西方方面军司令。[30]不久，巴甫洛夫就和他的参谋长、通信主任及西方方面军其他高级军官一起被捕了。在7月16日宣布逮捕的决议中，斯大林说自己要给任何违反纪律的高级军官一个实实在在的教训。[31]巴甫洛夫被捕时起初受到的指控是卷入反苏阴谋，但在7月22日军事法庭将他和其他一些人判处死刑的时候，罪名是怯战、制造恐慌、玩忽职守和擅自撤退。[32]实际上，巴甫洛夫不过是1941年6月22日的替罪羊，是包括斯大林、铁木辛哥和朱可夫在内的苏联军政领导层所犯的灾难性错误的替罪羊。

前总参谋长梅列茨科夫也被捕了，因为巴甫洛夫在严刑拷打之下，把他供成了反苏阴谋的同谋。不过，梅列茨科夫虽然受到秘密警察的严刑审讯，但还是被无罪释放了，并在9月作为统帅部代表被派往列宁格勒地区，直到1945年才离开那里。[33]红军空军的一些高级军官也成了斯大林震怒之
108 下的牺牲品——他们遭到逮捕并被指控为应该为1941年6月22日德国空军对苏联机场的毁灭性打击负责。这其中就包括朱可夫从哈拉哈河战役开始的老对头什捷尔恩将军。德军入侵的时候，他刚好负责苏联的对空防御。1941年10月，什捷尔恩和其他人一样，未经审判就被枪毙了。

此次对军队的清洗，是苏联独裁者在红军防线崩溃和红军被迫败退到俄国内地的时候，为了巩固自己的政权而采取的若干措施之一。[34]6月30日，斯大林发布命令，成立国防委员会（俄文首字母缩写为GKO）。由斯大林任主席的国防委员会成了某种形式的战时内阁，负责指导和掌控苏联所有方面的战争努力。

7月10日，于6月23日成立的由铁木辛哥任主席的总司令部大本营被改组为最高统帅部大本营，由斯大林任主席。同一天，红军的五个“方面军”（北方、西北方、西方、西南方和南方）被置于三个战略“方向”的领导之下，每个战略方向都有多个方面军。指挥这三个战略方向的是斯大林骑兵小集团的成员。伏罗希洛夫元帅被派去指挥西北战略方向，铁木辛哥元帅指挥西方战略方向，布琼尼元帅指挥西南战略方向。7月19日，斯大林被任命为国防人民委员；8月8日，他成为武装力量最高统帅。随着斯大林就任最高统帅，苏联整个战争努力的组织和方向也就被置于他的直接控制之下（见图1）。

斯大林认为，红军在最初阶段的败退，部分原因在于纪律松弛，特别是指挥人员。斯大林解决问题的办法和俄国内

109

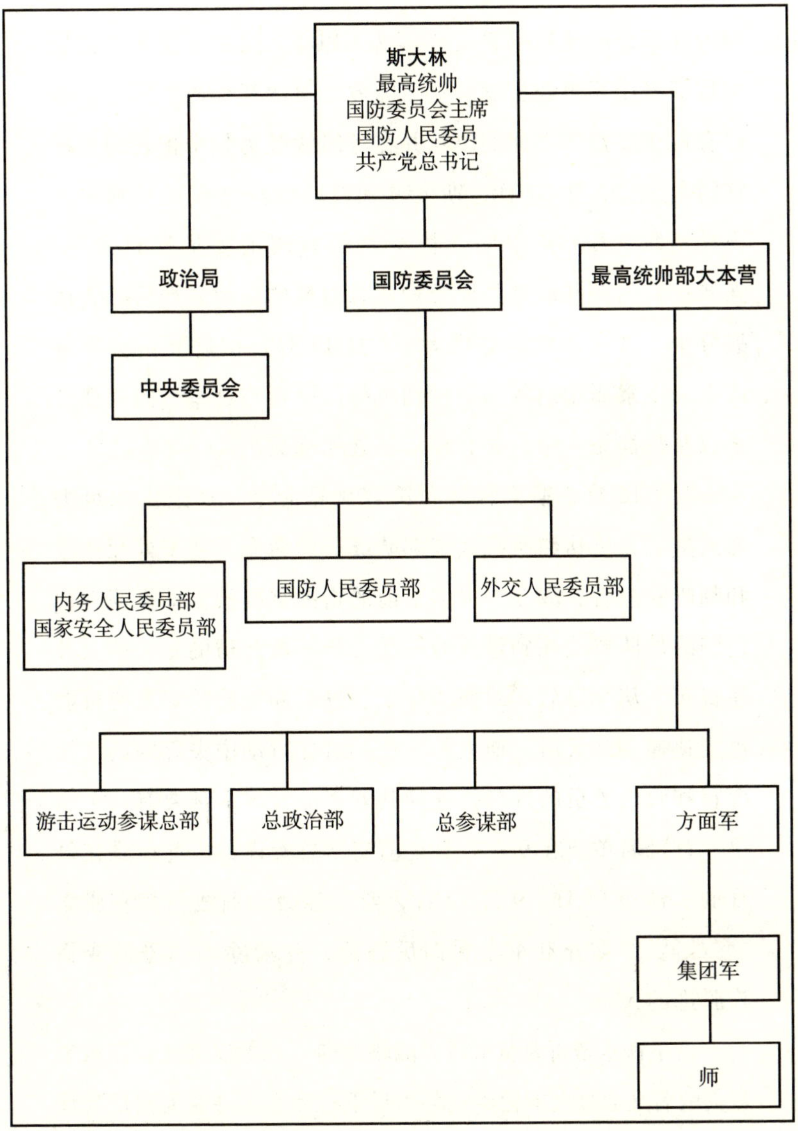

图 1　卫国战争期间苏联军政决策结构示意

战期间布尔什维克采取的办法一样：在政治上加强对武装力量的控制。7 月 16 日，国防人民委员部的政治宣传局被改
110 组为红军总政治局（俄文缩写为 GPU）。同时，在武装力量中重新采用军事委员制。这意味着会再次任命政工军官，他将有权否决指挥方面的决定并在各级武装力量中担任副指挥官的角色。7 月 20 日，斯大林和总政治局新任局长列夫·梅赫利斯（Lev Mekhlis）将军向所有政治委员发布命令，强调他们的特殊职责是要维护武装力量的纪律，严厉处置怯战分子、逃兵和制造恐慌者。7 月 17 日，国防委员会决定成立一个隶属于内务部的特别机构，负责与红军中的间谍分子以及叛徒做斗争，并有权当场处死逃兵。

8 月 16 日，斯大林发布第 270 号命令。这道由朱可夫等人签署并传达给所有武装部队成员的命令，要求处死怯战和临阵脱逃者，战斗中畏缩不前的指挥官要被立即撤职，被包围的部队要战斗到最后的一兵一卒。最严厉的是，斯大林还宣布，从今以后，对怯战分子、逃兵和叛徒的家属有可能也要逮捕。几天后，斯大林下令，对在行动中失踪的高级指挥官和政治委员的姓名，连同其近亲的姓名，都要有一个名单。首批名单要在 9 月 8 日之前交给总参谋部，此后是在每月的 1 日和 15 日。9 月 12 日，斯大林命令前线指挥官成立“督战队”，阻止红军士兵向后逃跑，并清除煽动恐慌或临阵脱逃的人。

由于铁木辛哥要负责西方战略方向，总参谋部此时便以朱可夫的名义通过大本营给武装力量下达命令。许多人都认为那些命令不切实际，因为朱可夫在命令中要求的反突击得不偿失，要求的进攻无法执行，要求的前进也很快变成了退却。[35] 与此
111 同时，战场的形势却不断恶化。到 7 月中旬时，德军已沿宽

大锋面突入苏联境内200~400英里。

从朱可夫与前线指挥官的通话记录来看，[36]同时，用更直接的方式，从总参谋部吸取战争教训的种种努力来看，很显然，他在不断加剧的灾难面前并没有惊慌失措。7月15日，朱可夫给各方面军下达了关于“吸取战争经验”的大本营命令。该命令从到当时为止的战争经验出发，得出了五点结论。第一，机械化军过于庞大和笨拙，应当解散并代之以由集团军层面指挥的独立坦克师。第二，事实证明，由多个师组成的集团军难以掌控，应将其缩编为不超过5~6个师的较小的野战集团军。第三，如果缺少自己的坦克部队，步兵师就很难击退敌人的坦克。解决问题的办法是把一些小规模的坦克部队分散到各个步兵师。第四，骑兵的重要性过去被低估了——这一点想必让朱可夫的骑兵们觉得很中听。在战线漫长、敌军后方绵延数百英里的情况下，骑兵的长途奔袭可以在进攻敌人补给线方面起到重要作用。第五，事实证明，空军的军的编制过于庞大，效率低下，最好是将其改编为飞行团，每个团配有大约30架飞机。[37]

对于苏联在军事战略方面的一些根本性错误与后果，尤其是在战争初期试图采取强调进攻的军事思想的种种后果，朱可夫难辞其咎，但他很好地履行了总参谋长的职责，特别是在1941年6月22日灾难发生的时候他能够保持镇定。那么，斯大林为什么要在7月底的时候解除他的职务呢？按照朱可夫的说法，他之所以被解除职务，是因为他在是否撤出基辅的问题上与斯大林有分歧。与斯大林的那次导致他被解除职务的见面，据称是在7月29日。在朱可夫建议把红军撤到第聂伯河以东并放弃基辅的时候，斯大林勃然大怒。“把基辅交给敌人，亏你想得出来？”朱可夫说，他当时忍

112 不住了，就回敬道：“如果你认为我这个总参谋长只会胡说八道，那我在这里就没什么可干的了。我请求解除我的总参谋长职务并把我派到前线。”据说斯大林的回答是：“要是你这么说，我们没有你也行。”朱可夫被撵走了，但半小时后又被叫了回来。斯大林告诉他，现在由沙波什尼科夫接替他的职务。斯大林问他想被安排到哪儿，朱可夫回答说他愿意干任何工作，哪怕是指挥一个师。斯大林叫他不要那么激动，然后就任命他为预备队方面军司令，准备在叶利尼亚地区发动攻势。[38]

朱可夫用这种自我标榜的小花絮强化了人们对他的印象：他是个有什么就说什么的指挥官，哪怕斯大林不想听的他也会说。朱可夫也常对斯大林说些言不由衷的话，这一点毫无疑问，但就这件事而言，是不是真的呢？保存在俄罗斯档案馆中的未发表的朱可夫回忆录，讲述了一个不同的故事：

> 斯大林：你认为谁能组织反攻，消灭叶利尼亚突出部的敌人？
>
> 朱可夫：派我去消灭叶利尼亚突出部的敌人，同时任命沙波什尼科夫担任总参谋长。
>
> 斯大林：你是不是想撂担子？
>
> 朱可夫：不，我不是想撂担子，我是想做自己更熟悉的工作，让自己对国家更有用。[39]

考虑到朱可夫一心想要投入直接的战斗，上述说法的可能性要更大一些。在已出版的朱可夫回忆录中对于此事的说法还有一个问题，那就是7月29日他和斯大林没有见过面，至少从斯大林的会客日志来看是没有的。7月20日朱可夫见过斯大林，8月5日又见过一次，但在此期间没有。[40]再说，朱可夫是在日期为7月30日、由他和斯大林签发的大本营命令中被宣布为预备队方面军司令的，而沙波什尼科夫被任命为总参谋长是到8月10日才正式宣布的。[41]因此，朱可夫离开总参谋部看来是有条不紊的，而且是经过协商同意的。

朱可夫的公开的说法是想把基辅那场灾难的责任推得干干净净。到8月初的时候，德国的南方集团军群已经逼近基 113
辅，于是，要不要把苏联军队撤出乌克兰首府就成了问题。朱可夫说，即使是在他不再做总参谋长之后，他还在继续努力劝说斯大林下令撤退，但西南方面军司令部自己反对那样做，而且给大本营的建议也是如此。8月18日，斯大林和大本营发布命令：绝不放弃基辅。[42]但到了8月底，红军被迫撤到了第聂伯河防线，这样一来，基辅就暴露在一个长而脆弱的突出部的顶端。就在此时，希特勒把德国著名的坦克指挥官海因茨·古德里安（Heinz Guderian）将军和他的第2装甲集团军从中央集团军群调到南方，在背后夹击西南方面军，这就使基辅及其周围的苏军有被包围的危险。朱可夫就形势的变化向斯大林发出了警报，[43]但独裁者自以为由A. I. 叶廖缅科将军指挥的一个新的方面军，布良斯克方面军，可以对付这一威胁。然而，叶廖缅科没能抵挡住古德里安，西南方面军军事委员会在9月7日请求允许将部分部队撤退到第聂伯河，以保护自己的右翼，阻止古德里安的推进。9月9日，斯大林同意部分后撤，但他在第二天与西南方面军司令M. P. 基尔波诺斯（M. P. Kirponos）将军通话时对后者说："我们认为你关于撤退的建议……是危险的……不要想着怎么撤退，要想着怎么抵抗，而且只有抵抗。"[44]9

月 13 日，基尔波诺斯的参谋长图皮科夫（Tupikov）少将向沙波什尼科夫报告说，大溃败已经为期不远了。盛怒之下，斯大林亲自口授了回信："图皮科夫少将……给总参谋部发来的电报惊慌失措。相反，形势要求各级指挥员的头脑要格外清醒，要保持冷静。任何人都不应该惊慌失措……前线的所有部队都必须明白，要义无反顾地顽强战斗。"[45]

尽管有斯大林的劝勉，但灾难还是很快就降临了。9 月 17 日，大本营终于下达了从基辅撤退到第聂伯河东岸的命令，[46]但为时已晚，德军已在基辅东面合上双钳，包围了苏
114 军的 4 个集团军，总共 43 个师。西南方面军在基辅战役中损失 75 万人，其中阵亡、被俘或失踪的有 60 多万。阵亡者当中包括基尔波诺斯和图皮科夫。基尔波诺斯的作战处长巴格拉米扬是幸存者之一，他设法冲出了包围圈。

朱可夫在 7 月底的时候就预见到了这一切吗？未必。实际上，在 7 月 28 日，即据说他因为力主撤出基辅而被斯大林解除职务的前一天，朱可夫和斯大林共同签署了命令，禁止第 63 步兵军撤到第聂伯河东岸。[47]还有一点也很重要，那就是不要忘了，朱可夫在回忆录中对基辅溃败尤其是地方领导层的负面作用喋喋不休，是有一种算旧账的意思。基辅的政治首脑当时是赫鲁晓夫，他在 1957 年朱可夫开始写作回忆录之前不久解除了他的国防部部长职务。朱可夫的另一个目标是没能拯救西南方面军的叶廖缅科。他在朱可夫被解除职务的时候，是赫鲁晓夫诋毁朱可夫军事成就的左膀右臂。朱可夫想为自己辩护，揭露赫鲁晓夫和叶廖缅科等人的面目，这让他对战时其他事件的描述也被扭曲了。

叶利尼亚攻势

基辅溃败正在发生的时候，朱可夫却在斯摩棱斯克附近的叶利尼亚成功组织了一次攻势。这是 1941 年夏天红军在斯摩棱斯克地区采取的一连串军事行动之一，目的是堵住德军通往莫斯科的道路。虽然斯摩棱斯克本身已经在 7 月中旬落入德军之手，但其周围地区的激战还在继续。红军在斯摩棱斯克打的并不是防御战，它的策略是进攻，是不计其数的回击、反击和像叶利尼亚那样的反攻。德军被挡在斯摩棱斯克达两个月之久。不过，红军付出的代价也很大，阵亡或失踪的有 50 万人，另有 25 万人受伤。

朱可夫从 7 月底开始指挥的预备队方面军有 6 个集团军， 115
约 50 个师，其中大部分是步兵师，但也有一些坦克部队以及骑兵和摩托化部队。它被部署在铁木辛哥的西方方面军身后约 60 英里的从勒热夫到维亚济马的宽大锋面上，任务是拔掉德军在杰斯纳河（River Desna）东岸的坚固的桥头堡。在 1939 年的哈拉哈河战役中，朱可夫的进攻都是经过周密准备的，但在 1941 年，他可没有那么多的时间，他的第 24 集团军不得不在 8 月中旬提前发动进攻。[48] 8 月 21 日，朱可夫向斯大林报告说，到目前为止，此次进攻并没有能够包围并歼灭敌军。他还特意说，在这 10 天的战斗中，他走遍了该集团军的各个师，它们的表现大多都很好，但此次战役要是继续打下去，造成的伤亡会削弱参战部队的战斗力。朱可夫请求允许暂停 3～4 天，以便在再次发动攻势之前对部队进行重新部署并对形势加以研究。在此期间，他们将对德军进行不间断的炮击和轰炸。如有可能，朱可夫想在下次进攻中动用自已预备队中的第303步兵师。[49] 8月30日，在预备队方面军的第43集团军的支援下，攻势重新开始。截至9月6日，叶利尼亚地区已被收复，而德军则被迫后撤（见地图8）。

苏联人高调宣扬了叶利尼亚攻势的胜利，而且还前所未有地邀请一群西方记者去参观战场，其中包括伦敦《星期日泰晤士报》的亚历山大·沃思（Alexander Werth）和美联社驻莫斯科记者亨利·卡西迪（Henry C. Cassidy）。后者写道：

> 这里遭受破坏的程度远远超出了我在西欧战后见到的情形。在那里，当巴黎沦陷之后，我发现战火在大部分地方都是轻轻掠过，只是这儿的村子里有几个弹孔，那儿的路口坏了而已。而在叶利尼亚周围，所有的一切都在两个巨人之间的可怕的、毁灭性的殊死搏斗中被毁掉了。[50]

117 行动结束后，沙波什尼科夫对预备队方面军的这次攻势提出了批评：

> 第24和43集团军最近的攻势完全没有收到积极的效果，只造成了人员和装备的过多损失。不成功的主要原因在于：各集团军在进攻上没有形成必要的集群；企图沿全线发动进攻；为步兵和坦克进攻提供的空中和地面的炮火准备明显不足，也不够有力，而且组织非常混乱。从今以后，对于没有得到必需的预备队支援的步兵和坦克进攻，有必要停止而且不容许进行缺乏组织的、准备得不充分的地面和空中的炮火支援。[51]

116

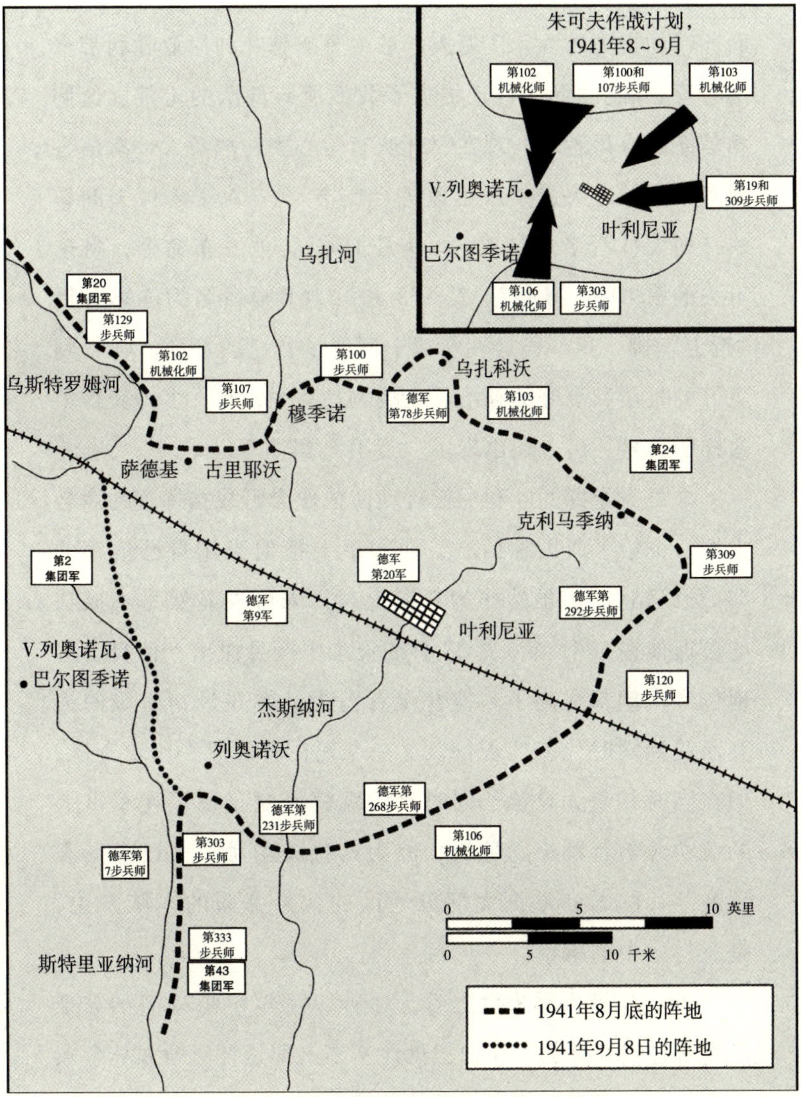

地图8　叶利尼亚攻势，1941年8～9月

朱可夫对于此次行动的看法截然不同。在9月8日给斯大林的报告中，他强调了自己麾下各师的优异表现。他指出，敌人在此次战役中的伤亡在4.5万人至4.7万人之间，而苏军的损失约为1.7万人。最主要的是叶利尼亚胜利带来的心理影响："此次行动提振了我们所有部队的士气，他们相信能够取得胜利。现在，部队有信心去迎战敌人，有信心面对敌人的炮火，然后迅速进行反击。"[52]对于朱可夫的看法，斯大林看来是赞成的。9月18日，他发布命令，将朱可夫的第100、第127、第153和第161师命名为苏军首批"近卫"师。这些已经在实战中证明了自己的部队，将得到更好的报偿和更好的补给。在战争过程中，有许多师获得了这样的称号，后来还出现了"近卫"集团军。

朱可夫指挥的叶利尼亚行动使他作为野战指挥官的声名大振，也给了斯大林信心，在军事上把他当作自己信赖的"麻烦终结者"。虽然作为总参谋长，朱可夫显然是不成功的，但他在1941年6月22日的灾难中挺身而出，使自己的地位和声望都提高了。他并没有因为红军在最初阶段的失利而受到同时代人的责备，这一点现在看来似乎比较奇怪，但在当时却毫无异议。同时代的观察家对于德军在军事上
118 的成功并不特别感到惊讶，因为这些成功对一支已经征服了波兰、法国和欧洲大部分地区的久经考验的军队来说，是意料之中的事情。

1953年斯大林去世之后，对于1941年6月22日的灾难确实有过批评性的讨论，但批评基本上都是针对斯大林个人的责任：对德军即将入侵的种种警告置之不理；阻拦军队为应对即将遭受的攻击而进行的动员。当时已结束外放并返回莫斯科先后担任国防部副部长和部长的朱可夫，在对斯大林

的批评中并没有突出赫鲁晓夫分子所强调的这一方面的问题，而是着重谈了苏联独裁者战前对军队的清洗所造成的负面影响。然而，在1957年他与赫鲁晓夫失和之后，批评斯大林的范围扩大了，把朱可夫也牵连了进去，因为他未能预料到德军的“突然”进攻并做好适当的准备。

对于这样的批评，直到1964年赫鲁晓夫下台之后，朱可夫才被允许做出回应。在朱可夫于1969年首次出版的回忆录中，他对自己担任总参谋长不长时间内的工作做了有力的辩护。他提出，红军实际上做了很好的准备，到德军进攻时为止也进行了大量的动员。朱可夫也承认当时犯了一些错误，特别是对德军主攻方向的误判。苏军统帅部，尤其是斯大林，认为德军要夺取乌克兰富饶的土地、原材料和工业资源，而不是像后来证明的那样，要夺取列宁格勒和莫斯科。斯大林还严重误判了德军进攻的时机。朱可夫说，斯大林相信战争是可以避免的，并怀疑有关德军即将发动进攻的情报是英美奸细的诡计。斯大林还担心，苏联过早的动员有可能会加快与希特勒爆发冲突的速度。鉴于1914年引发第一次世界大战的“七月危机”，他对朱可夫说过，“动员意味着战争”。

斯大林的谨慎使他不愿意让总参谋部进行彻底的动员并使红军进入完全战备状态。朱可夫表示，红军未能进行充分的动员，是德军的进攻能在短期内取得成功的主要原因。但 119
是，他不愿像赫鲁晓夫分子那样，把斯大林作为灾难的替罪羊，所以他指出，统帅部本应做出更大的努力，去让“头”相信德军进攻的危险迫在眉睫。

总参谋部之所以把重点放在反攻而不是防御上，那是因为红军具有根深蒂固的崇尚进攻的精神特质和军事思想——

这一点可以追溯到内战时期，而且在20世纪30年代大纵深战役观念提出来的时候，它就已成为僵化的教条。就像朱可夫回忆录中的一段在苏联时代版本中被删掉的话所说的，“我们当时没想到我们的武装力量在战争开始时会那么不济，刚刚交战就遭受那么严重的失利，以至于不得不向我国的内地撤退”。在另一段未经删节的话中，朱可夫强调说：“总的来说，那个时候我们的军事理论科学没有考虑到战略防御中的诸多深刻的问题，而是错误地认为它没那么重要。”[53]

在斯大林的将领当中，和自己的领袖一样对红军的防御能力抱有幻想的，朱可夫并不是唯一的一个。而且在此事过后以及在斯大林去世之后，想撇清自己与这一重大误判所造成的灾难性后果的关系的，他也不是唯一的一个。但在承认自己也有责任方面，朱可夫比大多数人都要诚实。他认为这种错误在红军的历史和文化中有其深刻的根源，这一看法非常有见地。

朱可夫对自己和统帅部缺点的最为坦率的披露，在其各个版本的回忆录中，甚至在其与苏联作家兼记者康斯坦丁·西蒙诺夫等人较为私密的谈话中，都是看不到的。他在那些场合都是小心翼翼地不让赫鲁晓夫那帮批评者抓住自己的小辫子。一个比较可靠的信息来源是俄罗斯军史档案中他的个人卷宗里的那些没有发表的文字。就像朱可夫在一份手稿中强调的，“苏联战前的军事科学认为，只有进攻才能摧毁敌人，而在保护进攻部队努力实现指定目标方面，防御起到的是纯粹辅助性的作用”。结果，红军忽视了防御训练，
120 尤其是在行动和战略层面，因而对于自己在1941～1942年被迫进行的防御战没有做好准备。这是一个“严重的错

误”，朱可夫说，它造成了很高的伤亡率。没有吸取二战头几年的教训，也加剧了该错误的严重性。德军在波兰、法国以及其他国家取得的胜利表明：在强大的空中力量的支持下，集中装甲力量突然发动进攻，可以“快速冲垮敌军的防线，切断敌军的退路并包围其主力”。当然，总参谋部也研究过德军的战术，但朱可夫承认，直到德国国防军的装甲部队像古代的攻城槌一样砸穿苏军的防线时，他们才明白这种战术到底是怎么回事。不过，他认为，在边境地区是无法挡住德军的入侵的。防御做得好一点，可以减少苏军的伤亡并增加德军的损失，但德军的突然进攻之所以能够在一开始就取得成功，主要还是由于德国国防军在数量和质量方面的优势。“很显然，”朱可夫写道，“我们的部队无法招架住敌人在战争头几天的有力的打击，我们没有能力对抗那么有力的打击，战略主动权在战争头几天掌握在敌人手中。”

朱可夫对苏联军队最高领导层也不太满意。他认为他的前任——总参谋长基里尔·梅列茨科夫经验丰富、知识渊博，但谨小慎微，做事较为被动，而国防人民委员谢苗·铁木辛哥在大战略和举国备战问题上“有点业余”。至于自己，他说：“坦率地讲，我当时对于总参谋长这个角色并没有做好准备（在斯大林任命我的时候，我也这样对他讲过）。虽然我努力工作，但到战争开始的时候，我还是没有抓住国防工作的要领，没有抓住与法西斯德国这样一个强大而经验丰富的敌人开战、武装力量在行动和战略层面备战的要领。”[54]

朱可夫还尖刻地嘲讽了那些试图根据后见之明批评斯大林所采取的措施和决策的历史学家以及回忆录作者：“人们常常责备斯大林的这些错误和误判……在结果已知的情况下，回过头来对各种意见进行详细的解释，没有什么比这更

121 容易的了。但在特定的历史关头，没有什么比在各种力量的较量中，在众说纷纭的意见与事实中，全面把握问题的实质更难的了。”[55]

朱可夫为斯大林的辩护容易掩盖一个比较重要的问题：大战在即，为什么会让一个被认为是不适合参谋工作的人去负责总参谋部呢？答案既简单又发人深思：在德军入侵的时候，苏联人计划的应对措施是对敌方领土实行战略性的反入侵，而朱可夫作为哈拉哈河之战的胜利者和进攻战的坚定的鼓吹者，在斯大林眼里正是指挥这类行动的合适人选。当红军在 1941 年 6 月底最初的反攻中失利时，斯大林对自己的判断产生了怀疑。但是，朱可夫在叶利尼亚取得的成功又让独裁者恢复了对他的信任。

叶利尼亚的胜利为朱可夫带来的奖赏是再次被委以重任。斯大林在那次战役中一再催促他到莫斯科商讨对策，但朱可夫推托说，他要留在靠近自己部队的地方。到 9 月 11 日朱可夫见到斯大林的时候，苏联独裁者急切地要求他去指挥一个全然不同的战场——遭到德军围困而且危在旦夕的列宁格勒。斯大林需要一个意志坚定而又能干的人去鼓舞士气，并加强苏联第二大城市的防御，而朱可夫恰好合乎这项工作的要求。

7

斯大林的将军：拯救列宁格勒和莫斯科，1941

斯大林与朱可夫的关系，有着和苏联独裁者与其所有高级将领的关系同样的基础：他们的忠诚与称职以及他对他们的信任。在朱可夫的军事生涯中，他对上级始终忠心耿耿、恭恭敬敬，尽管对自己的同侪或下属并不总是如此。对独裁者的个人崇拜也强化了朱可夫对斯大林权威的尊敬，虽说他在这方面并不过分，但也像所有人一样，是持赞同态度的。不过，更重要的是斯大林的人格力量。他支配着所有可以与自己近距离接触的人，朱可夫也不例外。 122

除了职业上的联系之外，斯大林和朱可夫在其他方面也有许多共同之处。两人都出身于农民家庭。两人的父亲都做过鞋匠而且都有体罚自己儿子的习惯。两人的母亲都曾努力让自己的儿子接受良好的教育。他们两个对于自己的孩子也都是充满温情的（就斯大林而言，他对自己的两个儿子不如对自己的女儿）。对朱可夫和斯大林来说，俄国内战是一段对他们的思想产生了重要影响的残酷的经历，尽管前者当时是个小兵，而后者是高级政治委员。斯大林在才智上有点儿自命不凡，但他和朱可夫一样，主要是把自己看作讲究实际的实干家。两人在追逐自己的目标时都很执着，而且为了实现那些目标，必要时都一样地铁石心肠。斯大林和朱可夫在政治上的共同点不仅在于他们都投身于共产主义，而且在
123 于他们都怀有深刻的爱国之情，致力于保卫苏维埃社会主义联盟这样一个由一百多个民族和种群组成的多民族国家。因为在他们看来，苏联是所有这些民族和种群的保护者。正是这种“苏维埃”爱国主义精神，把作为格鲁吉亚人的斯大林和作为俄罗斯人的朱可夫团结在了一起。至于希特勒和纳粹，斯大林和朱可夫不仅将其视为外国的入侵者，而且还视为企图灭绝数百万苏联公民（尤其是犹太人）并奴役其余的人的入侵者。

朱可夫是在 1941 年 1 月成为总参谋长的时候开始发展自己与斯大林的关系的，但只是在战争的严酷考验中，这种关系才完全成型。战争向斯大林表明：哪怕是在最困难的情况下，朱可夫都是可以信赖的；他不会在压力之下惊慌失措；他在极端危急的关头，有能力也有决心挺身而出，迎接挑战。

在朱可夫的回忆录中，有一章是谈最高统帅部大本营的运作的，他对斯大林的看法在那里面表露得非常明显。那一章是朱可夫在 20 世纪 70 年代初对自己的回忆录进行修订时添加的，而他写那一章内容的最主要的目的是想维护苏军最高统帅部战时领导班子的声誉，特别是他自己作为副最高统帅的作用。不过，他还想驳斥针对斯大林在战争中的领导作用的批评，这种批评是从赫鲁晓夫在 1956 年苏共二十大上的所谓“秘密报告”开始的。朱可夫做得非常成功；在他的笔下，斯大林是个出色的最高统帅。他的描述因此成了一份关键性的文本，为独裁者恢复了成功的战争领袖的名誉。

战争期间，朱可夫在克里姆林宫斯大林的办公室见过他一百二十多次。考虑到他大部分时间都在前线，这个见面的次数是非常多的。[1]另外，在莫斯科附近斯大林的这个或那个乡间别墅，他们也见过多次。如果不能亲自去见斯大林，朱可夫就会和他通话或给他发电报，有时候天天都会这样。所以，毫不奇怪，朱可夫在战争期间逐渐对斯大林有了充分的了解。“以前我和他的联系从来没有这么紧密过，所以起初他要是在场，我就有点局促不安……在我们交往的最初那段时间，斯大林很少对我说什么。我感到他在非常留心地观察我，对我还没形成确定的看法……可是，随着经验的积累，我在表达自己的想法时变得更加自信和大胆。我还注意 124
到，斯大林开始更加重视这些想法了。”

朱可夫去见斯大林的时候，很多都是在夜里。独裁者习惯于晚起，而他一般也都要工作到凌晨。每天十五六个小时的紧张工作，不仅对斯大林本人，就是对他的下属来说，也是很辛苦的。这位苏联领导人要求总参谋部每天汇报两到三次，而且要是不和自己最高统帅部的有关成员商量，特别是总参谋长并且从 1942 年 8 月起成为他的新任副最高统帅的朱可夫，他从不做出军事行动的重要决策。在听取汇报的过程中，斯大林总是抽着烟斗或俄国香烟，在房间里踱来踱去，时不时地停下来查看一下形势图。朱可夫回忆说：“一般情况下他都是有条不紊、沉着镇定，允许大家说出自己的观点……他喜欢专心听取别人的汇报，但他们必须要说到点子上……他这人话不多，也不喜欢话多的人……战争期间，我体会到斯大林不是那种反对别人提出尖锐的问题或者反对人们和他争论的人。如果有人有相反的说法，那他是撒谎。”朱可夫对斯大林在军事方面的才能和判断力有很高的评价：

> 可以说，斯大林谙熟方面军和方面军群军事行动组织的基本原则，对这些行动的指导很在行。可以肯定，他通晓主要的战略原则。在斯大林格勒战役之后，斯大林作为最高统帅的能力尤为突出……斯大林把这种能力归因于自己天赋的才智，自己作为政治领导人的经验，自己的直觉和广博的知识。他能发现战略形势中最重要的环节，并抓住这个最重要的环节，组织对敌行动，并因此而确保进攻行动的成功。毫无疑问，他是个非常出色的最高统帅。

对于斯大林，朱可夫最欣赏的是他通常都不拘礼节，不装腔作势。独裁者很少大声地笑，但他很幽默，喜欢说笑话。不过，斯大林也会固执、冲动、遮遮掩掩，而且有时候
125 很容易生气。“在发火的时候，他就不再客观了，而是说变就变，脸色越发苍白，目光阴沉锐利。能够经得住斯大林的怒火和抵挡住他的训斥的勇敢的人不多。”尽管这样，朱可夫感到的是迷醉而不是害怕。他和其他许多人一样，着了他的魔：

> 不装腔作势，不矫揉造作，他用自己朴素的方式赢得了人心。他的无拘无束的说话方式，清晰表达自己观点的能力，他的天生善于分析的思维，他的见多识广和非凡的记忆力，就连那些老手和有名望的人在和他说话的时候也要全神贯注、聚精会神。[2]

在后苏联时代的各种版本的朱可夫回忆录中，以及在现已公开的其他材料中，他对斯大林的批评要比在官方出版的回忆录中多一些，但朱可夫对作为伟大军事领袖的斯大林持肯定的态度却是一贯的。[3]

斯大林对朱可夫的看法如何，现在很难知道，因为独裁者很少流露他内心的想法。可以肯定的是，他对自己的许多将领都很喜欢。他钦佩他们的职业素养，愿意向他们学习，尽管他本人也自命为伟大的将军。最合理的猜测是，斯大林对朱可夫要比对他小圈子中的大多数人都要敬重，因为他们中的许多人都惯于逢迎谄媚。同样，对于朱可夫这种显得太有主见的人，哪怕他们的忠诚毫无问题，斯大林也不太放心。这种态度或许在战后两人失和时斯大林对朱可夫的处置中有充分的反映：由于不敬而将其放逐，而一旦朱可夫再次证明了自己的忠诚，便又很快恢复名誉。

保卫列宁格勒

在叶利尼亚取得了胜利之后，朱可夫从斯大林那里得到的第一个任务是保卫列宁格勒。德军在入侵苏联时的主要目标起初并不是打到莫斯科，而是占领列宁格勒。只有在北方集团军群夺取列宁格勒之后，德军才会集中力量攻打莫斯科。一开始，一切都是按计划进行的。德军轻松突破了立陶 126
宛边境的苏军防线，不到三周就沿宽大锋面向前推进了300英里，占领了波罗的海沿岸地区的大部分领土。但是，随着红军的抵抗越来越顽强，德军前进的脚步也慢了下来，结果到1941年9月初才进抵列宁格勒郊区。就在此时，希特勒改变了主意，把莫斯科作为自己的主要目标，决定不再一鼓作气拿下列宁格勒，而是把它包围起来，消耗其防御力量，迫使里面的人由于饥饿而投降。德国人相信，这座城市很快就会落到他们手中。1941 年 9 月 22 日，希特勒发布了有关列宁格勒的命令："元首决定从地球上抹掉彼得堡这座城市。我不想在苏俄失败之后还让这座庞大的定居点继续存在……我们建议严密封锁这座城市并用各种口径的火炮和持续的空中轰炸把它从地球上抹掉。"（见地图 9）

对苏联人而言，列宁格勒受到的威胁要比他们在乌克兰同时发生的溃败更加危险。要是列宁格勒失守，德军从北面向莫斯科的侧翼发动进攻的通道就会打开。失去苏联的第二大城市，这个国家就失去了国防生产的中枢。再说，如果布尔什维克革命的摇篮落入纳粹之手，那种心理上的负面影响也是巨大的。

大本营对自己的西北方面军的表现感到不满。7 月 10 日，当时还是总参谋长的朱可夫对该方面军的指挥班子提出了警告，说："你们没有惩罚不执行命令并擅自撤出防御阵地的指挥员。你们对待胆小鬼的这种放任自由的态度是不可辩解的……立即到前方的部队去，对那些胆小鬼和罪犯要当场处置。"[4] 同一天，大本营成立了由多个方面军组成的"西北战略方向"，取代了原西北方面军。隶属于这个新的战略方向的也包括北方方面军，它所面对的是列宁格勒以北的芬兰军队，芬兰为了收复在 1939～1940 年的"冬季战争"中失去的领土，也加入了德军在 1941 年 6 月发起的进
128 攻。[5] 指挥这个新的战略方向的是前国防人民委员克莱门特·伏罗希洛夫。大本营给他的命令是在诺夫哥罗德东南的伊尔门湖附近的索利奇（Sol'tsy）、旧鲁萨（Staraya Russa）和德诺（Dno）这些地区发动反击。伏罗希洛夫在 7 月中旬和 8 月初的两次反击延缓了德军的推进速度，但没能挡住它，

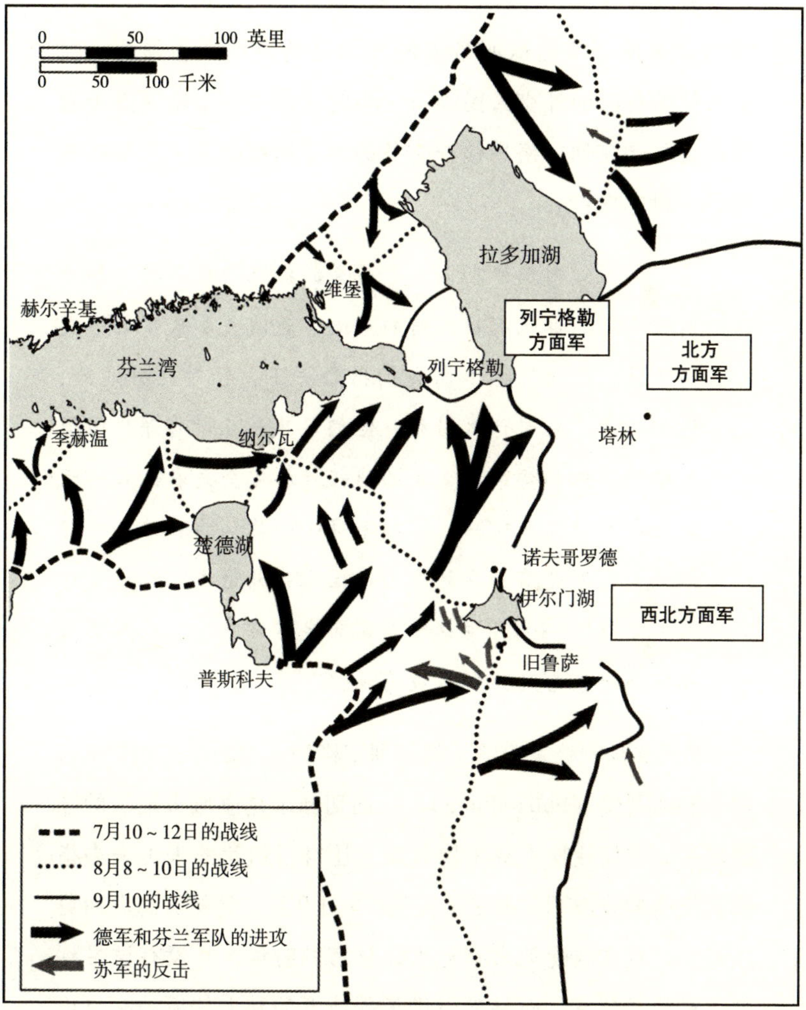

地图 9　德军向列宁格勒的推进，1941 年 6～9 月

这让大本营对他的指挥逐渐感到不满。8月29日，西北战略方向与M. M. 波波夫（M. M. Popov）将军指挥的列宁格勒方面军合并，伏罗希洛夫被任命为新的列宁格勒方面军司令，波波夫任他的参谋长。但是，斯大林仍不满意，自6月22日以来的节节败退所带来的压力开始对他产生影响。当天，他给自己的外交人民委员、当时正带着一个精明强干的政治委员会在列宁格勒检查防务的维亚切斯拉夫·莫洛托夫发了一封电报：

> 我担心列宁格勒会由于愚蠢的疯狂而被丢掉，担心列宁格勒的部队有被俘虏的危险。波波夫和伏罗希洛夫在干什么？他们也不向我们报告一下，针对这种危险，他们在考虑采取什么措施。他们显然是在忙着寻找撤退的路线。他们哪来那么大的消极性和完全是农民式的听天由命？什么人哪——我搞不懂……你认为在这个关键地段，是不是有人在故意为德国人打开通道？波波夫这人怎么样？……我说这些是因为我非常焦急，我不明白列宁格勒指挥部为什么没有动静。[6]

9月9日，德军攻陷了位于列宁格勒东北的拉多加湖岸边的什利谢利堡（Shlisselburg），从而切断了这座城市最后的陆路联系。这促使斯大林采取行动，让自己信赖的朱可夫去指挥列宁格勒方面军。据朱可夫说，9月9日，他被紧急召回莫斯科，而且在当晚他来到克里姆林宫的时候，并没有被带到斯大林的办公室，而是被引进了独裁者的私人住所。在讨论了列宁格勒的形势之后，朱可夫得到的命令是：飞往这座城市，接手指挥工作。“路上要小心，”斯大林告诉他，“你要飞越前线或者是由德国空军控制的拉多加湖才能到达列宁格

勒。”斯大林还让朱可夫给伏罗希洛夫带去手令——上面写 129
着：“把方面军交给朱可夫指挥，然后立即飞往莫斯科”——并说关于他的任命，会在他到达列宁格勒之后再发布命令。“我意识到，”朱可夫写道，“这样说是担心我们在飞行的途中有可能遭遇不测。”朱可夫还和斯大林讨论了基辅岌岌可危的形势，建议由铁木辛哥担任西南方面军的新司令，而由科涅夫将军接管他在西方方面军的指挥工作。斯大林“立即给沙波什尼科夫（他接替了朱可夫的总参谋长职务）打电话，要他召回铁木辛哥元帅并把命令传达给科涅夫”。[7]朱可夫于次日飞往列宁格勒，结果在途中差不多就像斯大林担心的那样遇到了危险：他的飞机在到达拉多加湖的时候，遭到两架梅塞施密特战斗机的追击，不得不紧急下降，贴着水面飞行。[8]

朱可夫在飞往列宁格勒途中的情况，有可能就像他回忆的那样扣人心弦，但这个故事的其他部分似乎是精彩有余，准确不够。根据官方的记录，朱可夫是在 9 月 11 日见到斯大林的，是在独裁者的办公室而不是他的住所。会议从傍晚 5 点 10 分开始，持续了四个小时。参加会议的有沙波什尼科夫，还有铁木辛哥。[9]会议中间——晚上的 7 点 10 分——有关指挥人员变动的命令发给了列宁格勒，这是宣布这类决定时的规范。几分钟后，关于科涅夫和铁木辛哥任命的命令也下达了。[10]

与朱可夫一同飞往列宁格勒的是 I. I. 费久宁斯基（I. I. Fedyuninskii）将军、M. S. 霍津（M. S. Khozin）将军和 P. I. 科科列夫（P. I. Kokorev）将军。据费久宁斯基说，飞机是在 9 月 13 日早晨起飞飞往列宁格勒的，有 13 架战斗机护航。费久宁斯基没提到遇到梅塞施密特战斗机追击的事情，但他的回忆录是在赫鲁晓夫时代出版的，当时朱可夫已经失势，所以对于这位列宁格勒方面军的新指挥官，他的话不是那么中听。实际上，朱可夫给人留下的印象是，当时他茫无头绪，也不了解情况，甚至不知道在他们到达列宁格勒之后给费久宁斯基安排什么工作。另一部赫鲁晓夫时代的回忆录中的说法还要负面一些，那是由当时担任列宁格勒红军工兵首脑的 B. V. 贝切夫斯基（B. V. Bychevskii）将军写的。贝切
130 夫斯基把朱可夫描写成一个严厉的军人，专横跋扈，到处发号施令，却没有什么效果。[11]

朱可夫表现得比较粗暴，这一点是不难想象的，因为他在接手新的指挥职务时喜欢用这种方式为自己立威。至于他是否像费久宁斯基和贝切夫斯基说的那样无能，则是另一回事。在朱可夫到达列宁格勒的时候，形势又开始恶化。德军在 9 月 9 日收紧对这座城市的包围圈之后，此时正在寻找它的防御弱点。朱可夫做出的回应是下令反击。他在 9 月 15 日的总的行动命令是：

1. 用大炮和迫击炮的炮火及空袭压制敌人，不允许防线被突破。

2. 在 9 月 18 日之前组建 5 个步兵旅和 2 个步兵师，并将其部署成四道防线，加强列宁格勒的近距离防御。

3. 用第 8 集团军打击敌人的侧翼和后方。

4. 让第 8 集团军的行动与第 54 集团军保持协调，后者的目标是解放姆加（Mga）和什利谢利堡地区。[12]

两天后的 9 月 17 日，为了守住列宁格勒南面的防区，朱可夫和他的军事委员会下达了一道重要的命令：如果没有方面军或集团军军事委员会的书面命令就擅自放弃指定防线的所有指挥员、政工人员和士兵，都将被立即枪毙。对于朱可夫发出的威胁，无论是它的精神实质还是措辞，斯大林都

完全支持。9 月 21 日，他给朱可夫及其军事委员会发了电报，并命令他们将电报内容传达给当地的指挥员：

> 据说德国恶棍在向列宁格勒前进时已经向我们的部队派出……老人、妇女和儿童……请求布尔什维克放弃列宁格勒并恢复和平。
>
> 据说在列宁格勒的布尔什维克当中，有人认为不能用武器之类的去对付那些人。我认为，如果在布尔什维 131
> 克当中有这样的人，我们就必须消灭他们……因为他们对德国法西斯害怕了。
>
> 我的回答是，不要感情用事，对敌人及其帮凶，不管是有病的还是健康的，要迎头痛击。战争是无情的，那些软弱和动摇的人……会遭到失败。
>
> 要用各种方式打击德国人及其帮凶，不管这些帮凶是些什么人，要去蹂躏敌人；至于这些敌人是自愿的还是不自愿的，那无关紧要。[13]

在朱可夫接管列宁格勒的指挥重任时，他麾下的部队有 45 万人，分属第 8、第 23、第 42 和第 55 集团军。与他对阵的德军数量相当，只是德军有 2 个坦克师而朱可夫没有，而且德国空军还占据了绝对的空中优势。另外，有 14 个芬兰师正从北面向列宁格勒和苏联的卡累利阿地带发动进攻。不过，主要的战斗是围绕南面通往列宁格勒的各个入口而展开的，德军在那里占据的阵地离这座城市的边缘只有几英里远。战斗在 9 月一直时起时落，但到了那个月的月底，苏联人稳住了自己的防线，德军进攻的势头也逐渐减弱了（见地图 10）。

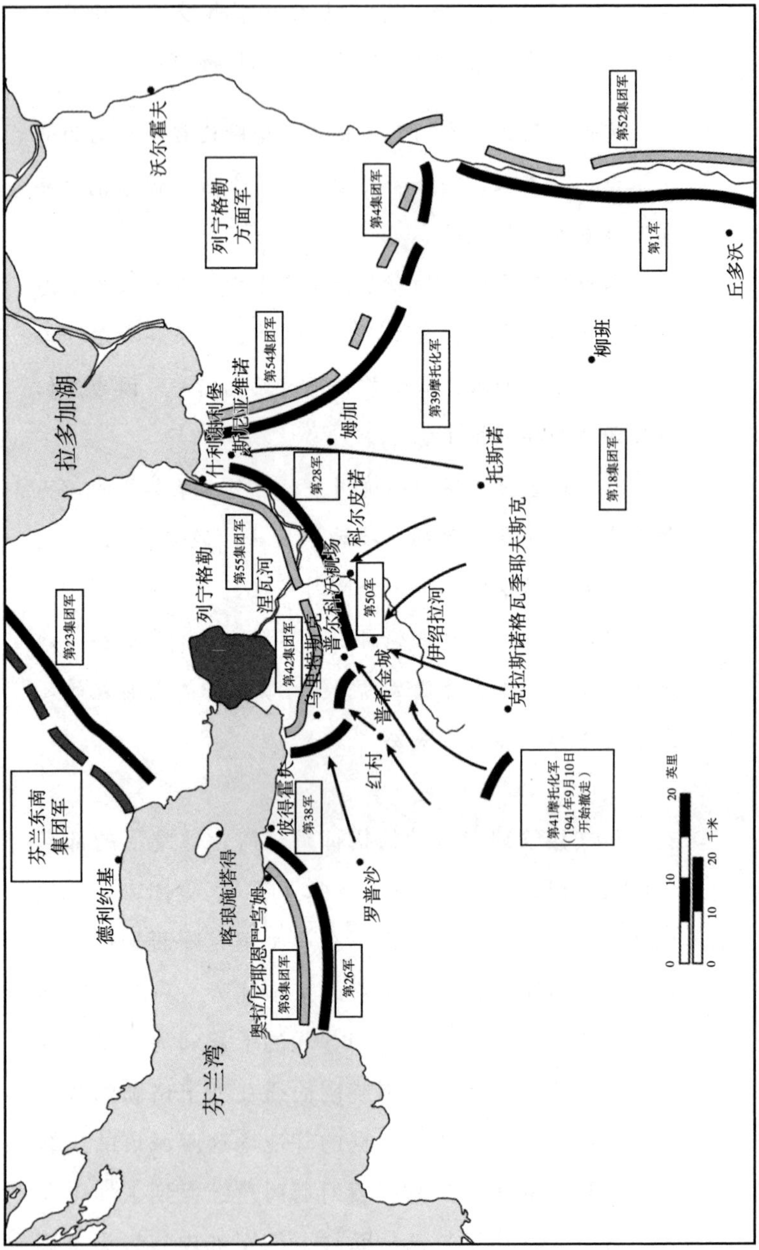

地图 10　列宁格勒保卫战，1941 年 9 月

朱可夫在激战中抽空给女儿叶拉和埃拉写了信：

> 从前线向你们问候。像你们希望的那样，我正在列宁格勒与德国人战斗。德国人正冒着很大的伤亡，企图夺取列宁格勒，但我想，我们会守住它，并把德国人一直赶到柏林。
>
> 你们那里怎样？我非常想见到你们，但恐怕只有等到打败德国人的时候，我才能来到你们身边，或是你们来到我的身边。常写信给我。因为战事不断，我没有时间。
>
> 吻你们。[14]

对于朱可夫在列宁格勒的表现，历史学家们有着不同的 133
看法。按照大卫·格兰茨的看法，“朱可夫的钢铁意志……制造了‘涅瓦河上的奇迹’”。约翰·埃里克森用一种差不多的语气写道：“朱可夫用了不到一个月的时间，就控制住了这个最严重的危机，在恢复了他来之前已极度涣散的纪律的同时，还组织起了有效的防御并重振了士气。”朱可夫在列宁格勒有没有取得如此惊人的成就，埃文·莫兹利则不太确定。就在朱可夫到达列宁格勒之前，希特勒已经开始从北方集团军群调兵，支援对莫斯科即将发起的进攻。莫兹利认为，要是德国人再加把劲，调集北方集团军群的所有装甲力量，全力发动进攻，很可能就可以拿下列宁格勒。而俄罗斯历史学家弗拉基米尔·别沙诺夫（Vladimir Beshanov）指出，把朱可夫派到列宁格勒是要解除封锁的，这个任务他远远没有完成。[15]

不过，有一点是肯定的，那就是朱可夫的声望在提高。哈拉哈河战役、叶利尼亚战役以及现在的列宁格勒战役，或许并不像朱可夫传奇让人联想到的那样取得了伟大的胜利，但不管怎么说也算是相对成功的。朱可夫正在证明自己是斯大林的福将（lucky general）：他到哪里，哪里就胜利，或至少不会失败，这使得朱可夫的战绩与红军在其他地方的溃败形成了强烈的对照。9月中旬，基辅陷落，德军开始向克里米亚和顿河河畔的罗斯托夫前进，那里是通往高加索和巴库油田的门户。10月初，德军重新开始向莫斯科进军，而且效果立竿见影：在维亚济马和布良斯克包围了大批苏军，结果，红军又损失了50万人。再次到了危急关头的斯大林决定把朱可夫召回莫斯科。10月5日，斯大林打电话给人在列宁格勒的朱可夫，于是就有了下面的这段对话：

> **斯大林**：我就一个问题要问你：你能不能乘飞机来莫斯科。预备队方面军在尤赫诺夫（Ukhnov）地区左翼的形势现在变得复杂起来，为了采取必要的措施，大本营需要你的建议。也许可以让霍津接替你的工作？
>
> 134 **朱可夫**：我请求允许我在明天早晨的黎明时分出发。
>
> **斯大林**：很好。我们等着你明天来到莫斯科。[16]

当朱可夫离开列宁格勒的时候，对这座城市的严峻考验才刚刚开始。列宁格勒还要被德国和芬兰军队继续围困漫长的三年时间。在此期间，饿死的平民有64万，另外还有40万在强制疏散的过程中死亡或失踪，许多都是在1941～1942年的冬季掉进了冰冷的拉多加湖。100多万苏军士兵在列宁格勒地区的战斗中失去了自己的生命。德军多次试图突破这座城市的防御并瓦解守军的抵抗意志，但再也没有像1941年9月那样距离成功如此之近。1941年11～12月，红军在列宁格勒东面的季赫温（Tikhvin）发动了一次成功的反攻，确保了莫斯科西北方向的安全，粉碎了德军的合围企图。在此之后，列宁格勒便失去了它的战略意义，只是有大量的敌军被它牵制在那里无法脱身（1941 年时占德国国防军总数的 1/3）。[17]

拯救莫斯科

被召回莫斯科的朱可夫迎来了自己的时刻。迫在眉睫的苏联首都保卫战，要么使他名声大噪，要么使他名声扫地。更重要的是，它将决定“巴巴罗萨行动”的成败，因为希特勒想通过闪电入侵征服俄国，避免在东线陷入消耗战，因为那样要付出很高的代价。

至当时为止，希特勒的计划一直进展得很顺利，只是红军让德国国防军在推进过程中受到的打击比预想的要大。单是 1941 年夏天，德军的伤亡人数就达到他们在 1940 年征服法国时的两倍。但是，苏联人付出的代价更大。红军虽然拥有庞大的兵源，有数百万服过一两年兵役的退伍军人，但对这支预备队的动员、训练和重新装备也要花费时间。除了训练有素的士兵之外，红军的装备也损失殆尽。俄国的欧洲部 135
分大部都已被德军占领，这让苏联人失去了他们相当多的工业资源。在德军推进的过程中，苏联人可以说是上演了一幕奇迹：拆除了几百座工厂并将其与几十万工人一起运往东方。但是，要把这些搬迁的工厂安顿下来并生产出急需的坦克、飞机和枪炮弹药，还要假以时日。英国、美国等苏联的西方盟友的确是开始提供援助了，但大规模的援助还要等到 1942 年。苏联人现在要对付的是“台风行动”，这次进攻莫斯科的德军有 70 个师，包括 100 万人、1700 辆坦克、14000 门大炮和近 1000 架飞机。如果希特勒能够占领苏联的首都，那就等于敲响了斯大林政权的丧钟。苏联人在丢掉自己首都之后，或许还能维持一段时间，但要说红军还能从这样的毁灭性失败中重整旗鼓，那是很难想象的，特别是希特勒的盟国日本当初若是决定进攻苏联的远东地区而不是在 1941 年 12 月偷袭美国的珍珠港的话。

朱可夫并没有立即被安排去负责莫斯科的防务。先是在 10 月 6 日，大本营任命朱可夫作为它在预备队方面军的代表——朱可夫在叶利尼亚战役中指挥过这个方面军——并且严令：对于这支部队的调动和使用，他所做出的任何命令，都要不折不扣地执行。然后是在 10 月 8 日，朱可夫被任命为预备队方面军司令，接替布琼尼元帅。最后是在 10 月 10 日，斯大林把西方方面军和预备队方面军合并成一个新的西方方面军，由朱可夫指挥。原西方方面军司令科涅夫成为朱可夫的副手。不过，科涅夫在几天后就被调去负责新组建的加里宁方面军，它是由从西北方面军和西方方面军中抽出的几个集团军组成的，任务是保护朱可夫北面的侧翼。[18]

为什么要任命朱可夫去指挥新的西方方面军？对于其确切的原因，一直是众说纷纭，神秘难解，但又非常让人受到启发。在 1968 年出版的一本关于莫斯科战役的书中，科涅夫在他的文章中声称，朱可夫之所以被任命为西方方面军司
136 令，是由于他的推荐。而在同一本书中，朱可夫则坚称，他是在与斯大林通话后被任命为新的西方方面军司令的，而那次通话是他从列宁格勒回来之后与斯大林的多次通话之一。在关于那次通话的回忆中，朱可夫写道，斯大林问他是否反对让科涅夫做他的副手。[19]这个故事还有一种说法，那是朱

可夫在1964～1965年对记者兼作家康斯坦丁·西蒙诺夫讲的：斯大林在通话时说，由于西方方面军接连失利，他想把科涅夫送上军事法庭。只是在朱可夫的劝说下，他才打消了这个念头，因为朱可夫说，科涅夫是个诚实的人，不该得到巴甫洛夫那样的结果——后者是西方方面军的倒霉的首任指挥官，他在1941年7月被处死了。[20]

虽然科涅夫的说法现在有文献记录的支持，[21]但朱可夫说他得到斯大林的信任也是实情。朱可夫在莫斯科保卫战中被委以重任是必然的，因为斯大林把他从列宁格勒召回，并不只是要让他指挥预备队方面军。

在20世纪60年代这两位退休的将军之间发生的这场小小的冲突背后，有一段长长的历史，牵扯到他们在事业上的竞争和私人间的嫌隙。战争期间，在名望和战绩方面，科涅夫逐渐成为朱可夫的主要竞争对手，这种竞争在他们于1945年争相攻取柏林的过程中达到了白热化。当朱可夫在战后遭到斯大林的贬黜时，科涅夫接替了他的位置，成为苏联地面部队总司令。1957年，在朱可夫被赫鲁晓夫解除国防部部长职务的时候，在他的公开批评者当中，科涅夫是最卖力的。他甚至还在《真理报》上发表文章贬低朱可夫的战绩。因此，朱可夫非常反感说自己被任命为西方方面军司令要感谢科涅夫，这是一点也不奇怪的。实际上，对于科涅夫作为指挥官在战争中的表现，朱可夫的回忆录中有许多直接和间接的讽刺与挖苦。

科涅夫与朱可夫的个人冲突，根源在于他们的性格及领导风格有许多相似的地方。像朱可夫一样，科涅夫也是个精力充沛、要求严格的指挥官，对笨蛋可不会耐着性子，而是常常大发雷霆。他对于战役的准备工作也同样毫不含糊，对

于行动的实施则要严格按照要求。和朱可夫不同的是，科涅夫出身于炮兵部队，他事业的起步是在内战时期担任红军的
137 政治委员。只是在20世纪20年代中期，他才转到严格意义上的军事指挥岗位。然后，他差不多和朱可夫一样逐级上升，但直到莫斯科战役的时候两人才第一次——但不是最后一次——在一起共事。[22]

作为西方方面军司令，朱可夫的基本任务是阻止德军向莫斯科推进。他的困难在于兵力不足。10月初的维亚济马和布良斯克之围比夏天的明斯克和基辅之围还要惨烈。布良斯克方面军、西方方面军和预备队方面军总共损失了64个步兵师，11个坦克旅和50个炮兵团。[23]结果，朱可夫只剩下90万人保卫苏联首都了。甚至在朱可夫到来之前，大本营已下令退守莫扎伊斯克防线（Mozhaisk Line）。这道长150英里的防线在莫斯科西面大约75英里的地方，北至加里宁涅茨，南至图拉，筑有一系列的防御阵地。但这道防线并没能坚持多久。到10月中旬时，德军已突破了它的两翼，占领了加里宁涅茨，并进逼图拉，在那里展开了一场持续数周的大战。10月18日，莫扎伊斯克被放弃，通往莫斯科的门户大开，苏联首都一片恐慌，出现了骚乱和趁乱打劫，人们纷纷准备逃离这座城市。当局正准备撤离的流言（他们的确是在准备撤离）更是加剧了这种紧张的气氛。10月17日，莫斯科地区共产党领导人A. A. 谢尔巴科夫（A. A. Shcherbakov）发表广播讲话，安定了人心——他向市民们保证，斯大林同志还在首都。使形势进一步稳定下来的是10月19日国防委员会公布的决议，它宣布由于莫斯科遭到敌人的围攻而实行宵禁，同时由朱可夫担任保卫莫斯科的方面军司令。[24]次日，斯大林打电话给红军的《红星报》

编辑大卫·奥滕贝格（David Ortenberg），要他刊登朱可夫的照片，同时把照片传给《真理报》，好让他们也刊登。10月21日，朱可夫的照片出现在《红星报》上，这是该报首次刊登方面军司令的照片。同一天，《真理报》也登出了这幅照片。奥滕贝格声称，朱可夫后来对他说，登出他的照片是为了让他承担骂名，如果这座城市落到德国人手里的话。比较厚道的解释是，斯大林要求刊登他的照片，138
是为了鼓舞人民对于保卫莫斯科的信心。[25]

对于这次的严重危机，朱可夫的处置方式和他在列宁格勒的时候一样：严厉的纪律；不准投降也不准后撤；无论何时何地，一有可能便发起反击。朱可夫担任西方方面军司令发布的第一则通告就是在10月13日宣布：逃离战场、丢弃自己的武器或擅自撤退的“胆小鬼和制造恐慌者”，将被就地枪决。通告的最后说：“一步也不准后退！为了祖国，前进！”[26]这个威胁不仅适用于普通士兵，也适用于高级军官。11月3日，朱可夫宣布，第133步兵师师长A. G. 格拉西莫夫（A. G. Gerasimov）上校和师政委G. F. 沙巴罗夫（G. F. Shabalov）因擅自下令撤退而被枪毙。[27]

据说，朱可夫在莫斯科战役期间读了《战争与和平》，也许正是托尔斯泰的那部以拿破仑战争为背景的不朽的小说带来了诉诸爱国主义情感的灵感。“在保卫莫斯科母亲的时候，你们现在所在的那些地方，那些田野和森林，染有我们先辈神圣的鲜血，他们因为打败了拿破仑的军队而被载入史册，”朱可夫在11月1日对他的部队说，“我们是伟大的苏联人民的儿子。我们是由列宁和斯大林的伟大的党养育的。四分之一个世纪以来，我们一直在它的领导下建设我们的生活。在此危急关头，为了竖起一座钢铁城墙，保卫祖国，保卫它的神圣的首都莫斯科，我们不会吝惜自己的力量，也不会吝惜自己的生命。为了荣誉和自由，为了我们的祖国，为了我们神圣的莫斯科！以血还血！以命抵命！彻底消灭敌人！”[28]

话尽管说得慷慨激昂，可朱可夫还是不得不撤到了新的防御阵地——一开始是从紧邻莫斯科西北的克林（Klin）经伊斯特拉（Istra）至该城西南的谢尔普霍夫（Serpukhov）一线。但是，朱可夫采取的不断反击的策略和不到最后时刻绝不撤退的政策给敌人造成了很大的伤亡，所以到10月底，德军的攻势便逐渐减弱了。再加上俄罗斯人称之为“拉斯
139 普季查”（Rasputitsa，意为“烂路季节”）的秋季的来临，泥泞的道路让德军的行动越来越困难。德国人决定暂缓进攻并调整部署，这就给了朱可夫调集援兵的时间。从11月1日至15日，西方方面军又补充了10万人，300辆坦克和2000门大炮。[29]

德军暂缓进攻也给苏联领导层提供了政治机会。11月1日，斯大林把朱可夫召到大本营并问他，11月7日那天，继续举行纪念布尔什维克在俄国夺取政权的周年庆祝活动是否安全。[30]朱可夫向他保证肯定是安全的，但考虑到有可能遭到德军的空袭，党的拥护者的周年庆祝大会要在地下，在马雅科夫斯基地铁站举行。斯大林在大会上发表了讲话，而且在次日对参加红场阅兵并奔赴莫斯科城外战场的士兵们也发表了讲话。形势严峻，斯大林告诉他们，但苏维埃政权过去遇到过更大的困难：

记得在1918年，当时我们庆祝了十月革命一周年。我们国家有四分之三的地方……落到了外国干涉军的手

> 中。乌克兰、高加索、中亚、乌拉尔、西伯利亚和远东都暂时失去了。我们没有盟友，没有红军……食物和武器匮乏……有14个国家在向我们进攻。但我们没有泄气，没有灰心。我们在战火中铸就了红军并把我们的家园变成了军营。伟大的列宁精神使我们充满力量……结果怎样呢？我们把干涉军打得落荒而逃，收复了失地并取得了胜利。

斯大林最后再次谈到了爱国主义，回顾了俄国人过去为反对外国侵略者而进行的斗争：

> 一项伟大的解放使命现在要由你们去完成。一定要配得上这项使命……让我们伟大的先辈——亚历山大·涅夫斯基（Alexander Nevsky，他打败了瑞典人）、德米特里·顿斯科伊（Dimitry Donskoy，他打败了鞑靼人）、库兹马·米宁（Kurma Minin）和德米特里·波扎尔斯基（Dimitry Pozharsky）（他们把波兰人赶出了莫斯科）、 140
> 亚历山大·苏沃洛夫（Alexander Suvorov）和米哈伊尔·库图佐夫（俄国将军，拿破仑战争中的英雄）——的男子汉形象，在这场战争中激励着你们。愿伟大的列宁的胜利旗帜成为你们的指路明星。[31]

朱可夫在自己的回忆录中对斯大林在拯救莫斯科过程中的作用不吝赞美之辞，特别是他在战役期间自始至终都留在城里，并为组织莫斯科的防御发挥了关键性的作用：“通过他的严格要求，斯大林做到了可以说是几乎不可能做到的事情。”[32]与此同时，朱可夫也竭力想摆脱与战役期间斯大林的几次错误决定的关系。但从朱可夫在莫斯科战役中的命令、通告和谈话记录来看，他给人的印象是一个基本上毫无异议地、心甘情愿地执行上级命令的将军，而且他希望自己的下属也同样如此。尤其是，正是朱可夫恪守纪律的态度，而不是他自诩的耿直或不顺从，使他得到了斯大林的青睐。朱可夫注重等级关系和纪律的指挥风格，从他在 1941 年 10 月 26 日给罗科索夫斯基的回信中可见一斑——当时作为第 16 集团军司令的罗科索夫斯基，正在伊斯特拉地区与德军交战，他抱怨说自己的德国对手优势太大。朱可夫告诉他：

> 你在无端地浪费时间。我们一再地从你那里得到报告，说敌人的兵力多得惊人，而你的集团军的兵力微不足道。这不是一个指挥员该做的事情。你有什么，敌人有什么，这一点我们清楚，政府也清楚。你不要从担心的东西出发，它是靠不住的，要从自己的任务和掌握的实际兵力出发。政府以及它的指挥机构的命令必须执行，没有任何借口。[33]

11 月中旬，泥泞的道路开始结冰，于是德军重新发起了攻势，并在两翼取得了一些进展，但在莫斯科正西方向的关键阵地上，红军的防御并未松动。首都之战的转折点
141 出现在 11 月底，当时大本营派出预备队堵住了朱可夫防线的缺口。面对敌人的生力军，再加上气候越来越恶劣，德军向莫斯科的推进在距离该市市中心只剩下几英里的时候失败了（见地图 11）。

在 11 月的战事中，朱可夫和罗科索夫斯基再次发生了冲突。后者想把部队撤到伊斯特拉河，朱可夫没有同意，但

142

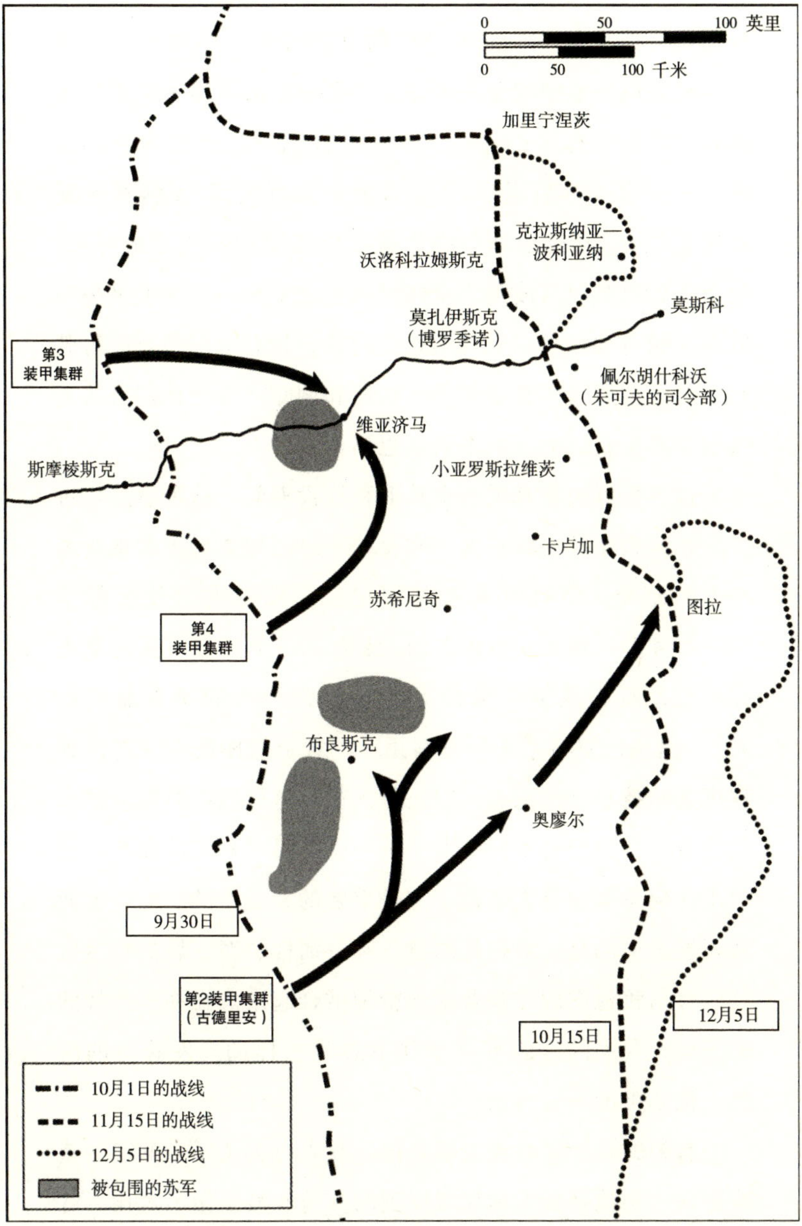

地图 11　莫斯科保卫战，1941 年 10～12 月

罗科索夫斯基越级向总参谋长沙波什尼科夫提出请求。沙波什尼科夫同意了，并给了必要的书面许可。当朱可夫发现后，他发电报给罗科索夫斯基："我是方面军司令！我取消撤到伊斯特拉库区的命令，并命令你们守住已经占领的防线，一步也不准后退。"[34]"这就是朱可夫，"罗科索夫斯基抱怨说，"从这道命令中你就可以感受到：我是朱可夫。他个人的自我时常凌驾于全体的利益之上……有些上级……以为，只有他们可以有效地处理问题，只有他们想要取得胜利。对其他所有人都必须通过训斥和恫吓才能使他们听从上级的意愿。我们的方面军司令也属于这种人。"[35]

据罗科索夫斯基说，在莫斯科战役期间，这种事发生过多次，这只是其中的一次，它反映了自己与朱可夫在指挥风格上的差异。罗科索夫斯基回忆说，朱可夫"什么都不缺——才能、精力和自信"，而且是"一个具有坚强的意志和决心，赋有成为一名伟大的军事领导人的所有品质的人"。但是，罗科索夫斯基写道："对于指挥员应该在何种程度上坚持自己的意志，以及指挥员在这样做的时候应该采取的方式，我们有不同的看法……坚持最高标准的要求，这对于任何军事领导人来说，都是重要的、必需的。但对他而言同样重要的是，要把铁的意志和灵活性、对下属的尊重以及能够信赖他们的才智及主动精神结合起来。在那些严峻的日子里，我们的方面军司令并不总是这样的。发脾气的时候，他还可能不够公正。"

有趣的是，罗科索夫斯基把他和朱可夫关系中的这些磕磕碰碰，与他从斯大林那里得到的支持和鼓励做了对比。有
143 一次，罗科索夫斯基以为是朱可夫又打电话来训人了，拿起电话后却惊喜地听到斯大林那"沉静、平和的声音"。最高

统帅的关心让他感动不已："那慈父般的语调令人振奋，给人增添了自信。"[36]和朱可夫很相似，罗科索夫斯基在斯大林的身上也看到了自己以及自己指挥风格的镜像。

莫斯科反攻

就在朱可夫打响了莫斯科保卫战的同时，大本营也在策划和准备反攻。早在10月5日的时候，斯大林就决定成立由10个集团军组成的战略预备队。这些集团军有一部分已经投入战斗，以阻止德军向莫斯科的推进，但其主力还在按兵不动，准备用来反攻。据当时的副总参谋长华西列夫斯基说，反攻计划的制订工作是在11月初开始的，但由于德军再次发动进攻而一度中断，直到该月月底才又继续进行。[37]朱可夫说自己在制订反攻计划中起到了核心作用，[38]这种说法似乎是夸大了，因为他作为方面军司令，公务繁重。莫斯科战役期间，朱可夫只在克里姆林宫斯大林的办公室见过他一次（11月8日）。[39]11月30日，朱可夫向大本营呈交了他的方面军的反攻计划。该计划要求朱可夫的右翼在莫斯科北面沿克林、索尔涅奇诺戈尔斯克（Solnechnogorsk）和伊斯特拉方向，朱可夫的左翼在图拉南面沿乌兹洛瓦亚（Uzlovaya）和博罗季茨克（Boroditsk）方向发动进攻。为了不让德军调动兵力，朱可夫还建议，直接在莫斯科的正面发动强有力的进攻。对于朱可夫的建议，斯大林简单地写道："同意。J. 斯大林。"[40]

朱可夫反攻的目的是，摧毁企图从南北两翼合围莫斯科的德军。在中央地区的目标只限于牵制德军。同时，如果形势有利，也不排除在中央地区取得更大进展的可能性，包括将德国中央集团军群分割开来，并在莫扎伊斯克和维亚济马一线打通通往斯摩棱斯克的道路。

12 月 5 日，科涅夫的加里宁方面军率先发起了莫斯科反攻；接着，朱可夫在第二天也发动了进攻，然后是铁木辛
144 哥的西南方面军。红军的有生力量包括 38.8 万人、5600 门大炮和迫击炮，以及 550 辆坦克。与之对阵的德国中央集团军群有 24 万人，5350 门火炮和 600 辆坦克。[41]起初的进展很慢，所以朱可夫在 12 月 9 日给他的各个集团军司令下达指示，提醒他们战役的目的是“尽快打败侧翼的敌军，最后迅速前插……摧毁位于我们西方方面军正面的所有敌军”。朱可夫批评说，然而有些部队还在攻击德军的后卫部队，没有迅速合围，这就让敌人占了便宜，给了他们撤到“新的阵地并调整部署、组织抵抗”的机会。朱可夫指出，正确的方式是拖住那些后卫部队，然后从侧翼包抄，而不是从正面强攻那些已经构筑了防御工事的阵地。[42]

12 月 12 日，朱可夫向斯大林报告说，西方方面军给德军造成了 3 万人的伤亡，并解放了 400 个村镇。[43]在那些被解放的地区中，就包括朱可夫的家乡斯特列尔科夫卡。虽然德军已经把村子烧了，他母亲的房子也未能幸免，但她和朱可夫的姐姐一家已经被疏散了。不过，朱可夫的母亲没能活过这次战争，她在 1944 年自然死亡。

12 月 13 日，苏联报刊报道了朱可夫在扭转莫斯科地区局势方面所取得的惊人的成功，同时还配发了他的大幅照片。在有关此次战役的苏联新闻片中，朱可夫也成了中心人物。西方媒体开始关注起了朱可夫。1942 年 1 月，他的照片出现在《伦敦新闻画报》的头版，所附的说明是“俄国中央战线杰出的总指挥官格里戈里（原文如此!）·朱可夫

将军”。1942 年 6 月，《星期日泰晤士报》驻莫斯科记者亚历山大·沃思在自己的日记中写道：“在斯大林和莫洛托夫的名字后面，最常提到的是朱可夫。朱可夫不但在组织俄国莫斯科反攻中发挥了领导作用，而且在很大程度上正是他，也许完全是他，在危急关头拯救了列宁格勒。今天有人说，
就在战前不久，当消息灵通的德国武官被问到谁是俄国最伟 145
大的将军时，他毫不犹豫地说‘朱可夫’。”[44]

到 12 月底时，红军已沿宽大锋面向前推进了 100～150 英里（见地图 12）。

战争期间的朱可夫神话就是从朱可夫指挥的莫斯科战役开始的。此后，人们便开始认为，只要有朱可夫指挥，胜利就有了保障。事实上并非如此。在通往柏林的道路上，朱可夫还会遇到许多挫折。但是，对这个神话信以为真，激起了红军各级官兵，尤其是底层官兵对他的信心。对他们来说，他是个传奇，是俄国军事史上的巨人，是从拿破仑手中拯救祖国的苏沃洛夫和库图佐夫在当代的化身。红军战士大多是农民或者有农民的遗风，朱可夫是他们的自己人，尽管他冷酷无情的名声在外，但还是被视为会取得成功并率领部队走向胜利的人。

“勒热夫—维亚济马行动”

12 月反攻的成功使得发动胃口更大的攻势有了可能。大本营从 12 月中旬开始便着手制订计划，要包围并摧毁很大一部分中央集团军群的敌军。大体上说，苏军的目标是要推进到勒热夫和维亚济马一线，摧毁在此以东的所有德军。这项任务被交给了朱可夫的西方方面军，并由科涅夫指挥的

146

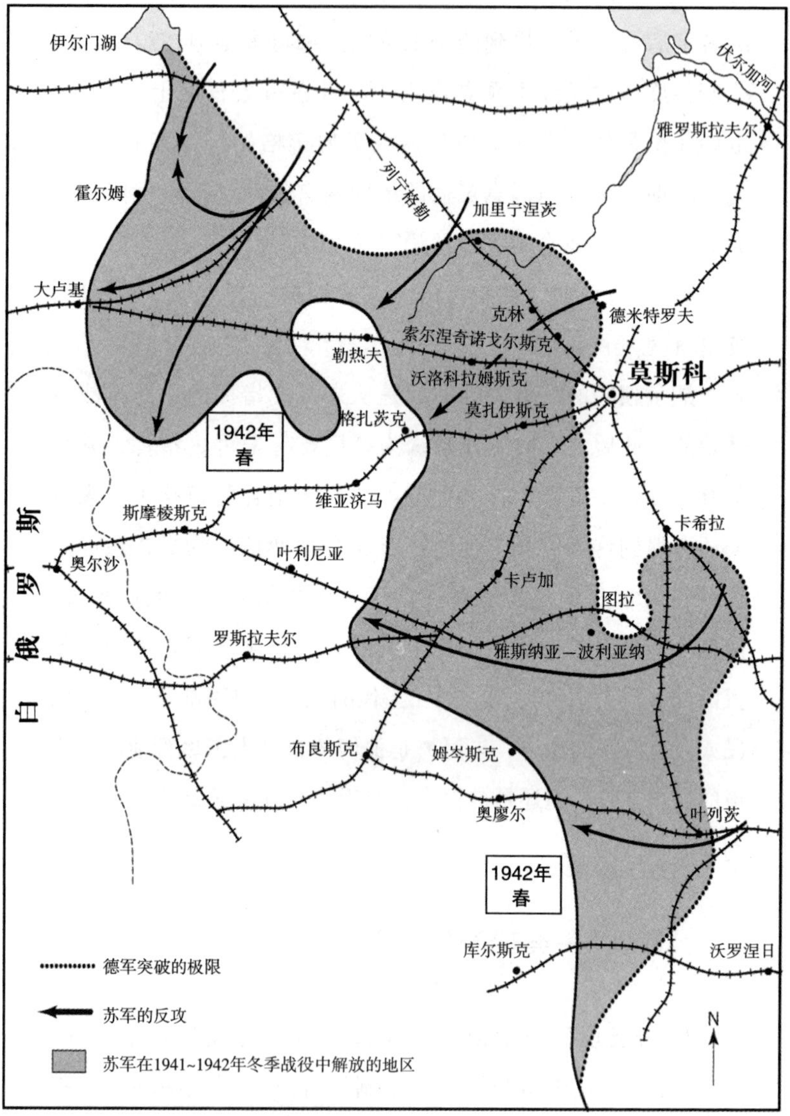

地图 12　朱可夫的莫斯科反攻，1941 年 12 月

加里宁方面军负责支援。俄国人起初是希望把莫斯科反攻的计划范围扩得再大一些，好把这第二个目标也包括进去，但事实证明这样做行不通，因为德军此时已经按照希特勒的不准撤退的命令筑壕固守。大本营的对策是，调整部署并发动人们所说的第一次“勒热夫—维亚济马行动”。

按照1942年1月7日大本营给加里宁方面军和西方方面军的指示，“勒热夫—维亚济马行动”的目标是包围尤赫诺夫—维亚济马—格扎特斯克（Gzhatsk）① —勒热夫地区的中央集团军群。为了此次行动，大本营从预备队中调集了大约50个师的兵力。西方方面军和加里宁方面军共有14个集 147
团军、3个骑兵军和相当数量的空中支援力量，总计68.8万人、10900门大炮和迫击炮，以及474辆坦克。与之对阵的德国国防军有62.5万人、1.1万门大炮和354辆坦克。行动从1月8日开始，由加里宁方面军向勒热夫方向发起进攻。两天后，西方方面军也加入战团，向尤赫诺夫和维亚济马方向猛攻，而朱可夫的第1、第16和第20集团军则继续向格扎特斯克方向进攻。为协调西方方面军和加里宁方面军的行动，大本营在1月底成立了“西方战略方向”（原来的已在1941年被取消）。朱可夫被任命为这一方向的司令，全面负责“勒热夫—维亚济马行动”。

尽管“勒热夫—维亚济马行动”没有取得什么进展，但它持续了三个多月。斯大林相信，由于德国国防军未能夺取莫斯科，这意味着“巴巴罗萨行动”很快可以被逆转，并把德国人赶出俄国。1942年1月10日，斯大林向自己的

① 1968年后按照苏联宇航员尤里·加加林的名字更名为“加加林市”。——译者注

指挥官们下达了下面这条总的指示：

> 我们的任务是不给德国人以喘息之机，要不停地把他们向西赶，迫使他们在春季来临之前就用光自己的预备队。到那时，我们将会有大批预备队的生力军，而德国人却没有了预备队。这将确保在1942年彻底打败纳粹的军队。[45]

基于对形势的这一看法，红军在苏德战线全线发起进攻，但结果要么是收效甚微，要么是无功而返。到4月20日“勒热夫—维亚济马行动”被叫停的时候，加里宁方面军和西方方面军的伤亡已经超过75万人。然而，事情并未到此为止。7月底，这两个方面军在勒热夫和维亚济马地区又发动了第二次攻势。这次攻势一直持续到9月底，而且又付出了将近20万人伤亡的代价，却再一次地无功而返。11~12月，苏联人再次试图有所突破，发动了代号为“火星”的行动。“火星行动”的目标被限定为摧毁勒热夫—瑟切夫卡（Sychevka）地区的德国第9集团军，不过，
148 大本营也考虑过对中央集团军群实施更大规模的包围行动。可“火星行动”失败了，伤亡35万人，其中死亡10万人[46]（见地图13）。

在第一次“勒热夫—维亚济马行动”期间，M. G. 叶夫列莫夫（M. G. Efremov）领导的第33集团军得到的任务是占领维亚济马，担任支援的是P. A. 别洛夫（P. A. Belov）将军的第1骑兵军和来自加里宁方面军的第11骑兵军。不幸的是，夺取维亚济马的尝试失败了，叶夫列莫夫的编队陷入德军的包围。别洛夫的骑兵部队等设法突围了出去，而包

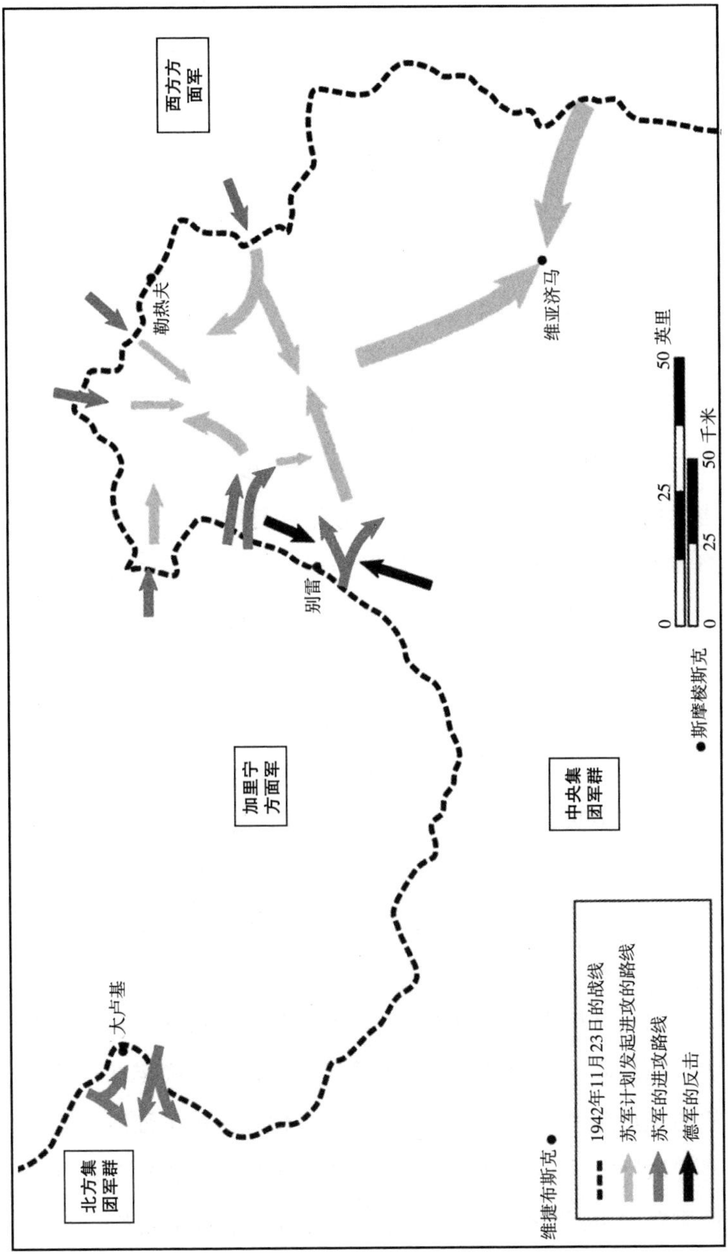

地图 13　“火星行动”——第三次“勒热夫—维亚济马行动”，1942 年 11～12 月

括叶夫列莫夫本人在内的叶夫列莫夫主力却全军覆没。朱可夫在自己的回忆录中对此事花了很多笔墨。他对叶夫列莫夫提出了一些批评，但总的来说，他的结论更多的是自我批评：“现在用批判的眼光来看待 1942 年的事态发展，可以说，我们当时错误地判断了维亚济马一带的形势。我们高估了自己的实力，却低估了对手的实力。事实证明，敌人要比我们想象的还要顽强。”[47]

在俄罗斯，人们对于损失第 33 集团军一直争议很大。有历史学家认为，朱可夫操之过急，想要拿下维亚济马，而在行动失败时又没有给予叶夫列莫夫足够的支援。不过，从当时的文献资料来看，朱可夫为此次行动的成功和解救第 33 集团军，显然已经做了他所能做的一切。他的失败就像他在回忆录中说的，是因为“在现有的条件下，他的兵力还不足以打败德国人”。[48]

有意思的是，在第二次“勒热夫—维亚济马行动”中，朱可夫受到了斯大林（和华西列夫斯基）的批评，说西方方面军未能援救被德军包围的三个师。这张日期为 1942 年 8 月 17 日的便条指出，当德国人被围的时候，国防军会全力救援。“大本营认为，解救被围的部队对于西方方面军指挥部来说是个荣誉问题。”[49]

大本营执着地在勒热夫—维亚济马一带展开行动，这表明，在最高统帅部看来，在苏德战争中，具有决定性意义的战场是莫斯科—斯摩棱斯克—华沙—柏林这条中轴线，苏联要想取胜，就必须消灭德军中央集团军群。问题在于，事实
150 证明在 1944 年之前，红军还没有能力攻击这个目标。之所以如此，原因之一就是红军可以动用的兵力有限，其他许多战场也需要人手。另外，苏军面对的是一个顽强的、已逐渐

站稳脚跟的对手，而且那些森林茂密的地区也有利于防守。

俄罗斯有句格言：成功有许多父亲，失败却是孤儿。“勒热夫—维亚济马行动”是朱可夫在1942年的大事。即便是在当年8月他离开西方方面军成为斯大林的副最高统帅之后，他对这些行动仍然倾注了大量的时间和精力。然而，他在回忆录中却宁可大谈自己在1942年11月斯大林格勒不朽胜利中的作用，而不怎么说起“勒热夫—维亚济马行动”，这在很大程度上是想表明他自己与那些失利无关。朱可夫表示，第一次“勒热夫—维亚济马行动”的失利是因为没有拨给他足够的兵力。[50]然而有关记录显示，当时拨给朱可夫的兵力是很多的，超过了其他各个方面军。

哈尔科夫惨败

对朱可夫有关大本营在1942年春天的战略决策的描述，人们一定也会有很大的疑问。朱可夫写道，冬季攻势的失利使斯大林和总参谋部认为，红军不应再进行大规模的进攻作战，而应采取积极的战略防御态势，等到德军进攻时再进行回击。与此同时，斯大林不顾沙波什尼科夫的反对，认为有必要采取少量的进攻行动。朱可夫同意沙波什尼科夫的意见，认为要继续以防御为主，但他也想在勒热夫—维亚济马地区发动一次大规模的进攻。“要是再给我一两个集团军，我们就可以和I. S. 科涅夫将军指挥的加里宁方面军联合起来，不但打败勒热夫地区的，还有整个勒热夫—维亚济马地区的德军，从而大大地改善整个西方战略方向的作战形势。可惜，这个大好机会被最高统帅部错过了。”[51]

按照朱可夫的说法，这个机会之所以被错过，是因为斯

151 大林经不住铁木辛哥和西南方面军的游说，要在哈尔科夫地区发动一次大规模的行动。这次行动是在5月12日开始的，目标是收复乌克兰第二大城市哈尔科夫。但是，苏军非但没能夺回哈尔科夫，参加行动的3个集团军还被德军包围并消灭殆尽。等到5月28日战役结束的时候，苏军损失了将近28万人——其中有17万人死亡、失踪或被俘——同时还有650辆坦克和近5000门大炮。

乌克兰当时的共产党首脑是还兼任西南方面军政治委员的尼基塔·赫鲁晓夫。他在1956年苏共二十大上的“秘密报告”中，把哈尔科夫惨败归咎于斯大林，声称自己和铁木辛哥曾请示过斯大林，趁苏军还没有被德军合围，允许取消此次行动。[52]赫鲁晓夫对事态发展所做的自我辩白，被正式写进了20世纪60年代初官方版的卫国战争史中，当时他仍是苏联领导人。

对于赫鲁晓夫在回忆录中的说法，朱可夫断然予以否认，并认为哈尔科夫惨败的责任在西南方面军的领导层——他们先是在自己能力的问题上误导斯大林，后来又没把战役的实情告诉斯大林。朱可夫对赫鲁晓夫和铁木辛哥的批评得到了K. S. 莫斯卡连科（K. S. Moskalenko）元帅的支持，后者是参与那次行动的集团军司令之一。按照他的看法，西南方面军低估了德军的抵抗能力，同时又夸大了己方军队的实力。[53]华西列夫斯基在回忆录中对朱可夫和莫斯卡连科的看法表示赞同，但也表示，赫鲁晓夫说的曾试图说服斯大林取消行动的说法确有其事。华西列夫斯基表示，大本营本来是可以为西南方面军提供更多的帮助的。[54]关于这一点，时任西南方面军参谋长的巴格拉米扬元帅在自己的回忆录中也提到过。他觉得问题主要在于大本营为此次行动提供的资源不够。[55]

在6月26日给西南方面军的信中，斯大林对此次行动的失利做出了裁决：宣布解除巴格拉米扬参谋长的职务，因为他未能给大本营提供清晰而准确的情报——这“不仅使哈尔科夫行动功亏一篑，还把18到20个师送给了敌 152
人”。[56]斯大林认为这次的“大灾难”比得上沙皇军队在一战中最大的败绩。他还指出，犯错的不仅是巴格拉米扬，还有赫鲁晓夫和铁木辛哥。“如果我们把这次大灾难的实情全都告诉国人……那我担心他们对你们的处置会是非常严厉的。”[57]不过，斯大林对待这帮罪人还是比较宽大的。巴格拉米扬虽然遭到降级，但他后来又东山再起，成为卫国战争中苏军最重要的指挥官之一。1942年7月，铁木辛哥被调到列宁格勒担任西北方面军司令，但这很难说是惩罚或贬黜。赫鲁晓夫依旧是乌克兰的负责人，而且在战后被斯大林调到莫斯科并培养成自己的一个接班人。

斯大林对西南方面军领导层的处理方式，实际上也就是承认，哈尔科夫惨败是统帅部的集体责任，包括作为最高统帅的他本人。在这方面，西南方面军在1942年3~5月提交给大本营的那些建议和报告很能说明问题。[58]那些文件表明，西南方面军在建议采取行动的时候，对成功充满了信心，而且雄心很大，不仅要收复哈尔科夫，还想进抵把乌克兰一分为二并在首府基辅穿城而过的第聂伯河。即便在战役进行的过程中，当德军要比原来设想的强大许多、取得的战果要远远低于行动的预期这些都很明了的时候，西南方面军向莫斯科提交的有关行动进展的报告仍然是乐观的。

制订出雄心勃勃的计划并表现出诸如此类的乐观态度的，并不是只有西南方面军。1942年春天，大本营收到前线指挥官的大量建议，要求发动进攻并增加兵力。[59] 这些建议并不是空穴来风，它们反映出斯大林和大本营的这样一种乐观的心态：要是在 1942 年春夏红军再发动一次攻势，那到了这一年的年底，德军就会被赶出苏联。哈尔科夫战役只是斯大林和大本营在 1942 年春天批准的若干雄心勃勃的进攻行动之一。因此，可以说，是大本营崇尚进攻的战略取
153 向，而非斯大林或西南方面军在行动中所犯的这个或那个错误，才是哈尔科夫惨败的根本原因。回忆录中的互相指责以及对朱可夫关于大本营在 1942 年春天决定继续采取守势的说法的普遍的信以为真，都往往使人看不到哈尔科夫惨败的更深层次的原因。华西列夫斯基的回忆录（是在朱可夫回忆录之后出版的）更是增加了朱可夫的有关说法的可信度。按照它的说法，大本营的政策是：

> 在采取战略防御的同时，在几个地段发动局部的进攻行动，这在斯大林看来，将会巩固冬季战役的成果，改善我方部队的作战态势，有利于我们保持战略上的主动并打乱纳粹在 1942 年夏季发动新的攻势的计划。我们当时的设想是，这一切将为红军创造有利的条件，在夏季沿着从波罗的海到黑海的整条战线发动更大规模的进攻行动。[60]

如果说这听上去像是隆隆作响的进攻行动的安排，而不是战略防御，那是因为在总参谋部 1942 年春天的计划文件中体现的正是这样的想法。按照那些文件的构想，除了要采取华西列夫斯基提到的那些局部行动之外，后面还会发起更大规模的进攻，并在 1942 年年底推进到苏联的西部边界，到

那时，红军就会采取守势。[61]在1942年5月1日斯大林的“节日命令”中，对这一战略构想有公开的表述。该命令将目前的战争阶段定义为“从希特勒匪徒手中解放苏联国土的时期”，而且它还号召红军“把1942年变成彻底粉碎德国法西斯军队并从希特勒恶棍手中解放苏联国土的一年！”[62]

这不是第一次，也不是最后一次，斯大林表现得过于乐观。就像哈尔科夫之战所表明的，德国人离完蛋还早着呢。实际上，对斯大林和他的将军们的最大考验尚未到来。希特勒正在策划再来一次“巴巴罗萨行动”——这次是在俄国南方——而且斯大林要再次依靠朱可夫来挽救危局。

8

胜利的设计师？斯大林格勒，1942

154 与1941年相比，希特勒在1942年的战略选择比较有限。他本来更希望多路出击，再来一次“巴巴罗萨”那样的战略进攻，但他的实力不允许。德国国防军已经遭到红军的重创。截至1942年3月，德国军队已有110万人阵亡、受伤、失踪或被俘，约占其东线兵力的35%。满员的师没几个，而且德军的机动性也遭到严重的削弱，因为他们已经损失了4万辆卡车、4万辆摩托车和近3万辆小汽车，更别说还有数千辆坦克了。德国国防军是一支现代军队，而且是最新式的军队，即便如此，它的运输也只能依靠马匹等役畜，而这些役畜的损失也已达到18万匹（头），却只补充了2万匹（头）。[1]

希特勒唯一现实的选择就是在某个单独的战线上发动进攻，而他的选择落在了苏联南方。高加索山脉的南面是巴库油田，苏联燃料中有近90%都来自那里。如果德国人能够夺取那些油田，苏联的战争机器很快就会瘫痪。在通往巴库的途中，德国人还可以顺便占领乌克兰、俄罗斯南部和外高加索的农业区以及矿产资源丰富的地区。希特勒并不一定指望在1942年就打赢战争，但他希望能使德国熬过东线漫长

的消耗战。这一点极为重要，因为在日本于1941年12月偷袭珍珠港的美国舰队、希特勒为了支持他的这个盟友而对美 155
宣战之后，美国已正式参战。显然，美国人很快就会利用其巨大的工业和军事力量支持他们的俄国盟友。

1942年4月5日的第41号元首令明确了德军夏季作战的目标：

> 要集中所有可以动用的军队参加南方的这次重大行动，目标是在顿河前方摧毁敌军，夺取高加索的油田并越过高加索山脉。[2]

苏联人已经得到情报，说1942年夏天德国人会在南方发动进攻，但这个消息还不确定，而且对斯大林和大本营来说，盘踞在距莫斯科不到100英里处的德国中央集团军群的70个师，仍然是心腹之患。斯大林没有排除德军会在南方有大动作的可能，但他认为这主要还是为了协助从侧翼向莫斯科发动的进攻。所以，莫斯科的防御是重中之重，而大本营的预备队也被布置在合适的位置。

认为希特勒的目标是夺取莫斯科，这种看法在1942年从头到尾都占据了上风。斯大林在1942年11月纪念布尔什维克革命二十五周年的讲话中——当时正是德军在南方的推进最为迅猛的时候——否认德军的夏季攻势主要是为了石油，他坚持认为他们的主要目标（仍然）是从东面迂回包围莫斯科，从前后夹击苏联的首都。[3]

在主要的战役开始之前，德国人先攻占了克里米亚。他们虽然在1941年的时候实际上就已经占领了克里米亚全境，但由于红军为了缓解被困在塞瓦斯托波尔要塞中的守军的压

力而发动了一连串的反攻，1942 年年初，德军失去了对刻
156 赤半岛的控制。5 月 8 日，德国第 11 集团军发起了夺回刻赤半岛的战役。他们在不到两周的时间内就击溃了苏联的 3 个集团军，共计 21 个师，并俘虏了 17 万人。

在红军被赶出刻赤半岛之后，德军就可以对塞瓦斯托波尔发起最后的强攻了。从 6 月 2 日开始，德军动用飞机大炮狂轰滥炸。在长达一个月的围攻中，德国空军共出动飞机 2.3 万架次，向这座城市空投了 2 万吨炸弹。德国人还从列宁格勒前线调来了他们最重型的大炮，可以发射 1 吨、1.5 吨甚至 7 吨的炮弹。7 月初，遭到步兵和两栖攻击的塞瓦斯托波尔失守，但城中守军的殊死抵抗令人肃然起敬。这种殊死抵抗就像即将在斯大林格勒开始的大搏斗的预演。

"蓝色行动"

德军在南方的推进——代号"蓝色行动"——是从 1942 年 6 月 28 日开始的。计划占领顿涅茨盆地（顿巴斯）和顿河以西的所有领土，包围并摧毁这些地区的苏军并沿顿河建立自己的防线。在将红军装进口袋之后，德军便跨过罗斯托夫南面的顿河，向库班、高加索和巴库前进。占领斯大林格勒并非首要目标，但需要把这座城市置于其火力打击的范围之内，从而切断从阿斯特拉罕（Astrakhan）沿伏尔加河溯流而上至俄罗斯北部的石油运输线。在从顿河大湾到斯大林格勒附近的伏尔加河西岸，德军还要筑起一座防御性的陆桥（land bridge），以进一步掩护自己向南方的推进。

实施此次行动的是南方集团军群，包括第 6 和第 17 集

团军、第1和第4装甲集团军，以及主要在克里米亚活动的第11集团军。负责提供支援的是数量庞大的轴心国军队，包括匈牙利的第2集团军、意大利的第8集团军、罗马尼亚的第3和第4集团军。总数近200万人，89个师，其中有9个装甲师。

"蓝色行动"进展迅速。到7月底的时候，德军已占领了顿巴斯全境以及顿河地区的大部分领土，斯大林格勒和高加索山脉也已进入视线的范围。8月底，德军打到了伏尔加 157
河，包围了斯大林格勒。在更远的南方，他们来到高加索山脉的脚下，占领了迈科普（Maikop）油田，并对车臣的格罗兹尼油田形成了威胁。1942年8月21日，德国人的旗帜插上了高加索最高的厄尔布鲁士峰（Elbruz）（见地图14）。

德军在7~8月俘虏了62.5万名苏军，缴获或击毁了7000辆坦克、6000门大炮和400多架飞机。德军的伤亡也很高，仅在8月就有约20万人。红军也损失惨重，但没有1941年夏天的那么大。不过，德军推进的相对容易使希特勒误以为胜利已唾手可得。

按照原先的设想，"蓝色行动"是一次统一的行动，要通过协同作战分阶段实现其各项目标。首先是控制顿河和伏尔加河，继而主要向高加索以南推进。然而，南方集团军群在7月9日分成了两支独立的部队：A集团军群和B集团军群。南方集团军群的指挥官费多尔·冯·博克（Fedor von Bock）负责由第6集团军、第4装甲集团军和各轴心国集团军组成的B集团军群。他的任务是，从库尔斯克和哈尔科夫沿沃罗涅日方向向东攻击，然后折向东南，向顿河大湾推进。陆军元帅威廉·李斯特（Wilhelm List）率领的A集团军群下辖第17集团军和第1装甲集团军，任务是占领顿河

158

地图 14　德军在南方的推进，1942 年夏天

河畔的罗斯托夫，然后向巴库前进。7 月 13 日，冯·博克由于在作战上意见不合而被希特勒解除职务，由陆军元帅冯·魏克斯（von Weichs）男爵接替他的位置。同一天，第 4 装甲集团军奉命从 B 集团军群调入 A 集团军群，参加南方战役。

7 月 23 日，希特勒发布第 45 号令。它说：“在一场持续三周多的战役中，我为东部战场南翼列出的各个目标大部分都已实现。”在克里米亚的第 11 集团军的支援下，A 集团军群现在的任务是摧毁罗斯托夫以南的敌人，然后“占领黑海的整个东海岸”并推进到巴库。在此期间，B 集团军群要“向斯大林格勒挺进并击溃集结在那里的敌军，占领这 159
座城市，截断顿河与伏尔加河之间的陆上交通”。[4] 换句话说，希特勒决定同时追求两个战略目标——占领巴库和夺取斯大林格勒。

希特勒在南方攻势中分头出击，这样的决定是致命的。德国国防军无力实现这么大的目标，这就使苏联人有机会巩固自己的防御并准备发动还击。

斯大林针对“蓝色行动”采取的对策受到了这样的看法的影响，即他仍然相信莫斯科是德军在 1942 年的主要目标。而德军最初对沃罗涅日的攻击力度之大也印证了这一看法，因为沃罗涅日更靠近莫斯科而不是斯大林格勒。7 月 7 日，沃罗涅日失陷，但红军连续几周在周围地区发起了一次又一次的反击。从大本营决定成立沃罗涅日方面军并任命总参谋部最有才干的军官之一——尼古拉·瓦图京将军担任指挥官来看，就可以看出大本营对于这些行动的重视。[5]

再往南，由于铁木辛哥的西南方面军在 1942 年 5 月的哈尔科夫惨败后尚未恢复元气，采取进攻行动的可能性受到了限制。当7月初德军的进攻使南方的形势急转直下的时候，铁木辛哥的防线崩溃了，大本营不得不下令向顿河地区撤退。斯大林格勒危在旦夕，这一点已不可否认，于是，大本营在7月12日下令成立斯大林格勒方面军，由铁木辛哥的原西南方面军再加上第62、第63、第64这三个预备队集团军构成。铁木辛哥手下现在有38个师、50多万兵力，其中包括1000辆坦克和近750架飞机。不过，铁木辛哥在斯大林格勒方面军并没有待多长时间。7月22日，V. N. 戈尔多夫（V. N. Gordov）将军接替了他的职务。接着在8月初，斯大林格勒方面军又被一分为二，分成了斯大林格勒方面军和东南方面军。8月9日，A. I. 叶廖缅科将军被任命为这两个方面军的总指挥。[6]

在俄罗斯和苏联的官方历史中，1942年7月17日被认为是斯大林格勒战役“200天战火”开始的日子。[7]这一天，德国第6集团军的先头部队与第62、第64集团军在奇尔河
160 （River Chir）交上了火。没过几天，大批德军就越过南面的顿河，并迅速向高加索地区和斯大林格勒推进。7月底，罗斯托夫失守。这一事件不仅具有重要的战略意义，而且具有重要的象征意义。罗斯托夫是通往高加索的门户，它的陷落意味着德军现在可以畅通无阻地占领库班这个在顿河与高加索山脉之间的最富裕的农业区。罗斯托夫的失守在心理上的影响也相当大。罗斯托夫最初在1941年11月就被德军占领了，但几天之后又被红军收复了，而且苏联人还为此举行了庆祝活动，因为这是他们收复的第一个较大的城市。现在，罗斯托夫又落到了敌人手中。

“一步也不后退！”

1942年7月28日，斯大林发布了他那著名的227号命令，即“一步也不后退！”的命令。命令开门见山，指出了苏联当前面临的严峻形势：

> 敌人向前线投入了新的兵力……并正在突入苏联的腹地，侵占新的地区，破坏和毁灭我们的城镇和村庄，强奸、抢劫和杀害苏联人民。在沃罗涅日地区，在顿河，在南方通往北高加索的门户，正在进行激烈的战斗。德国占领军正在扑向斯大林格勒，扑向伏尔加河，企图不惜一切代价夺取库班和北高加索，以及它们的石油和粮食资源。

但是，斯大林说，红军没能尽到自己对国家的责任：

> 南方方面军的部队惊慌失措，没有经过认真的抵抗，也没有得到莫斯科的命令，就放弃了罗斯托夫和新切尔卡斯克（Novocherkassk），从而令他们的旗帜蒙羞。我国人民对红军……正在失去信心……并咒骂他们，因
> 为他们任由我们的人民遭受德国压迫者的凌辱，而自己 161
> 却逃向东方。

在指出到当时为止的损失程度的同时，斯大林还强调，“继续后退意味着我们国家和我们自己的毁灭。我们每放弃一点点领土都会极大地增强敌人的力量而严重削弱我们的防

御，削弱我们的祖国”。斯大林解决问题的办法就是停止后退，而且他使用了与朱可夫在莫斯科保卫战中用过的相同的口号——“一步也不后退！”

> 一步也不后退！现在这必须成为我们首要的战斗口号。为了守住每一块阵地，每一米的苏联领土，为了尽最大的努力去牢牢守住每一小块苏联的土地，必须战斗到流尽最后一滴血。[8]

227号命令并没有什么新的东西。铁的纪律、严厉的惩罚及不得擅自撤退，这些都是斯大林（和朱可夫）自开战以来一直强调的。但是，其紧迫的语气反映出斯大林由于当年夏天接二连三的失利和损失而感到的焦虑。

就像在莫斯科战役中一样，光靠用惩罚来威胁还不行，还得靠对爱国主义精神的呼吁。呼吁人们——不管是平民还是军人——去尽爱国主义的义务，这在开战以来已经成为苏联政治动员的要领，但在亚历山大·沃思所说的“黑色的1942年夏天”，当大溃败的一幕有可能重演的时候，这种呼吁显得尤为突出。[9]对于大部分苏联公民来说，德军在南方的迅猛推进犹如晴天霹雳，而由此引起的幻灭感又加剧了那年夏天强烈的危机气氛。苏联的宣传很快改变了策略，转而开始强调形势的严峻性。7月19日的《红星报》社论认为，（当前）南方的局势就如同1941年的莫斯科战役和列宁格勒战役。[10]

呼吁为祖国而献身所针对的最重要的目标人群是苏联的军官团。7月30日，斯大林新设了专门给军官们颁发的勋章：“库图佐夫勋章”“涅夫斯基勋章”“苏沃洛夫勋章”。

苏联报刊也开始大量刊登文章，宣传军官们在维持纪律方面的特殊作用以及他们的专业技能和职业精神对于胜利的重要 162
性。当年晚些时候，军官们都配发了带有肩章和金色镶边（那要专门从英国进口）的新制服。1942 年 10 月 9 日，当斯大林格勒鏖战正酣的时候，一道政令取消了政委制度，从而结束了那种政治委员有权否决指挥决定的做法。[11] 苏联在 1941 年夏天德军入侵之后，为了强化武装力量的纪律与忠诚，曾一度恢复过政治委员的权力。一年之后，斯大林想要传递一个不同的信息：他相信红军不用政治委员的干预也能去尽自己对祖国的义务。

斯大林预感到一场大决战即将在斯大林格勒开始，这在他与 8 月飞到莫斯科商讨军政局势的英国首相温斯顿·丘吉尔的交谈中表现得十分明显。在他们于 8 月 12 日举行的首次会谈中，斯大林告诉丘吉尔：

> 情况不妙，德国人正在拼命想打到巴库和斯大林格勒。他不知道他们怎么能同时调集那么多的部队和坦克，还有那么多的匈牙利、意大利和罗马尼亚部队。他觉得他们肯定已经调走了部署在欧洲的所有军队。在莫斯科，阵地是牢固的，但他无法预先保证俄国人有能力抵挡住德国人的进攻。

当丘吉尔问德国人是否有能力在沃罗涅日或北方发动新的攻势时，斯大林回答说：“我不知道。但考虑到战线的长度，用 20 个师来建立一支打击力量是很有可能的，那样一来就会威胁到莫斯科或其他地方。”讨论接着就转到“第二战场”问题。苏联人已有近一年的时间一直在要求自己的英美盟友进攻法国北部，以吸引一部分东线德军。几周之前，外交人民委员莫洛托夫先后到伦敦和华盛顿与丘吉尔及罗斯福总统商讨此事，最后还发表了联合公报，表示“就
163 1942 年在欧洲开辟‘第二战场’这一紧迫的任务已经达成充分的理解”。但英国人也警告说，只有在他们有能力的情况下才会开辟“第二战场”，而现在丘吉尔告诉斯大林：这件事不可能了，因为没有足够的登陆船只用来实施这样的行动。斯大林对丘吉尔的消息虽然有所准备，但还是非常愤怒，说英国人和美国人“不该那样害怕德国人”。他对丘吉尔谈到的英美在当年秋季联合进攻北非的“火炬行动”非常高兴，但他在次日给英国首相递交了一份备忘录，声称苏联夏季和秋季军事行动计划的制订都是以 1942 年在欧洲开辟“第二战场”为基础的。

8 月 15 日，斯大林和丘吉尔再度举行会谈，最后还在克里姆林宫斯大林的住所举行了私人晚宴。斯大林在晚宴上向丘吉尔简单介绍了苏德战场的情况。斯大林说，德国人正在兵分两路发动进攻，一路朝高加索方向，一路朝沃罗涅日和斯大林格勒方向：

> 前线已经被突破，敌人取得了成功，但他们没有足够的力量去扩大战果……他们指望突破到斯大林格勒，但他们没能到达伏尔加河。（他）认为他们到不了。在沃罗涅日，他们想要突破到叶列茨（Elets）和梁赞（Riazan），以便转向莫斯科战场。他们在那里也失败了……在勒热夫，俄国人已经使防线的形势有所好转，勒热夫很快就要收复。然后俄国人就向南推进，把斯摩棱斯克分割开来。在沃罗涅日，德国人已经被赶过顿

> 河。在斯大林格勒的北面……俄国人有庞大的预备队。他希望不久之后沿两个方向发动进攻：（a）朝罗斯托夫方向，（b）朝更南的方向……目标是截断北高加索的敌军……他最后说，在东线，希特勒没有实力在一个以上的地段同时发动进攻。[12]

这番话表明，斯大林尽管对形势很担心，但他相信自己应付得了这个新的危机。斯大林对外国人总是显得那么自信，而且它往往反映了他的真实想法。但是，由于红军对逼近斯大林格勒的敌军发动的反击失利，这种信心想必已经动摇了。8月23日，德军兵临城下，斯大林格勒被围。德军用大规模的空袭拉开了进攻的序幕，结果造成至少2.5万名平民的死亡。8月25日，城市当局开始实行军事管制。 164

在这样的情况下，8月26日，斯大林决定从西方方面军召回朱可夫并任命他为自己的副最高统帅（朱可夫的西方方面军司令一职由科涅夫接任）。就像之前的列宁格勒和莫斯科一样，斯大林格勒也需要被拯救，而斯大林想让某个人按照他想要的方式，果断、无情且带着坚定的信念来打这场战役。但是，对于朱可夫的任命，并不是要不顾一切地拯救斯大林格勒那么简单。斯大林释放出的信号是，作为其主要的幕僚和干将，他对朱可夫是极为信任的。就像约翰·埃里克森说的，朱可夫被任命为斯大林的副手，意味着他“从被派往受到威胁的战场去的‘客串救火队员’，一下子成了苏联军事机器的首席工程师”。[13]

朱可夫的任命还象征着在共产党政权与战争中发展起来的红军之间，包括斯大林与其将领之间，比较平等的伙伴关系。值得注意的是，朱可夫在 8 月 27 日还被任命为斯大林的国防人民委员部的第一副国防人民委员。从现在起，管理苏联战争努力的许多最重要的决定，除了斯大林的名字之外，也将附上朱可夫的名字。

德国人要想拿下斯大林格勒，就必须先占领伏尔加河西岸，那样一来，红军就无法得到来自东岸的增援和补给。在这场搏斗中，捉对厮杀的是弗里德里希·保卢斯（Friedrich Paulus）将军指挥的德国第 6 集团军和瓦西里·崔可夫（Vasily Chuikov）将军指挥的苏联第 62 集团军。崔可夫在性格上与朱可夫一样，都属于那种为了胜利愿意做出任何牺牲的人。[14]市内的战斗漫长而激烈，它从 9 月中旬开始，一
165 直持续了近三个月的时间。在战斗最激烈的时候，德国国防军占领了这座城市 90% 的地方，但就是没有办法把崔可夫的部队从伏尔加河西岸的一块 16 英里的狭长地带赶出去。只要第 62 集团军还守着这个桥头堡，德国人就不能说取得了胜利，而且还容易遭到苏军的反击，从而动摇其在斯大林格勒及整个顿河和伏尔加河地区的态势。崔可夫的部队在战斗中的伤亡率达到 75%，但他们的抵抗意志并没有被击垮。虽然全世界都觉得市中心著名的巷战很了不起，但第 63 和第 64 集团军为保护斯大林格勒的侧翼而进行的战斗，对于此次战役的结果同样有着重大的意义，因为它使德国人无法向这座城市投入更多的兵力。同样关键的还有德国空军与红军空军之间争夺制空权的战斗以及伏尔加河东岸苏联炮兵倾泻在德军阵地上的弹雨[15]（见地图 15）。

斯大林并没有把朱可夫立即派往斯大林格勒。6 月接替有病在身的沙波什尼科夫担任总参谋长的华西列夫斯基，已经作为大本营协调员到了那里。不过，朱可夫在 8 月底乘飞

166

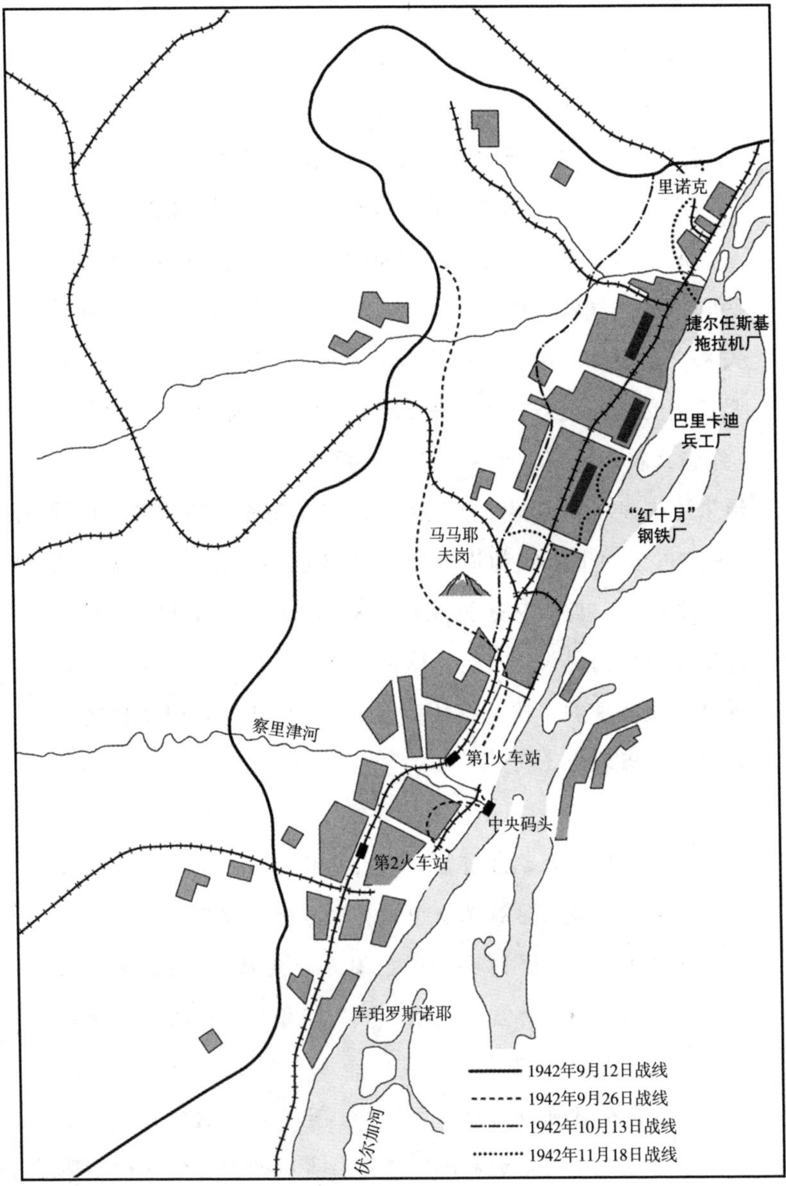

地图 15　斯大林格勒战役，1942 年 9～11 月

机来到了戈尔多夫将军的斯大林格勒方面军指挥部，而且在整个9月基本上都待在这一地区。[16]作为大本营的代表，他的任务是监督并协调戈尔多夫的斯大林格勒方面军和叶廖缅科的东南方面军在保卫这座城市中的行动，还有就是要把有关情况直接反馈给斯大林，这一点也同样重要。

朱可夫在斯大林格勒的这段时间和斯大林之间的通信联系，属于这座城市的保卫战中错综复杂的历史细节，但从那些联系的语气就可以明显看出在战争的这个阶段两人之间的关系。斯大林对朱可夫的汇报非常信任。他尊重他的判断，愿意接受他的建议。斯大林经常会说："你有什么计划?""你怎么看……?""请报告吧。"例如，9月16日，斯大林给朱可夫发了封电报，问他为了加强这座城市的防御，是否"考虑过派两个步兵师进入斯大林格勒的可行性"。就在同一封电报中，斯大林还告诉朱可夫，他对其实施此次战役的
167 计划没有任何异议。[17]斯大林对于自己的将领一般是不会表现得如此尊重的，这一点从他在10月5日与叶廖缅科的通话中就可以看出：

> 我认为你们没有看到斯大林格勒方面的军队所面临的危险。敌人占领了市中心并向斯大林格勒北面的伏尔加河推进，这是想要……包围并俘虏第62集团军，然后再去包围并俘虏城南的第64集团军。如果敌人能够占领斯大林格勒城北、城中和城南的伏尔加河上的渡口，他们就可以实现上述目标。为了防止这种危险，必须把敌人从伏尔加河河边赶走，占领敌人已经从你们那里夺去的街道和建筑。为此就必须把斯大林格勒的每一条街道和每一座建筑都变成堡垒。可惜你们没有尽力这

> 样去做，而是继续把一个又一个的街区让给了敌人。这说明你们的表现很糟糕。在斯大林格勒地区，你们的兵力比敌人的多，但敌人还硬是一点一点地把你们赶了出来。我对你们在斯大林格勒的表现感到不满，并要求你们采取一切措施守住斯大林格勒。斯大林格勒不能给敌人，必须解放斯大林格勒被敌人占领的每一个地方。[18]

“天王星行动”

从大本营的角度来看，守住苏军在斯大林格勒的阵地固然重要——哪怕只是为了心理上的原因——但更重要的是，要设法击退德国人的整个南方攻势。大本营想出的办法就是“天王星行动”，即 1942 年 11 月苏军在斯大林格勒发起反攻，包围并歼灭了保卢斯第 6 集团军的行动。

据朱可夫说，该计划主要是由他和华西列夫斯基两人制订的。9 月 12 日，朱可夫飞回莫斯科，当面向斯大林汇报斯大林格勒的形势。汇报过后，朱可夫和华西列夫斯基就走到
一旁，开始小声讨论需要找到“其他办法”来解决他们在斯 168
大林格勒面临的困难。斯大林听到了，就问他们在谈什么。斯大林的插话让朱可夫很是惊讶。“我没想到斯大林的耳朵这么灵。”结果，斯大林让他们两人拿出一个新的计划。

> 我和华西列夫斯基第二天一整天都在总参谋部仔细研究。我们集中考虑了有没有可能发动一次大规模的行动，以免把我们已经处于准备状态和半准备状态的预备队浪费在一些孤立的行动上……在讨论了所有可能的选

> 择之后，我们决定向斯大林提出如下的行动计划：首先是继续通过积极防御来疲惫敌人；其次是准备发动反攻，狠狠打击斯大林格勒地区的敌人，以迅速扭转我国南方的战略形势，使之变得对我方有利。

当朱可夫和华西列夫斯基当晚回到斯大林办公室的时候，独裁者对他们的建议表示怀疑，但愿意进一步考虑。在此期间，发动大规模反攻的想法是保密的。朱可夫在当天夜里就回到了斯大林格勒，但 9 月底又被召到莫斯科，对自己和华西列夫斯基的计划草案进行详细的讨论。这个时候，斯大林批准了他们的计划。[19]

就像朱可夫的许多故事一样，这个故事也不能得到斯大林会客日志的证实，因为根据它的记载，从 8 月 31 日至 9 月 26 日，斯大林根本没有见过朱可夫。斯大林这段时间确实见过华西列夫斯基，但不是在 9 月 9 日至 21 日。朱可夫所说的 9 月 12 日和 13 日的见面有可能日志里没有记载，或者是在别的地方发生的，或者是朱可夫把日期搞错了。但这个证据很容易让人想到，这一切都是朱可夫想象或虚构的。至于为什么要这样，原因并不难找到。“天王星行动”的起因在战后引发过相当多的争议。1946 年，当朱可夫遭到贬黜时，对他的指控之一就是他欺世盗名，把斯大林格勒反攻
169 的功劳据为己有。1957 年，在朱可夫被解除国防部部长职务的时候，赫鲁晓夫及其支持者又提出了同样的指控。在朱可夫被解除职务之后，叶廖缅科和赫鲁晓夫（他曾经是斯大林格勒的总政治委员）声称他们才是这个反攻计划的制订者，而朱可夫在 1964 年赫鲁晓夫下台之前，一直被剥夺了对他们的说法发表意见的权利。实际上，叶廖缅科和

赫鲁晓夫对于事情经过的说法是站不住脚的，朱可夫（和华西列夫斯基）完全有理由感到不平。该计划产生的确切时间和方式也许不像朱可夫在他的回忆录中绘声绘色地说的那样，但毫无疑问，朱可夫和华西列夫斯基是这个计划背后的推动者。

据同一时期苏军总参谋部有关此次战役的记述，反攻计划的制订是在 9 月的下半个月开始的。然后，10 月 4 日，朱可夫召开了由各个方面军司令参加的会议，并在会上介绍了计划的大体内容。[20]根据其他的文献证据，我们得知，会后有三个参加了此次反攻的方面军，即顿河方面军、斯大林格勒方面军和西南方面军，向朱可夫和华西列夫斯基提出了自己的实施建议。还有大量的证据表明，他们两人在此次反攻的准备工作中也发挥了广泛的作用。[21]

与“天王星行动”有关的另一个争议是，它与勒热夫—维亚济马地区同时发动的攻势即“火星行动”的关系。按照朱可夫在回忆录中的说法，“火星行动”是牵制性的，是为了保证在发动“天王星行动”的时候，德军中央集团军群的部队不会被调到南方。[22]朱可夫把“火星行动”说成是牵制性的，这种税法已被大部分俄罗斯军事历史学家所接受，但是在《朱可夫最大的败绩：1942 年红军在“火星行动”中的惨败》这本书中，美国历史学家大卫·格兰茨却表示，“火星行动”是朱可夫策划的一次独立的行动，该行动即使不比“天王星行动”更为重要，那也同等重要。就像格兰茨指出的，朱可夫为准备“火星行动”而耗费的时间要多过“天王星行动”，而在这两个行动开始的时候，朱可夫是负责协调参与“火星行动”的两个方面军（加里宁方面军和西方方面军），而华西列夫斯基则负责“天王星行

动”。每个行动的参战兵力基本上差不多。按照格兰茨提供的数据，在“火星行动”中投入的兵力相当于36.5个师，
170 而用于“天王星行动”的有34.5个师。苏军为了对付德军中央集团军群而调集的总兵力达到189万人，拥有24682门大炮和迫击炮、3375辆坦克和自行火炮以及1170架飞机，而用来对付德军南方集团军群的有110.3万人、15501门大炮和迫击炮、1463辆坦克和自行火炮以及1463架飞机。

格兰茨提出的理由很充分，特别是在把“火星行动”放在1942年在勒热夫和维亚济马地区发动的一连串行动的背景中来看的时候。三次行动的规模都差不多，都是为了给德军中央集团军群以沉重的打击。没有任何理由认为“火星行动”有什么不同。当11月25日紧接着“天王星行动”也开始发起“火星行动”的时候，这两个行动在苏联报刊上被赋予了同等重要的意义。报刊的新闻标题特意强调，正在进行的是一次两路出击的攻势。这样的标题直到“火星行动”显然无法取得“天王星行动”那样的进展时才消失不见。[23]

很明显，“火星行动”远不只是一次牵制性的行动，但它是不是格兰茨所渲染的“最大的败绩”，也是有问题的。它更像是朱可夫在勒热夫和维亚济马地区最新遭遇的挫败。而且，前两次“勒热夫—维亚济马行动”与“火星行动”一样都损失惨重。尽管这样，“火星行动”的积极成果也不应被低估。在“天王星行动”给德军的南方战役造成重创的同时，它也让德军在中央地带穷于应付。“火星行动”虽然没能把德军赶出勒热夫和维亚济马地区，但也给他们造成了很大损失，并促使德军在1943年主动后撤。

1942年11月19日开始的“天王星行动”，是由斯大林

格勒方面军、顿河方面军和西南方面军联合发动的攻势。斯大林格勒方面军和顿河方面军组建于9月28日，当时是把叶廖缅科的东南方面军更名为斯大林格勒方面军，而罗科索夫斯基则指挥更名为顿河方面军的老斯大林格勒方面军。邻近顿河方面军的西南方面军成立于10月31日，由瓦图京指挥。行动的基本构想是，由这三个方面军进行合围，各集团军最后在斯大林格勒西面的卡拉奇（Kalach）会合。

反攻行动是从3500门大炮和迫击炮的猛烈炮击开始的。 171
在斯大林格勒北面担任主攻的是西南方面军，而在南面则是叶廖缅科的第51和第57集团军。为双管齐下的打击提供支援的是罗科索夫斯基的顿河方面军。按照计划，瓦图京的部队向东南的卡拉奇方向推进，而叶廖缅科的部队则向西北朝同一目标前进。与此同时，沿奇尔河和基尔沃亚河（Krivaya River）会建立一道外围防线。对斯大林格勒的德军第6集团军和第4装甲集团军以及顿河大湾处敌军的雄心勃勃的两翼合围计划就是这样设想的（见地图16）。

反攻的准备工作保密性非常好，苏军采取的许多欺骗手段和散布假情报的措施都起了作用。[24]前线地区的平民都被转移了，主要的突击力量直到最后时刻才进入出发地域。“天王星行动”在完全出其不意的方面之所以能够取得惊人的成功，这些措施功不可没。11月23日，对斯大林格勒地区的保卢斯军队的合围完成了。大本营原本估计能困住10万人左右的敌军，结果却多出了三倍。“天王星行动”是红军第一个成功实施的大合围。在此次行动中被击溃的还有德国轴心国盟友的军队——他们的任务本来是保护保卢斯的侧翼。斯大林格勒战役是希特勒的轴心同盟瓦解的开始。轴心同盟中第一个倒戈的国家是意大利，它在1943年7月废黜

172

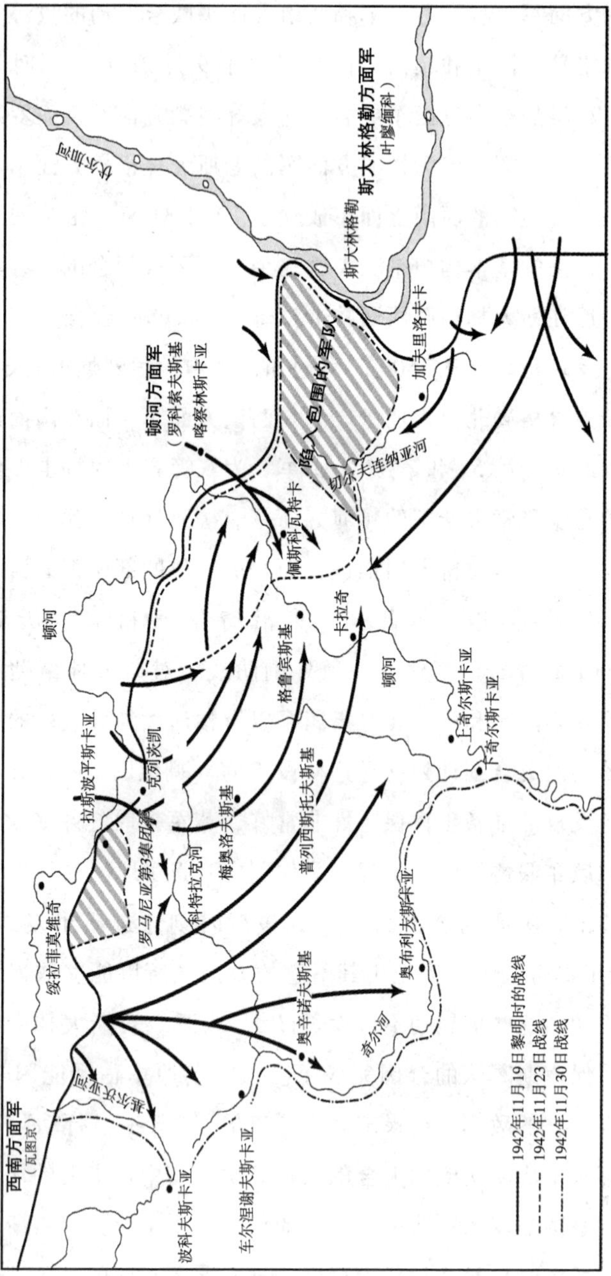

地图 16　“天王星行动”，1942 年 11 月

了墨索里尼。一年之后，保加利亚、罗马尼亚、匈牙利和芬兰也相继倒戈。

对于陷入重围的保卢斯军队，希特勒采取的对策是，企图依靠空运来维持第6集团军的补给，而那样一来，德国空军每天需要运送300吨的物资，但它并没有足够的飞机来完成这项任务。飞机紧缺的一个原因是，英美军队刚刚入侵北非，陆军元帅埃尔温·隆美尔（Erwin Rommel）的非洲军团的撤退也需要运输工具。德国人想要突破到斯大林格勒，但被挡在距离这座城市还有25~30英里的地方。不过，营救行动也打乱了苏联的“土星行动”计划。这是“天王星行动”的雄心勃勃的后续计划，目标是收复罗斯托夫并切断高加索地区的A集团军群的退路。在中央地带，与之对应 173
的则是“木星行动”——如果“火星行动”取得成功就包围中央集团军群的宏大计划。由于“火星行动”失败了，“木星行动”也就被搁置起来。“土星行动”取得了成功，但由于时机已被延误，到1943年2月苏军收复罗斯托夫的时候，A集团军群基本上都已经逃脱了（见地图17）。

当苏联人意识到自己在斯大林格勒逮到一条大鱼的时候，他们便准备采取大规模的行动收紧包围圈。1943年1月10日，罗科索夫斯基指挥苏军的7个集团军发起进攻。到当月的月底，这场一边倒的战斗结束了，投降的德军只有9万人，其中包括保卢斯，他是在斯大林格勒被苏军俘虏的24位德国将领之一。

这里得说一下大本营1942年秋季战略构想的宏大与大胆。它的目标不单是要在勒热夫和维亚济马地区以及斯大林格勒地区实施相当规模的合围行动，而且还要采取规模更大的合围，同时包围德军中央集团军群和南方集团军群。就像

174

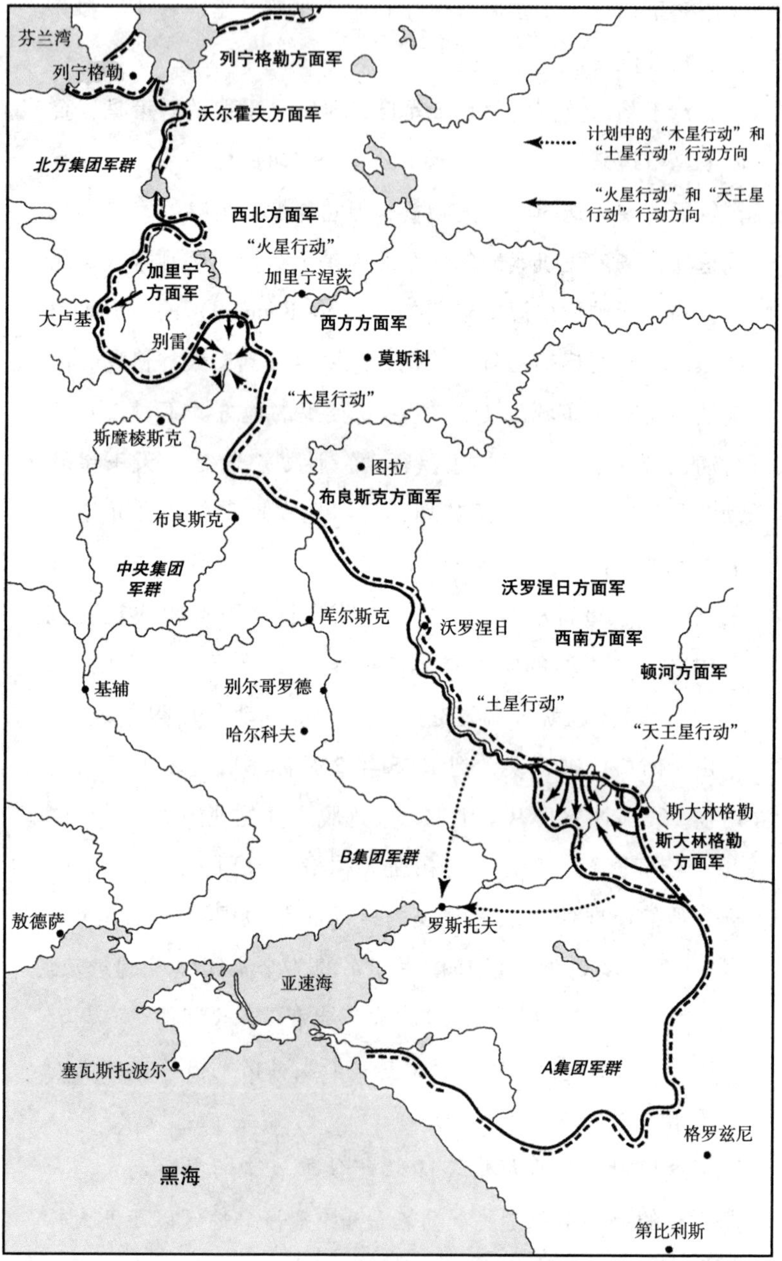
芬兰湾
列宁格勒
列宁格勒方面军
沃尔霍夫方面军
计划中的“木星行动”和“土星行动”行动方向
“火星行动”和“天王星行动”行动方向
北方集团军群
西北方面军
“火星行动”
加里宁方面军
加里宁涅茨
大卢基
西方方面军
别雷
莫斯科
“木星行动”
斯摩棱斯克
图拉
布良斯克方面军
布良斯克
中央集团军群
沃罗涅日方面军
库尔斯克
沃罗涅日
西南方面军
顿河方面军
基辅
别尔哥罗德
“土星行动”
哈尔科夫
“天王星行动”
斯大林格勒
斯大林格勒方面军
B集团军群
敖德萨
罗斯托夫
亚速海
塞瓦斯托波尔
A集团军群
格罗兹尼
黑海
第比利斯

地图 17　“火星”“木星”“土星”及“天王星”诸行动

“火星”“木星”“土星”“天王星”这种行星命名法令人联想到的那样，这一战略构想无比巨大。斯大林、朱可夫以及华西列夫斯基不仅打算在1942年秋季扭转战局，而且还要赢得整个战争。这样的雄心壮志大大超出了红军当时的能力，但其战略视野之宽广却预示着1943～1944年的大规模攻势。而正是通过那些一波又一波的大规模攻势，德国国防军才被赶出苏联，并一路败退到柏林。

由于斯大林格勒的惨败，德国人及其轴心国盟友损失了50个师，伤亡150万人。到1943年年初，德国国防军又被赶回到他们在1942年6月“蓝色行动”开始的地方。红军的损失更大，他们在斯大林格勒战役中的伤亡达到250万人。斯大林格勒战役之后，大本营再次尝试了一次全面的冬季攻势，并在1943年1月收复了沃罗涅日，2月收复了哈尔科夫，但当德军发动反击的时候，红军无力守住后者。此时，随着春季道路变得泥泞不堪，苏军沿战线的各个行动都逐渐停止了。

重返列宁格勒 175

当这一切发生的时候，朱可夫正在别的地方忙碌着。1943年1月，他再次回到列宁格勒，负责监督由沃尔霍夫方面军和列宁格勒方面军执行的一项行动，意在打破德军对这座城市的封锁。“火花行动”是从1月12日开始的，到18日的时候，它已打通与列宁格勒的公路及铁路联系。通往列宁格勒的陆桥只有几英里宽，而且不断遭到德军的炮击，所以，正如大卫·格兰茨所说，封锁只是出现了裂缝，还没有被打破。[25]但就在同一天，朱可夫被晋升为苏联元帅——两个月前，斯大林将同样的军衔授给了他自己。作为政府喉舌，《消息报》发表了题为《红军领导者的本领》的社论，并把朱可夫的名字放在新晋元帅和将军名单中的首位，称赞他是“才华横溢的勇敢的领导者”，实施了斯大林在莫斯科、列宁格勒和斯大林格勒打退德国人的计划。1月28日，朱可夫因为“成功发动了斯大林格勒反攻”而被授予“苏沃洛夫一级勋章”。[26]

1月底，朱可夫返回莫斯科，开始制订“北极星行动”计划。这是个由沃尔霍夫方面军、列宁格勒方面军和西北方面军对列宁格勒地区的德军北方集团军群进行合围的宏伟计划。计划的基本构想是，由铁木辛哥的西北方面军向普斯科夫（Pskov）和纳尔瓦（Narva）推进，沃尔霍夫方面军和列宁格勒方面军负责支援。此次行动的关键是M.S.霍津将军指挥的由1个坦克集团军和1个野战集团军组成的特别集群，其任务是合上对伊尔门湖和旧鲁萨地区北方集团军群包围圈的内圈（见地图18）。

在给这三个方面军的行动指令中，朱可夫的名字出现在了斯大林名字的后面。这些指令是最高统帅和他的副手在1月底2月初的时候经过一系列深入细致的会商之后才下达的。[27]朱可夫在行动开始时为了监督计划的执行而返回了西北战区。朱可夫在此次行动中的作用和他在“火星行动”和“天王星行动”中的作用几乎一样重要，但他在自己的
177 回忆录中对此却只是一笔带过。这可能是因为，像“火星行动”一样，“北极星行动”也不成功，而朱可夫对于自己遭遇的失利是不喜欢多说的。这很可惜，因为这次行动是他此时作为斯大林的副手行使权力和权威的例证。

朱可夫的表现更像是一个负责多个方面军的指挥官，而不是大本营的协调员。对于朱可夫提出的建议和推荐的实施

176

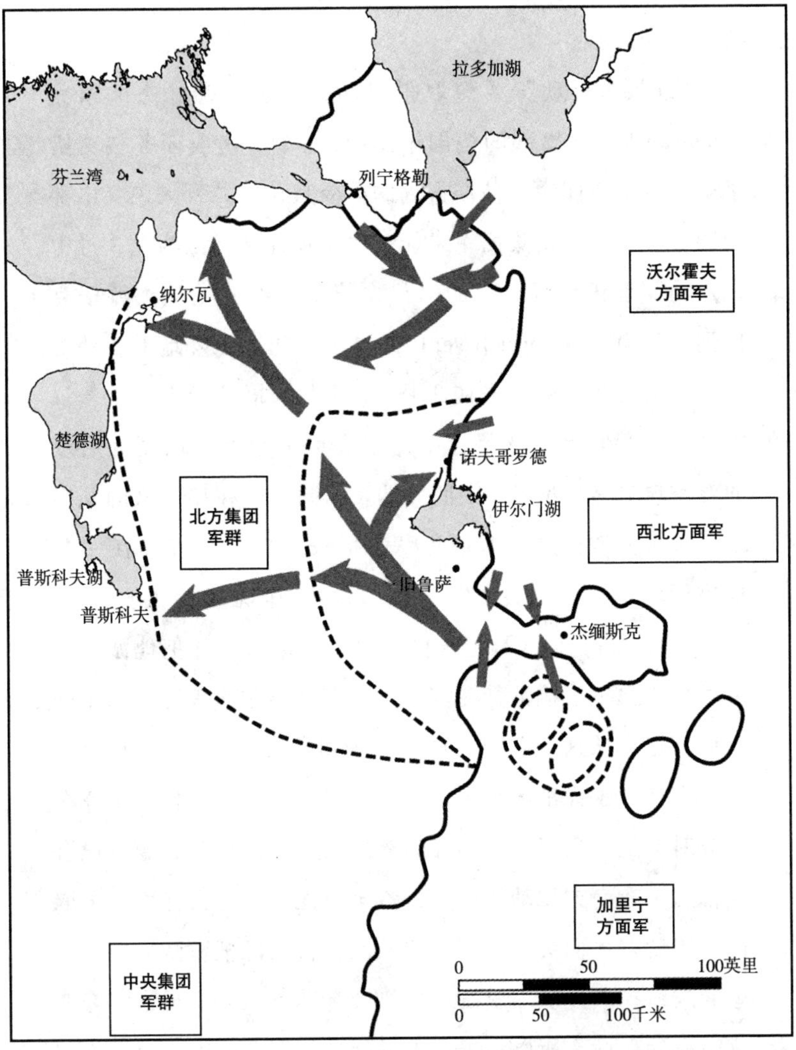

地图 18　朱可夫的“北极星行动”计划

此次攻势的人选，斯大林是言听计从，由此可以清楚地看出，他对朱可夫有多么信任。但更重要的也许是，朱可夫的指挥明显变得越来越灵活，在遇到新情况时更愿意审时度势，改变策略。

“北极星行动”要想取得成功，关键是铲除杰缅斯克（Demyansk）突出部的德国第16集团军。这项任务被交给了第1突击集团军，他们得到的命令是包围并歼灭该突出部的德军。第1突击集团军未能完成这项任务，因为在2月中旬发动“北极星行动”的时候，德军已经开始从杰缅斯克撤到洛瓦季河（Lovat River）沿岸更易防守的阵地上。针对这一新的形势，朱可夫在2月28日发电报给斯大林，建议把“北极星行动”的目标限定在夺取旧鲁萨，以便为后续的春季攻势做好准备。[28]斯大林表示同意。在接下来的几周中，朱可夫努力想夺取旧鲁萨，但没有成功。红军在“北极星行动”中损失了大约25万人，其中阵亡5万人。

3月中旬，斯大林把朱可夫召回莫斯科，并把他派往沃罗涅日方面军，搞清楚在德军重新夺回哈尔科夫之后那里的形势。正是从这个有利的位置，朱可夫在1943年4月8日给斯大林做了详细的汇报，对于德军的下一步动作以及苏军的应对措施给出了自己的评估意见。朱可夫认为，德军没有预备队再在南方发动攻势了，甚至也无力在宽大锋面上采取任何行动。他们会进攻某段狭窄的、自己已把军队集中在那里的战线，而且从那里发动攻势会有助于他们实现最终夺取莫斯科的目标。所以，朱可夫估计，德军会向库尔斯克方向进攻，它位于中央方面军、沃罗涅日方面军和西南方面军防守的突出部的中心。这次进攻，德军会倚重自己的坦克师，而且可能投入多达2500辆坦克对付库尔斯克的苏军。为了

反制这一威胁，朱可夫建议加强对坦克的防御，并从大本营 178
预备队调来尽可能多的飞机，以粉碎敌人的坦克进攻。朱可夫最后说，他认为没有必要率先发起进攻："最好是等到我军在防御中消耗敌人并摧毁了敌人的坦克以后，再……全力进攻并消灭敌军主力。"[29]

这是对苏德战争中下一场大战的非常精彩的而且充满了先见之明的分析。1941 年，在莫斯科，德国的战争机器在顽强的防守和坚决的反攻面前戛然而止。1942 年，在斯大林格勒，苏联人用一次漂亮的合围扭转了战局。这两次战役都是德军率先发动进攻，最后红军又通过反攻一下子反败为胜的。同样的一幕又要在库尔斯克上演了。在莫斯科和斯大林格勒战役中发挥了决定性作用的朱可夫，注定又要在库尔斯克大放光彩。他成功的关键之一就是他作为高级指挥官的不断提高的指挥艺术，但同样重要的是，尽管遭遇了"火星行动"和"北极星行动"等失利，斯大林对他的信任一直没有动摇。当朱可夫在 1942 年 12 月登上《时代》杂志的封面时，"斯大林的爱将"这个标题是再合适不过了。

9

西进！从库尔斯克到华沙，1943~1944

179 战争几乎没有给朱可夫留下任何家庭生活的时间。1941年8月，他的妻子亚历山德拉和两个女儿叶拉和埃拉被疏散到莫斯科东南500英里外的古比雪夫（Kuibyshev）——那年夏天，许多政府官员的家人都去了那里。在古比雪夫，她们和朱可夫的母亲还有他的姐姐玛丽亚会合了，因为她们也不得不逃离自己的老家斯特列尔科夫卡，德国人在1941年秋天占领了那里。

朱可夫的家人直到1943年才返回莫斯科。在此期间，一家人只团聚过一次，那是1942年1月在朱可夫的西方方面军司令部所在地佩尔胡什科沃（原文为Perkhushkin）庆祝新年的时候。埃拉回忆说，家里人是在夜里乘飞机去的。"在父亲住的小屋里有一棵冷杉树和一张桌子，桌子上摆了许多糖果——或者在我看来是那样，实际上并没有很多，只是在过了古比雪夫那种日子之后看上去很多，因为我们在那里从来没有见过糖果。但最重要的还是有了节日的气氛。那种幸福，还有父亲表现出来的高兴劲儿，都是因为取得了

（莫斯科反攻的）伟大胜利。”[1]

在她们返回此时已经安全了的莫斯科之后，家里人会通过电话与朱可夫通话，而且可以在他回首都的时候看到他，但这种机会在1943～1944年并不太多，因为他大部分时间都在前线。虽然朱可夫不在家，但“我们并没有觉得和父亲分开，或者和他的重要的工作分开，”叶拉回忆说。[2]

据叶拉说，她的父亲在战争期间不常给家里写信，即使 180
写，也是很短。但保留下来的少量信件还是让我们得以窥见一个男人的内心，尽管他作为指挥官做出的决定和下达的命令会给无数人带来死亡。

1943年1月8日，朱可夫写信给亚历山德拉：

> 爱妻！
>
> 我本来想顺道花三四十分钟去看你的，但是很遗憾，你当时在剧院。当然，你会怪我，说我没有事先告诉你。不过后来我耽误了换乘列车。怎么办呢？责任我们要平摊了。
>
> 你现在怎么样？我很好。身体不错，除了该死的风湿病。它很烦人。也许可以用盐浴或暖和的日光浴来治它。
>
> 好了，先写到这。
>
> 你的若尔日[3]

抱怨自己的身体似乎成了朱可夫和他妻子通信中的主题。在1943年10月5日给她的信中，他写道：

> 向你还有叶拉和埃拉致以热情的问候。我给你们送

了一些葵花籽。不要做别的，把它们吃了。我把那件暖和的大衣送回去了，它太笨重了……最好是有件暖和的毛衣。这里的情况还不错。我们现在就在第聂伯河河畔。在这里，德国人想守住，但显然不会成功。像通常一样，我和部队一起行动……我生性就喜欢上战场，和我的部队在一起，在部队里我觉得如鱼得水。

我的身体不错，但听力不好。要让人再给我治治耳朵，但这件事现在还不好办。有时候我的头和脚有点疼。好了，我想对你说的就这些。我希望你和孩子们都身体健康。

181 1943年10月23日，他以一种类似的语气写道：

我收到了你的来信，为此我要再给你两个热吻。我收到了装有内衣的包裹。看到自己穿着睡衣的样子，我忍不住捧腹大笑。前线的情况很顺利。有些部队的确遇到了些小挫折，但在这样的推进之后，那也许是免不了的。我本来希望尽快结束基辅的工作，然后返回莫斯科，但遗憾的是有事耽搁了。

我的身体像过去一样时好时坏。现在我脚疼的毛病又犯了。我想到莫斯科去治一治。我的听力还跟以前一样，还是会有耳鸣。可能是年纪大了，毛病都来了。

如果一切顺利，我想大概在八天后，我就会回到莫斯科——如果（斯大林）允许的话。差不多吧。你说我不写信。你看到了我写得有多潦草。再次亲吻你和孩子们。

也许是对可能会读到自己邮件的安全官员有所顾忌，朱可夫在信中也会表现得比较刻板和拘谨。1944 年 2 月 10 日，他写信给亚历山德拉：

> 谢谢你的来信、卷心菜、浆果还有其他的一切。事情整个说来进展很顺利。各部队的计划都完成得很好。很清楚，希特勒正走向彻底的失败，而我国正在走向无条件的胜利和俄罗斯各兵种的胜利。总的来说，前方正在履行它的使命，现在的事情就取决于后方了。为了确保前方获得它所需要的东西，后方有许多工作要做。只要大家吸取教训并保持高昂的士气，俄国人的胜利是肯定的。
>
> 深情地吻你。

这封信的署名是“你的 G. 朱可夫”，而不是更熟悉的昵称“若尔日”。[4]

战争期间，朱可夫恢复了与他和玛丽亚·沃尔霍娃所生的女儿马加丽塔的联系。在马加丽塔的继父于斯大林格勒阵亡而她的继父与前妻所生的兄弟又在行动中失踪（他后因 182
受伤而死亡）之后，玛丽亚请求朱可夫的帮助。于是就有了他和自己女儿的情真意切的通信。在马加丽塔因瘦弱和疲惫而得了重病的时候，朱可夫派自己的“道格拉斯 DC－3”飞机把她送到军方办的儿童疗养院，并在六个月后又用飞机把她送回了家。[5]

战争中大部分时间都跟朱可夫在一起的，是他的个人后援团队的成员——副官、司机、厨师、警卫和医护人员。[6] 卫士长尼古拉·别多夫（Nikolai Bedov）记得，朱可夫当时承受的压力很大，特别是在莫斯科战役期间，有时候连续几夜得不到休息，只能靠浓咖啡提神。别多夫回忆说，在去前线的路上，朱可夫经常碰到轰炸，而且在莫斯科战役后，他成了德国人暗杀的对象，到各地去的时候只好用化名。别多夫强调，朱可夫从来没有消沉过，哪怕是在1941～1942年最艰难的、连连失利的日子：“形势越是严重越是危险，朱可夫就越是镇静越是劲头十足。”别多夫承认朱可夫对下属可能是粗暴了点，但他觉得战时出现这种事情有可原。在被问及朱可夫最欣赏的品质是什么的时候，别多夫回答说：“勇气、果断、真诚，最主要的是在评估复杂条件时要准确无误。”[7]

朱可夫的另一个助手是司机亚历山大·布钦（Alexander Buchin）。布钦算过，他在战争期间和朱可夫一起行驶了大约17万千米。他还以此为书名出版了回忆录。在布钦的回忆录中提到的一位同事是莫斯科战役期间加入这个团队的医务助手利达·扎哈罗娃（Lida Zakharova）。布钦回忆说，很难找到比她更好、更善良的人了。腼腆、害羞的利达受不了朱可夫的粗鲁和大嗓门，有时还为此掉眼泪，但她没有抱怨，而是继续留了下来。[8]

在自己的回忆录出版后，布钦对朱可夫与利达的关系做了详细的说明，说朱可夫被她的羞怯吸引住了，和她有过一段恋情。布钦声称，他们两人形影不离，而且还公开显示爱
183 意。战后，当朱可夫被斯大林外放的时候，利达也随他一道去了敖德萨军区，后来在他调到乌拉尔军区时又去了斯维尔德洛夫斯克。只是在他爱上了另一个年轻的女人，也就是最后成了他的第二任妻子和他的第四个女儿玛丽亚的母亲的加琳娜·谢苗诺娃医生的时候，朱可夫和利达的关系才结束。

利达随后嫁了人并搬到了莫斯科。在那里，朱可夫帮她找了一处公寓。据叶拉说，她母亲亚历山德拉·季耶夫娜知道此事，但是忍住了——因为朱可夫比较稳重，“她知道父亲这个人是多么有趣，知道女人是怎样追他的”。[9]

利达·扎哈罗娃的名字还出现在曾经做过朱可夫副官的A. S. 谢莫奇金（A. S. Semochkin）的证词中，那是在战争刚结束的时候，苏联安全机构想抹黑朱可夫。谢莫奇金提出了多项指控，包括说朱可夫因为与利达的私情而袒护她。1948年1月，朱可夫写信给苏共中央委员会，对这些指控做了答复。对于利达，朱可夫坚持说不存在袒护；在工作方面，他和她的关系光明磊落。他承认自己和她有恋情，但坚决否认自己在公开场合与她调情。[10]

战争期间，红军高级军官在军中有临时妻子的现象并不少见。朱可夫对此肯定也心知肚明，而且原则上并不反对。1945年2月，朱可夫批评他的一位将军在情妇身上花了太多的时间，但这种批评是基于实际的而非道德的理由：

> 我听说……卡图科夫（Katukov）同志（第1近卫坦克集团军司令）一点也不管事，他不是在指挥他的集团军，他是在和某个女人在家中闲坐，而那个与他在一起的女人正在妨碍他的工作。卡图科夫……显然从来不去看自己的部队。他没有组织自己的集团军和各个军的行动，所以这个集团军最近是不成功的。我要求……立即把那个女人从卡图科夫身边送走。要是不送走，我就下令让 Smersh（苏军反情报机构）把她带 184
> 走。卡图科夫要继续做好自己的工作。要是（他）不

做出必要的了断，就由其他指挥员来接替他的位置。[11]

布钦在自己的回忆录中还列举了朱可夫其他的一两件风流韵事，把他描写成有点儿喜欢和女人泡在一起的男人。考虑到朱可夫的地位、长相和强悍的个性，女人会觉得他有吸引力，这是不难想象的。但是，就我们所知，在朱可夫的私生活中，重要的女人（除了他母亲和几个女儿之外）只有四个：亚历山德拉·季耶夫娜、玛丽亚·沃尔霍娃、利达·扎哈罗娃和加琳娜·谢苗诺娃。朱可夫对年轻漂亮的女人显然也是很注意的。朱可夫跟她们的关系的模式还表明，他偏爱不喜欢出风头而且能有帮助的女人。她们可以信赖，不会干涉他的工作。实际上，无论是这四个女人还是他的四个女儿，都没有说过他的坏话，这一点有力地证明了她们对他的挚爱。朱可夫也以自己的方式爱着她们，但他总是把军事生涯和为苏维埃国家服务放在首位。

库尔斯克

在给亚历山德拉的信中，朱可夫提到的听力问题可能是由于在 1943 年 7 月的库尔斯克战役中近距离遭到迫击炮炮击的缘故。[12]库尔斯克战役是继莫斯科战役和斯大林格勒战役之后苏德战争中的第三次大决战。在库尔斯克战役中，朱可夫的贡献有三个方面。首先，他帮助确立了苏军战役计划背后的战略思想框架。其次，他负责监督参加库尔斯克行动的中央方面军和沃罗涅日方面军的备战工作。最后，在战役进行期间，他作为大本营协调员，负责协调布良斯克方面军、中央方面军、草原方面军和西方方面军的行动。

1943年4月，由于下雨和冬季的冰雪融化，道路泥泞难行，红军被迫转入防御。大本营面临的问题是，当夏季来临，当不再下雨、路面变硬的时候，当可以恢复进攻的时 185
候，要做什么。正如上文提到的，4月8日，朱可夫写信给斯大林，建议采取战略防御态势，目的是抵挡住德军的下一波进攻，然后再发动全面反攻。[13]总参作战部副部长S.M.什捷缅科（S.M.Shtemenko）回忆说，当斯大林接到朱可夫的报告时，他对各个方面军司令有关德军下一步可能采取的行动的看法进行了调查。大家都同意朱可夫的判断，即德军将在库尔斯克地区发动进攻。[14]库尔斯克位于中央方面军和沃罗涅日方面军防线结合处的突出部中心。德军如能吃掉库尔斯克突出部，就可以把自己的防线缩短150～200英里，从而腾出20个师来用于进攻。德军在斯大林格勒失利后，急需一场这样的胜利来鼓舞士气。

1943年4月中旬，斯大林、朱可夫及华西列夫斯基之间连续进行会商并达成一致：在德军发动进攻之前，红军按兵不动。朱可夫在自己的回忆录中写道——而且还加了着重号："因此，早在4月中旬，最高统帅部就做出初步决定，故意采取守势。"[15]他之所以特意强调这一点，是因为在赫鲁晓夫时代，朱可夫发现，在赫鲁晓夫分子写的有关库尔斯克战役的历史中，自己被排除在外，而时任沃罗涅日方面军政治委员的赫鲁晓夫却被说成苏军的战略设计师。

另一个参加了四月会商的是总参作战部部长、不久就被任命为华西列夫斯基副手的A.I.安东诺夫（A.I.Antonov）将军。像沙波什尼科夫和华西列夫斯基一样，安东诺夫也是个沉稳而理智的将军，朱可夫对他非常欣赏："安东诺夫是个无比能干的将军，一个文化程度很高而且充满魅力的男人。听他讲总参谋部的战略战术思想总是令我非常愉快……在整理材料方面，安东诺夫有着惊人的天赋。”[16]那也是斯大林欣赏的品质，而且在华西列夫斯基作为大本营代表被派往前线因而经常长时间不在的时候，安东诺夫就是实际上的总参谋长——他是在1945年2月华西列夫斯基去指挥白俄罗斯第3方面军时才得到正式任命的。斯大林、朱可夫、华
186 西列夫斯基以及安东诺夫，这些人将成为红军的战略大脑，在1943～1944年指挥红军从库尔斯克到基辅、从维亚济马到斯摩棱斯克以及从明斯克到华沙，一路西进。

四月会商之后，朱可夫被派往北高加索执行任务，陪同他的是什捷缅科，因为后者在加入总参谋部之前曾在该地区服役。什捷缅科记得，朱可夫有在每天傍晚拉手风琴的习惯——那是他在战争期间学会的——拉的一般都是战时那种感情深沉的名曲。“这位音乐家的技艺不精，”什捷缅科写道，“但他靠投入自己音乐中的感情弥补了这一点。”朱可夫在遇到炮击时的沉着冷静也让什捷缅科印象非常深刻。有一次，朱可夫他们遇到了空袭，他没有在路边等待危险过去，而是坚持要求继续赶路。还有一次，敌军回击的炮火已经打到观察所周围了，朱可夫还在继续观察炮兵的弹幕攻击。[17]

朱可夫的任务是负责监督把德国第17集团军赶出连接克里米亚和新罗西斯克（Novorossiisk）附近的北高加索沿岸地区的塔曼半岛的军事行动。斯大林格勒的反攻迫使德国人撤出了外高加索，但他们还保留了塔曼半岛的据点，这使他们既可以保护自己在克里米亚的阵地，又可以从背后威胁苏联人。朱可夫的任务完成得不是很成功。德国人仍然盘踞在塔曼半岛，这需要在那年晚些时候采取第二次

较大的行动来把他们最终赶走。什捷缅科返回莫斯科时担心斯大林会因为行动失败而怪罪他和朱可夫，但这种事没有发生，至少没有针对朱可夫。实际上，在他返回苏联首都的当天，也就是5月12日，斯大林颁布法令说，除他本人之外，只有朱可夫和华西列夫斯基有权向各方面军司令下达命令。这项法令是针对武装力量各兵种负责人的——炮兵、空军、骑兵、机械化部队、工程兵等——目的是防止他们干预各方面军事务。[18]

朱可夫接下来的工作是，监督中央方面军和沃罗涅日方面军攻防两端的备战情况。苏军的计划很简单：构建纵深防御，抵挡住德军即将发动的进攻，然后转入反攻。[19]为此， 187
苏联人在库尔斯克突出部及其背后构筑了几道环形防线，纵深达200～250英里。每个防御阵地都有纵横交错的壕沟和混凝土地堡，而且因为估计到德国人会在进攻中投入大量的装甲力量，苏联人还特意修筑了反坦克据点。中央方面军和沃罗涅日方面军可以动用的力量共有大约130万人、19794门大炮和迫击炮、3489辆坦克和自行火炮。另外，归他们指挥的还有拥有2650架飞机的空军第17集团军和有50万人、1500辆坦克的草原方面军（由朱可夫的竞争对手科涅夫指挥）——它们都被用作战略预备队，任务是应对敌军的突破和为苏军的反击提供支援。

在库尔斯克战役的准备过程中，苏联人为了暗中加强自身的防御和调集准备反击的力量，在“欺骗”方面花了很大的功夫。指挥所的地点是保密的，部队的运输和调动只在夜间进行。无线电通信也做了巧妙的处理以蒙骗敌人。机场、防御工事和部队集中的区域都进行了伪装，而且还制造了一些假模型吸引敌人的注意力。所以，尽管德国人的情报机构侦察到苏军的大部分准备工作，但并没有搞清楚红军防线的整个纵深和强度，更重要的是，没有搞清楚红军的反击能力。[20]

苏联游击队首次在红军的重大军事行动中成为一个重要的部分。他们提供了大量有关德军备战的情报，并多次利用小规模的进攻和破坏行动——许多都是针对国防军的运输网络——来扰乱德军的备战。当苏军开始反攻的时候，游击队又通过攻击德军的指挥和控制系统来提供支援。

在备战过程中，朱可夫的角色是监督并向斯大林汇报进展情况。他还利用自己作为大本营代表和副最高统帅的权威就地处置问题。指挥中央方面军的是罗科索夫斯基，他回忆说：“备战阶段，朱可夫在中央方面军待了很长时间，我们
188 共同决定防御和反攻的组织、实施中的原则问题。多亏了他，我们向莫斯科提出的许多请求都得到了满足。”[21] 在苏军加强其在库尔斯克突出部的实力的这段时间，朱可夫的另一位观察者是他的司机布钦。他说：“朱可夫在库尔斯克突出部一天一天、一周一周地来回奔忙，检查工事修筑及（防御用的）障碍物加固和设置方面的细节。”[22]

对于德国国防军的意图和进攻的准备情况，苏联人掌握了充分的情报，包括他们自己在英国的间谍提供的情报——那些间谍搞到了和被破译的德国高阶密码有关的“厄尔特拉”情报①。[23] 只是他们不知道发起进攻的确切时间。这个不确定的因素在 5～6 月导致了一连串关于德军即将进攻的

① “厄尔特拉”是英文 Ultra 的音译。二战期间，英国军情机构把设在布莱切利公园（Bletchley Park）的政府密码学校通过截获并破译用高阶密码加密的轴心国通信而得到的情报叫作“Ultra”。这些情报的重要性被认为是超过了英国信息安全分类的最高级别，所以便将其命名为“Ultra”，意为“极端机密”。——译者注

假警报。[24]在这种紧张的气氛下，有些指挥官想先发制人，而不是等德国国防军先动手。支持这样做的就有沃罗涅日方面军司令瓦图京。“机不可失，时不我待，”据称他对华西列夫斯基说，“敌人不打算行动，而很快就到秋季了，那时我们所有的计划就都泡汤了。不要再等了，我们要先动手。我们有足够多的兵力。”[25]不过，斯大林和统帅部沉住了气，继续等待。

7月2日，从大本营传来最终的警报警告各个方面军：预计德军会在7月3～6日的某个时候发动进攻。“堡垒行动”——德军进攻库尔斯克突出部的行动代号——在7月4日夜里至7月5日凌晨开始了。德军的计划是，由中央集团军群和南方集团军群对库尔斯克突出部的苏军实行两翼合围。希特勒投入战斗的有18个步兵师、3个摩托化师和7个装甲师，其中包括大量新式的“虎式”和“豹式”坦克，它们的火力超过了苏联人的任何坦克（见地图19）。朱可夫此时奉命协调中央方面军、布良斯克方面军和西方方面军（在预计会成为主战场的区域）的行动，而华西列夫斯基则负责沃罗涅日方面军。当“堡垒行动”开始的时候，朱可夫正和罗科索夫斯基一起在中央方面军的司令部。朱可夫对红军航空兵和炮兵向正在发起进攻的德军倾泻的准备已久的猛烈炮火做了生动的描述：

> 重炮的轰击声，炸弹和M-31火箭弹的爆炸声，“喀秋莎”的炸裂声，还有持续不断的飞机引擎的轰鸣声，汇成一片，就像是从地狱传来的“交响乐”旋律。敌军离我们司令部的直线距离不超过20千米。我们能够听到和感觉到那种疾风骤雨般的炮火，禁不住想到敌 189

190

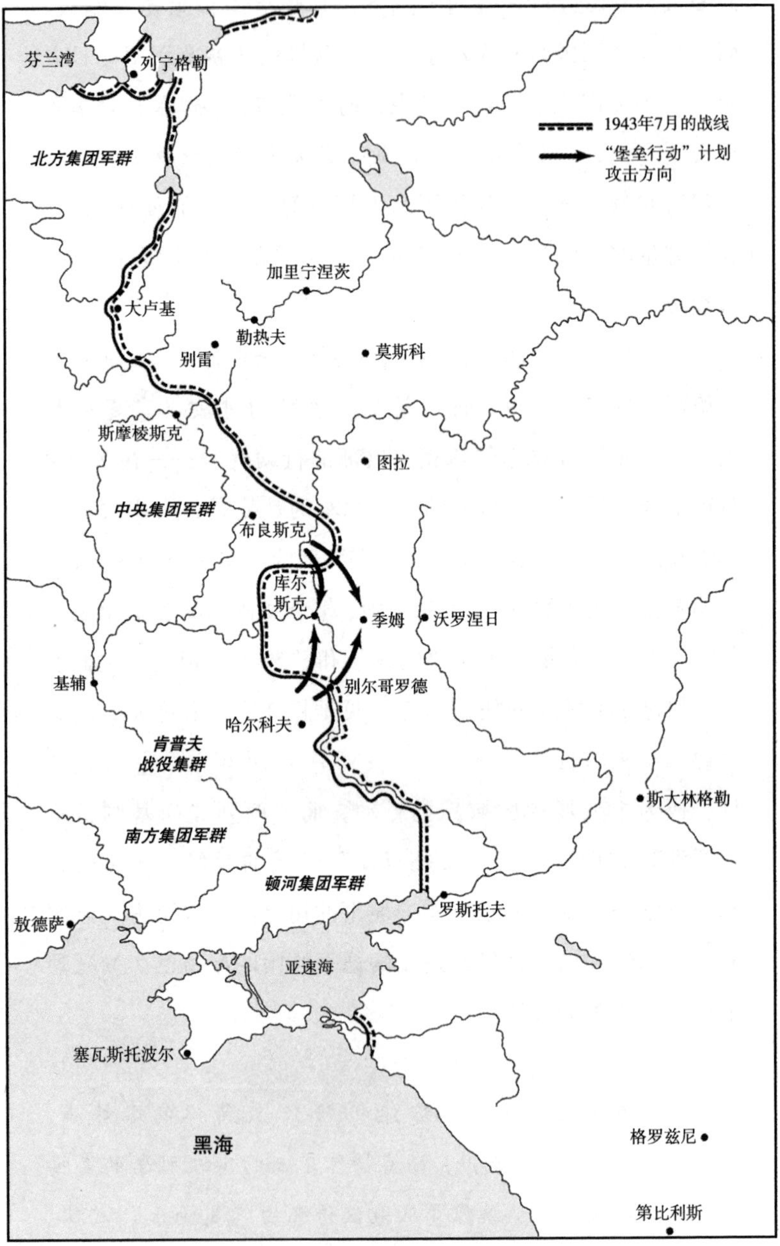

地图 19　“堡垒行动”，1943 年 7 月

> 人的出发地域突然遭到炮火的猛烈袭击时的可怕情形。措手不及的敌军官兵也许会把身体紧紧地贴在地上，或者一看到可以藏身的洞穴、沟壕或不管什么缝隙，就扑进去胡乱躲避炸弹、炮弹和地雷的可怕的爆炸。[26]

德军的进攻取得了一些进展，但大部分苏军防线还是守住了。7月11～12日，此次战役的高潮在普罗霍罗夫卡（Prokhorovka）到来了。当时，P. A. 罗特米斯特罗夫（P. A. Rotmistrov）将军的第5近卫坦克集团军与德军的两个装甲军展开了厮杀。参战的坦克有1000多辆，双方各损失了几百辆。苏军损失的坦克比德军多，不过他们消耗得起，而希特勒却不得不取消了此次进攻。

普罗霍罗夫卡战斗之后不久，朱可夫来到罗特米斯特罗夫的指挥所并视察了战场。据后者说，朱可夫几次停车察看最近发生的坦克战的现场：

> 那种景象很可怕，到处散落着被击毁或烧毁的坦克，被撞坏的大炮、装甲运兵车和卡车，成堆的大炮轮子和一截截履带。焦黑的泥土上寸草不留。田野、灌木和尸体在经过毁灭性的交火之后，还在冒着烟。朱可夫盯着那些坦克的残骸和弹坑看了很久……元帅摇了摇头——这种景象让他肃然起敬——摘下自己的帽子，这显然是在向我们英勇的坦克手致敬。[27]

为了夺回苏德战争的主动权，希特勒孤注一掷，发动了 191
库尔斯克战役。而在此之后，面对苏联人凭借其强大的实力和意志采取的没完没了的消耗战，德军已毫无胜算。尽管红军通往柏林的道路还很漫长且艰难，但这段路程会在接下来的两三年内走完，这一点已毋庸置疑。

在库尔斯克抵挡住德军的进攻之后，接着就轮到苏联人转守为攻了。苏联人计划采取两个行动：一是“库图佐夫行动”，由西方方面军、布良斯克方面军和中央方面军进攻奥廖尔突出部的德军中央集团军群；二是“鲁缅采夫行动”，由沃罗涅日方面军和草原方面军进攻别尔哥罗德和哈尔科夫地区的南方集团军群（见地图20）。“库图佐夫行动”从7月12日开始，到8月5日时红军已经收复了奥廖尔，但德军的许多部队此前已设法撤出了包围圈。朱可夫声称，如果再多调集一些兵力，就可以把德军全部包围在奥廖尔，但斯大林坚持认为，当前的重点是打退而不是围歼德军。

朱可夫并没有直接参与“库图佐夫行动”，因为他已被调到沃罗涅日方面军和草原方面军所在地，监督“鲁缅采夫行动”。斯大林本来是想在7月23日开始行动的，但朱可夫说服了他，认为需要暂缓一下，以便做好准备，所以“鲁缅采夫行动”直到8月5日才开始。[28]同日，红军攻占了别尔哥罗德，斯大林下令在莫斯科鸣礼炮120响，庆祝它的收复和奥廖尔的解放。这是在红军向柏林推进过程中斯大林下令进行的300次祝捷鸣炮中的第一次。[29]不过，此次行动接下来的进展就没那么顺利了，哈尔科夫直到8月23日才被收复。与此同时，为了收复斯摩棱斯克，红军发动了第三波行动，即“苏沃洛夫行动”。当9月行动结束的时候，西方方面军和加里宁方面军向前推进了150～200英里。

英国记者亚历山大·沃思在哈尔科夫解放后不久便去察看了这座城市。他发现了一些残酷的数据。在德军1941年10月第一次占领哈尔科夫时，它的人口是70万。到他们离

192

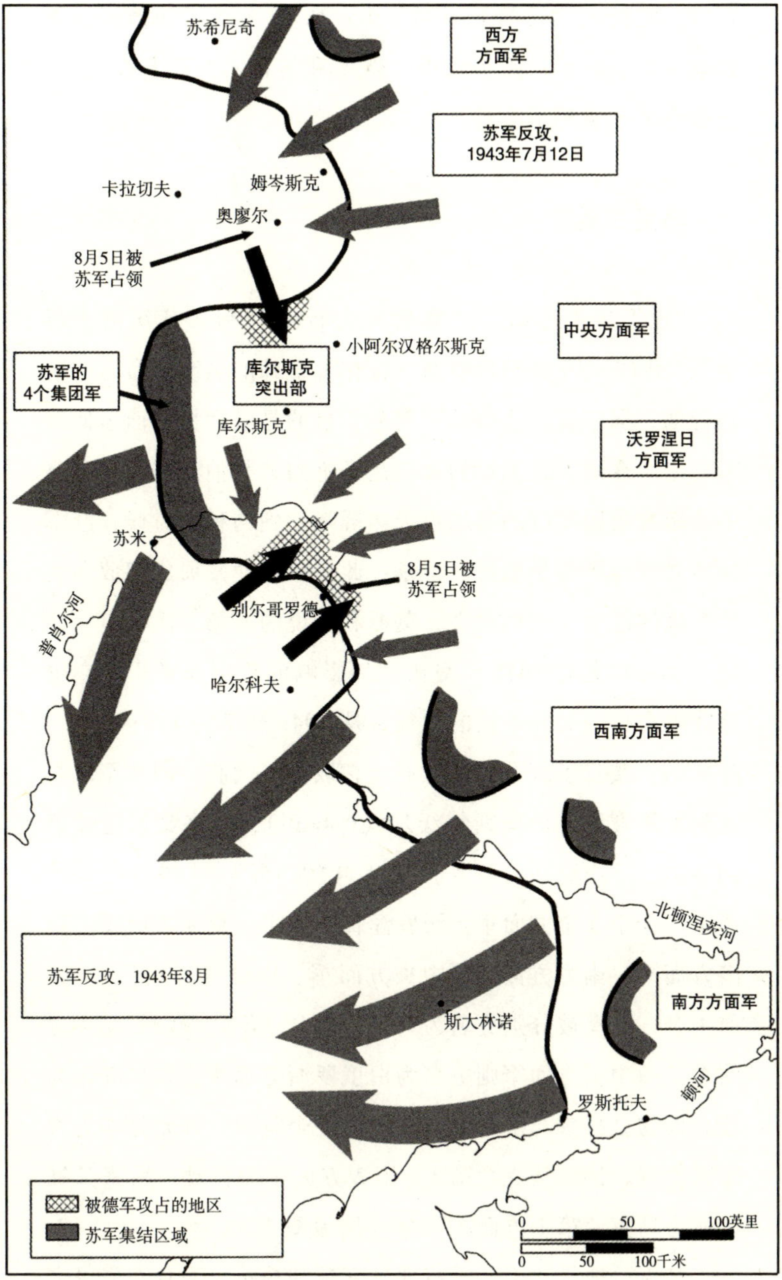

地图 20　苏军在库尔斯克的反攻，1943 年 7～8 月

193 开时，它的人口只剩下不到一半：12 万人被赶到德国去做奴隶劳工；8 万人死于饥饿、寒冷和贫困；3 万人被枪杀；还有许多人逃到了乡村。[30]

乌克兰战役

“库图佐夫行动”“鲁缅采夫行动”和“苏沃洛夫行动”，用18～19 世纪俄罗斯三位伟大统帅的名字来命名的这些行动，属于夏季攻势的一部分，目的是沿宽大锋面迫使德军后退。在南方，苏军的目标是推进到第聂伯河，那是败退中的南方集团军群的第二道天然屏障。到初秋的时候，红军抵达并渡过了第聂伯河。于是，此次攻势便发展成解放乌克兰全境的总攻。正如埃文·莫兹利所说的，第二次乌克兰战役（第一次是在 1941 年夏天）“影响的范围非常广。它也是战争中持续时间最长的战役，从 1943 年 8 月到 1944 年 4 月……一共打了八个多月。而且它取得了大胜，国防军起初退到了第聂伯河的奥斯特沃尔（Ostwall），后来又远远地退到喀尔巴阡山脉和与波兰的 1938 年的边界”。[31] 参与行动的苏军不少于 5 个方面军：沃罗涅日方面军、草原方面军、西南方面军、南方方面军和中央方面军。1943 年 10 月，上述前 4 个方面军被分别更名为乌克兰第 1、第 2、第 3、第 4 方面军，而中央方面军则更名为白俄罗斯方面军。朱可夫作为核心人物全程参与了乌克兰战役的各个阶段：开始是作为大本营代表，协调乌克兰第 1、第 2 方面军的行动，后来又被任命为乌克兰第 1 方面军司令（见地图 21）。

乌克兰战役并不是没有遇到麻烦和挫折，而且在朱可夫和斯大林之间也有些不愉快的时候。由于战争的势头已经决

194

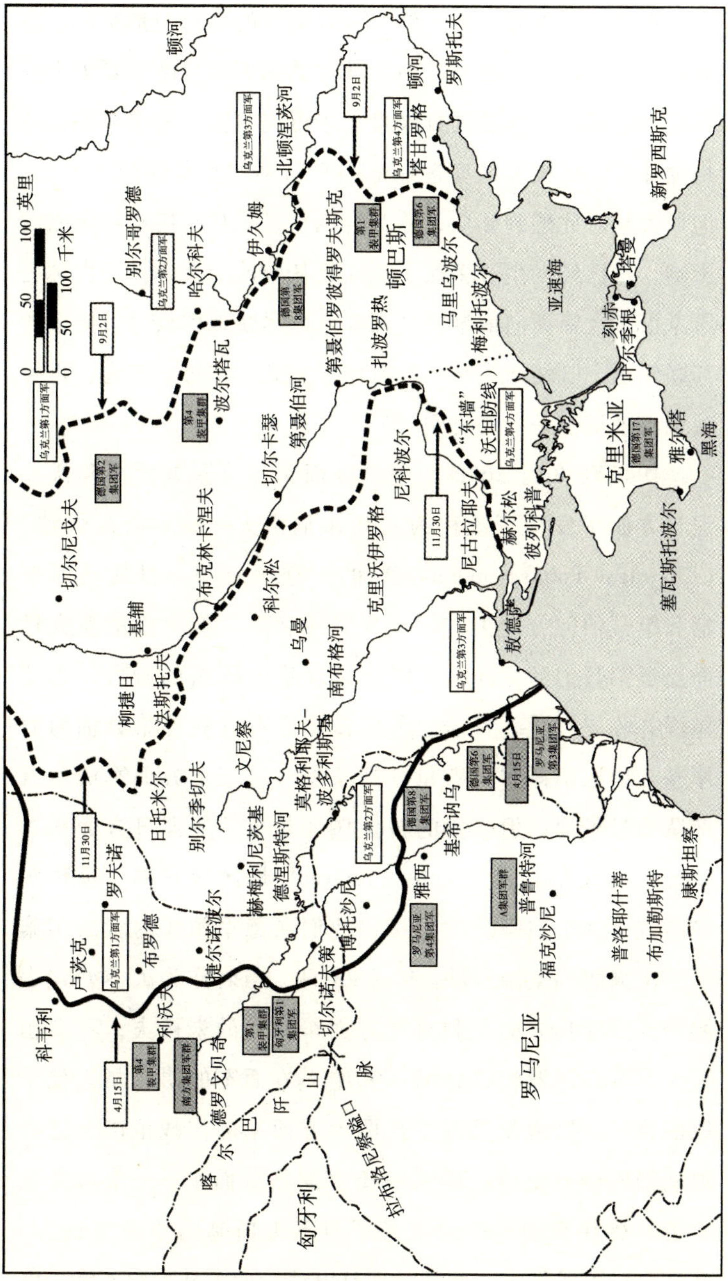

地图 21　乌克兰战役，1943～1944

定性地转到了苏联一方，红军可以动用的兵力与德军相比也拥有巨大的优势，因此，斯大林对其指挥官取胜的要求也变得苛刻起来。一个总的分歧是，朱可夫主张，就像在斯大林格勒那样，战役要以有选择地围歼密集的敌军集团为基础。
195 但斯大林对此感到怀疑，认为合围容易受敌军反击或突围的影响，这已经发生过多次了。而且从政治上考虑，斯大林更愿意沿宽大锋面向前推进，那样可以尽快地解放尽可能多的苏联领土。既然斯大林已经打定了主意，朱可夫知道，再跟独裁者争辩也是白费时间。[32]

1943 年 8 月 26 日，中央方面军、草原方面军和沃罗涅日方面军发动了统称为“切尔尼格夫—波尔塔瓦行动”（Chernigov-Poltava operation）的一连串攻势，目的是向基辅和第聂伯河方向推进。到 9 月中旬时，红军已沿宽大锋面逼近第聂伯河。此时，联合进攻进入了新的阶段：为了包围并收复乌克兰首府，苏军试图夺取并守住第聂伯河西岸基辅南北两侧相当数量的桥头堡。这三个方面军的所有部队都过了河，但主要的桥头堡还是由沃罗涅日方面军在基辅南面大布克林（Velikii Bukrin）地区建立的。该桥头堡得到了两个空降旅的支援，他们在德军防线的背后实施了一次大胆的空降行动。9 月 28 日，当时作为大本营代表协调沃罗涅日方面军和草原方面军行动的朱可夫，奉命担任大本营在沃罗涅日方面军和中央方面军的协调员。他采取的第一个措施就是调整这两个方面军的作战范围，把夺取基辅的任务交给瓦图京的沃罗涅日方面军——朱可夫也主要是待在那里——而不是罗科索夫斯基的中央方面军。此举激怒了罗科索夫斯基，他打电话给斯大林表示不满。苏联独裁者生硬地回答说，那是赫鲁晓夫和朱可夫的主意。[33]

格奥尔吉·康斯坦丁诺维奇·朱可夫元帅

朱可夫（右）和康斯坦丁·罗科索夫斯基元帅

苏联将军和指挥官合影

左起依次为科涅夫、托尔布欣、华西列夫斯基、马利诺夫斯基、朱可夫、戈沃罗夫、罗科索夫斯基、叶廖缅科、梅列茨科夫、巴格拉米扬

朱可夫在哈拉哈河

1939 年

朱可夫在库尔斯克
1943 年 7 月

朱可夫（左）在通往华沙的路上
1944 年

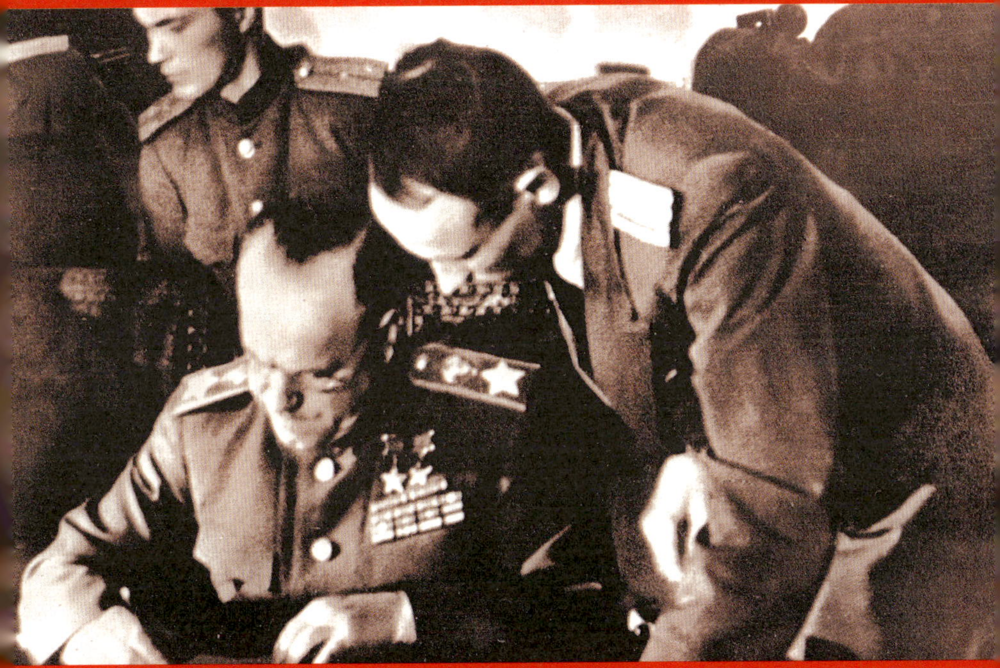

朱可夫签署德国无条件投降协议

柏林，1945 年 5 月 8 日

朱可夫和伯纳德·蒙哥马利陆军元帅（在朱可夫的左侧）

柏林，1945 年 5 月

朱可夫在柏林

1945年6月5日

朱可夫向蒙哥马利授予“胜利勋章”
1945年6月21日

朱可夫在红场胜利阅兵仪式上接受敬礼

莫斯科，1945 年 6 月 24

胜利阅兵仪式当天，朱可夫与斯大林站在列宁陵墓前

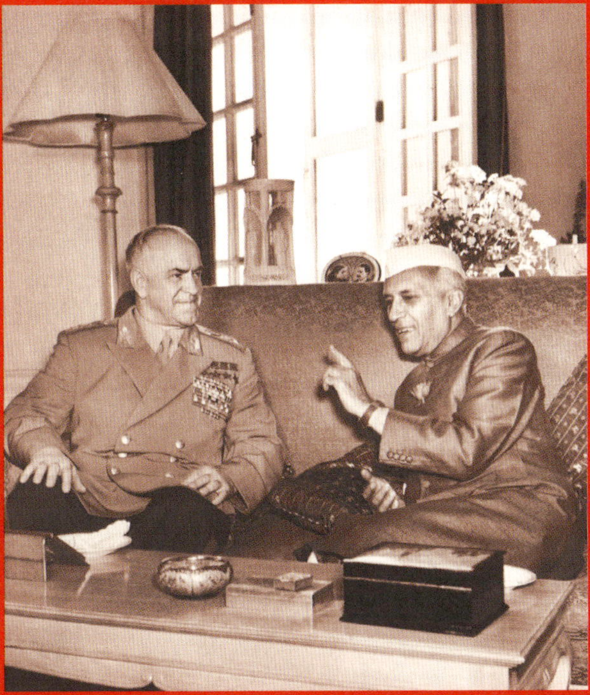

朱可夫与印度总理尼赫鲁会面，德里

朱可夫手里拿的是一幅红军士兵将红旗插上德国国会大厦顶端的油画

莫斯科，1970 年

1995 年在克里姆林宫旁竖立的朱可夫像

朱可夫参加为纪念对日胜利而举行的盟军阅兵仪式

柏林，1945 年 9 月 7 日

赫鲁晓夫是乌克兰共产党最高领导人和沃罗涅日方面军政治委员，他为什么要让瓦图京的部队获得从基辅赶走德国人的荣誉，这一点并不难理解。朱可夫也想分享公众的关注，这也不难想象。在乌克兰战役期间，朱可夫和赫鲁晓夫的工作联系十分紧密，而且他们相处得也很好。不过，朱可夫在自己的回忆录中说到这段时期的时候，除了带有贬义地说在你找到赫鲁晓夫的地方总能有好吃好喝之外，对那位未来的苏联领导人是只字未提。[34]

斯大林给朱可夫的任务是在 10 月 7 日之前拿下基辅，[35]但事实证明，这座桥太遥远了。伞兵没有能力守住自己的阵地，而在德军的顽强抵抗面前要扩大布克林桥 196
头堡也很困难。10 月 24 日，朱可夫向斯大林汇报，乌克兰第 1（沃罗涅日）方面军一直没有取得成功的原因是那里的地形易守难攻。敌人的防线很厚实，而且意志顽强，朱可夫告诉斯大林说。朱可夫想得到允许，以暂时停止进攻，他还请求补充武器弹药并再拨给该方面军一个野战集团军和一个坦克集团军。斯大林对朱可夫的解释感到不满，所以就委婉地批评说：“大本营想要指出，进攻布克林桥头堡的失利是因为未能考虑到当地的条件，这些条件对进攻不利，特别是对于坦克集团军来说。武器弹药不足的说法缺乏依据，因为草原方面军并没有更多的弹药却……设法完成了任务。”尽管如此，斯大林还是同意再给乌克兰第 1 方面军增派兵力，以便能够尽快地拿下基辅。[36]

新的时间表是在 11 月 7 日，即布尔什维克革命纪念日之前收复乌克兰首府。按照大本营的指示，进攻的重点由布克林转移到基辅北面第聂伯河西岸的另一处桥头堡柳捷日(Liutezh)。11 月 3 日的进攻一开始就是苏德战场上到当时为止所见过的最为猛烈的炮火齐射，2000 门大炮和迫击炮再加上 50 台“喀秋莎”火箭炮发射车——相当于每英里 480 门炮——占了乌克兰第 1 方面军整个炮兵兵力的三分之一。[37]不到三天，红军便攻克了基辅。朱可夫和瓦图京发电报给斯大林说：“我们带着极其喜悦的心情向您报告，您所规定的解放乌克兰首府——我们美丽的基辅城的任务，已由乌克兰第 1 方面军的部队完成了。基辅城内的纳粹侵略者已被彻底肃清。”[38]

像哈尔科夫一样，基辅也已是一片荒芜：6000 座大楼和 1000 座工厂遭到洗劫或严重破坏；20 万平民死亡，另有 10 万人被驱逐。[39]就在基辅城外，一个叫作娘子谷（Babi Yar）的地方，成了二战中最臭名昭著的大屠杀的现场之一。有 3 万名犹太人在那里被党卫军枪杀了，为的是给 1941 年
197 9 月红军从乌克兰首府撤走时为阻滞敌军而安放在城内的定时炸弹炸死的德国人复仇。

收复基辅后，苏军在乌克兰继续发动攻势。到 1943 年年底的时候，红军已经巩固了他们在第聂伯河西岸的阵地，并迫使德军后退了 50 ~ 80 英里。

12 月，朱可夫被召回莫斯科，参加统帅部高级会议。斯大林也刚刚结束与丘吉尔和罗斯福的德黑兰峰会并返回。在那次峰会上，丘吉尔和罗斯福向斯大林承诺——在拖了很长时间之后终于承诺了——西方盟军将在 1944 年夏天进攻法国北部。同时达成一致的还有，苏联与西方盟友的战略行动要相互配合。斯大林承诺，为了支持盟军进攻法国的行动，大约在同一时期会在苏德战场发动一次较大的

攻势。

出席莫斯科最高指挥工作会议的有斯大林、朱可夫、华西列夫斯基、安东诺夫以及总参谋部的军官和苏联政治领导层的成员。会议的目的是评估战略形势，并就下一步一系列大规模行动的计划达成一致。总参谋部在会上介绍了到当时为止战争方面的统计数据。截至 1943 年年底，所有被德国人占领的苏联领土已有一半获得解放。自斯大林格勒战役以来，德国人已损失 56 个师，另有 162 个师受到重创。尽管国防军已无力发动大规模进攻行动，但它依然拥有积极防御的实力：德国及其盟友仍然拥有一支 500 多万人的军队，有 54500 门大炮和迫击炮、5400 辆坦克和突击炮，以及 3000 多架飞机。苏联武装力量的累计损失尽管很大，要远远超过德军，但它在人员、火炮和飞机的数量上分别要多出 30%、70% 和 230%（而且它还有一个优势，那就是美国、加拿大、英国、澳大利亚以及其他盟国物资援助的大幅增加）。

朱可夫在莫斯科期间曾经在克里姆林宫斯大林的私人住所与独裁者共进晚餐。在这样的场合，有一次，朱可夫又提起用合围的方式进行作战的话题——这与沿宽大锋面向前推进的主张相反。斯大林指出，现在红军更强大了，也更有经验了，所以他比较倾向于采取这样的行动。此次会议决定， 198
沿着从北方的列宁格勒到南方的克里米亚的宽大锋面，发动一次冬季攻势，而且重点放在乌克兰第 1、第 2、第 3、第 4 方面军的行动上，目的是解放第聂伯河以西的整个乌克兰。[40]

12 月中旬，朱可夫返回乌克兰第 1 方面军；就在这个月的月底，为了进一步击退基辅周围的德军，瓦图京的部队发动了“日托米尔—别尔季切夫行动”（Zhitomir-Berdichev operation）。一个月后，科涅夫的乌克兰第 2 方面军与乌克兰第 1 方面军展开了一次联合行动，以消灭科尔松—舍甫琴科夫斯基（Korsun-Shevchenkovskii）地区德军的突出部。负责监督这两次行动的朱可夫后来声称，用两个方面军对科尔松—舍甫琴科夫斯基突出部的德军实施钳形包围，那是他的主意。[41]合围行动成功了，但事实证明，收紧包围圈的过程比较艰难，因为德军拒绝投降。斯大林对于战事的拖延感到不快，并在 12 月 12 日对朱可夫提出了尖锐的批评：

> 虽然我亲自下了指示，但你并没有好好计划一下如何用乌克兰第 1 和第 2 方面军去歼灭德军在科尔松的集团……我让你负责协调乌克兰第 1 和第 2 方面军的行动，但从你今天的报告来看，尽管你说的话比较尖锐，但你似乎并不太了解情况。[42]

几个小时之后，斯大林又给朱可夫发了一封电报，告诉他已经决定由科涅夫负责消灭敌人在科尔松—舍甫琴科夫斯基的集团，他的新任务是掩护科涅夫的行动，以防止德军从外围突破。[43]

科涅夫花了一周时间收紧科尔松—舍甫琴科夫斯基包围圈并歼灭被包围的德军。斯大林下令在莫斯科鸣放礼炮向乌克兰第 2 方面军致敬。“对乌克兰第 1 方面军的部队一个字也没提到，”朱可夫后来抱怨说，“我觉得这是最高统帅的
199 一个错误。胜利围歼敌军的集团，要同时取决于内外两线各方面军的行动，这是不可否认的；在这方面，瓦图京和科涅夫这两个方面军的出色的行动是同样成功的。”[44]

瓦图京是一名忠于职守并受人欢迎的军官。朱可夫很欣赏他，而且还在自己的回忆录中特意为瓦图京的名誉做了辩护。1944 年 2 月 29 日，他得到一个惊人的消息：瓦图京在遭到反苏的乌克兰民族主义分子伏击时中弹了。朱可夫于次日奉命接替他的职务，成为乌克兰第 1 方面军司令。瓦图京被送往基辅的医院抢救，而且斯大林还用飞机派来了红军的首席外科医生，但两周之后，他还是因为伤重不治身亡。

乌克兰第 1 方面军成了自莫斯科战役以来，首支由朱可夫直接指挥作战的部队。他的任务是，继续在西乌克兰发动攻势，进抵德涅斯特河，切断德军南方集团军群进入罗马尼亚的退路。3 月 26 日，《红星报》发表社论，称赞朱可夫最近的功绩："在过去这段时间，乌克兰第 1 方面军在朱可夫元帅的指挥下，对德军取得了一系列新的、显著的胜利……苏联指挥员的指挥艺术和苏联士兵的坚定决心又一次挫败了德国人的计划……这些胜利既是我们勇气的胜利，又是我们能力的胜利……伦敦的无线电正在广播：乌克兰地区的事态发展对纳粹德国来说是一场大灾难。"[45] 德涅斯特地区的战斗又持续了几周，但朱可夫已经把注意力逐渐放在策划红军下一个宏大的战略行动上，那就是"巴格拉季昂行动"。

"巴格拉季昂行动"

"巴格拉季昂行动"的目标是，包围并摧毁德国国防军在东线的最后一支完好的主力——中央集团军群，并将德国人赶出白俄罗斯。就像卫国战争期间红军所有取得辉煌胜利的行动一样，谁是这项计划的制订者，也是一件颇有争议的

200 事情。据作战部部长什捷缅科将军说，该计划是 1944 年4～5 月总参谋部在各有关方面军司令的协助下起草的。而且，在什捷缅科看来，白俄罗斯第 1 方面军（前身是中央方面军）司令罗科索夫斯基的贡献特别重要。[46] 但是据朱可夫讲，对部署在白俄罗斯的中央集团军群实施合围的基本构想，是 4 月 22 日在斯大林办公室的会议上由他提出的。[47] 然而，从斯大林的会客日志来看，1944 年 3～4 月这段时间，朱可夫根本没有见过斯大林。如果有过这样的会议，那一定是在克里姆林宫的其他地方。现在所知道的，是斯大林在 5 月 15 日下过一道命令，说鉴于有可能会让朱可夫“领导几个方面军的行动”，现免去他“临时”指挥乌克兰第 1 方面军的工作。[48] 接替他指挥乌克兰第 1 方面军的是科涅夫。现在还知道的是，在 5 月 25 日、26 日和 27 日，朱可夫、华西列夫斯基、安东诺夫、什捷缅科等高级军官与斯大林一起开了三次长会。[49] 想必就是在那个时候，才做出了有关“巴格拉季昂行动”的最终决定。几天后，也就是 5 月 31 日，参战的各个方面军接到指令，要求他们起草实施“巴格拉季昂行动”的详细作战计划。在这些指令上署名的，除了斯大林之外，还有朱可夫。这再一次证明，在独裁者的各位将军和元帅当中，朱可夫的地位是很高的。而且它还表明，在提出“巴格拉季昂行动”的基本作战构想方面，朱可夫也许就像他自己后来所说的，发挥了重要作用。[50]

用拿破仑战争中一位格鲁吉亚英雄的名字来命名的“巴格拉季昂行动”，是一次由四个方面军联合发动的进攻，参战的是白俄罗斯第 1、第 2、第 3 方面军及乌克兰第 1 方面军。按照计划，白俄罗斯第 1 方面军向巴拉诺维奇（Baronovichi）、布列斯特和华沙方向，白俄罗斯第 2 方面军向明斯克方向，白俄罗斯第3方面军向立陶宛首府维尔纽斯方向推进。承担支援任务的是列宁格勒方面军、波罗的海方面军及科涅夫的乌克兰第1方面军。行动将由列宁格勒方面军率先开始，在6月初向芬兰境内推进，继而在当月晚些时候在白俄罗斯发动突袭，然后由乌克兰第1方面军向利沃夫方向推进，阻止来自南方战区的敌人的调动（见地图22）。这四个主力方面军共有240万人、5200辆坦克、36000门火炮、5300架作战飞机。苏军在人数上对德军占有2比1的 202
优势，坦克是6倍，飞机和火炮是4倍。

苏军的“巴格拉季昂行动”计划与在法国开辟期待已久的“第二战场”是紧密协同的。4月初，苏联人得知了进攻发起的大致日期；4月18日，斯大林发电报给罗斯福和丘吉尔，说：“按照在德黑兰达成的协议，红军将在同一时间发动一场新的攻势，以最大限度地支援英美军队的行动。”在1944年6月6日登陆开始的时候，斯大林发电报给丘吉尔和罗斯福表示最热烈的祝贺，并向他们通报，按照在德黑兰达成的协议，苏军很快将发动夏季攻势，进攻的目标是东线“某个至关重要的地段”。[51]

朱可夫在“巴格拉季昂行动”中扮演的角色是大本营在白俄罗斯第1、第2方面军的协调员。华西列夫斯基也是一样，在波罗的海第1方面军和白俄罗斯第3方面军担任协调员。与朱可夫并肩作战的是什捷缅科，他具体负责白俄罗斯第2方面军。

朱可夫大部分时间都在白俄罗斯第1方面军，而且因为他战前在白俄罗斯服役过六年，他对于作战地域的情况非常了解。就像在库尔斯克战役开始前一样，朱可夫花了大量的时间四处检查备战的情况。他在自己的回忆录中对于备战的

201

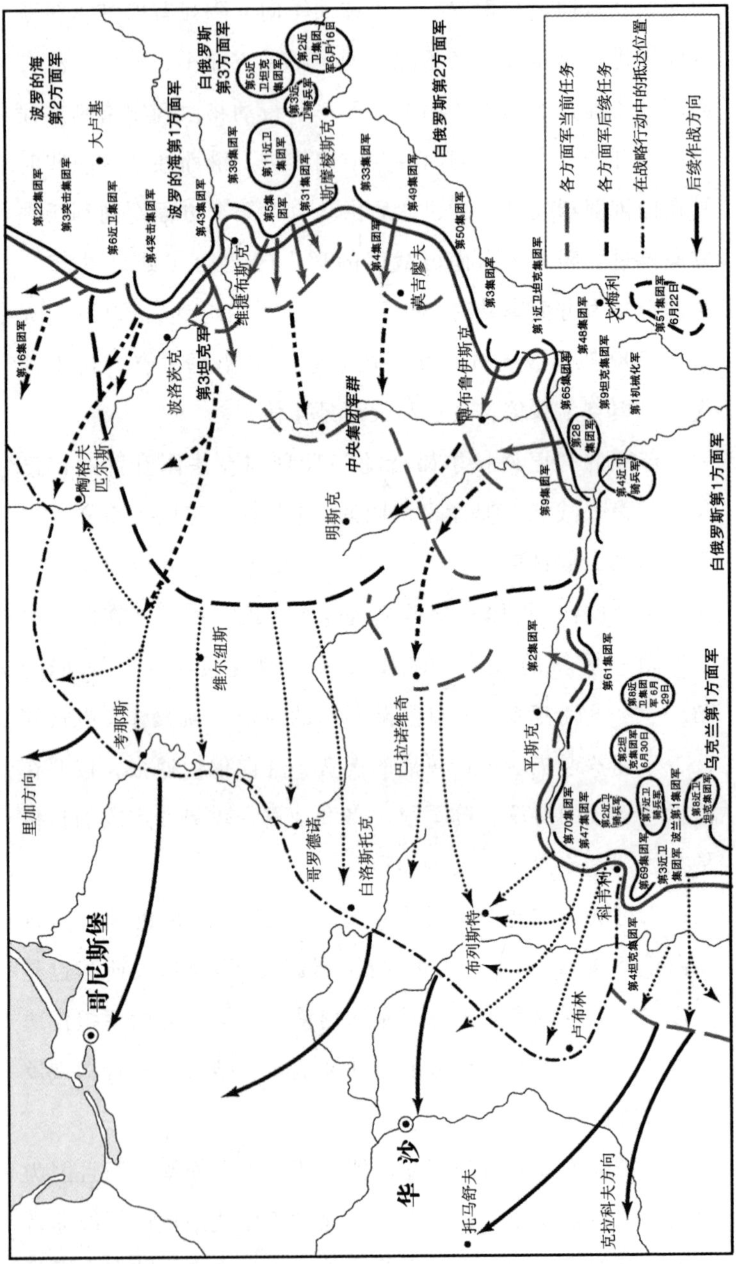

地图 22 “巴格拉季昂行动”计划，1944 年 6 月

细致认真的程度做了详细描述。士兵们在火力打击的战术和进攻技能方面还进行了强化训练，并特别注意步兵、坦克、炮兵、航空兵的协同作战。前线司令部、指挥所及观察所都建立起来了，而且还制定了它们随攻势的进展向前移动的程序。侦察部队对于自己获得的情报进行了核实，并对提供给前线部队的战术地图和行动地图做了改进。像以往一样，后勤保障方面也做了巨大努力，以便使必需的食品、燃料和武器弹药的补给能够做到井井有条。6 月中旬，苏联人再次检查了行动细节，并进行了一系列集团军级的推演作业。军、师一级的指挥官以及其他高级军官也参加了此次推演，朱可夫说："我们可以更好地了解那些即将率部打垮敌主力集团的军官……他们的责任重大，因为击败中央集团军群意味着 203
要把敌人彻底赶出白俄罗斯和波兰东部。"[52]

有可能是因为自己对这个地区太熟悉了，再加上作战间隙有这样的机会，朱可夫又开始打猎了——那是他过去最喜爱的活动。朱可夫打猎很是投入，而且战争期间还常带着自己的军官和政委们一起外出打猎。当被问及为什么坚持让自己的军官们，即便他们不是猎手，和自己一起去打猎的时候，他解释说，这是要显示信心，显示他所控制的后方是安全的、有保障的。[53]

在准备"巴格拉季昂行动"期间，朱可夫视察的部队之一是 P. I. 巴托夫（P. I. Batov）将军的第 65 集团军，它隶属于白俄罗斯第 1 方面军。巴托夫在自己 1962 年出版的回忆录中，描绘了一幅不招人喜欢的朱可夫形象：一个笨拙而霸道的人。他回忆说，朱可夫想要爬上树上的观察所，但没有成功。他爬到一半时失足摔了下来。朱可夫"大发雷霆"，命令解除该军军长职务并把该师师长送到惩戒连。[54]

不过，巴托夫回忆录出版的时候，正赶上赫鲁晓夫时代抹黑朱可夫运动的高潮，所以他有关朱可夫的性格和行为的结论，很大程度上是那段时间批判朱可夫时编造的东西。

朱可夫的确有可能很粗暴，这在红军的高级指挥官中并不少见。并不是所有人都喜欢他那种过于自信的领导风格。在战争的重压之下，肯定会有很多高级军官对他感到不快。还有，朱可夫的显赫地位，特别是他和斯大林的个人关系，也会招致人们的嫉妒。斯大林的许多将领，如科涅夫，都是一样的自负，所以他在战后就乘机清算自己与朱可夫的私人恩怨。不过，对朱可夫的怨恨并不是普遍的。每当有一个巴托夫和科涅夫，就会有一个巴格拉米扬或华西列夫斯基愿意站出来为朱可夫辩护。就连科涅夫在憎恶朱可夫的同时也很欣赏朱可夫的军事才能，而朱可夫对科涅夫的态度也同样如此。

“巴格拉季昂行动”是从游击队对德军发起的攻击波开始的。白俄罗斯是苏联游击运动最重要的中心。截止到
204 1944 年夏天，那里有多达 14 万的游击队员，他们组成了大约 200 个小分队，在德国国防军防线的背后活动。6 月 19 ~ 20 日，游击队袭击了德军的交通系统、参谋指挥机构以及机场。游击队还为 6 月 21 ~ 22 日的大规模轰炸充当前沿观察员。主要的地面进攻是在 6 月 23 日开始的，而且极为成功。红军在 500 英里的战线上发起进攻，突破了德军中央集团军群的防线并迅速在明斯克会合。7 月 3 日，苏军收复了白俄罗斯首府。朱可夫在不久之后察看了这座城市：

白俄罗斯首府几乎认不出来了。七年前我在那里指挥过一个团，熟悉那里的每一条街道以及所有的大楼、

> 桥梁、公园、体育场和剧院。现在这一切都成了废墟；曾经伫立着整栋公寓大楼的地方，只剩下断壁残垣。明斯克居民的情况十分凄惨，他们精疲力竭、面黄肌瘦，许多人都噙着泪水。[55]

1941 年 6 月红军在明斯克的惨败现在被反转了，10 万名德军被困在该市的东部。在斯大林格勒，第 6 集团军指挥官、陆军元帅弗里德里希·保卢斯的投降曾经是新闻片中象征苏军胜利的标志性镜头。在“巴格拉季昂行动”中，令人难忘的一幕是，1944 年 7 月，57000 名德军战俘在他们的将军们的带领下，在莫斯科游街示众。

继明斯克之后，7 月 13 日，维尔纽斯也被收复了。7 月中旬，科涅夫的乌克兰第 1 方面军开始了利沃夫—桑多梅日战役。加入他的行动的是朱可夫，后者被大本营任命为此次行动的协调员。7 月 27 日，红军攻陷利沃夫。两天之后，朱可夫再次获得“苏联英雄”称号，以表彰他在解放白俄罗斯和乌克兰过程中做出的贡献。同一天，斯大林颁布命令：今后，朱可夫不仅负责协调乌克兰第 1 方面军和白俄罗斯第 1、第 2 方面军的行动，还负责这几个方面军的作战决策。关于华西列夫斯基与白俄罗斯第 3 方面军及波罗的海第 1、第 2 方面军，也颁布了完全一样的命令。[56] 斯大林做出这样的决定是基于何种动机，或者说这样做实际上有什么区
别，现在还不清楚，但这项命令提升了朱可夫和华西列夫斯 205
基的地位与威信，他们成了斯大林所信赖的首席麻烦终结者。

从 6 月 22 日至 7 月 4 日，德军中央集团军群损失了 25 个师，30 多万人，而且在随后的几周里又损失了 10 万人。

到7月底时，它实际上已经丧失了战斗力。然而，摧毁中央集团军群并不是一件容易的事。参加“巴格拉季昂行动”的四个主力方面军在解放白俄罗斯的战役中伤亡了75万人。但不可否认的是，苏军取得了巨大胜利。到此次行动结束的时候，白俄罗斯和西乌克兰都回到了苏联人手中，芬兰也快撑不住了，红军已突入波罗的海沿岸国家的腹地；而在南方，他们正在向贝尔格莱德、布加勒斯特和布达佩斯挺进。约翰·埃里克森甚至认为，“在苏军粉碎中央集团军群的时候，他们取得了自己在东线战场上最大的一次军事胜利。对于东线的德军来说，这是一场大得难以置信的惨败，比斯大林格勒的还要大”。[57]

华沙起义

“巴格拉季昂行动”的主要目标是解放白俄罗斯，但德军中央集团军群的瓦解和红军的快速推进使得苏军打到了东普鲁士的边境并进入波兰中部和南部。到7月底时，红军已从多个方向逼近波兰首都华沙。红军向西突进之迅猛，把在白俄罗斯解放后未来进攻的方向问题提到了议事日程。7月19日，朱可夫向斯大林建议，采取一系列的军事行动，占领东普鲁士，或至少切断其与德国本土的联系。[58]朱可夫的建议在7月底他与斯大林、华西列夫斯基、安东诺夫及什捷缅科之间的会议上进行了讨论。[59]最终做出的决定是：东普鲁士是块难啃的硬骨头，即便这样，还是要继续采取行动，以便为以后的突击打下基础，但苏军将把主要的努力用于攻占华沙。7月27日，白俄罗斯第1方面军接到命令，进攻位于维斯瓦河东岸的华沙郊区普拉加（Praga），并在河西岸波兰首都的南北两侧建立桥头堡。这些任务要在8月5～8日完成。[60]即将开始的攻占华沙的荣誉交给了由苏联组建的波兰第1集团军。这支部队成立于1943年7月，其成员是从1939年9月苏联入侵波兰东部后被驱逐到苏联的波兰公民中招募的。它的领导层是亲共的，许多军官也都是俄国人。到1944年7月时，它的总兵力约2万人，隶属于罗科索夫斯基的白俄罗斯第1方面军。罗科索夫斯基本人也有波兰血统，他两种语言都会说，只是在说俄语时带有波兰口音。二战结束后，他成了由共产党掌权的波兰的国防部部长。

面对德国人在华沙地区的坚固的防御工事，苏联人的计划很快陷入困境。德国国防军是受了重创，可并没有丧失战斗力，而且德国人还从东线的其他地段和西欧调来了若干个师，迅速重建了中央集团军群。华沙是柏林的屏障，是德军必须守住的战略要冲。德军要把自己的防御阵地稳定下来，它的有利因素就是苏军攻势的后劲不足。苏军士兵非常疲惫；红军的补给线现在拉长了几百英里；红军空军因为要转场到更靠近前线的机场而暂时停止了行动，结果让德国空军在某种程度上又重新掌握了主动权。苏军有能力在维斯瓦河西岸建立一些小规模的桥头堡，但是守不住，因而在它的第2坦克集团军受到德军6个师——其中有5个装甲师——的重创之后，被迫撤出了普拉加。波兰第1集团军想在维斯瓦河西岸建立桥头堡的行动也失败了，而且伤亡很大。

8月8日，朱可夫和罗科索夫斯基向大本营提交了新的攻占华沙的计划，试图在华沙北面普乌图斯克—塞罗茨克（Pultusk-Serock）地区的维斯瓦河西岸建立坚固的桥头堡，同时巩固华沙南面现有的桥头堡。在这一步成功之后，波兰

第1集团军就沿维斯瓦河西岸向北推进并占领华沙。朱可夫
207 和罗科索夫斯基估计行动可以在8月25日开始。[61]结果，这个计划又被推迟了。大本营在8月29日向各个方面军下达指令，要他们转入防御。不过，白俄罗斯第1方面军的右翼不在该指令的范围之内。他们接到的命令是，继续努力在普乌图斯克—塞罗茨克地区建立桥头堡。[62]

9月中旬，罗科索夫斯基开始向普拉加重新发动进攻，并再次努力为维斯瓦河西岸的波兰第1集团军建立桥头堡。虽然第一个目标实现了，但他坚持要为河对岸的波兰第1集团军获得一块阵地的努力却失败了。到10月初时，苏军对华沙的进攻逐渐停了下来。而它在维斯瓦河西岸的桥头堡哪怕是从最乐观的角度来看，也是岌岌可危的。11月12日，白俄罗斯第1方面军的右翼接到转入防御的命令，[63]而红军在华沙地区的进攻行动要到1945年1月才会重新开始。

军事事态的发展进程表明，苏军在当时确实是想拿下华沙，而且他们预计这用不了多长时间。首次努力失败之后，他们再次进行了尝试。只是在“巴格拉季昂行动”结束后，大本营才把攻占华沙的目标暂时搁在一边[64]（见地图23）。然而，有人设想了另外一种情况：红军故意停止他们在维斯瓦河的攻势，好让德军有时间镇压华沙民众的起义。从8月1日开始的起义，是由伦敦波兰流亡政府的游击队武装——波兰家乡军（Polish Home Army）策划的。和苏联人一样，波兰民族主义游击队员也估计红军很快就会占领华沙。他们想从德国人手中解放华沙并在红军到来之前掌握对这座城市的控制权。

斯大林对于这次起义无疑是抱有敌意的，因为起义带有反共反苏的动机，既针对希特勒，也针对他自己。但是，现

208

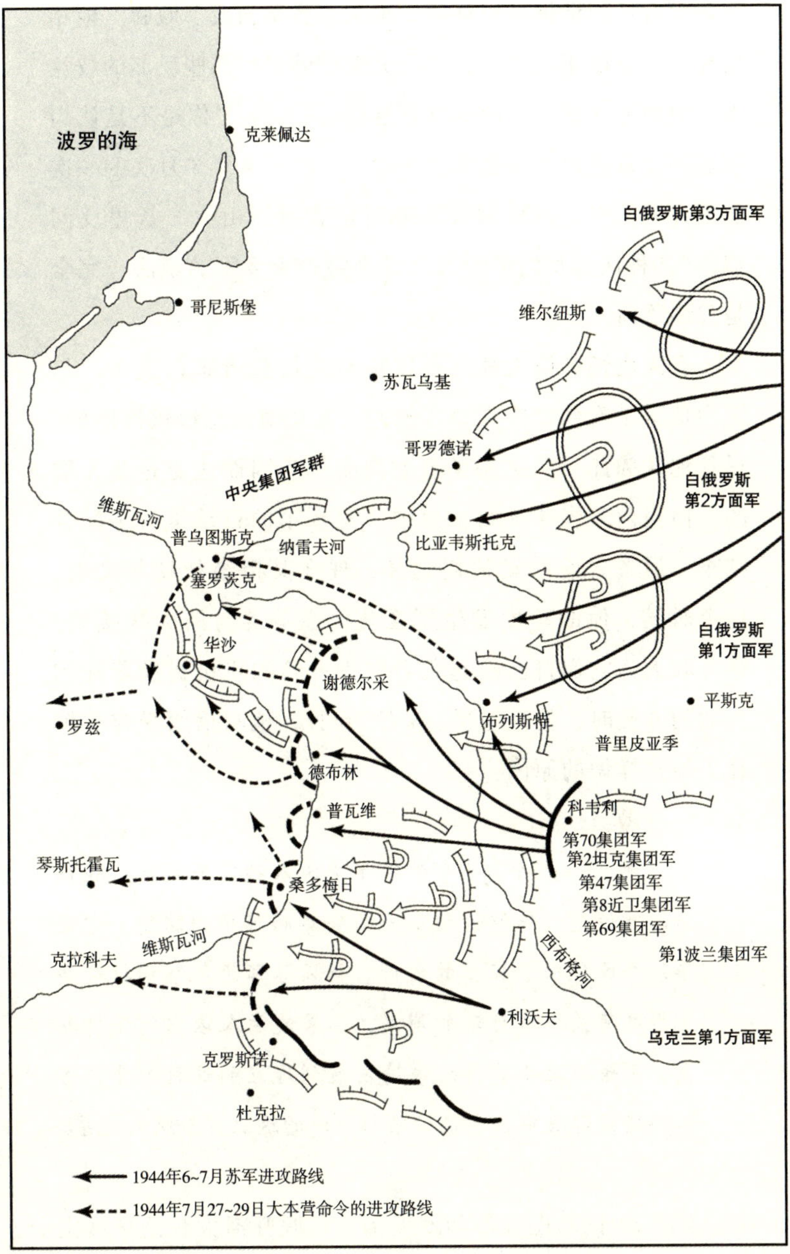

地图 23　苏军向华沙的推进，1944 年夏天

在并没有任何证据可以证明，他把家乡军当成了威胁。他相信在红军夺取华沙之后，自己完全能够对付那些反苏的波兰人。他的方面军司令们也都有这样的自信。“你是不是认为我们即使有能力也不会拿下华沙？”在1944年8月底的一次
209 非正式采访中，罗科索夫斯基对记者亚历山大·沃思反问道，“那种认为我们不管怎么说都害怕家乡军的说法，完全是荒谬透顶。”[65]

有人也怀疑斯大林之所以拒绝对反叛者施以援手，是因为他乐于看到德国人镇压他们。起初他是想提供援助的，尽管他认为此次起义在军事上判断失当因而注定是要失败的。但当西方媒体开始报道说，家乡军的行动是为了配合红军，后者之前鼓动他们起义，现在又拒绝帮助起义者，这个时候，他的态度发生了变化。在英美与斯大林接洽，请苏联人为它们自己给起义者空投补给的飞机提供着陆和加油的方便时，他拒绝了。8月16日，他写信给丘吉尔解释了他这样做的原因：

> 现在，在对华沙事件有了更深入的了解之后，我得出的结论是，华沙行动是一场鲁莽而可怕的赌博，它使华沙居民付出了沉重的代价。如果苏军的各个指挥部事先得到有关华沙行动的消息，如果波兰人跟它们保持联系，事情不至于这样。事情发展到现在的这种地步，苏军的指挥部决定，它们必须与华沙的这次冒险脱离关系。

8月20日，丘吉尔和罗斯福一起呼吁斯大林给华沙空投补给，哪怕是为了平息一下世界舆论也好。8月22日，斯大林答复说：

> 少数追逐权力的罪犯在华沙发动了这场冒险活动，这一点迟早会真相大白……从军事角度来看，形势……对红军和波兰人极为不利。虽然如此，苏联军队……还是在尽其所能击退希特勒匪帮的出击，并采取别的办法，准备在华沙附近发动新的大规模进攻。我可以向你们保证，红军会不遗余力地打垮华沙的敌人并为波兰人解放华沙。这是给予和纳粹做斗争的波兰人最好的、实际上也是最有效的帮助。[66]

但到了9月，当苏联人对华沙的进攻受到延误的时候，210
他们开始担心此事对于公共关系产生的影响。9月9日，外交人民委员部向驻莫斯科的英国大使馆递交了备忘录，建议成立一个独立的委员会，以调查是谁发动华沙起义的以及为什么没有跟苏联统帅部协调好。备忘录还宣布，在给起义者空投物资的问题上，苏联人现在将与英国人和美国人合作。9月中旬，苏联人开始加快他们给华沙空投补给的步伐，与此同时，苏军也开始重新发起进攻，力图拿下这座城市。苏军给起义者空投的物资包括：156门迫击炮、505门反坦克炮、2667支冲锋枪和步枪、300万发子弹、42000颗手榴弹、500公斤药品和113吨食品——这实际上与英国人空投的物资大体相当。[67]

到10月初起义失败的时候，家乡军已有2万人死亡，另有好几千人受伤，而在交火中死亡的平民也有15万～20万人。为了掩盖这整个可怕的事件，德国人把华沙市中心夷为了平地，并将幸存的居民赶进了集中营。战后，在谁应当为这起大灾难负责的问题上，人们进行了旷日持久且常常充满敌意的争论。是不是家乡军，它在时机尚未成熟的情况下就发动起义？是不是斯大林，他没有让红军继续进攻？是不是英国人和美国人，他们未能全力支援起义者，或者，怂恿人们去做一件注定要失败的事情？[68]

由于存在这种争论，罗科索夫斯基和什捷缅科在他们的回忆录中用了整章的篇幅证明：为了夺取华沙和帮助起义者，红军已做了自己所能做的一切。朱可夫在回忆录中的说法也差不多，但在细节上对事情的经过着墨不多。[69]事实上，朱可夫认为，进攻德国本土在战略上更重要，而与之相比，夺取华沙是次要的。斯大林没有接受他的向东普鲁士发动大规模进攻的建议，这让他非常失望。他认为这是错失良机，没有利用“巴格拉季昂行动”大胜之后德军混乱和薄
211 弱的有利条件。他认为这样的判断失误会使红军在 1945 年年初进攻德国本土时付出高昂的代价。[70]

他事后回顾对华沙起义缺乏兴趣的另一个原因是，他在 8 月底接受了新的任务。斯大林已决定向保加利亚宣战。后者虽未与苏联开战，但它想方设法为纳粹德国提供帮助。承担进攻保加利亚本土任务的是乌克兰第 3 方面军，朱可夫则被派去监督此次行动。指挥乌克兰第 3 方面军的是托尔布欣元帅，他是朱可夫以前在伏龙芝军事学院的同学。9 月 4 日，朱可夫和托尔布欣向大本营提交了进攻计划，并于次日获得斯大林的批准。该计划需要 3 个集团军（27 个步兵师）和 2 个机械化军来发动进攻。9 月 5 日，苏联对保加利亚宣战。几天后，乌克兰第 3 方面军开始进攻保加利亚本土。那不太像是战争。大部分人，包括保加利亚军队，都把红军当作解放者来欢迎。9 月 9 日，共产党人在索菲亚发动政变，推翻了原来的亲德政府。保加利亚新政府随即对德宣战。[71]

到 9 月中旬时，朱可夫回到波兰，协调白俄罗斯第 1、

第2方面军的行动，但直到10月底的时候他才被正式免去在乌克兰第3方面军的职务。[72]根据斯大林的会客日志，在1944年9～10月的这段时间，独裁者根本没有见过朱可夫。不过，11月2日，他们确实见过面，并在此后召开了一系列会议[73]，最后做出一个奇怪的决定：11月12日，朱可夫被任命为白俄罗斯第1方面军司令。[74]此时，制订红军下一步战略行动即进攻德国本土的计划已经开始了。白俄罗斯第1方面军的任务是在中央地带从华沙向柏林推进。在朱可夫的北翼，是罗科索夫斯基指挥的白俄罗斯第2方面军，而在南翼则是科涅夫的乌克兰第1方面军。罗科索夫斯基对于把自己从白俄罗斯第1方面军调到白俄罗斯第2方面军感到不快，尽管斯大林向他保证说，他的任务并非是不重要的。“如果你和科涅夫不能前进，”斯大林告诉他，“朱可夫也不能。”[75]

朱可夫觉得罗科索夫斯基因为被调离白俄罗斯第1方面 212
军的指挥岗位而迁怒于他，所以就在自己的回忆录中写道：“在我看来，在（罗科索夫斯基与斯大林之间的）这次谈话之后，康斯坦丁·康斯坦丁诺维奇和我就没有了我们曾经有过多年的那种温暖而友好的关系。他似乎认为……我是要去指挥白俄罗斯第1方面军的。他要那样想，那就大错特错了。”[76]

没有任何理由怀疑朱可夫在这件事上说的话。做决策的是斯大林，因为他已经决定，要把率领苏军横扫德国的荣耀归于他的副最高统帅。

10

红色风暴：征服德国，1945

213 莫斯科战役之后，人们最津津乐道的就是朱可夫在1945年4月攻克柏林时的作用。攻进市中心的就是他的部队，而且他们在4月30日还在那里上演了著名的一幕：把苏联旗帜插在已沦为废墟的德国国会大厦的顶上。希特勒此时已经身亡——当天下午，他在自己的地下掩体中自杀了。两天后，柏林的德国守军投降；5月9日，朱可夫荣幸地代表斯大林接受德国的无条件投降。胜利来之不易。在强攻柏林的过程中，红军伤亡30万人，其中阵亡近8万人。

1944年秋天，斯大林和大本营开始谋划进攻德国本土，并打算通过一次不超过45天的军事行动，在1945年2月底拿下柏林。随后进行短暂的休整，到夏天再继续发动大规模进攻，目的是彻底摧毁纳粹政权。换句话说，苏联人以为战事还会按照前三年的模式：冬季攻势—春季暂停—夏季攻势。应当指出，苏联人并不认为拿下柏林就等于战争结束。他们满以为德国人会继续打上几个月，包括在希特勒大肆吹嘘的巴伐利亚堡垒——那里是纳粹运动的发源地，人们普遍认为纳粹会在那里做困兽之斗。由于军政方面种种偶然的原因，特别是斯大林决心让红军抢在英美军队之前拿下德国首都，结果，柏林之战成了苏德战争的最后一场大战。214
作为斯大林的副手、列宁格勒和莫斯科的拯救者、斯大林格勒和库尔斯克的胜利者、波兰和白俄罗斯及乌克兰的解放者，朱可夫照例被指定要在征服德国和占领柏林的过程中扮演重要的角色。但是，没有人料到苏德战争会以这种戏剧性的方式结束，并由此而巩固了朱可夫作为一名史上最伟大的将领的名声。

1944 年 11 月初，朱可夫参加了几次长会，与斯大林、华西列夫斯基、安东诺夫以及什捷缅科一道，商讨冬季行动。[1]由此产生的主要构想是，红军于 1945 年年初发动一次由多个方面军参加的战略行动，从维斯瓦河进抵奥德河，然后继续向柏林推进。在所谓的“维斯瓦河—奥德河行动”中，参战的两个主力方面军将是朱可夫的白俄罗斯第 1 方面军和科涅夫的乌克兰第 1 方面军。朱可夫和科涅夫共有 163 个师，总数 220 万人，32000 门大炮和迫击炮，6460 辆坦克和自行火炮，还有 4800 架飞机。双方相比，科涅夫和朱可夫的兵力为德军的 5.5 倍，火炮为 7.8 倍，坦克为 5.7 倍，飞机为 17.6 倍。[2]另外，在侧翼负责支援的分别是北面的白俄罗斯第 2、第 3 方面军，以及南面的乌克兰第 2、第 3、第 4 方面军。

朱可夫的任务是占领华沙，并向波兹南推进，然后夺取柏林。科涅夫则向布雷斯劳和重要的工业区西里西亚前进——斯大林之所以急于占领西里西亚，除了战略上的考虑之外，也有经济上的考虑。[3]罗科索夫斯基的白俄罗斯第 2 方面军的任务是从波兰北部向但泽方向推进。负责白俄罗斯第 3 方面军的是 I. D. 切尔尼亚霍夫斯基（I. D. Chernyakhovsky），他是卫国战争时期方面军司令中唯一的一名犹太人。他的任务是摧毁东普鲁士的强大的德军，占领哥尼斯堡，并与罗科索夫斯基合兵一处，一起沿波罗的海沿岸地区向前推进。不过，切尔尼亚霍夫斯基在 1945 年 2 月阵亡了，接替他的是
215 当时一直担任波罗的海第 1、第 2 方面军协调员的华西列夫斯基。华西列夫斯基起初并未在进攻德国本土方面发挥核心作用，但这并不是因为他受到斯大林的冷落，而是因为斯大林打算让他在这一年的晚些时候去指挥对满洲日军的进攻行动。虽然苏联在太平洋战争中仍然保持中立，但斯大林已经做出保证，会在打败德国之后，很快就加入对日战争。苏联人可以得到的回报是，收回他们在 1904 ~ 1905 年的日俄战争中失去的领土和在中国的军事基地。

“维斯瓦河—奥德河行动”是一次由多个方面军参加的联合攻势，不过，斯大林决定由他亲自来协调此次行动，而不是依靠大本营派到战场的协调员——那是朱可夫和华西列夫斯基通常扮演的角色。按照朱可夫的猜测，斯大林之所以做出那样的决定，是因为他想直接率领红军开进柏林，就像 1814 年俄军占领巴黎时的沙皇亚历山大一世那样。事实上，在美国大使埃夫里尔·哈里曼后来祝贺斯大林攻克柏林的时候，独裁者就对他说过“亚历山大到过巴黎”。不管怎么说，战争到了这个阶段，斯大林作为军事领袖是极为自信的，而且他身边还有非常能干、很快将接替华西列夫斯基担任总参谋长的安东诺夫将军以及同样能干的作战部部长什捷缅科将军相助。

战争中大部分时间都担任总参作战部副部长的什捷缅科一表人才，后来还蓄了一副很惹眼的八字胡。20 世纪 60 年代末 70 年代初，他从内部人的角度出版了一部很有影响力

的书——《战争年代的总参谋部》。[4]战后，什捷缅科先后担任过副总参谋长和总参谋长，但在与赫鲁晓夫失和之后，就被贬到外省。1955 年朱可夫任国防部部长的时候，他让什捷缅科回来担任副总参谋长。但当朱可夫 1957 年被解除职务的时候，什捷缅科再次被降为地方军区的司令。1964 年赫鲁晓夫下台后，朱可夫和什捷缅科在 20 世纪 60 年代有关卫国战争历史记忆的争夺战中又一次结为同盟，尽管两人的回忆不尽相同。[5]

“维斯瓦河—奥德河行动” 216

原定于 1 月 8～10 日开始的“维斯瓦河—奥德河行动”被坏天气给耽误了。于是，斯大林把 1 月 20 日定为行动发起的时间，但后来又提前了，原因是德军在 1944 年 12 月发动的阿登攻势（被称为“突出部之战”）取得了成功，丘吉尔向他求援，要减轻西线的压力。科涅夫于 1 月 12 日，也就是在朱可夫、罗科索夫斯基和切尔尼亚霍夫斯基开始行动的次日发起了进攻。

朱可夫的第一个目标是拿下华沙，为此，他利用维斯瓦河西岸现有的桥头堡从南面进攻这座城市的侧翼。亲共的波兰第 1 集团军的任务是率先攻进华沙，而它在 1945 年 1 月 17 日做到了这一点。朱可夫回忆说：

> 在听从华沙来的人讲述纳粹在占领期间，特别是在撤离之前的暴行时，人们会觉得很难理解敌人的心理和品性。波兰官兵对这座城市遭到的严重破坏尤其难以接受。我看到那些久经沙场的波兰军人流泪了，并发誓说

> 要向凶残的敌人复仇。作为苏联军人，我们也感到痛恨，决心要为敌人犯下的暴行狠狠地惩罚他们。[6]

接下来，朱可夫就要向华沙西面120英里处的波兹南推进，那儿距离战前的波德边界不远。按照要求，苏军要在2月初之前到达波兹南，结果却用了不到一周的时间就完成了任务，尽管采用的方式是绕行而不是强攻这座重兵布防的城市。苏军推进速度如此惊人的原因之一，是朱可夫直到此次攻势已经开始两三天之后，才把自己的各个坦克集团军投入战斗，而此时敌军的防线已被撕破，这就保存了那些坦克集团军的实力，可用来沿纵深方向扩大战果。[7]速度是“维斯瓦河—奥德河行动”的典型特征。在行动的头二十天，苏军每天的推进速度是15~20英里，而有些坦克部队的速度还要快上两倍[8]（见地图24）。

218 1月26日，朱可夫向斯大林建议，苏军应在月底前推进到奥德河，继而在2月初沿宽大锋面强渡该河，然后从南北两翼包围柏林。[9]实际上，这是个对德国首都进行合围的计划。斯大林批准了，于是，1月27日，朱可夫通知自己的部队，“要是我们能够夺取奥德河西岸，攻占柏林的行动就有了充分的保证”。[10]2月初，白俄罗斯第1方面军果真抵达并渡过了奥德河，而且还在河西岸的科斯琴（Kustrin）地区建立了桥头堡。不过，德军进行了顽强抵抗，朱可夫不得不调整部署，准备——就像他说的——“在2月15或16日一举拿下柏林”。[11]2月10日，朱可夫向斯大林提交了自己攻占柏林的计划，这项行动当时计划在2月19~20日开始。[12]但在2月18日的晚上，朱可夫接到大本营的命令，停止对柏林的进攻。[13]

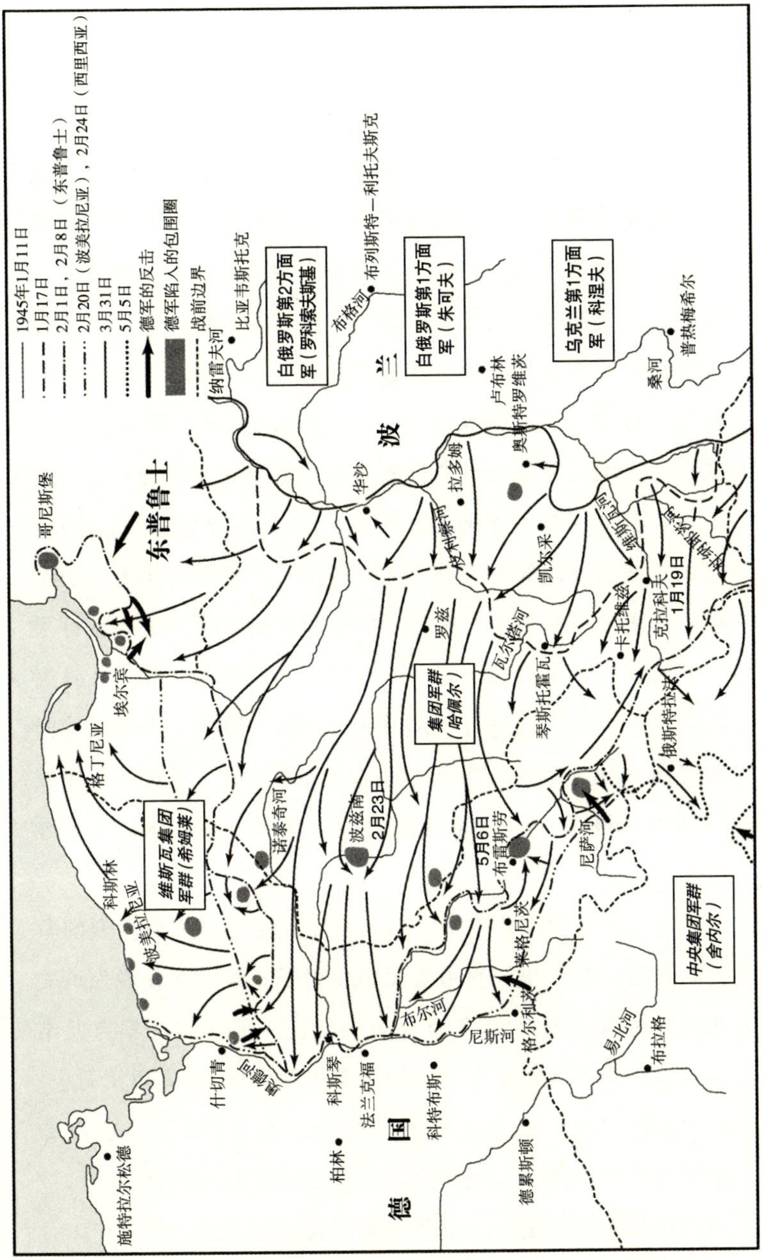

地图 24　“维斯瓦河—奥德河行动”，1945 年 1 ~ 2 月

大本营的决定是对朱可夫北翼的形势做出的反应。尽管科涅夫在南翼的推进和朱可夫一样是势如破竹，但罗科索夫斯基向奥德河北段的推进却落在了后面。白俄罗斯第3方面军在东普鲁士陷入困境，罗科索夫斯基的白俄罗斯第2方面军右翼奉命驰援。调整部署引发了连锁反应，罗科索夫斯基左翼的推进速度慢了下来，从而与中央地带快速推进的朱可夫的各个集团军之间出现了缺口。这就使朱可夫向柏林方向的大规模突击容易受到盘踞在波美拉尼亚（德国北部省份，毗邻东普鲁士）的强大的德国国防军的反击。考虑到这一威胁，大本营命令朱可夫将他的右翼折向北，避开柏林，进攻波美拉尼亚的敌军阵地。另一个导致局面复杂化的因素是，科涅夫在南翼的推进速度也放慢了。乌克兰第1方面军在1月底之前就抵达并渡过了奥德河，而且科涅夫还制订了宏大的计划，要继续向前，一路推进到易北河，并于2月底从南翼向柏林发起攻击。该项任务的第一阶段，即从奥德河推进到尼斯河，到2月中旬的时候已经完成，但在连续作战40天并推进了300~400英里之后，科涅夫的部队已无力继续发动进攻。[14]

这一连串的事件在20世纪60年代引发了人们激烈的争
219 论。当时，瓦西里·崔可夫元帅发表了一篇文章，说朱可夫本来是可以在1945年2月直捣柏林的，那样就会早点儿结束战争。崔可夫在斯大林格勒之围中曾担任62集团军司令。那次战役之后，62集团军更名为第8近卫集团军，并在参加朱可夫对柏林的大规模突击中仍由崔可夫指挥。[15]

崔可夫的理由是，朱可夫有足够的兵力在1945年2月直捣柏林，波美拉尼亚集团的威胁被夸大了。朱可夫是想要继续向柏林推进的，崔可夫说，但斯大林不允许，并坚持要求白俄罗斯第1方面军向北进入波美拉尼亚。崔可夫在文章中声称，自己在2月4日的时候，无意中听到斯大林和朱可夫的通话，苏联独裁者在电话中命令停止进攻柏林。崔可夫最后说：

> 直到今天我始终不明白，作为第一副最高统帅，作为对战况了解最清楚的人，朱可夫元帅为什么不想办法说服斯大林，必须向柏林而不是波美拉尼亚发动进攻。更让人不解的是，并不是只有朱可夫一个人这样想，他十分清楚官兵们的心情。那他当时为什么还要一声不吭，同意斯大林的看法呢？[16]

崔可夫并不是第一个认为红军本来可以在1945年2月拿下柏林的人。1945年2月19日，《时代》杂志发表了一篇题为《从容不迫的朱可夫》的报道。它说：

> 上周，朱可夫元帅不得不拿出他全部的意志力，因为诱惑实在太大了。自从莫斯科和斯大林格勒战役以来，柏林——这个他一直在战斗和计划着想要得到的大奖，几乎已进入他大炮的射程……再来一次猛攻，朱可夫就可以打到柏林……但朱可夫停了下来，以加强其对局势的控制。也许危险并不大，但要是想对柏林来个迅速一击，某种程度的危险仍然是存在的。对于德国人十分清楚的事情，朱可夫也十分清楚：一座一片狼藉的废墟城 220
> 市变成了堡垒，进攻部队有遭到侧翼夹击而被困在里面的危险。朱可夫在斯大林格勒对德国人就是这么干的。

《时代》杂志差不多说出了朱可夫的心思，1946 年 4 月他在柏林的一次红军会议上的讲话证实了这一点。召开会议的目的是要讨论“维斯瓦河—奥德河行动”的教训。有人表示，那次行动本来是能够以在 1945 年 2 月攻克柏林为结束的。朱可夫回应说：

> 当然，当时柏林的防御并不强。在奥德河西岸，敌人只有个别的连、营和坦克部队，沿奥德河并没有真正设防。这一点我们十分清楚。所以，要是派坦克集团军……直取柏林，那是可行的，而它们也许能到达柏林。当然，问题在于它们能否拿下它，这很难说。但我们必须经得住诱惑，这不是件容易的事。指挥员哪怕是胜利在望了，也不能失去冷静。你们难道以为崔可夫同志不想直扑柏林，或朱可夫不想拿下柏林？到柏林去是可以的，把机动力量派去进攻柏林也是可以的。但是……因为敌人可以轻易地切断退路，那就没有办法回头了。从北面进攻的敌人很容易突破我们的步兵，抵达奥德河渡口，从而使我军陷入困境。我再强调一遍，必须稳住，要经得住诱惑，不要冒险。指挥员在做决定的时候，永远不应失去他的常识感。[17]

对于崔可夫后来提出的批评，朱可夫的回应显得相当激动，但如果考虑到他从前的部下针对他个人说的那些带刺儿的话，这就没什么可奇怪的了。朱可夫强调说波美拉尼亚集团的威胁是实实在在的。他否认崔可夫提出的当时凭现有的兵力足以隔离威胁并向柏林推进的说法。朱可夫还否认 2 月
221 4 日那天和斯大林通过电话，说自己那天在别的地方。对于

崔可夫说的战争中的冒险是必要的的观点，朱可夫反驳说："历史经验表明，险是要冒的，但不能过于冒险。"[18]

朱可夫和崔可夫争论的关键在于，他们对波美拉尼亚德军威胁大小的看法不一致。实际上，罗科索夫斯基白俄罗斯第 2 方面军的右翼以及朱可夫白俄罗斯第 1 方面军的左翼，在波美拉尼亚与德军交战了近两个月，从这一点就可以看出威胁的严重性。在这些行动中，红军摧毁了敌军 20 多个师，但自身也有 5 万人阵亡、17 万人负伤，损失的坦克、飞机和火炮总数超过 3000。[19]

1966 年 1 月，在莫斯科召开的一次军事会议上，当这个问题被提出来讨论的时候，朱可夫的观点得到了绝大多数与会者的支持，这当中也包括卫国战争时期的许多高级军官。崔可夫出席了会议（朱可夫没有），并为自己的立场做了辩护，但在朱可夫的支持者当中，科涅夫和罗科索夫斯基跟他的关系都不好，他们都对他所说的如果"维斯瓦河—奥德河行动"继续下去德国人的防线就会瓦解的观点提出了质疑。[20]虽然朱可夫后来为大本营的战略决策做了辩护，但他当时对波美拉尼亚行动似乎并不热心。当波美拉尼亚行动久拖未决，大本营命令朱可夫把自己的第 1 近卫坦克集团军调给白俄罗斯第 2 方面军的时候，他告诉罗科索夫斯基："我警告你，这个集团军必须照你接收的样子完好无损地还过来。"[21]

1945 年 2 月底，红军向柏林的推进停了下来。在此期间，朱可夫碰到了一个人，这个人将成为二战中最有名的小兵之一。约瑟夫·拜尔勒中士被认为是二战中唯一的一名既在美军中又在苏军中服役过的美国军人。拜尔勒是一名伞兵，诺曼底登陆后不久就在法国被德军俘虏了。1945 年 1

月，他逃出位于德国东部的战俘营，并在逃向苏军战线的路上碰到了红军的一支坦克部队。拜尔勒擅长使用炸药，他说
222 服坦克部队的指挥官，允许他和他们并肩作战。一个月后，他因为在战斗中负伤而被送到了当时叫作兰茨贝格（Landsberg）（现属波兰）的苏军医院。一天，医院病房里一阵喧闹，原来是朱可夫到这里探望伤员来了。朱可夫饶有兴趣地听人介绍了这位受伤的美国大兵的情况，并通过翻译和拜尔勒进行了交谈。后者告诉他，自己的证件丢了，这意味着自己很难再回家了。第二天，拜尔勒得到了一份经朱可夫批准的文件，使他得以转道莫斯科回到美国。

1994 年，在纪念诺曼底登陆五十周年的活动中，拜尔勒中士的故事在全世界引起了关注。当时在白宫还举行了仪式，美国总统比尔·克林顿（Bill Clinton）和俄罗斯总统鲍里斯·叶利钦分别向他颁发了纪念章。2004 年，拜尔勒去世。四年后，他的儿子约翰被任命为美国驻俄罗斯大使。2011 年 4 月，在莫斯科的一次采访中，拜尔勒大使表示，就他而言，他认为“朱可夫帮助挽救了他父亲的生活”。[22]

朱可夫与科涅夫的竞赛

朱可夫还在盯着柏林。1945 年 3 月底，他向总参谋部递交了再次向德国首都发起进攻的计划。该计划有两手变招：一是扩大奥德河河西岸科斯琴地区现有的桥头堡；二是在科斯琴北面和施韦特（Schwedt）南面建立新的桥头堡，同时加强奥德河河畔法兰克福的小桥头堡的力量。[23]朱可夫赶到莫斯科与总参谋部商量他的作战计划，但事实证明，计划很快将赶不上变化。

3 月 31 日，斯大林接到西方盟军总司令艾森豪威尔将军的来信，信中详细通报了英美的战略计划。艾森豪威尔告诉斯大林，自己眼下的目标是要摧毁鲁尔工业区的德国守军，然后向爱尔福特、德累斯顿和莱比锡进发，并与该地区的苏军会合。西方军队也有可能把雷根斯堡—林茨（Regensburg-Linz）方向作为次要的推进线路，目的是挫败德国人企图在南方负隅顽抗的计划。最后，艾森豪威尔还向斯大林询问了苏军的计划。[24]

艾森豪威尔的来信是由美国大使埃夫里尔·哈里曼在 223
当天晚上带到斯大林的办公室交给他的。在哈里曼离开之后，斯大林叫来了朱可夫、安东诺夫和什捷缅科，召开了约一个小时的会议。[25]可以想见，斯大林他们讨论了艾森豪威尔信中的内容。第二天，斯大林在给艾森豪威尔的回信中说，西方与苏军的战略计划是一致的。他赞成让苏军与西方军队在爱尔福特—莱比锡—德累斯顿地区会合，并说自己的统帅部表示，会把该方向作为自己的主攻方向。斯大林说，德国首都“已经失去了它先前在战略上的重要意义。因此，苏联最高统帅部正在考虑只投入次要兵力进攻柏林”。苏军的主要攻势，斯大林告诉艾森豪威尔，会在 5 月的下半个月开始。[26]

斯大林的回信后来引起了人们的争议。有人提出，在苏联对柏林的意图问题上，斯大林是有意误导艾森豪威尔。不过，斯大林当时说的有可能是真话，但后来他又改变了主意。至于是什么原因促成了这一变化，这可以从科涅夫的回忆录中找到线索。4 月 2 日，科涅夫同朱可夫、安东诺夫以及什捷缅科一起，在斯大林的办公室开了两个小时的会议。据科涅夫说，什捷缅科给大家念了一份显然是苏联情报人员发来的电报，说英国人和美国人正准备采取行动，抢在红军之前夺取柏林。然后，斯大林转向科涅夫和朱可夫，问他们："那好，谁会拿下柏林呢，是我们还是盟军？""是我们会拿下柏林，"科涅夫答道，"而且我们会赶在盟军之前拿下它。"[27]

第二天，安东诺夫、科涅夫、什捷缅科和朱可夫又回到斯大林的办公室开了一个短会。[28]同一天，斯大林签署了给朱可夫和科涅夫的指令，要他们尽快攻占柏林。朱可夫的白俄罗斯第1方面军的任务是发起占领柏林的攻势，并在行动开始后的12~15天内进抵易北河（苏联已与西方达成一致，以这条河作为双方在德国的军事分界线）。科涅夫的乌克兰第1方面军的任务是击溃柏林南面的德军，并在10~12天内推进到德累斯顿，然后考虑进攻莱比锡。白俄罗斯第1方面军与乌克兰第1方面军之间以柏林东南约50英里的吕本
224 （Lübben）为界，并从4月15日起开始生效——这表明，从4月16日开始，苏军将兵分两路发起进攻。

这一计划意味着朱可夫将直接朝着德国首都的方向发起进攻并从北面包围这座城市，而科涅夫的部队则从南面包围它。罗科索夫斯基的白俄罗斯第2方面军负责支援，它将在4月20日朝柏林方向发动进攻，以保护朱可夫的右翼不会受到北面德军的反击[29]（见地图25）。准备工作进行得非常迅速，这反映了斯大林要抢在自己的西方盟友之前拿下柏林的决心。只要天气情况允许，他对成功是有把握的，哪怕要以许多苏军官兵的生命为代价也在所不惜——要不然，这些人是有可能在这场战争中幸存下来的。

什捷缅科在自己的回忆录中表示，斯大林在白俄罗斯第1方面军和乌克兰第1方面军之间划了分界线，那是要制造一场竞赛，看朱可夫和科涅夫谁先打到柏林。据什捷缅科

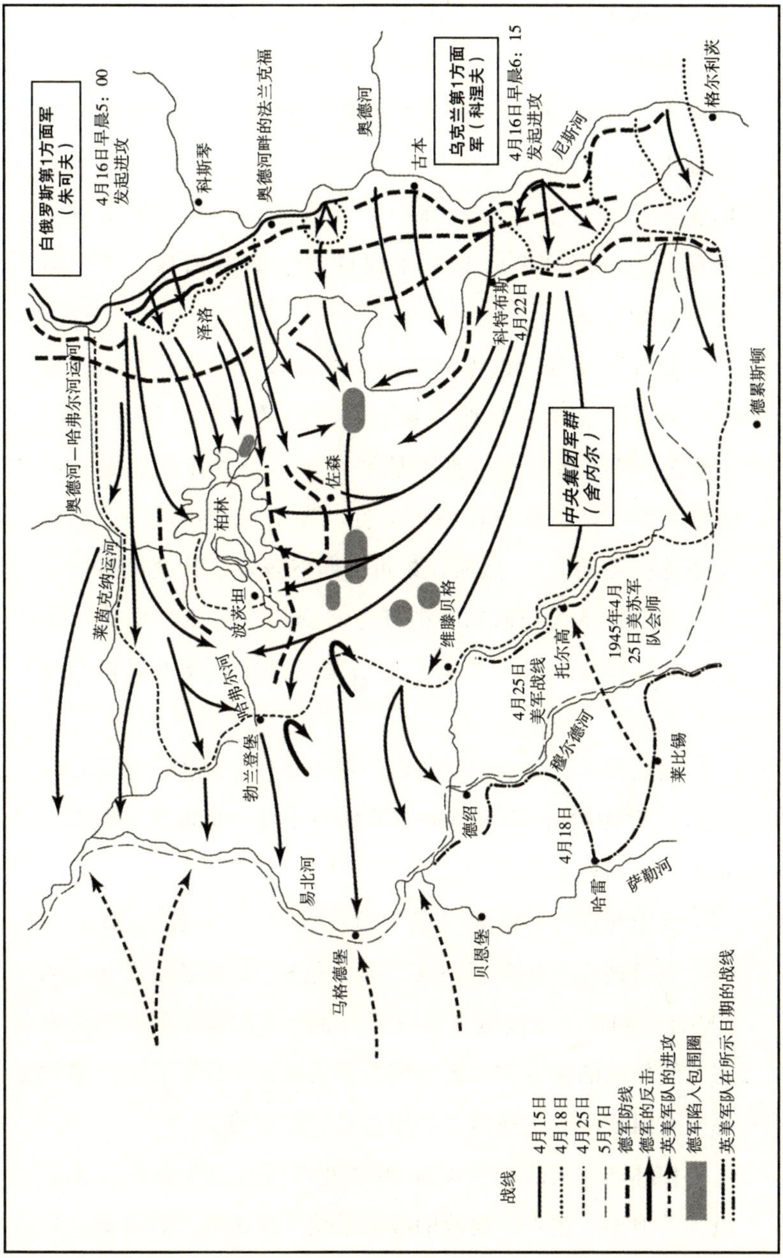

地图 25　“柏林行动”，1945 年 4 月

说，原来的分界线还要往南，但斯大林把它改了，因为科涅夫抗议说，应当让他有机会在距离柏林更近的地方展开自己的部队。后来，据说斯大林曾对什捷缅科和总参谋部说："谁先到柏林，就让谁夺取它。"[30] 也许什捷缅科的故事有点儿太戏剧化了，但是，斯大林让朱可夫和科涅夫展开竞赛，是为了保证尽快拿下柏林，这一点是不难想象的。

据科涅夫说，白俄罗斯第 1 方面军和乌克兰第 1 方面军分界线的变动，是斯大林而不是他的主意。科涅夫说："这条分界线在吕本，是不是带有让两个方面军竞赛的意思呢？我不能否认有这种可能性。无论如何，这种可能性是不能排除的。"[31] 然而，朱可夫断然否定了什捷缅科的故事，并坚持认为夺取柏林的任务只交给了白俄罗斯第 1 方面军，科涅夫的乌克兰第 1 方面军只是在需要的时候起辅助作用。[32]

虽然柏林在之前的五年已经遭受重创，但仍然是很难对付的。从 1940 年到 1945 年，皇家空军向柏林投掷了 6 万多吨炸弹，杀死了 20 万人，摧毁了市中心 75% 的建筑。许多
226 市民无家可归。柏林战前的人口将近 450 万。到 1945 年年初，人口还有 300 万多一点，其中包括 12 万名儿童和大约 200 万名妇女。这座城市还一下子涌进了许多东部的难民和在东线作战的党卫军中的外国志愿兵残余，以及几十万名被德国人强征的、在战争工厂中劳动的奴隶劳工。

柏林城市的防御纵深有 30 英里，分成三个防区。机枪掩体、地堡、据点、隐蔽的战壕系统、反坦克沟、火炮、坦克和反坦克炮密密麻麻，到处都是。前沿区域雷区密布，而且为了迟滞苏军的推进速度，德军还放水淹没了许多地方。

巨大的防空塔楼（flak tower）① 既可以容纳柏林的对空防御力量，也可以用于即将开始的地面战斗。守卫这座城市及其各个入口的 100 万名德军，有 1500 辆坦克、突击炮以及近万门迫击炮和大炮的支援。德军的计划是边打边撤，如有可能，就不让苏军突破到柏林或其周围地区。由于德军两年多来一直处于守势，所以到 1945 年的时候，他们已经谙熟边打边撤的战法。

实际上，德国守军是一群胡乱拼凑起来的部队，缺兵少将，补给匮乏，而且里面有相当多的征召来与苏联人决一死战的少年和老人。即便如此，德国人还是给红军造成了大量伤亡。而且按比例来说，伤亡要超过开战初期灾难性的那几个月以来的任何一次战役。[33]

就连最狂热的纳粹分子心中也很清楚，惨败是唯一的结局。既然如此，德国人为什么还要负隅顽抗？简单来说，那是因为相对于战败而言，他们更害怕苏联人的报复。当红军还在德国东部向前推进的时候，纳粹宣传人员就向人们大肆宣扬苏联人针对军人和平民的暴行。虽然这其中有夸大的成分，但有些却是事实，而且还得到德国东部难民的证实。德国人还希望，如果他们继续抵抗，就有可能出现某种转机。例如，西方盟军抢先到达柏林，斯大林与丘吉尔和罗斯福失和，或者希特勒大肆吹嘘的秘密的超级武器会变成现实从而扭转战局。

尽管时间有限，朱可夫还是尽其所能，做了周密的部 227
署，准备克服困难，夺取这座红军曾经遇到过的最大而且防守也是最严密的城市。他集中了 77 个师的兵力，拥有坦克

① 德国人从 1940 年起为了对付盟军空军的轰炸，陆续在柏林等地建造了几座巨大的防空塔楼，它们虽然数量极少，但容量大、墙体厚、火力猛，在柏林战役中成为德军对付红军的重要据点。——译者注

和自行火炮3155辆、大炮和迫击炮14628门、火箭炮1531门，在奥德河上修筑了40个渡口和25座桥。朱可夫的工程人员制造了市中心模型，并按照斯大林格勒战役的规模，做好了巷战的准备。在大举进攻的前夕，苏军还组织侦察部队去摸清敌人的火力并试探德军防线的弱点。

朱可夫在作战中遇到的主要困难是，如何从科斯琴的桥头堡突破敌军的防线。这样做必须要先夺取泽洛高地（Seelow Heights），一个100～200英尺高、带有陡坡的沙质高地。德军重兵布防的这处高地，控制着周围的乡村——由于春季解冻，那里有许多沼泽，有些地方还浸泡在水里。朱可夫决定由他的野战集团军从正面突击，继而由两个坦克集团军从突破口扩大战果，然后从南北两翼包围柏林。为了出其不意，朱可夫决定在夜间发起进攻，并首先进行短促而密集的炮击。进攻从1945年4月16日凌晨3点开始，共向敌军阵地倾泻了100多万发炮弹。凌晨3点半，朱可夫打开140架探照灯，把战场照得如同点燃了1000亿支蜡烛一般。"那场面真是惊人，"朱可夫回忆说，"在我的记忆中，这辈子以前从来没见过。"尽管场面很大，但朱可夫的将军中有人对于这种战术的效果并不太确定。他们后来指出，探照灯不仅亮得让德军，也让苏军睁不开眼睛。事后引发争议的还有朱可夫的一个决定：在战斗打响后几个小时，就把他的坦克集团军投入战斗。当时他这样做是为了支援自己在泽洛高地陷入苦战的野战集团军，但科斯琴桥头堡是个狭小而拥挤的地域，坦克堵在路上，更加妨碍了步兵的前进。朱可夫花了将近三天的时间才拿下这个高地。

第8近卫集团军的阿纳托利·米里什科（Anatoly Mereshko）大尉回想起了朱可夫在这个紧要关头的挫败感："朱

可夫怒气冲冲，说话急促，口气强硬，每一句话都带着威胁。228
我被命令去找第29步兵军的军长，告诉他要在下午3点之前组织对泽洛高地的猛攻，否则他就要被降级并失去‘苏联英雄’的称号。第47和第82近卫师的师长受到了进一步威胁。命令被及时传达了下去，但收到命令的人都提出了一个同样的问题。我们的侦察部队刚刚发现，德军的主阵地在泽洛高地的背面，没有被我方密集炮火压制住。”[34]

当朱可夫被阻挡在科斯琴桥头堡的时候，科涅夫却已在长驱直入。据科涅夫说，他在4月17日晚与斯大林有过一次谈话，结果大本营下令让他的坦克集团军从南面突入柏林。[35]这使朱可夫更加急于突破泽洛高地。4月18日，他命令手下的指挥官亲自到前线察看，看看到底是什么在阻挡部队的推进。“没有能力执行任务”或“缺乏决心”的军官，会被立即解除职务。[36]这是朱可夫的一贯作风。

朱可夫的部队终于突破了德军的防线。4月20日，他的炮兵已处在可以直接向柏林开火的位置。但是，与科涅夫的看谁第一个冲进这座城市的竞赛还在继续。当晚，两人都向自己坦克部队的指挥官下达了命令，要求他们在第二天突入柏林郊区。朱可夫的命令明确指出，这项任务一旦完成，消息不仅会传给斯大林，还会传给新闻界。正如约翰·埃里克森所说的：“这道命令说得很明白。朱可夫想要率先进入柏林，那样，不但是斯大林，全世界的媒体都会知道这件事。”[37]结果，白俄罗斯第1方面军和乌克兰第1方面军的部队同时突入了柏林郊区。

已沦为废墟的国会大厦是柏林市中心的一座宏伟的大型建筑。1933年2月，也就是希特勒上台后不久，它曾被烧得只剩下了空架子。纵火者据说是荷兰共产党人马里努斯·

范·德·卢贝（Marinus van der Lubbe），纳粹分子以此为借口在全国实行高压体制，第一步就是确立希特勒的独裁地位。
229 由于这起所谓的罪行而与卢贝一同受审的还有保加利亚的共产党人格奥尔吉·季米特洛夫，他后来成了共产国际的领导人和斯大林的亲信。面对国际社会的抗议浪潮，只有卢贝被判有罪，而季米特洛夫则被驱逐出境，去了苏联。从苏联人的角度来看，正如英国军事历史学家克里斯·贝拉米所说的，国会大厦“具备成为一种圣像般的胜利象征的所有特征”。[38]

4月23日，斯大林颁布命令，明确规定了在即将打响的柏林市内的战斗中，科涅夫和朱可夫这两个方面军的分界线。它刚好在市中心的南面距国会大厦约150码的地方把柏林一分为二。科涅夫和朱可夫为了攻占柏林的荣誉而展开的竞赛，实际上已经结束了。科涅夫会分享攻占希特勒首都的荣耀，但当朱可夫的部队直取国会大厦的时候，胜利的桂冠将戴到后者的头上。[39]

接下来的一周，科涅夫和朱可夫的部队就像1942年德国人在斯大林格勒一样，逐条街道、逐栋建筑地向市中心方向前进。苏军常常直接向建筑物开炮，把它连同里面的守军一起毁掉。苏联红军完成了由皇家空军开始的拆除柏林的工作。此次战役的高潮出现在4月30日夺取国会大厦的过程中。那天傍晚，朱可夫的第3突击集团军的两名士兵把苏联旗帜插到了大厦的顶端。后来，苏联摄影师叶夫根尼·哈尔杰伊（Yevgeni Chaldei）用另外两名士兵再现了这一场景，目的是像两个月前美军士兵在硫磺岛的山顶扶住星条旗一样，拍出一幅红军攻占柏林的圣像般的照片。但是，与美军在硫磺岛伤亡25000人相比，苏军在柏林战役中的损失达到了数十万。这样的代价是很高的，但红军中的其他人也有着斯大林、朱可夫及科涅夫那样的决心，这一点毋庸置疑。

可以让科涅夫得到些许安慰的是，4月25日与美军会师的是他的部队，地点是在柏林西南70英里处的托尔高（Torgau）的易北河上。为了配合新闻片的拍摄，这一令人高兴的一幕也重演了一次，而且还在莫斯科大鸣礼炮，以示庆祝。

5月1日，斯大林向全世界宣布了攻克柏林的消息： 230
“白俄罗斯第1方面军的部队在乌克兰第1方面军部队的支援下……已完全掌握了作为德意志帝国主义中心和德意志侵略战争温床的德国首都柏林的控制权。”次日，柏林守军的残部放下了武器。到战役结束的时候，苏军在柏林行动中的伤亡超过了35万人，而德国人也损失了50万人，另有50万人成了苏军的俘虏。在德国的伤亡人员中，死亡的平民有12.5万人，其中，仅在1945年4月就有4000人自杀。

为了控制住柏林的局势，朱可夫的当务之急就是要核实希特勒自杀的情况。朱可夫和斯大林一样，对纳粹独裁者的自杀感到怀疑，担心他有可能与其副手马丁·鲍尔曼（Martin Bormann）一起逃走。朱可夫到帝国总理府去搜寻希特勒和约瑟夫·戈培尔（Joseph Goebbels）的被烧毁的尸体——后者是纳粹宣传部部长，他也自杀了。朱可夫什么也没找到，但人们告诉他，在希特勒的地下掩体中发现了戈培尔的六个孩子的尸体，他（她）们是被自己的父母毒死的。“坦率地说，”朱可夫回忆说，“我当时没有勇气下去看那些孩子。”[40]只是在经过苏联法医小组的深入细致的调查之后，朱可夫和斯大林才不太情愿地接受了希特勒确已自杀的事实。[41]

在国会大厦入口处的柱子上红军官兵草草留下的无数文字中，朱可夫也写下了自己的名字。朱可夫的国会大厦和帝国总理府之行被拍成了电影，新闻片中的镜头巩固了他作为苏军顶级将领的声望。几天后，电影镜头捕捉到了更有名的时刻。5月7日，德国武装力量在法国的兰斯（Reims）签署了投降书。但是，因为苏军只有一位相对来说级别较低的军官在场，斯大林坚持认为这份协议只是临时的，应该由朱可夫在柏林签署正式的投降协议。5月8日，在柏林东部卡尔勒斯霍尔斯特（Karlshorst）的一栋市郊别墅举行了受降仪式。美国代表是美国战略空军司令卡尔·施帕茨（Carl Spaatz）将军，英国代表是阿瑟·特德（Arthur Tedder）空军元帅，法国代表是它的陆军总司令让·德·拉特尔·德·塔西尼（Jean de Lattre de Tassigny）。代表德国签字的是陆
231 军元帅威廉·凯特尔（Wilhelm Keitel）。文件的实际签字时间是在5月9日的午夜刚过，因此在俄国，“胜利日”的周年纪念活动也是在这一天。受降仪式过后，朱可夫向在场的所有人表示祝贺。然后，他回忆说：“大厅里一下子变得异常喧闹。大家都在相互祝贺、握手。许多人的眼里都涌出了喜悦的泪水。我也被我的同志们围了起来。”接着又举行了招待会，直到黎明时分才在歌舞中结束：“苏联将军跳起舞来谁也比不了。我想起了自己的少年时代，也禁不住跳起了‘俄罗斯舞’。”[42]

5月19日，朱可夫返回莫斯科，他在那里得知斯大林已决定任命他为苏联驻德占领军司令和“同盟国管制委员会”（ACC）苏联代表。战争期间已经做出决定，把战后的德国分成美、英、法、苏占领区。柏林也被分成了几个占领区，尽管它位于苏军控制的德国东部的腹地（见地图26）。“同盟国管制委员会”的总部设在柏林，任务是协调同盟国的占领工作，监督共同政策的执行情况，并为德国

在彻底民主化、非军事化和去纳粹化之后最终再重新统一做好准备。

朱可夫在莫斯科期间与安东诺夫、什捷缅科及其他高级军官一起，参加了在克里姆林宫斯大林办公室召开的一系列会议。6月底的时候又进一步召开了多次会议。会议的主题是苏军即将对满洲发动的进攻。

当1941年12月日本在珍珠港向美国发动进攻的时候，苏联是保持中立的，但斯大林承诺，会尽快加入远东战争。在1945年2月的雅尔塔会议上，斯大林告诉罗斯福总统，红军会在德国投降三个月后向中国东北的日军发动进攻。结果，那意味着是在1945年8月。

进攻是在8月8日开始的。指挥此次行动的是华西列夫斯基。几天之内，日本关东军就被击败了，而且伤亡惨重，其中，阵亡8万人。在红军发动进攻的同时，美国人也向广岛和长崎投掷了原子弹。正是这两件互相关 233
联的事件所造成的双重打击，使日本人在8月14日提前投降了。

朱可夫没有参加在中国东北的战役，但红军的惊人战果以及1939年8月他在那里大获全胜的哈拉哈河地区成为红军发起进攻的阵地之一，想必会让他也有某种满足感。[43]

5月30日，朱可夫奉命担任他在德国的新职务。6月9日，他在德国首都举行记者招待会，并在会上回答了苏联及外国记者的口头或书面提问。他谈了很多跟柏林战役有关的情况，特别是苏军在强攻时所做的细致的准备工作，以及进攻开始的当天夜里为了出其不意而大胆进行的炮击。在被问及柏林战役与莫斯科战役的区别时，朱可夫指出，在莫斯科，苏军在成功守住城市的同时还发动了大反攻。在被问及哈拉

232

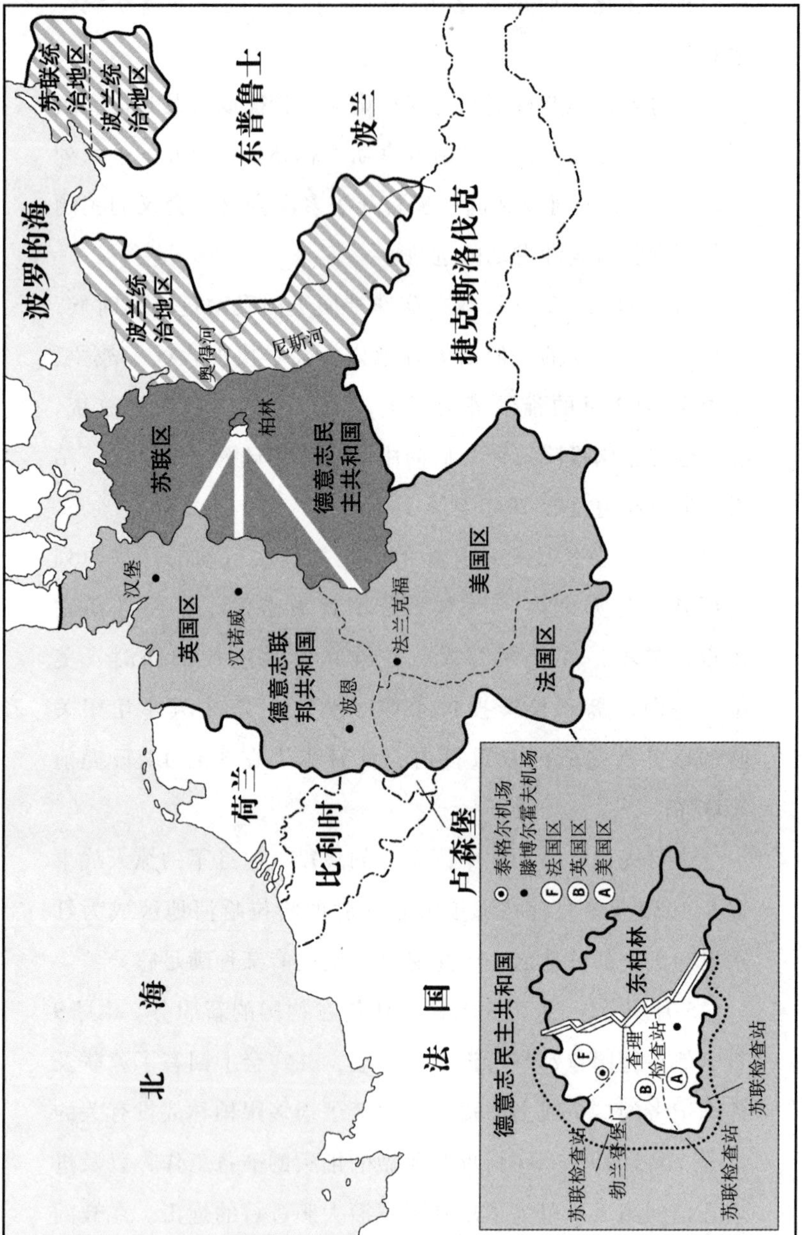

地图 26　同盟国在柏林的各占领区

哈河战役以及德军与日军的区别时，朱可夫巧妙地回答说，德国人已经不再是敌人了，但他认为他们在技术上要优于他在 1939 年交手过的日本人。朱可夫的表现给人留下了深刻的印象，特别是，他没有像往常那样对斯大林大唱赞歌。[44]

在参加记者招待会的那些人当中，就有《星期日泰晤士报》战时驻莫斯科记者亚历山大·沃思。“跟朱可夫在一起，人们会感受到一位非常伟大的人的存在，”沃思回忆说，“但他的态度淳朴，非常友善。”沃思还注意到，朱可夫在称颂斯大林在军事上的领导作用的同时，自我评价也很高，而且“把谦虚和几乎是孩子气的吹嘘奇怪地混合在一起，有一种想把红军赢得的实际上所有的重大胜利都归功于自己的倾向”。[45]

胜利阅兵

考虑到朱可夫在打赢苏德战争这场历史上最大的武装冲突中发挥的巨大作用，他的自负也是可以理解的。斯大林决定让他担任红场胜利阅兵的检阅首长，想必也进一步增加了朱可夫的自大心理。

6 月中旬，朱可夫返回莫斯科，接受颁发给他的第三枚 234
“苏联英雄”奖章。大约在 6 月 18 日或 19 日，斯大林把他召到自己的别墅，并问他是否还记得怎样骑马。[46]当朱可夫做了肯定的回答时，斯大林告诉他，由他来担任检阅首长，罗科索夫斯基任阅兵指挥。朱可夫推让说该由最高统帅本人担任检阅首长，但斯大林说自己太老了，不能再检阅部队了。[47]第二天，朱可夫去了正在进行阅兵训练的莫斯科中央机场。在那里，他遇到了斯大林的儿子、空军军官瓦西里

(Vasily)。后者告诉他，自己的父亲本来是想亲自担任检阅首长的，但练习的时候从马上摔了下来——那匹马也就是朱可夫要骑的马。这个故事出现在后苏联时代版本的朱可夫回忆录中。必须要说的是，酗酒、违反纪律、和自己父亲相处得不好的瓦西里，并不是一个最可靠的证人。再说，并没有任何证据可以证明斯大林学过骑马。[48]

朱可夫在阅兵仪式上骑的是一匹白色的阿拉伯骏马，名为“茨皮基”，是20世纪30年代起朱可夫在骑兵部队中的老上级布琼尼元帅推荐的。阅兵仪式在6月24日举行。上午10点，当克里姆林宫的钟声敲响的时候，朱可夫和他的护卫骑马进入红场。等待他们的是由一个个混成团组成的方阵，代表苏联武装力量的各方面军和各兵种。在每个方阵的前面，是朱可夫战时曾与之并肩战斗的许多将军和元帅，其中包括华西列夫斯基、科涅夫、梅列茨科夫、托尔布欣、巴格拉米扬以及叶廖缅科。胜利阅兵对朱可夫来说是最辉煌的时刻，但光荣也属于苏联统帅部的其他所有成员，特别是他们的总司令斯大林。苏联独裁者在列宁陵墓上方的主席台上观看了阅兵仪式，并接受了200面缴获的纳粹旗帜，它们由阅兵部队堆靠在克里姆林宫的墙边。

阅兵仪式结束后，克里姆林宫为2500名将军和军官举行了宴会。斯大林在宴会上的祝酒词可能出乎苏联武装力量的这些精英的意料。他端起酒杯为之干杯的，不是自己的将军，而是无数的“小民”，庞大的国家机器中的那些小齿
235 轮，他和他的元帅们正是靠他们打赢了战争。四天后，斯大林晋升为“大元帅”，即最高级别的将军。由此给朱可夫和统帅部传递的信息是再清楚不过了：他们可以尽情享受胜利的荣耀，但斯大林仍然是他们的头。

由于莫斯科的胜利阅兵非常成功，苏联人决定在柏林也搞一次类似的仪式。这一次是在9月7日，而且还是由朱可夫担任检阅首长。朱可夫给在场的同样以性格暴躁出名的美军高级将领乔治·巴顿并没有留下什么好印象。“他穿着那种喜剧中的军礼服，上面挂满了奖章，”他在给自己妻子的信中写道，“他五短身材，相当肥胖，长着猿猴一般的翘下巴，但有一双好看的蓝眼睛。”可惜，曾经当过骑兵的巴顿没有看到莫斯科胜利阅兵仪式上的朱可夫骑在马上检阅部队的风采。否则，他对朱可夫的印象或许会好一点。[49]

朱可夫的另一项任务是主办由斯大林、丘吉尔及哈里·杜鲁门参加的波茨坦峰会。杜鲁门是美国的新总统，他接替了1945年4月在任期内去世的罗斯福。英、美、苏战时结成的“伟大的同盟”继续合作并建立和平繁荣的战后秩序的希望，在1945年夏天时还是很大的。会议地点在西席林霍夫宫（Cecilienhof Palace），那是大柏林区所剩无几的完好建筑之一。1945年7月16日，斯大林乘专列抵达柏林。跟丘吉尔和杜鲁门不一样，他对视察这座城市的废墟没有兴趣，而且还命令朱可夫不要为他搞欢迎仪式。但据朱可夫的回忆，斯大林的情绪很好——这对他来说也在情理之中，因为就要在希特勒德国以前的首都与二战中另外两个获胜的大国的领导人举行峰会了。

朱可夫并不是参加峰会的代表，斯大林的主要军事顾问是新任总参谋长安东诺夫。军事讨论主要与苏军对满洲日军即将发动的进攻有关，而那次行动朱可夫也没有参加。但朱可夫在这次峰会上确实也参加了几次会议。在一次会议之后，杜鲁门告诉斯大林，美国的原子弹试验成功了，并说打算用它来轰炸日本。听到这个消息的斯大林显得无动于衷，

但他后来跟朱可夫和莫洛托夫谈了此事，并下令加快苏联原
236 子弹的研发。在朱可夫回忆录中记载的另一件事是发生在一次招待会上，当时他跟丘吉尔谈了很长时间有关历次战役的情况。在祝酒开始的时候，丘吉尔出人意料地给朱可夫祝酒。朱可夫在答谢时把丘吉尔误称为“同志”，但他很机敏地采取了补救措施：提议为同盟国的“战友们”干杯。① 不过在第二天，斯大林还是拿朱可夫新“同志”的事取笑了他。[50]

政治上，波茨坦会议主要讨论了德国的未来的问题。达成一致的有：对德国实行民主化、非军事化和去纳粹化，而且必须赔偿战争损失（主要是向苏联）；要在适当的时候统一同盟国的各个占领区，并在德国成立中央政府来掌管一个和平而民主的国家。不管怎样，那只是理论上的。实际上，在1947～1948 年“伟大的同盟”破裂、冷战开始的时候，苏联和西方的各个占领区就成了从政治、经济上瓜分德国的基础。

朱可夫和艾森豪威尔

作为苏联驻德军政府的负责人，朱可夫所掌管的很快就成了一部庞大的占领机器。尽管从纸面上来说，在苏联占领区的范围内，他可以行使完全的民事和军事控制权，但实际上，他的权力相比于他那些西方占领区的同行而言，是比较有限的。外交部和共产党管理着苏联占领区的政治事务，负责战争赔偿的苏联官员也可以自行其是，拆走占

① 俄语“战友”中的第一个词与“同志”相同。——译者注

领区内的工业设施并将其运回苏联。从德国集中营里解放的数百万名苏联战俘和奴隶劳工的大规模遣返工作，则由苏联安全警察控制。即便是在军事领域，朱可夫的控制权也是间接的，其执行需要依靠五位州一级的督军（military governor）。[51]

作为“同盟国管制委员会”中的苏联代表，朱可夫在占领政权中拥有很高的、实实在在的地位。朱可夫与“同盟国管制委员会”中的西方代表的首次会晤是在 1945 年 6 月 5 日，当时他们在柏林拜访了他，为的是共同签署一项公 237
告，宣布由各占领国在德国充当最高管理机构。[52]西方代表想让“同盟国管制委员会”立即运转起来，但朱可夫坚持要求英美军队先撤出苏联占领区。该问题之所以会产生，是因为就各同盟国在德国的分界线问题本已达成的协议，在军事行动过程中没有得到遵守。苏联人想放手行使权力，所以就要求英美部队撤出自己的占领区。朱可夫的拖延让“同盟国管制委员会”中急于有所作为的美国代表艾森豪威尔将军感到不满。当美国人想要离开苏联人为自己的客人安排的宴会时，朱可夫快活地大声说道：“我要把你们抓起来，好让你们留下！”但艾森豪威尔第一轮祝酒过后便走了。[53]除此之外，朱可夫和艾森豪威尔相处得都很好，而且还建立了良好的工作关系。实际上，在他们初次见面的时候，艾森豪威尔就把“统帅级荣誉军团勋章”授给了朱可夫。几天之后，当朱可夫到艾森豪威尔位于法兰克福的司令部回访时，他也投桃报李，给自己的东道主颁发了苏联的“胜利勋章”。

1945 年 8 月，艾森豪威尔（和他的儿子约翰）在朱可夫的陪同下访问了莫斯科，这让两人有了长谈的机会。他们对柏林战役谈了很多。艾森豪威尔在谈话中不承认先前曾有过抢在苏军之前夺取德国首都的打算，并把造成相反印象的责任推给丘吉尔。[54]在这次的莫斯科之行中，艾森豪威尔注意到，“朱可夫显然很受斯大林器重……两人彼此间的交谈亲密而融洽”。[55]

两人一同出席的活动之一就是8月12日在红场举行的体育文化大游行。艾森豪威尔站在列宁陵墓上方的主席台上检阅了游行队伍。他的左边是斯大林，右边是朱可夫。斯大林对艾森豪威尔的印象很好，称他是个“非常伟大的人”，不像大多数军人那样“粗俗”。美国驻莫斯科军事代表团团长约翰·迪恩（John Deane）在把这句话报告给艾森豪威尔的时候对他说：“你在这里显然赢得了信任。”[56]

斯大林之所以邀请艾森豪威尔到莫斯科，是受杜鲁门先
238 前邀请朱可夫访问美国的影响。在8月2日转达邀请的时候，美国大使哈里曼特意表达了总统对朱可夫的敬佩和美国人民对他以及红军的热情。[57]苏联人在9月17日答复邀请时建议，朱可夫在10月初访问美国。[58]但朱可夫并未成行，美国人只好在1946年4月再次发出邀请，可此时朱可夫已被从柏林召回莫斯科担任新的职务——苏联地面部队总司令，所以他不得不以工作为由谢绝了这份再次发来的邀请。[59]朱可夫未能访问美国的真正原因，有可能是苏联与西方的关系在1946年年初时开始严重恶化。例如，这一年的3月，丘吉尔在密苏里州的富尔顿（Fulton）发表了他那（致俄国人的）有名的“铁幕演说”，指责苏联和共产党人对一些中欧、东欧国家的接管，并将西方的影响排除在该地区之外。苏联人有能力设置这样一道铁幕，

因为红军占领了保加利亚、匈牙利和罗马尼亚——这些国家在二战中都站在德国一边参战——而在捷克斯洛伐克、南斯拉夫以及较低程度上的波兰，共产党的力量都非常强大。从苏联人的角度看，为了防止德国东山再起并再次发动战争，自己对东欧的控制是非常必要的。斯大林对丘吉尔的演讲做了愤怒的回击，指责这位英国前首相（他在 1945 年 7 月下了台）是战争贩子和反共成瘾的人，在苏俄内战期间就曾是西方反布尔什维克圣战的一个主要的组织者。

1945～1946 年，朱可夫在被占领的德国只工作了几个月，苏联与西方的战后关系在当时还相对比较和谐。艾森豪威尔在自己的回忆录中对朱可夫的评价很高。他不认同朱可夫的共产主义意识形态，但尊重他的政治立场："朱可夫元帅是真诚的，这在我看来毫无疑问……他自己对共产主义学说的服膺，看来是发自内心的，而不是由外界强加于他的。"至于朱可夫作为军事指挥官的能力，艾森豪威尔写 239
道，他"具有比我们时代其他任何人都要丰富的指挥大型战役的经验……显然，他是位杰出的军人"。[60]

在二十年之后出版的朱可夫回忆录中——那也是冷战爆发的二十年之后——艾森豪威尔被描写成一个正派的人，但也是资本主义和帝国主义利益集团的代表，他在战后没有能够尽到自己的力量，避免"伟大的同盟"破裂。不过，在后苏联时代版本的朱可夫回忆录中，他对艾森豪威尔的评价就显得公允了许多。"我喜欢他的质朴、不拘礼节和幽默感，"朱可夫道出了自己对艾森豪威尔的第一印象，"在我看来，他理解苏联人民付出的巨大牺牲。"[61]

1945 年年底，艾森豪威尔被召回美国，朱可夫与他在柏林的最后一次见面是在 11 月 7 日。当艾森豪威尔问自己是否可以向华盛顿报告，说“同盟国管制委员会”是在一种友好的氛围下按照各方的共识运作而且没有出现过严重的分歧时，朱可夫欣然表示同意。[62]

红军与强奸

波茨坦会议之后，朱可夫在一次讲话中向驻德苏联军政府的主要官员简要阐述了政策上重点考虑的问题：苏联要从德国索取战争赔偿；要从德国生活的方方面面清除法西斯主义意识形态，要支持德国的反纳粹政党；要把赢得德国人民的尊重作为苏德关系未来发展的基础。为了实现这后一个目标，必须抛弃前嫌，可这一点在苏联占领军中有些人还是弄不明白，朱可夫说，因为他们还在干着直接针对当地居民的非法勾当，还有抢劫和暴力行为。战争期间这种事也有过，但没有引起重视，因为当时人们还在躲避战火，而现在，“当战争结束的时候，当人们开始忘却这场战争的时候，再到德国人那里去翻他们的口袋，这就让人无法容忍了”。遗憾的是，
240 由于苏联占领军中“犯罪分子”的存在，这种事还在发生，结果就破坏了为了与德国人民建立友好关系而做出的努力：

> 在（占领）开始的那段时间，当德国人看到我们不会向他们开枪而且还给他们面包的时候，他们对这一点很想不通。（纳粹的）宣传说我们会消灭、屠杀、抢劫德国人，会向他们开枪。我们的行为证明了这种宣传是虚假的。德国人明白了这一点，因而十分感激。现在德国人的要求更高了。每一次的非法行径，每一次的残

> 忍行为，每一次的目无法纪，都会对彼此的关系造成恶劣的影响。我认为这件事并不难办，所以我亲自要求苏联军政府的每一位官员，要求每一位军人和我们机构的每一位成员，这种事必须停止。如果有必要采取极端措施，如果我们不得不枪毙人，那我们就那样做；我们免不了要枪毙一些犯罪分子。[63]

朱可夫提到的是他不想公开讨论的问题。当红军进入德国的时候，恐怖统治就降临到平民的头上。纳粹的宣传虽说夸大其词，但抢劫、枪杀尤其是强奸现象普遍存在。虽然朱可夫矢口否认，可这些行为并不限于极少数的犯罪分子，而且在苏联占领德国期间，违法乱纪的现象仍然存在。

朱可夫和统帅部该在多大程度上为苏军部队的失控负责呢？可以肯定，苏军官兵在攻入德国的时候，心里都很明确：绝不心慈手软。在向柏林进军的途中，红军被不断地灌输反德的仇恨宣传。例如，在“维斯瓦河—奥德河行动”即将开始的时候，朱可夫向白俄罗斯第 1 方面军发布命令：“谋杀者的国度就要倒霉了。我们要为所遭遇到的一切报仇雪恨。”红军官兵为自己复仇是几乎不需要或根本不需要动员的。他们目睹了德国人凶残的、造成无数苏联公民死亡的占领政策。他们在横扫波兰时解放的一座座纳粹灭绝营—— 241
奥斯维辛、贝乌热茨（Belzec）、海乌姆诺（Chelmno）、索比堡（Sobibor）和特雷布林卡（Treblinka）——让他们对德国人更加憎恨。被关押在那里的幸存者当中，除了有作为纳粹大屠杀主要受害者的犹太人，还有苏联战俘。战争期间，德国人俘虏了 600 万名苏军官兵，其中有半数都在关押期间因为饥饿、疾病、无人照看和野蛮虐待而死亡。在这样的背景下，暴力的报复行为几乎是无法避免的。但这种暴力和混乱的规模大得令人作呕，特别是对德国妇女的大规模强暴。对遭到苏军强暴的德国妇女人数的估计，从几万到百万出头不等，而真实的数字恐怕是介于这两者之间。许多强暴行为都是在红军攻克柏林之后在大柏林区发生的。[64]另一个遭殃的城市是维也纳，那里的强暴行为可能达到 7 万 ~ 10 万起。对于奥地利人，官方并没有煽动对他们的仇恨，因为他们的国家被认为是受害国，1938 年遭到纳粹的吞并。不过，与德军在俄国战场特别是在乌克兰并肩作战的有许多奥地利人，而“解放”奥地利的正是科涅夫的乌克兰第 1 方面军，那里面有许多乌克兰人。

无论是在战争期间还是在占领期间，对德国平民犯下暴行的同盟国军队并非只有红军。美国、英国、加拿大和法国的军人也都有强暴和抢掠行为，只是其规模要比苏联人的小得多。当有关红军劣迹的报道出现在西方报刊上的时候，苏联宣传人员也反唇相讥，提到西方盟军的“违纪现象”。[65]

没有任何证据可以证明，对于红军官兵的犯罪行为，朱可夫当时采取了纵容或容忍的态度。实际上，他还采取措施禁止此类现象——不但是口头上，而且还付诸行动。1945 年 6 月 30 日，他发布命令，特别提到对“个别穿着红军制服的人”的抢劫和强暴行为的投诉，并指示自己的官兵非因公务不得外出。为了切断苏联军人与德国妇女的联系，他下令：任何被看到进出私人住宅的苏联军人都会被逮捕。朱可夫还威胁说要惩罚那些对自己手下管束不力的军官。此外，苏联
242 人公开声称，红军是遵守纪律的模范，除了一小撮犯罪分子之外没有任何问题。但是，这种声明本身就是问题的一部分，所以占领期间强暴行为才会一直存在。朱可夫对强暴的态度，

也有一点点的轻薄和迁就。“士兵们，在你们偷看德国姑娘裙底的时候，一定要注意，”据称朱可夫说过，“不要忘了祖国为什么要把你们派到这里。”[66]对于准备让自己的官兵在女人问题上有多大的自由空间，斯大林更是直言不讳。“想象一下，”他在 1945 年 4 月对南斯拉夫共产党代表团说，“一个人从斯大林格勒打到贝尔格莱德，离开自己遭到蹂躏的故土有几千公里，跨过了自己同志和最亲爱的人的尸体。这样的人怎么可能有正常的反应？在有过如此可怕的经历之后，他与女人寻寻开心有那么糟糕吗？”[67]斯大林关于“寻开心”的这番话，只会使人对针对妇女的性暴力睁一只眼闭一只眼。

说到趁火打劫，朱可夫自己也不干净。他在德国期间囤积了大量战利品，包括 70 件黄金首饰、740 件银器、50 幅小地毯、60 幅画、3700 米丝绸和 320 件皮草。朱可夫后来声称这些都是他买的或是别人送的礼物，但这些东西跟他所谓的社会主义原则以及他——无论是在当时还是在自己的回忆录中——自诩的红军在攻入和占领德国期间是遵守纪律的楷模的说法不相称。

1946 年 2 月举行了最高苏维埃即苏联议会的选举。朱可夫是某个特别选区的候选人——成立这些特别选区，是为了方便驻扎在德国或其他地方的武装力量中的选民参加选举。按照苏联通行的做法，只有得到共产党支持的候选人才被允许竞选公职，所以朱可夫的当选是预先定好的。但是在胜利刚刚过去的喜悦气氛中，人们对他成为候选人似乎有一种由衷的热情——对斯大林等其他苏联领导人也是如此。《真理报》还刊登了一篇报道，以颂扬的口吻记述了一次朱可夫在其中发表了讲话的选举大会。[68]

选举过后不久，朱可夫就被召回莫斯科，担任苏联地面

部队总司令。1946 年 3 月 22 日对他的任命是军方高层的若干任命之一。华西列夫斯基再次成为总参谋长，战争期间担
243 任过朱可夫政治委员的尼古拉·布尔加宁（Nikolai Bulganin）成了斯大林在武装力量部（这是国防人民委员部的新名称）的副手。[69]然而，返回莫斯科还不到三个月，朱可夫就被解除职务并外放到省级军区的指挥岗位。事态发展出现如此的转折已是很不寻常，但事实证明，朱可夫战后跌宕起伏的政治生涯才刚刚开始。

11

外放：贬黜与平反，1946~1954

朱可夫在1946年4月从柏林返回莫斯科时，并未想到自己的命运就要急转直下。在他检阅红场的五一游行时，这位卫国战争的英雄，作为斯大林军事上的得力助手，看上去似乎会长期据有显赫的位置。但仅仅过了一个月，朱可夫就不得不在最高军事委员会（Higher Military Council）面前接受讯问，罪名是以自我为中心和不尊重自己的同僚。 244

会议是在6月1日召开的，由斯大林主持，与会者有苏共高级领导人拉夫连季·贝利亚、尼古拉·布尔加宁、格奥尔吉·马林科夫（Georgy Malenkov）、维亚切斯拉夫·莫洛托夫，还有一大群将军和元帅，包括谢苗·布琼尼、菲利普·戈利科夫（Filipp Golikov）、列昂尼德·戈沃罗夫（Leonid Govorov）、伊万·科涅夫、康斯坦丁·罗科索夫斯基、帕维尔·雷巴尔科（Pavel Rybalko）、谢尔盖·什捷缅科、瓦西里·索科洛夫斯基（Vasily Sokolovsky）、亚历山大·华西列夫斯基以及尼古拉·沃罗诺夫（Nikolai Voronov）。科涅夫和索科洛夫斯基后来都声称在会上为朱可夫做了辩护，而朱可夫本人也回忆说，军队领导人大多支持他。[1]不过，很难想象，他们反对斯大林不只是在做做样子。我们并没有关于此次最高军事委员会会议的速记记录，但当时的情形多半是这样的：在宣读了起诉书之后，有人发言表示支持相关的指控，接着就是朱可夫认错。那些在场的人，可能会说些关于朱可夫的忠诚和战绩之类的话，但也仅此而已。任何较为激烈的抗议都会为他们自己招致与朱可夫
245 同样的命运。可以肯定，正是在这次会议上做出了解除朱可夫地面部队总司令职务并将其调任某个军区司令的决定——这一决议是由6月3日的部长会议执行的。次日，朱可夫便把指挥权移交给了自己的副手科涅夫。[2]

诺维科夫的指控

朱可夫的失势还要从1946年3月A.A.诺维科夫（A. A. Novikov）元帅被解除苏联空军司令的职务说起。诺维科夫是所谓的“飞行员事件”（Aviators Affair）的牺牲品，那是以在战争期间制造的战斗机质量低劣为名而对苏联飞机工业的清洗。朱可夫是负责调查此案的委员会成员，尽管他对此似乎并不积极。

4月，诺维科夫被捕，并受到苏联安全人员的审讯。4月30日，国家安全部（MGB）头头维克托·阿巴库莫夫（Viktor Abakumov）给斯大林送去了诺维科夫的口供，指责朱可夫是个“极端迷恋权力的自大狂，他喜欢荣誉，不能容忍不同的声音，而且希望别人尊重他、顺从他”。接着，诺维科夫又讲了朱可夫在战争中是怎样只看到自己的重要性而抹杀别人的贡献的。对朱可夫最具杀伤力的是，诺维科夫详细描述了他所谓的朱可夫对最高统帅斯大林的不敬。[3]

斯大林去世后，诺维科夫被释放并得到平反。这时候，他声称自己对朱可夫的指责是屈打成招。这很可能是实话。但是，诺维科夫之所以想要指控朱可夫，也有可能是因为在他看来，朱可夫作为调查委员会成员对于整倒自己起了推波助澜的作用。不管怎样，斯大林对诺维科夫的话是宁可信其有的。6月9日，他向军方高层发布命令，重申了有关指控并宣布将朱可夫调往克里米亚的敖德萨军区。据称，朱可夫的错误是，在他与统帅部的关系中有“不当和有害的行为”。作为一个有着过分的个人野心的人，该命令说，朱可 246
夫把卫国战争中所有重大军事行动的胜利都冒称为自己的功劳，而且还在自己身边拉帮结伙，对政府说三道四。在朱可夫想归功于自己的那些胜利中，就包括柏林战役。但是，该命令说，如果没有科涅夫和罗科索夫斯基部队的支持，就不会在那么短的时间内把柏林拿下。该命令强调，朱可夫认识到了自己的“严重错误”已经使他不能再继续担任地面部队总司令一职。[4]

斯大林为什么要利用诺维科夫的指控来解除自己刚刚才任命的朱可夫的职务？一种可能是，关于朱可夫，斯大林有他自己的信息渠道，而这些渠道证实了诺维科夫所说的某些内容。苏联军政领导人受到安全部门的严密监视，包括对他们的公寓和别墅进行窃听，这在当时司空见惯。[5]虽然很难相信朱可夫会贬低斯大林——哪怕是在私底下——但他言过其实，把战争中的胜利归功于自己，这一点却不难想象。相对于自吹自擂这种过错而言，降职对朱可夫来说似乎有点儿小题大做，毕竟这种毛病在将军们中间是很常见的。但斯大林在战后的心态比较脆弱。独裁者此时已年近七十，战争对他的身心造成了严重影响。对于自己核心圈子中的成员，哪怕是察觉到他们有小小的越轨行为，他都会大发雷霆，动辄便加以训斥。20 世纪 40 年代，这样的命运落到了许多人的头上，朱可夫只是其中之一。例如，1949 年，斯大林解除了莫洛托夫的外交部部长职务，原因是他拒绝投票赞成开除自己妻子的党籍（她是犹太人，被指控为与以色列犹太复国主义运动的支持者有联系）。[6] 斯大林还决定加强对军队的控制，防止把它在战争中的表现捧得太高。斯大林把朱可夫降职外放，就是要向红军表明他仍然是头，同时也警告其他将领，他不会容忍任何不忠的迹象。[7]

20 世纪 60 年代，当朱可夫被问及自己降职一事的时候，他认为那是因为嫉妒，但与其说是斯大林嫉妒，不如说是独裁者身边的人嫉妒，尤其是贝利亚。[8] 朱可夫还有一个
247 说法：斯大林之所以会反对他，都是因为布尔加宁作祟。布尔加宁是斯大林在国防部的政治副手，事实上还在 1947 年接替斯大林担任了武装力量部部长。在后苏联时代版本的朱可夫回忆录中，有一段是描写他如何与布尔加宁发生冲突的：那是 1946 年他刚刚回到莫斯科不久，是为了指挥系统（chain of command）以及军队和斯大林的关系问题。布尔加宁想让指挥系统通过自己与斯大林联系，而朱可夫想直接与那位苏联领导人联系。对朱可夫来说，不幸的是，当此次冲突被报告给斯大林的时候，独裁者却站在布尔加宁一边。在另一篇没有公开发表的文章中，朱可夫描述了他与布尔加宁因为对被列入预备役名单的退伍军人的指挥问题而发生的冲突。[9]

6 月中旬，朱可夫动身前往敖德萨。他决定以平常心对待此事。“当时我下定决心，一定要保持自我，”他告诉康

斯坦丁·西蒙诺夫，“我知道他们在等着我认输，以为我在军区司令的位置上一天也待不下去。我不能允许这种事发生。当然，名声就是这么回事。它同时也是把双刃剑，有时会伤到你自己。经过这次打击，我竭力保持曾经的我。从中我看到了自己内心的救赎。”[10]这种平常心的一个外在表现是，8 月，朱可夫战后第一次带着自己的家人度了假，去的是隔着黑海与敖德萨相望的苏联度假胜地索契。跟他一起度假的还有罗科索夫斯基元帅。[11]但朱可夫的麻烦远远没有到头。8 月 23 日，布尔加宁向斯大林报告，有一趟火车，装了 7 个车皮、85 个纸箱的德国制造的家具，在苏波边境被海关拦下。这些家具本来是要送给在敖德萨的朱可夫的。这趟车被放行了，但敖德萨的海关官员接到指示，对这些货物不能有任何特殊照顾。[12]

1947 年 2 月，朱可夫被取消苏共中央委员会候补委员（即没有投票权）的资格，理由是他有反党情绪。2 月 21 日，朱可夫写信给斯大林：

> 我被取消了党的中央委员会候补委员资格，这深深地伤害了我。我不是个一心想往上爬的人，把我调离地面部队司令的岗位我也毫无怨言。九个月来，我作为军 248
> 区司令一直在勤奋工作，即便我的调动是基于诽谤性的供词。我想对您说，我会纠正我所犯下的所有错误。九个月来，我一次也没有受过批评，说这个军区搞得不好。我认为自己现在干得很好，但看来又有人在说我的坏话。我请您，斯大林同志，听我把话说完，我会向您证明，那帮诽谤我的小人在欺骗您。

2月27日，朱可夫又写信给斯大林，承认自己在战争期间犯过错误，包括把胜利的功劳太多地归于自己，而没有充分承认最高统帅的作用。但是，他依然坚决表示，诺维科夫说他敌视政府的指控是诽谤："斯大林同志，您知道，我总是尽我最大的努力去执行您的指示，而不会顾及我自己的生命，哪怕是在最危急的形势下也毫不犹豫。"

按照苏联人的标准来看，朱可夫的申诉是非常有尊严的。处在朱可夫那种情况下而又不遗余力地讨好斯大林的人并不少见，他们通常都会歌颂这位伟大领袖的天才。这两封信都是由布尔加宁转交给斯大林的，但独裁者没有回复，也没有再见朱可夫。[13] 相反，反朱可夫的运动还在继续。1947年6月，他因为在歌唱家利季娅·安德烈耶夫娜·鲁斯拉诺娃1945年8月访问柏林时给她颁发过军功章而受到严厉批评。（有一次，在她演出之后，朱可夫用手风琴为她伴奏。"作为元帅，他弹得不错。"这位歌唱家后来回忆说。）受到严厉批评的还有一位跟了朱可夫很长时间的政工军官K. F. 捷列金（K. F. Telegin）将军，因为是他签署的嘉奖令。朱可夫受到的处罚是训诫，捷列金则被开除军籍，并从正式党员降为候补党员。1948年，捷列金、鲁斯拉诺娃以及她的丈夫V. V. 克留科夫将军，因为与朱可夫有联系而遭到逮捕和关押。[14] "1947年的时候，我成天提心吊胆，害怕被逮捕，"朱可夫回忆说，"我还准备了一只袋子，把我的内衣放在里面。"[15]

249 接下来事情越发不妙：朱可夫在德国负责苏联占领区期间搞到的战利品现在受到了调查。1948年1月，斯大林批准对朱可夫在莫斯科的公寓和乡间别墅进行秘密搜查。1月10日，负责国家安全的阿巴库莫夫向斯大林报告，自己的手下找到了大量黄金、珠宝首饰、银器、丝绸、昂贵的书籍、皮草及外国家具。阿巴库莫夫给斯大林写道，在那座别墅里四处转一转，就不太搞得清楚它是在莫斯科还是在德国。[16]

赃物中有朱可夫收藏的20件手工制造的打猎用的武器，其中包括知名的英国 Holland & Holland 公司制造的猎枪。

随着一些曾经与朱可夫一起在德国服役的军官的被捕，他所承受的压力也越来越大。那些被捕的军官中有 A. S. 谢莫奇金上校，他在1940～1946年担任过朱可夫的副官。谢莫奇金的口供被送给朱可夫征求意见。1948年1月12日，朱可夫给主持调查其战利品问题的 A. A. 日丹诺夫（A. A. Zhdanov，斯大林的意识形态主管）写了回信，为自己辩解说那些东西是他用自己的钱买的，或者是别人给他的礼物。他还否认了谢莫奇金的指控，即他从官方基金中额外收了钱用于购物。他还指出，自己别墅中的家具是由国家安全部提供的！不过他也表示懊悔，为自己和家人买了那么多东西。他说其中有些应该交给国家。最后，朱可夫恳求保留自己的党籍，这样他就可以继续改正自己的错误并努力做个好党员。[17]

朱可夫的恳求和解释并没能打动日丹诺夫的委员会——它说那都是些不诚恳的托词。1月20日，政治局——中央委员会的执行机构——做出裁决：朱可夫可以保留他的党籍，但所有私自占有的财物都要上缴国家。决议还包括，把他降为一个不太重要的军区司令。于是，1948年2月4日，朱可夫被调到总部设在斯维尔德洛夫斯克的乌拉尔军区。[18]

对于自己受到的进一步惩罚，朱可夫没有怪罪斯大林， 250
而是怪罪阿巴库莫夫和贝利亚。实际上，他还认为是苏联独裁者保护了他，没让他被捕。[19]斯大林去世后，阿巴库莫夫受到审判并因为滥用权力而被处死，成了斯大林时代晚期多次清洗（包括对朱可夫的清洗）的一只合适的替罪羊。但是，阿巴库莫夫只有在得到斯大林的支持，或许还是他的指使的情况下，才能对朱可夫那种地位的人动手。该对朱可夫受清洗负责的正是苏联独裁者本人，而且决定惩罚力度大小的也是他。惩罚本身，即剥夺物质上的好处并外放，相对来说并不算严厉。最大的侮辱也许在于，在修撰卫国战争的历史时，朱可夫没有被写进去。描写胜利阅兵的绘画也把他从画面中删掉了。1948 年的一部关于莫斯科战役的纪录片，朱可夫的名字几乎没有被提到。1948 年 8 月雷巴尔科将军去世的时候，《真理报》的讣告中列出了苏联所有元帅的名字，唯独没有朱可夫。[20] 在 1949 年的一张描写斯大林和他的高级将领一起策划斯大林格勒大反攻的招贴画中，也看不到朱可夫的身影。

那些在“朱可夫事件”中受到牵连的人，其中许多人的遭遇都要坏得多。鲁斯拉诺娃、捷列金、谢莫奇金等人被关了起来。最倒霉的要数伏尔加军区的戈尔多夫将军（他曾在 1942 年指挥过斯大林格勒方面军）和他的参谋长雷巴利琴科（Rybalchenko）将军。他们在交谈时对斯大林对待朱可夫的方式表示不满，结果被国家安全部录了下来，两人都被逮捕并枪毙了。[21]

“朱可夫事件”的所有受害者都在斯大林去世后得到了平反，包括已不在人世的戈尔多夫和雷巴利琴科。朱可夫还亲自活动，以求获得对克留科夫的宽大处理。[22] 朱可夫本人的平反在斯大林还在世的时候就开始了，这可能是得益于华西列夫斯基于 1949 年取代布尔加宁成为武装力量部部长。1948 年，朱可夫的女儿叶拉嫁给了华西列夫斯基的儿子尤里（Yuri），这种姻亲关系巩固了他们两人之间的联系。

1949年10月，《真理报》刊登了F. I. 托尔布欣元帅去世的讣告，朱可夫也在署名者之列。[23] 1950年，朱可夫作为斯维尔德洛夫斯克的代表，和其他许多高级军官一起，再次当 251
选为苏联的最高苏维埃代表。1951年，他作为政府代表团成员访问华沙，并在那里遇到了时任波兰国防部部长的罗科索夫斯基。朱可夫在自己的华沙之行期间还就波苏关系发表了演讲，而且演讲的内容还发表在《真理报》上。1952年，官方的《苏联大百科全书》第二版增添了有关朱可夫的条目，尽管不长，但是褒扬性的，强调了他在战争期间为实施斯大林的军事计划而发挥的重要作用。[24]

1952年10月，朱可夫作为代表出席了苏共十九大——这是战争结束后首次召开这样的大会——并恢复了中央候补委员资格。作家兼记者康斯坦丁·西蒙诺夫在大会上碰到朱可夫，发现他虽然对自己再次被选进中央委员会有点儿意外，但精神状态很好。对于西蒙诺夫有关哈拉哈河战役的小说的出版，朱可夫似乎也很满意。那部小说并没有直接提到朱可夫的名字，但对那位虚构的负责此次行动的指挥官的描述充满了溢美之词。[25]

西蒙诺夫在1952年的大会上也当选为中央委员。他第一次见到朱可夫是1939年在哈拉哈河，结果他写了一系列传记性的人物素描，巩固了朱可夫作为苏联历史上一位充满人情味的英雄人物的声望。西蒙诺夫作为剧作家、小说家、诗人和战地记者，其名声几乎可以比肩朱可夫。1942年2月，《真理报》发表了他的诗作《等着我吧》。这是一首悲伤的挽歌，俘获了整整一代苏联人的情感，而且在当今俄罗斯仍然非常流行：

等着我吧——我会回来的，
只是你要苦苦等待。
等到那黄雨
勾起你忧伤满怀；
等到那大雪纷飞，
等到那酷暑难挨。
等到别人不再等待……
等着我吧——我会回来的，
一次次死里逃生。
就让那些不曾等待的人，
说我幸运；
他们不会理解：
在濒临死亡的时候，
是你，用你的等待，
拯救了我……

252 20世纪50年代初，斯大林对朱可夫的态度趋于软化的另外一个迹象是这位独裁者下达的指示：埃玛努伊尔·卡扎克维奇（Emmanuil Kazakevich）关于“维斯瓦河—奥德河行动”的小说，要提到朱可夫的名字，而不是说一位无名的“方面军司令”。“朱可夫有他的缺点，我们也已为此批评过他，”据称斯大林说，“但朱可夫在柏林的工作干得很好，至少可以说不赖。”[26]令人诧异的是，朱可夫相信，要是斯大林活的时间再长一点，他就会为自己彻底平反，甚至任命自己为国防部部长。[27]

20世纪40年代末50年代初，除了政治生活之外，朱可夫的个人生活也很复杂。在朱可夫于1946年被派往敖德萨时，他的妻子亚历山德拉是和他一起去的（他们的两个女儿留在莫斯科，放假时可以去探望），但他的战时情人利达·扎哈罗娃也去了，尽管他把这两个女人分开了。利达也跟着朱可夫去了斯维尔德洛夫斯克，但当朱可夫遇到另一个令他坠入爱河的女人时，她返回了莫斯科。[28]

1950 年夏天，朱可夫在斯维尔德洛夫斯克因心脏病而住院治疗（他的心脏病已经发作过一次）。主治医生是加琳娜·谢苗诺娃。朱可夫很快就迷上了这个年轻的女人。“她特别吸引我的，”朱可夫回忆说，“是她的漂亮而热情的大眼睛，她的优美的身材，还有她腼腆而端庄的神情。我越是看到她就越是喜欢她……1951 至 1952 年，加琳娜和我变得越来越亲密。那个时候，我无法想象没有她的生活。”[29] 1953 年年初，加琳娜到莫斯科参加业务培训。在那里，她很快就与朱可夫会合了，因为后者在斯大林于 3 月去世之后又被召回苏联首都。即将卷入其中的波诡云谲的政治斗争，丝毫没有减弱朱可夫对加琳娜的热情。从 1953 年 8 月他给加琳娜写的一封信中——当时她在疗养院度假而他正准备参加一场模拟核攻击的军事演习——可以大致了解他们之间的关系：

> 你感觉那大海、南国的太阳和高山怎么样？我想在那儿代替它们，为的是可以靠近你，我亲爱的加琳娜。在你离开莫斯科之后，我非常想念你。每天我都想起过去的那些日子，想起你的紧张不安，想起我们的谈话……
>
> 你的治疗开始了没有？我们过去多次达成一致的饮 253
> 食起居的规则你现在还在遵守吗？不要忘了，亲爱的，你必须保持健康，要休息。必须要睡好，睡的时间要长；要尽量吃点东西，而且要尽量长时间地、不停地

吃，但不要迟于晚上10点。不要忘了，亲爱的，你已经答应我，你要至少增加5公斤的体重。

明天上午11点我就会到达布拉格。看来我会在那里耽搁几个小时，然后去卡尔斯巴德（Karlsbad）。我不知道到了那儿会怎样，但我现在的心情很郁闷……

我希望亲爱的你一切都好。我很想紧紧地拥抱你，但你不在这儿。随信送上我的吻。你的G.[30]

这在20世纪50年代朱可夫不在莫斯科的时候写给加琳娜的那些信中很有代表性。很显然，朱可夫已经把他的罗曼蒂克的忠诚转移到加琳娜身上，尽管他要到20世纪50年代末才与她同居。[31]事实上，只是在1957年加琳娜与朱可夫的女儿玛丽亚出生之后，亚历山德拉才发觉了这一私情。

朱可夫战后还与自己的私生女马加丽塔恢复了联系，后者曾到敖德萨和斯维尔德洛夫斯克看望过他。1948年，马加丽塔进入莫斯科国立大学学习法律。叶拉也在那里，而且是同一个系（她后来成了国际法方面的专家）。20世纪50年代初，这两位同父异母的姊妹的生活道路偶然相交了。遗憾的是，当亚历山德拉发觉之后，她坚决要求叶拉中断与马加丽塔的交往，而且还要求朱可夫，作为忠贞的标志，对他们的婚姻重新登记，因为他们原来的证书已在20世纪20年代遗失了。[32]

这些事情成了朱可夫个人生活中一连串纠葛的开始。这一连串的纠葛要一直持续到20世纪60年代中期，那时，他和亚历山德拉最终离婚了。

斯大林去世和逮捕贝利亚

朱可夫的回忆录就写到他 1946 年 4 月从柏林返回莫斯科为止。不过，回忆录还有一个没有发表的结尾，他在其中讲述了自己从斯大林去世到 1957 年被赫鲁晓夫解除职务那 254
段时间的经历。[33]按照这部分未发表的回忆录的说法，1953 年 3 月 4 日，朱可夫在斯维尔德洛夫斯克接到急电，要他打电话给布尔加宁，后者让他第二天飞往莫斯科。在他到达之后，布尔加宁连忙把他带去参加苏共领导人高级会议，他在那里获悉斯大林的病情很严重——实际上，独裁者在当天晚些时候就去世了。在此次会议上，人们就若干人事变动达成了一致，其中任命布尔加宁为战争部部长，朱可夫和华西列夫斯基（现任部长）任他的副手。其他的任命包括：格奥尔吉·马林科夫任部长会议主席（即总理），维亚切斯拉夫·莫洛托夫再次担任他从 1939 年至 1949 年一直担任的外交部部长职务。会议由赫鲁晓夫主持。由此释放的信号是，除了奄奄一息的斯大林之外，他就是苏共最重要的领导人了。朱可夫对自己的新职务颇感意外，因为谁都知道他与布尔加宁不和。后来，朱可夫听说，布尔加宁曾反对他的任命，但苏共领导层的其他人未予理睬。在开始新的工作之前，朱可夫与布尔加宁有过一次开诚布公的谈话，并且告诉他："你给我带来了很多不快，让我受到斯大林的严厉批评……但如果你真的想在友好的基础上一起工作，那就让我们忘记过去的那些烦恼。"[34]

在 3 月 9 日独裁者的国葬仪式上，朱可夫在军方的仪仗队伍中十分引人瞩目，虽说在红场的群众集会上代表武装力量发表讲话的是华西列夫斯基。[35] “尽管斯大林在伟大的卫国战争之后对我不好，”朱可夫回忆说，“我当时还是真的感到惋惜……在斯大林的葬礼之后，苏联人民发自内心地哀悼他的去世，并把他们的希望寄托在党的身上。”[36]

朱可夫的副部长任命在 3 月 15 日得到了最高苏维埃的批准。在同一次会议上，战争部被更名为国防部，并与海军部合并。朱可夫迅速得到进一步平反的迹象是，《真理报》在 1953 年 5 月发表了一篇由他撰写的庆祝苏联对纳粹德国胜利八周年的文章。文章突出了两方面的主题：一是继续歌颂斯大林在战争中的领导作用以及这位“伟大领袖”的军事天才，
255 二是苏联奉行与包括美国在内的所有国家和平共处的原则。

朱可夫在后斯大林时代的首个出彩的好机会，是他在逮捕安全首脑拉夫连季·贝利亚的过程中发挥了重要作用。1953 年 6 月 26 日早晨，布尔加宁打电话给朱可夫，要他赶到克里姆林宫。他在那里见到了马林科夫、赫鲁晓夫、莫洛托夫以及苏共的其他领导人。马林科夫告诉在场的人说，贝利亚正在策划阴谋，反对党的领导，所以必须逮捕他。在赫鲁晓夫插话说有没有什么疑问时，朱可夫回答说：“能有什么疑问？这个任务一定要完成。”在赫鲁晓夫指出贝利亚很强壮而且可能有武器的时候，朱可夫回答说：“在抓人方面我不是内行，以前也没干过这事，但是我不会犹豫的。”于是，朱可夫和另外几个被叫到克里姆林宫的高级军官被告知：等他们听到马林科夫发出事先约定好的信号时，就进入党的各位领导人与贝利亚一起开会的房间。两个小时后，当信号传来的时候，朱可夫进去了。他快步走向贝利亚，告诉他被捕了并扭住他的双臂。接着，朱可夫等人就把贝利亚推出房间，送走关了起来。[37]

贝利亚被判犯有从事恐怖活动和反革命活动罪，然后被处以死刑并执行枪决。后来的某个时候，当有人问起朱可夫他这辈子做过的最重要的事情是什么的时候，朱可夫回答说："逮捕贝利亚。"[38]

用高级军官来对付贝利亚，这是后斯大林时代打造的共产党政权与苏联军队之间的关系的重要象征。在斯大林去世后，武装力量的地位提高了，甚至被美化了，特别是在卫国战争的胜利方面。军队在其职业范围内获得了更多的自主权，在政治决策上也有了更大的话语权，尽管党的领导集体仍然牢牢掌控着一切。在斯大林当政的时候，内务安全部队曾经是高压统治的主要支柱，而现在则更多地依靠军队作为国家的最后保障。选择让朱可夫领头逮捕贝利亚并非偶然。作为战争英雄，他的威望很高；有他的支持，党的领导层不但有把握获得武装力量的拥护，还可以得到广大民众的拥 256
护。朱可夫将适时地体现出党和军队之间更加合理的权力平衡以及军方在政治上的行动主义——后者从20世纪20～30年代以后在苏联就见不到了，当时负责武装力量的是朱可夫心目中的英雄伏龙芝和图哈切夫斯基。

尽管朱可夫在逮捕贝利亚的过程中发挥了重要作用，但在1955年被任命为国防部部长之前，他并没有走上苏联政治事务的中心舞台。在此期间，布尔加宁总是设法在政治上排挤他。朱可夫作为国防部副部长所承担的职责，也使他得不到公众的关注，而且还远离莫斯科。

核试验

朱可夫的工作之一，就是负责监督发展苏联武装力量核战争的能力。[39]1949 年 8 月，苏联试爆了它的第一颗原子弹。20 世纪 50 年代，它又继续进行一连串试验，包括 1953 年 8 月试爆了第一颗氢弹。就在同一时期，美国人的核武库越来越庞大，连同部署在欧洲的战术核武器在内，原子弹就有 1000 多枚，从而让苏联人感受到了威胁。由于苏联人当时只有 50 枚核弹，这就意味着除了核力量之外，苏联人在防御中只能依靠自己的常规力量了。

1953 年秋天，苏联人在西乌克兰的喀尔巴阡军区举行了一场演习。苏军在演习中模拟遭到战术核武器的攻击。该军区负责人是科涅夫，他在做过一段时间的苏联地面部队总司令（1946 ~ 1950 年）和陆军总监（1950 ~ 1951 年）之后，在 1951 年被调到那里工作。朱可夫协助了演习的准备与实施。当时还决定进行一次实弹演习，在部队附近引爆核弹，并观察爆炸对他们有什么影响。试验是 1954 年 9 月在乌拉尔山区南部托茨科耶（Totskoe）进行的，朱可夫从 4 月开始就在负责它的准备工作。

在按照计划引爆核弹之前，当地居民已被疏散，或者被告知如何保护自己免遭放射性尘埃的伤害。部队也进行了训
257 练，配备了防护服，并隐蔽在专门修筑的掩体中。朱可夫常去视察试验区。有一次，他在观看坦克穿过假想中的污染区发动进攻的时候，发现坦克开得太慢，就让它们停下，把坦克指挥官召集起来，问他们有没有参加过进军柏林的战斗。在得知有人参加过的时候，他要他们按照那时的做法发动一次真正的坦克进攻。朱可夫还担心各种各样的防护措施会扰乱军心。“你们用的那些安全措施让人感到太紧张了，”据说他对参加演习的指挥官们说，“现在你们必须消除他们的恐惧心理。”

核弹实弹演习是在9月14日开始的，当时在距地面1000英尺的空中引爆了一颗中等大小的原子弹。部队就隐蔽在距爆心投影点只有3～4英里远的掩体之中，朱可夫、布尔加宁和统帅部的成员则在大约10英里之外的地方观察爆炸的情况。爆炸产生的巨大冲击波将朱可夫等人的帽子都刮掉了。

按照当时的判断，那次演习总的来说非常成功。演习中的教训也得到了总结，并被吸收进了在1955年开始采用的新的野战条例。该条例假设，各个城市不仅遭到战略轰炸，还受到战术核武器的攻击。大约在同一时期，由于朱可夫的极力主张，核武器的研制也被从负责核弹制造的工业部转交给军方和国防部。[40]

作为国防部副部长，朱可夫在军政统治集团中的地位虽说重要，但还是从属性的。现在没有任何证据可以证明，朱可夫当时对苏联政府的防务政策产生过任何真正的影响。作为一个全国性的公众人物，他也不太突出。如果不是苏联国内变幻莫测的政治形势，在苏联统治集团中不上不下的朱可夫很可能就会这样湮没无闻，终老一生。1955年1月，政治上的风云变幻把他推到了前台，进入国家最高领导层——这实际上使他在后斯大林时期尖锐的继承权之争中成了左右胜负的人。

12

国防部部长：凯旋与模仿剧，1955～1957

258 1955年1月，格奥尔吉·马林科夫被免去苏联总理的职务，接替他的是尼古拉·布尔加宁，这样一来，国防部部长的位置就出现了空缺。朱可夫成了这一位置显而易见的候选人。地位、威望、必不可少的干劲与决心，这些他都有。当此事在中央主席团（政治局的新名称）① 会议上提出来的时候，朱可夫谦虚地说应该由之前担任过战争部部长的华西列夫斯基接任。但是，华西列夫斯基坚持说，朱可夫更有经验，是武装力量中杰出的人物。[1]

马林科夫和朱可夫两人的一下一上，有一个共同的背景，即苏共新领导人尼基塔·赫鲁晓夫的崛起。虽然马林科夫和赫鲁晓夫之间有一些政策上的分歧，但导致马林科夫被免的，主要是个人恩怨。自从1953年3月接替斯大林担任苏共领导人以来，赫鲁晓夫就变得越来越专横。跟赫鲁晓夫闹翻的，并不是只有马林科夫一个人，还有外交部部长维亚切斯拉夫·莫洛托夫，他在1956年被赫鲁晓夫解除职务，

① 下文中，“中央主席团”统一简称为“主席团”。——译者注

接着就轮到朱可夫本人了，时间是1957年10月。

赫鲁晓夫这人十分强势，爱出风头，且反复无常。他谁都不放在眼里（除了斯大林，当然，那是在他还活着的时候），也不喜欢与人分享公众的关注。

就像苏联领导层中的许多人一样，赫鲁晓夫也出身于农民家庭。他在1918年二十四岁时加入布尔什维克。苏俄内战期间，他在红军中担任政治委员。20世纪二三十年代， 259
他靠自己的努力进入苏共权力阶层，并在1934年成为莫斯科党组织负责人。1937年，斯大林任命他为乌克兰共产党书记。赫鲁晓夫政治生涯中遭人诟病的事情之一，就是他在1940年3～4月"卡廷大屠杀"中扮演的角色。所谓"卡廷大屠杀"，是指苏联当局处死了2万名波兰战俘，他们被认为是共产主义体制的死敌。建议采取进一步的安全措施，把那些战俘的家人驱逐到哈萨克斯坦达十年之久的（行动到1940年4月中旬时已经完成），正是赫鲁晓夫，还有斯大林的安全首脑、后来名声扫地的拉夫连季·贝利亚。[2]

当乌克兰在1941年遭到德军入侵并被占领的时候，赫鲁晓夫又干起了他的老本行，先是1942～1943年在斯大林格勒，后来又在乌克兰担任政治委员。战后，斯大林把赫鲁晓夫调回莫斯科，让他再次担任首都的共产党负责人。这就让他处于一个最有利的位置，在1953年3月独裁者去世时继任党的领导人。后斯大林时代的领导体制是所谓的集体领导制，有几年它也确实如此。但是，赫鲁晓夫对党这个作为苏维埃国家中的关键的控制，使他成为与其地位相同的那些人中的领唱者，掌握了重要的人事与政策的决定权。

赫鲁晓夫确立自己领导地位的手段之一就是推动苏联的去斯大林化，而这就需要与斯大林时代的许多政策和做法决裂。这其中影响最为深远的就是结束大镇压，并从古拉格——苏联的劳改营——释放数百万名政治犯。与此同时，苏联的文化政策也开始解冻。作家、音乐家等艺术家被允许在艺术表达上有更多的自由；国家在与外部世界的接触上也越来越开放。共产党党内的氛围也变得比较宽松了，尽管议论领导的是非仍然是不被允许的。换句话说，相对于斯大林时代而言，赫鲁晓夫采取了一种较为温和的威权主义。镇压还是有的，但在一定范围内，不同政见还是允许存在的；公开反对现行体制的，更有可能被监禁，而不是被枪毙。[3]

260 赫鲁晓夫第一次遇到朱可夫是在1940年，当时后者在负责基辅特别军区。在斯大林格勒和1943～1944年乌克兰战役中两人并肩工作的时候，他们的生活轨迹再次相交。赫鲁晓夫在自己1971年出版的回忆录中对朱可夫有很高的评价：

> 他是个能干的组织者和坚强的领导者。他会在战争中展示自己的才能。虽然我们后来的道路不同，但我对作为指挥员的他还是非常敬重的。他没有正确领会自己作为国防部部长的角色，我们不得不对他采取措施……但即便到那个时候，我对作为军人的他仍然非常看重……战后，当他在斯大林那里失宠的时候，我也没有隐瞒自己对他的钦佩。[4]

赫鲁晓夫在朱可夫身上想必也看到了斯大林看到的东西：强悍但值得信赖的、忠心耿耿的个性。对于朱可夫对自己的忠诚，赫鲁晓夫的看法是正确的，但他不是斯大林，而朱可夫又希望随着自己的升迁能够拥有一定的自主权。朱可夫也不可能抵御得了诱惑，不去夸耀自己的战绩，而这对于心虚的赫鲁晓夫的刺激，要更甚于对斯大林。无论是战时一起共事还是后来担任国防部部长，朱可夫对赫鲁晓夫都不曾有过不友好的表现，但在后来，他却几乎毫不掩饰对后者的鄙视。实际上，他后来认为，1957 年赫鲁晓夫对他的背叛要比 1946 年斯大林的那次更为严重。[5]与赫鲁晓夫不同，斯大林没有剥夺朱可夫继续其军事生涯的权利，也没有处心积虑地歪曲朱可夫的战绩，或者愚蠢地夸大自己在一些具体战役中的作用。而对朱可夫来说，军人的荣誉和自尊是最重要的。

国防部部长

1955 年 2 月 7 日，朱可夫被正式任命为国防部部长。当天，他接受了一群美国记者的长时间采访。[6]当被问及他是否认为莫斯科战役比斯大林格勒战役更为重要的时候，朱可夫回答说，扭转战争的势头是莫斯科战役、斯大林格勒战役和库尔斯克战役这一系列军事行动的结果。虽然他指导过斯大林格勒行动的准备工作，但实施此次行动的是华西列夫斯基。当被问及希特勒在战争中所犯的错误时，朱可夫说，在战略层面，德国独裁者低估了苏联的实力，而在战术层面，希特勒低估了武装力量各兵种协同作战的重要性。另外，相对于空军而言，他还低估了炮兵的作用：“空军是个娇贵的兵种。它在很大程度上要依赖于天气和其他许多因素。”当话题转到原子武器的时候，朱可夫断然否定它们会凭借自身的威慑力而让世界变得更加安全： 261

> 核武器的存在本身就包含了使用它们的可能性，而且有些疯子也许会不顾一切地使用它们。我们有责任尽

> 自己的最大努力去禁止这些武器……应当记住，原子武器是双刃剑。无论是攻击方还是被攻击方，原子战争对它们都一样危险。

朱可夫还强调，“不可能只靠原子弹就打赢战争”。针对此次采访中人们十分关心的美苏关系问题，朱可夫详细阐述了苏方的态度：苏联对美国不构成任何威胁，苏联只想要和平的关系。朱可夫对美国在苏联周围设立军事基地的做法表示不满，呼吁结束军备竞赛。他在最后回忆了自己与艾森豪威尔总统一起在驻德“同盟国管制委员会”工作时曾经有过的良好关系，并强烈主张恢复友好交往。虽然他的回应是老生常谈，但他在政治舞台上的首秀给人留下了深刻的印象：它充分显示了他的自信和对发布会的掌控力。

朱可夫就任国防部部长时面临着一大堆的问题，但首先是正在进行中的裁军计划。[7]二战结束时，红军有1100万人，但在战后降到了300万人。然而，1947～1948年冷战的爆发，使红军的数量到20世纪50年代初时又增加到540
262 万人。1953年斯大林去世后，红军削减了60万人；1955年8月，赫鲁晓夫宣布再次削减差不多的数量。1956年5月，又有120万名军人复员。

在朱可夫1955年2月到1957年10月担任国防部部长期间，武装力量削减了大约200万人。裁军有战略和经济方面的许多原因。朱可夫似乎认识到：在核武器时代，由于原子弹的威慑作用，只需要很少的常规力量，特别是苏联已经在20世纪50年代中期开始研发可以确保远程打击的火箭技术。（1957年，苏联人发射了世界上第一颗轨道卫星“斯普特尼克”号。）“跟你在穿制服的当中发现的许多笨蛋不同，”赫鲁晓夫回忆说，“朱可夫理解我们削减军费的必要性。”[8]

与削减军队的数量相联系的，是苏联人在军控和核裁军方面的倡议。1955 年 5 月 10 日，苏联呼吁联合国成立一个国际性的军控机构，负责监督大幅削减军备和武装力量的计划，并发起以最终禁止核武器为目标的进程。[9]要是完全落实这些倡议，苏联军队的数量就会减少到 150 万人，这对于苏联那么大的国家来说显得太少了。朱可夫是这些倡议的坚定的拥护者，而且在应对西方对苏联裁军计划的反对意见方面显得比赫鲁晓夫更为灵活。例如，美国人要求，为了核实苏联执行裁军协议的情况，应该允许他们的间谍飞机在苏联上空飞行。朱可夫准备对这一要求做出让步，条件是美国也要允许苏联对它进行空中监督。有人认为，朱可夫这样做完全是一种策略——他希望得到比美国人能够得到的更多的情报。这种理解低估了朱可夫赋予核裁军的重要意义，低估了他为实现这一目标而准备付出的努力的程度。当朱可夫警告说核战争会带来毁灭性的后果时，那可是他的肺腑之言，因为他亲眼见过那种巨大的破坏力。

与此同时，在某种程度上与苏联为控制愈演愈烈的军备竞赛而付出的努力有点儿背道而驰的是，莫斯科决定成立华 263
沙条约组织。这是苏联人针对西德的重新武装以及西德政府在 1955 年 5 月加入北约所做出的回应。这一结果在几年前就露出了端倪，当时苏联人还为此发动过一场声势浩大的运动，要求签订一个保护所有欧洲国家的泛欧洲集体安全条约，使西德没有必要重新武装——因为西德那样做就是要对付想象中的苏联对西欧的威胁。尽管苏联人对欧洲怀有政治和意识形态上的野心——就长远而言，他们希望共产主义传遍整个欧洲大陆——但在军事上，他们没有任何图谋，实际上还认为自己受到北约和美国的威胁。

在倡导欧洲集体安全的运动失败之后，苏联人决定成立华沙条约组织，而它起初与其说是类似于北约那样的军事组织，不如说是对所有国家开放的、非侵略性的集体安全组织。[10] 1955 年 5 月，苏联人与其东欧的共产主义盟友在华沙签署了一个友好、合作与互助条约（即《华沙条约》），而起草条约各项条款的，正是朱可夫和外交部部长莫洛托夫。朱可夫之所以会参与条约的起草工作，是因为苏共主席团做出的决定：成立一个由各签约国组成的联合军事指挥机构，就和在北约保护伞下存在的那个相类似。1955 年 4 月，朱可夫和莫洛托夫向苏联领导层建议，成立华约的军事组织，它含有 85 个师，其中苏联出 32 个师。[11] 但是，华约要发展成北约那样的羽翼丰满的军事同盟还要假以时日。

冷战在欧洲造成的分裂在不断加深，尽管如此，1955 年 7 月在日内瓦还是举行了自 1945 年波茨坦会议以来的首次大国峰会。参加此次峰会的是法、英、美、苏领导人。率领苏联代表团的是以总理身份参会的布尔加宁，一同前往的还有赫鲁晓夫、莫洛托夫和朱可夫。赫鲁晓夫后来声称，之所以特意让朱可夫加入代表团，是考虑到他之前与艾森豪威尔总统的关系。但是，由于峰会的主题与欧洲的安全问题有关，也有可能不管怎样他都是会参加的。

264 日内瓦之行是赫鲁晓夫首次来到共产主义集团以外的地方，所以他急切地想在世界舞台上产生点儿影响。但事与愿违，媒体都在翘首期盼朱可夫与艾森豪威尔的重逢。1955 年 5 月，朱可夫登上了《时代》杂志的封面，而它的说明文字则充满了溢美之词。按照《时代》杂志的说法：“朱可夫是苏联最近于大众英雄的人物；赢得胜利的红军是苏联唯一受人尊敬的公共组织……在斯大林死后的权力乱局中，朱可夫和红军让苏联政权有了一种可以让人放心的、稳定的外观。”文章的读者还会产生这样一种印象，即朱可夫凭一己之力，运筹帷幄，使苏联战胜了德国。文章中提到的传说之一，是说他有一次为了证明用唾沫可以上光，亲自为自己的一名士兵擦过靴子。还有一个是说，朱可夫在斯特列尔科夫卡村的家人，在最后关头得救了，没有被德国人活活烧死在家中。至于朱可夫和艾森豪威尔，该杂志想到了这样一个问题："两位老兵的友谊能够成为美苏紧张关系真正缓和的基础吗？"[12]

在日内瓦峰会的几周之前，美国驻莫斯科大使查尔斯·波伦（Charles Bohlen）在英国大使馆举行的招待会上碰到过朱可夫。波伦向华盛顿报告说，朱可夫特别谈到了改善苏美关系的必要性，并表示希望在四国峰会上苏联能够与美国等国举行双边会谈。朱可夫强烈主张裁军的态度深深地打动了波伦：

> 他说军备竞赛是毫无意义的、危险的，原子武器的发展使任何新的战争都会造成难以置信的破坏。他说他对原子武器的效果做了专门的研究；在他5月8日战争结束纪念日这一天发表在《真理报》上的文章中，本来有几段内容，用通俗易懂的语言对原子武器的破坏力做了生动的描述。但"编辑们"觉得那样有可能"吓着"人民，所以删掉比较明智。

后来，布尔加宁和副总理阿纳斯塔斯·米高扬也加入了波伦与朱可夫的谈话。布尔加宁打趣说，有人讲朱可夫是 265

“亲美派”。当波伦回应说朱可夫与艾森豪威尔的关系人所皆知，这表明军人之间的友谊要比外交官及政治家之间的友谊更为牢固时，“米高扬和朱可夫两人都看着布尔加宁哈哈大笑”。[13]波伦在自己的回忆录中提到朱可夫的时候，说他“看上去就像军人——敦实、壮硕，像俄罗斯橡树，微微红润的面色，清澈的蓝眼睛。尽管笑容可掬，却非常矜持，尤其是对外国人……他传递了一种对美国容忍甚至尊重的态度，因此，他对艾森豪威尔的情意在我看来是真挚的”。[14]

朱可夫和艾森豪威尔

在日内瓦，朱可夫和艾森豪威尔有过两次正式交谈，担任记录的分别是艾森豪威尔的翻译波伦和朱可夫的翻译、外交部官员奥列格·特罗扬诺夫斯基（Oleg Troyanovsky）。[15]特罗扬诺夫斯基回忆道，朱可夫在峰会上表现非常得体，也很有手腕；他在承认布尔加宁和赫鲁晓夫主导地位的同时也积极参与峰会的各项活动。朱可夫给人的印象根本就不像是那个传说中的严厉的指挥官：“看来他能够适应不同的场合。”[16]

朱可夫和艾森豪威尔的首次交谈是7月20日在总统别墅的午餐期间进行的。朱可夫回忆了美苏战时的良好关系以及自己与艾森豪威尔为“同盟国管制委员会”所做的共同努力，并特意指出希特勒在战争临近结束时企图分裂两国间的同盟关系但没有得逞。可惜，战后的“各种黑暗势力”在破坏这种同盟方面得逞了，它们把苏联说成是具有侵略性的国家，正在策划进攻他国。朱可夫以军人的名誉保证，事实并非如此。他还说，自己到日内瓦来的唯一目的，就是要

会会总统，为改善苏美关系助一臂之力。当艾森豪威尔回答 266
说冷战的发展是苏联侵略行径的结果时，不想卷入争论的朱可夫说，双方都犯了一些错误，所以最好是向前看而不是老想着过去。

在政治方面，朱可夫主要谈了裁军的必要性以及建立欧洲集体安全体系以推动两大冷战集团之间的和解。当艾森豪威尔提出为了确保军控及裁军协议的遵守而要建立一种监督体制的时候，朱可夫没有反对。两人还讨论了中国问题，朱可夫竭力劝说艾森豪威尔承认共产党中国并允许它加入联合国。至于德国，朱可夫重申了苏联的方针，即两个德国可以在为欧洲所有国家提供保护的泛欧洲集体安全体系的背景下重新统一。

撇开意识形态和政治主张的分歧不谈，两人之间的这次交谈的基调是轻松的、希望和解的。在接下来7月23日的会晤中，朱可夫和艾森豪威尔再次进行了友好的交谈，尽管谈的主要是峰会在程序上的争执：首先要讨论和解决的是哪个议题，是德国的统一还是欧洲的集体安全。美国人想要首先解决德国问题，而苏联人则说，统一问题应该放到建立欧洲集体安全体系之后，这样可以让他们放心，一个统一起来的德国不会对苏联构成威胁。当艾森豪威尔请朱可夫帮忙解决这一争议时，后者回答说，在峰会结束之前，应当继续努力以便达成妥协。在这次会晤的最后，朱可夫表示，希望能去美国看看总统的孙子孙女，而艾森豪威尔也能来莫斯科看看他的孩子。

虽然自己和朱可夫的关系不错，但艾森豪威尔后来回忆说：

在我们战时的交往中，他曾经是个独立而自信的男

> 人。虽然他显而易见信奉共产主义学说，但要是碰到运
> 267 作上的难题，总会乐呵呵地跟我见面，一起找到合适的解决办法……但是在日内瓦——那已是若干年之后了——他显得闷闷不乐，忧心忡忡……他说话像是在背书，背那些灌输给他的、直到他能背得一字不差的东西。他没有了生气，不再像以前那样爱说爱笑。我的老朋友是在执行他上级的命令。除了悲伤之外，从这次私下的聊天中，我一无所获。[17]

据当时的外交部副部长安德烈·葛罗米柯（Andrei Gromyko）说，和艾森豪威尔一样，朱可夫也很失望。他还说总统“默不作声，说出来的也只是些老生常谈。看得出，朱可夫有点儿沮丧。在我们回去的路上，他表示苏联必须要‘提高警惕’”。[18]

任何“在此之后必是因此之故”式的追忆，都无法从两人在日内瓦会议上的交谈记录中得到证实。实际上，两人都已进入政坛，所以对对方不再是自己十年前在柏林认识的那个老兵都很失望。就像朱可夫在离开总统下榻的别墅时对特罗扬诺夫斯基说的，“艾森豪威尔总统跟艾森豪威尔将军不是同一个人”。[19]

几年后，特罗扬诺夫斯基在莫斯科的一个电影院里碰到朱可夫，当时放映的是大卫·利恩（David Lean）战俘题材的经典之作——《桂河大桥》。亚力克·吉尼斯（Alec Guinness）主演的英国军官为了保持自己手下的士气，就跟日本人合作建造大桥。当特罗扬诺夫斯基问朱可夫对影片的看法时，后者回答道，它“对我来说太消极了。我宁可看《纳瓦隆大炮》那种片子，有激烈的战斗场面。我是个军

人，做的事跟你们的不一样”。[20] 事实上，朱可夫在 1955 年对于自己在政治和外交方面的新角色扮演得很好。因为在战后失势过，他也变得沉稳、谦和了些，这些品质在他再度被放逐的时候对他帮助不小。

日内瓦峰会产生的唯一实际的结果是，就进一步举行四国外长会议达成了一致。第一项议程将是德国问题与欧洲安全，这样就避开了困扰着峰会的程序性争执。当 1955 年 10 月外长们聚头的时候，会议起初很顺利，所有人都同意有必 268
要在欧洲建立共同安全体系。但是，西方在泛欧洲安全问题上开出的价码是德国的重新统一，而那就意味着共产党会失去对东德的控制。莫洛托夫想沿着这些路线继续谈判但被赫鲁晓夫给否定了，后者采取了一条更为强硬的路线。结果，外长会议不欢而散，没有达成任何协议。

赫鲁晓夫和莫洛托夫在德国问题上的小冲突，属于两人在这一年的早些时候，为了与共产党执政的南斯拉夫的关系问题而开始的持续争斗的一部分。赫鲁晓夫想要结束从 1948 年开始在斯大林和南斯拉夫领导人铁托元帅之间形成的意识形态上的分裂状态。在把铁托逐出共产主义阵营的运动中，作为斯大林的左膀右臂，莫洛托夫曾经冲在了最前面，他不愿意收回或放弃自己在意识形态上对那位南斯拉夫领导人做出的严厉批评。朱可夫也卷入了这场争端。在纪念卫国战争胜利十周年的当天，他在《真理报》上发表文章，赞扬战争期间铁托在游击运动中发挥的领导作用，并表示希望贝尔格莱德与莫斯科之间的关系会得到改善。在 1955 年 5 月 19 日的主席团会议上，莫洛托夫表示不同意这篇文章的观点。他说：“红军是托洛茨基创建的，但我们并不以他为荣。”他还说朱可夫的文章是“反列宁主义的”，但后来又收回了这句话，说他是一时头脑发热说的。[21] 最后，莫洛托夫输了，与铁托的共产党人的交往又恢复了。在7月的苏共中央会议上，莫洛托夫因为其在南斯拉夫问题上的立场而受到严厉的批评。朱可夫出席了会议但没有发言，因而避免了直接卷入后斯大林时代苏联领导层两大巨头之间的争斗。[22]

苏共二十大

到1955年年底时，赫鲁晓夫与莫洛托夫之间斗争的焦点已转移到即将召开的苏共二十大的筹备工作上。赫鲁晓夫
269 打算在大会上对斯大林提出广泛的批评，莫洛托夫不同意，理由是不能只看到独裁者的过错，也要承认他的功劳。他还指出，不久前，包括赫鲁晓夫在内，大家都还把斯大林捧上了天。莫洛托夫的看法在某种程度上赢得了主席团其他成员的支持，特别是心怀不满的马林科夫和拉扎·卡冈诺维奇（Lazar Kaganovich），后者也曾是斯大林核心集团的成员。但是，主席团中的大多数人听命于赫鲁晓夫，所以他的“秘密报告”——按照后来的说法——还是照原计划进行了。

1956年2月25日，在一次只允许大会代表参加的秘密的闭门会议上，赫鲁晓夫发表了谴责斯大林及其个人崇拜的著名讲话。赫鲁晓夫有关斯大林执政时期恐怖统治的讲话震惊了全场。恐怖统治最为酷烈的是20世纪30年代后期，当时有大批的党和国家的官员遭到镇压。受害者当中也包括苏联军官团的成员。赫鲁晓夫报告说，自1954年以来，有7500多名在大清洗中遭到迫害的军人得到平反——许多都是在死后。赫鲁晓夫还指责了斯大林对于战争的领导。国家当时没有为战争做好适当的准备，斯大林对有关德国人即将

发动战争的种种警报置若罔闻。赫鲁晓夫声称，战争爆发的时候，斯大林的精神崩溃了，只是在苏联领导层中的其他人的请求下才又回来工作。斯大林恢复镇定之后，继续对军事事务横加干预。只是因为这个国家有一些杰出的军事领导人，苏联才得救了，没有遭受比红军在战争初期的巨大损失更为严重的灾难。赫鲁晓夫还特意把自己说成是朱可夫的挚友，并说自己在后者受到斯大林的攻击时替他说过话。战后，赫鲁晓夫说，斯大林企图夸大他自己在赢得胜利的过程中的作用，所以就竭力贬低包括朱可夫在内的自己的将领们的作用。“不是斯大林，”赫鲁晓夫最后说，“而是整个党，苏联政府，我们英勇的军队，它的那些杰出的领导者和英勇的士兵，整个苏维埃国家，才是卫国战争胜利的保证（暴风雨般经久不息的掌声）。”[23]赫鲁晓夫的“秘密报告”并没有正式刊发，但它在苏联各地的党委会议上都宣读了，结果引发很多困惑和争论。

在赫鲁晓夫戏剧性地插了这么一手的前一周，朱可夫在 270
大会的公开会议上，就军事事务做了一次较为平淡的报告。这对于朱可夫个人而言是个重大的时刻，因为这是他第一次在党代会上讲话，而且这也是个机会，可以全面阐明苏联在新的核时代的国防政策。朱可夫告诉代表们，未来的战争会与过去的战争大不一样。它的特点是广泛使用飞机和火箭来投放大规模毁灭性武器。这不但是指原子弹，还有化学武器和细菌武器。这种新的战争形式要求把资源转移到空中力量和防空方面。同时，常规的陆海空力量仍然必不可少，因为只有它们可以将战争进行到底，取得胜利。朱可夫也没有忽视人的因素：“军事装备，哪怕是最有效的军事装备，不可能自动决定一场战役或一次行动，也不可能自动获得胜利。

在未来的战争中，决定武装斗争结局的将会是那些彻底掌控了自己的军事装备的人，他们相信战争的正当性，他们在内心深处忠于自己的政府，并时刻准备着保卫自己的人民。”[24]朱可夫结束讲话的方式就跟他在开始时一样——呼吁武装力量永远忠于苏维埃祖国。

在这次大会上，朱可夫当选为主席团候补委员（即没有投票权），这让他进入了苏联政治决策的最高层。朱可夫立即和赫鲁晓夫结盟并批判斯大林。他在大会过后不久起草了一份发言稿，讲的是个人崇拜对军事事务的影响。发言稿本来是打算在1956年6月的苏共中央全会上派上用场的，但由于某种原因，朱可夫没用得上它，这可能是因为苏共领导层已经决定把对斯大林的谴责缓一缓。

正如可以料到的那样，朱可夫为中央委员会起草的报告与赫鲁晓夫的“秘密报告”的基本路线是一致的。对斯大林的批评有：战前对红军的清洗，对1941年6月22日的溃败负有的责任，以及战争头几年的指挥失误。但是，朱可夫还提出了一些新的批评，包括1941年7月对巴甫洛夫将军及西方方面军司令部成员的不公正的处决。朱可夫还将此事
271 与从总体上维护红军的荣誉、否认斯大林说它战争期间动辄后退的指控联系起来。朱可夫提到了红军在战争头几年蒙受的巨大伤亡，认为红军“可敬而英勇地尽到了自己保卫社会主义祖国的军事义务”。他还提到战后对待幸存的苏联战俘的方式问题。对于他们中的大部分人而言，被俘并不是自己的错。他们中的许多人不但在战后受到压制，而且现在仍然受到党政机关的不公正对待。“对于那些当过战俘的人，必须停止道德上的非难，必须撤销对他们的非法的处罚并消除对他们的保留态度。”[25]

强烈要求减少战俘的痛苦，这一呼声已经发出去有一段时间了。1955年9月，政府批准对那些被认为是自愿被俘的前战俘实行大赦。1956年4月成立了一个由朱可夫领导的委员会，负责调查前战俘的情况，包括是否允许他们重新入党。朱可夫的委员会在6月提交了报告，建议采取一系列措施结束对前战俘的歧视：对被俘那段时间要有报偿，要给他们及其家人发放津贴，要轰轰烈烈地宣传和表扬战俘们为战时的斗争所做的英勇贡献。1956年9月，政府颁布命令，要求不折不扣地落实一年前颁布的大赦令。[26]

对朱可夫而言，巴甫洛夫和西方方面军指挥人员的问题比较棘手。对他们被处决一事提出批评并恢复其作为爱国者和共产党员的荣誉，这没有问题。在斯大林去世后的几年当中，已经有过许多这样的平反。在导致朱可夫被解除职务的1946年的“飞行员事件”中受到牵连的人，早在1953年6月就平反了。1941年10月被处死的红军空军指挥官的平反，是在1954年7月。1937年以阴谋反对斯大林的莫须有罪名被枪毙的图哈切夫斯基等将军和元帅，也在1957年1月平反了。巴甫洛夫的情况的困难在于，1941年6月降临到西方方面军头上的灾难是无可否认的。解决这个棘手问题的办法是，由总参谋部对西方方面军领导层指挥失误的情况进行调查。1956年11月结束的总参谋部的调查结论是： 272
巴甫洛夫缺乏统帅经验，在能力上达不到战时决策的要求，但并非怯战或有意让自己的部队束手就擒。[27]这样的裁决正合朱可夫的心意，因为它在部分免除巴甫洛夫责任的同时，也使公众注意的焦点仍然集中在他的过错上，而不是集中在下达了不切实际的反攻命令并导致西方方面军毁灭的总参谋部的过错上。1957 年 7 月，苏共为巴甫洛夫等人正式平反。

匈牙利，1956

进入主席团以后，朱可夫积极参与高层的军政决策，这其中最为突出的就是 1956 年的匈牙利危机。在这次危机之前，先发生了波兰危机，而此次危机实际上正是由波兰危机激发的。赫鲁晓夫“秘密报告”的消息传到波兰国内的时候，让人们产生了这样一种期待：可以对共产党在二战后推行的威权主义体制进行彻底的改革。得到民众拥护的持不同政见者增多了，有改革倾向的共产党人也在加强鼓动，以图改组波兰共产党的领导班子。1956 年 6 月，在波兹南骚乱期间，数百名示威者被波兰安全部队枪杀，这让问题到了非解决不可的地步。为了应对危机，波共恢复了瓦迪斯瓦夫·哥穆尔卡（Wladyslaw Gomulka）的领导职务。他在 20 世纪 40 年代曾经担任波共领导人，后因民族主义倾向太明显而遭到清洗。在哥穆尔卡提出的改革建议中，有一条是解除罗科索夫斯基国防部部长职务，这一点让莫斯科特别警觉，因为后者被视为波兰继续与苏联结盟的保证。随着抗议和街头示威活动的升级，10 月 19 日，赫鲁晓夫在事先没有通知的情况下，在莫洛托夫、米高扬、卡冈诺维奇、科涅夫及朱可夫的陪同下，乘飞机突然飞抵华沙，目的是逼迫哥穆尔卡保留罗科索夫斯基的国防部部长职务，并坚持要求波兰政治改革的步子不要迈得太大。为了把自己的意志强加于人，苏联
273 人还以武力相要挟。哥穆尔卡拒绝屈服，然而，他设法让苏联代表团相信：共产党在波兰的统治地位以及波兰与苏联在

《华沙条约》范围内的同盟关系都不会受到威胁。[28]但是，苏联人没能救得了罗科索夫斯基，他被解除了国防部部长职务并于1956年11月返回了莫斯科。

与此同时，在匈牙利，一场更大的政治危机已然酿成，而且它也是受赫鲁晓夫谴责斯大林的影响。10月23日，反对共产党统治的人群试图冲击布达佩斯最重要的广播电台，匈牙利安全部队向他们开了火，从而引发了整座城市的武装暴动。匈牙利共产党政府请求苏军出手相助，镇压叛乱。当晚，朱可夫向主席团报告，布达佩斯有10万人举行示威活动并烧毁了广播电台。会议一致认为应该出动军队，恢复秩序。朱可夫表示同意："这跟波兰不同。必须动用部队……宣布戒严，并开始实行宵禁。"[29]

自战争结束以来，匈牙利境内一直驻有苏联军队。即使是在1947年与匈牙利签订了和约之后，他们也还在那里，表面上是要保护奥地利东部的苏军补给线，因为奥地利跟德国一样，战后也被分成了几个军事占领区。1955年5月，根据《奥地利国家条约》，苏联与西方结束了对奥地利的占领。此时，《华沙条约》已经签订，这让苏联又有了借口，以继续在匈牙利驻军。那些之前驻扎在奥地利的部队现在被改编成一个特别军。据布达佩斯的苏军指挥官E. I. 马拉申科（E. I. Malashenko）上校说，成立特别军是朱可夫的主意，这是受其1939年经验的启发，当时他在哈拉哈河就指挥过一个类似的集团。[30]

匈牙利危机爆发的时候，苏联人在匈牙利境内或靠近匈牙利的地方有5个师的驻军。10月24日，他们动员了大约3万人和1000辆坦克，占据了布达佩斯的战略要地，并关闭了奥匈边境。这一行动的应急预案是在1956年7月制订

的，所以苏联人相对来说轻而易举地就实现了自己的战术目标。[31]然而，苏联人的武力干涉进一步激怒了武装暴动的参
274 与者，于是，与波兰的情况相似，苏联撤军也成了达成政治妥协的条件之一。当苏共主席团在10月26日就此事进行讨论的时候，朱可夫反对撤军，并称之为“投降”。他力主投入更多的部队并继续采取“坚定的立场”。[32]

在共产党改革派纳吉·伊姆雷（Imre Nagy）领导的新政府上台之后，布达佩斯的形势稳定了下来。纳吉就如同匈牙利的哥穆尔卡，他让能使反叛者和苏联人双方都满意的政治妥协似乎有了可能。在10月28日的主席团会议上，朱可夫在发言中赞成有限撤军，认为有必要支持纳吉政府。[33]同一天还达成了停火协议，苏联军队开始撤到布达佩斯城外的兵营。第二天，朱可夫在答记者问时说：“在匈牙利，形势在向好的方向发展。一个我们对它抱有信心的政府已经成立了。”[34]在10月30日的主席团会议上，人们仍然抱着和解的态度，并一致同意就苏联与所有社会主义国家之间——不单是匈牙利——逐步形成一种较为平等的关系发表声明。朱可夫说，声明要表达“对人民的同情”并“呼吁结束流血事件”。[35]但到了第二天，也就是10月31日，莫斯科的态度又强硬起来，朱可夫奉命制订计划，准备进一步实行武力干涉。

苏联人变卦是因为形势出现了两个不同的而且彼此不相干的新变化。首先，有迹象表明，纳吉正准备让匈牙利退出华约，并宣布该国中立（他在11月1日时这样做了）。其次，英国、法国和以色列在10月29日向埃及发动进攻，目的是收回苏伊士运河的控制权。埃及是苏联的盟友，而且正如赫鲁晓夫于10月31日告诉主席团的那样：“要是我们丢

下匈牙利不管，那就助长了美、英、法帝国主义分子的气焰。他们会看出我们的软弱并继续进攻……先是埃及，接着就是匈牙利。”[36] 在接下来 11 月 1 日的主席团会议上，讨论了是否要再次进行武力干涉的问题。朱可夫仍然坚信，决定性的行动是必要的：“清除所有的腐败分子。解除反革命武装。一切都必须恢复秩序。”[37]

苏联在 1956 年 11 月 4 日的武装干涉是决定性的，同时
也是伤亡惨重的。此次行动的代号为“旋风”，由科涅夫指 275
挥，并从邻近的喀尔巴阡军区、罗马尼亚及敖德萨军区抽调了兵力，以增援匈牙利境内的部队。为了镇压布达佩斯及其他城市的叛乱，苏军总共有 17 个师参加了这次由坦克、步兵和空军发动的联合行动。在布达佩斯的战斗尤为激烈，那里的反叛者使用路障、轻武器和“莫洛托夫鸡尾酒瓶”进行还击。苏军的伤亡达到 2000 多人，其中有近 700 人死亡。平民和反叛者的伤亡达到 25000 人（死亡 5000 人）。另有 20 万匈牙利人不顾苏联人对边境的封锁，设法逃到了奥地利。

朱可夫定时向主席团提供布达佩斯行动的进展报告。[38] 没过几天，秩序就恢复了，一个由苏联人支持的、以卡达尔·亚诺什（Janos Kadar）为首的新政府上台了。暴动过后，数千名匈牙利人被捕，数百人被处死，其中最受人关注的就是纳吉·伊姆雷。对于残酷镇压匈牙利民众的起义，朱可夫没有显出自己有任何的怀疑。对他和所有苏联领导人来说，共产党政权和社会主义制度受到威胁的不单单是在匈牙利。他们担心民众反对共产党统治的多米诺效应会破坏整个东欧集团的稳定，从而威胁到苏德之间的缓冲区——那可是苏联人决心不惜一切代价都要保住的缓冲区。

由于在匈牙利危机中朱可夫发挥了决定性作用，他在

领导集体中的地位大大提升了。在 1956 年 12 月六十岁生日那天，他得到了自己的第四枚“列宁勋章”，他的照片登上了苏联报纸的头版，而且还配有苏共中央和部长会议的生日贺词。[39]

1957 年 1 ~2 月，继赫鲁晓夫和布尔加宁 1955 年 11 ~12 月的访问之后，朱可夫也高调出访印度和缅甸，目的是加强苏联与这两个新近独立的国家之间的联系。此次访问非常成功，朱可夫受到了热情的接待。看到他在印度骑在大象身上的照片，人们可能会觉得好奇：他当时是不是想到了汉
276 尼拔及其在坎尼对罗马人取得的著名胜利，因为它常常被拿来与哈拉哈河之战相比。当朱可夫回国的时候，苏联人发行了一部彩色新闻片，名为《苏联元帅 G. K. 朱可夫对印度和缅甸的友好访问》。[40]朱可夫在印度期间还于 1957 年 2 月 5 日在军事参谋学院发表了演讲，谈到了核战争：

> 万一在不同的大国同盟之间爆发战争，会不会使用核武器和热核武器呢？会的，这一点毫无疑问，因为在把这些武器引入武装力量方面已经走得太远，它们对组织、战术和军事战略思想都已产生了明显的影响……我们认为，只要在各国的武库中拥有原子武器和热核武器，它们对地面、海上和空中力量的重要性就不容小觑。在我们战后对武装力量的建设中，我们的出发点是，要想在未来的战争中取得胜利，只能依靠由所有武器和兵种组成的联合力量，以及在战争中对它们的协同使用。[41]

1957 年 3 月，朱可夫访问东柏林并与东德政府签订了

防务协议。当时，他对驻东德的苏军高级指挥官也发表了讲话。驻德苏军的任务是，在北约发动进攻的时候，迟滞西方军队的推进，为第二梯队华约军队的前移赢得时间。但朱可夫讲得很清楚，他不一定要等到北约先动手。一旦形势明朗，北约准备发动进攻，那苏联人就会先发制人，在两天内打到英吉利海峡。换句话说，苏联人打算先发制人，而且这种策略他们在 1941 年夏天等待德国人发动进攻的时候也曾考虑过，但未能实施。关于这次讲话，苏联人故意编造并散布的说法是，朱可夫说，苏联的策略是反攻而不是先发制人，而且一旦爆发战争，会使用核武器而不是常规武器。[42]苏联人这样做，既是想诱使北约对苏联的意 277
图做出误判，也是想以核武器的迎头痛击相威胁，使西方不敢发动进攻。

1957 年 5 月，在莫斯科召开的一次有 200 多名苏联陆海空高级军官参加的军事会议上，先发制人的主张再次被提了出来。朱可夫在自己的发言中集中谈了战争的起始阶段，并检讨了武装力量在 1941 年 6 月准备不足的教训。他特别谈到了研究敌方计划和意图的重要性：

> 我们的敌人的基本设想是，在战争的最初阶段，在对指挥控制系统发动突袭的基础上，最大限度地利用所有的兵力和手段。因此，有必要把国家的防空，尤其是雷达和反导防空，提升到一个高的水平并始终保持这个水平。不管在什么情况下，我们的武装力量都必须做好从陆上、空中和海上发动进攻的准备，要打消敌人发动扰乱性打击的企图。有人说——例如巴格拉米扬——我们的战略构想必须以预防性的先发制人的突然打击为中

> 心，以便破坏敌人的进攻准备。对这件事，我们不能公开谈论。

这番话是不是向与会者暗示，对于构想中的先发制人的战略，他们不要议论？或者它是在警告，这样的议论只会刺激敌人发动先发制人的打击？这很难说，朱可夫很有可能这两种想法都有。[43]朱可夫在向苏共领导层汇报此次会议的情况时，主要讲了对战争最初阶段的讨论，没提采取先发制人的打击的问题。会议很成功，他说，但它也暴露出军事思想仍然未能赶上当代军事技术发展的问题。[44]

朱可夫拯救赫鲁晓夫

波匈危机期间，随着其他成员开始主张其独立的权利，
278 赫鲁晓夫对主席团的统治力开始下降。这种向更加注重集体领导的工作作风回归的主要受益者是莫洛托夫。他在1956年6月被赫鲁晓夫解除了外交部部长职务，但仍然是主席团成员，并在1956年11月被任命为国家监察部部长，负责确保政令的实施。他利用这个新的岗位，在国内外一系列议题上挑战赫鲁晓夫的权威。莫洛托夫得到了卡冈诺维奇和马林科夫的支持，三人构成了主席团内部不断壮大的反赫鲁晓夫势力的核心。在这些纷争中，朱可夫始终是赫鲁晓夫的坚定的支持者。就像他后来回忆的：“从个人来讲，我当时觉得赫鲁晓夫的路线要比卡冈诺维奇和莫洛托夫的更正确。卡冈诺维奇和莫洛托夫死抱着旧的教条，不想按照时代的精神做出改变。”[45]

1957年5月赫鲁晓夫在列宁格勒发表讲话之后，他与

莫洛托夫的权力斗争达到了白热化。当时他许诺，苏联会在短短的几年内，让肉类、黄油和牛奶的产量超过美国。赫鲁晓夫在未经协商的情况下就宣布这个完全不切实际的目标，这样的决策风格显示出一种企图侵夺主席团权力和权利的危险。总而言之，由于出现了一位新的发号施令的人，后斯大林时代的集体领导制正在被颠覆。在主席团成员中，大多数人，包括布尔加宁和曾短暂接替莫洛托夫担任外交部部长的德米特里·谢皮洛夫（Dmitry Shepilov，他在 1957 年 2 月又被葛罗米柯取代），都不希望看到这种情况。在主席团大多数正式成员（有投票权）的支持下，莫洛托夫集团企图对赫鲁晓夫发动政变。

6 月 18 日，阴谋者们把赫鲁晓夫骗去开会。本来说是部长会议的，突然变成了主席团临时会议。不过，赫鲁晓夫也不是没有支持者，他设法回避了让他立即辞去党的领导人职务的要求。朱可夫和米高扬是他最有力的后盾。实际上，在会议之前，朱可夫就拒绝了马林科夫让他参与这起阴谋的企图。据朱可夫说，赫鲁晓夫在主席团会议上不知所措、垂头丧气，只是由于他的支持才扭转了局面。“格奥尔吉，你挽救了局势，”朱可夫回忆说赫鲁晓夫这样对他讲，“只有 279
你可以做到。我永远不会忘记。”[46]在朱可夫的帮助下，赫鲁晓夫安排中央委员们乘军用运输机飞抵莫斯科，并要求召开中央全会。经过连续三天的主席团会议，被其对手称为“反党集团”的莫洛托夫集团，被迫同意召开中央委员会会议，决定赫鲁晓夫的领导地位问题。[47]

在苏共二十大上选举产生的 200 位左右的中央委员，绝大多数支持赫鲁晓夫。在 6 月 22～29 日的全会上，所谓的反党集团的成员发现自己成了人数极少的少数派，而朱可夫则是向莫洛托夫及其同谋发难的急先锋。全会上首先发言的是赫鲁晓夫手下主管意识形态的米哈伊尔·苏斯洛夫(Mikhail Suslov),而第二个就是朱可夫。他揪住反党集团对斯大林时代的罪行应当负有责任的问题,对其进行猛烈抨击。朱可夫向全会揭露说,从1937年2月27日至1938年11月12日,斯大林、莫洛托夫和卡冈诺维奇亲自批准处决了38679名政治犯。仅在1938年11月12日一天,斯大林和莫洛托夫就批准处死了3167人。"我不知道他们有没有看过那些人的名单,"朱可夫说。在披露了有关处决的更多细节之后,朱可夫最后说:"我认为有必要在全会上讨论这个问题,并要求马林科夫、卡冈诺维奇和莫洛托夫就他们滥用权力一事做出解释。"尽管有朱可夫的介入,但斯大林时代的罪行并没有成为讨论的主题,主要是因为它牵扯到太多有关赫鲁晓夫在这些事件中的作用这个令人不安的问题。

朱可夫在全会上没有再发言,但他确实多次与赫鲁晓夫一唱一和,打断反党集团成员的讲话并质问他们。"谈谈对罪行和杀人的责任,"他要求卡冈诺维奇,"这是最重要的问题。"让朱可夫特别高兴的似乎是布尔加宁的窘况,因为后者曾在主席团会议上支持反党集团而此刻却在为自己的行为百般辩解。在布尔加宁发言的过程中,朱可夫开始质问他并对他说,如果想做个诚实的人,就不要"歪曲事实"。在
280 宣读全会文字记录稿的时候,朱可夫显出了一副得意的样子。[48]

全会的结果是在意料之中的:撤销莫洛托夫、马林科夫和卡冈诺维奇的政府职务,并将其开除出主席团和中央委员会。莫洛托夫随后被流放,出任驻蒙古人民共和国大使,而马林科夫则被派到哈萨克斯坦管理电厂,卡冈诺维奇也成了

乌拉尔地区一家钾碱厂的管理人员。布尔加宁在受到严厉批评之后逃过一劫，但赫鲁晓夫很快就取代了他的总理职务。毫无疑问，此次全会赫鲁晓夫大获全胜，但朱可夫才是这次演出中的真正的明星。他得到的奖赏是成为主席团的正式成员。

在与反党集团斗争的同时，朱可夫个人生活中的另一出戏也开演了。年过六旬的朱可夫再次做了父亲。6 月 19 日，加琳娜生下了他们的女儿玛丽亚。朱可夫十分高兴。他写信给加琳娜，对新生儿嘘长问短，并答应尽快去看她们，只是他卷入了一场“残酷的战斗”，有四天没怎么睡了。但加琳娜写信给朱可夫说，玛丽亚得了黄疸病，精神萎靡，自己和医生们都担心她不能活下来。忧心如焚的朱可夫在 6 月 26 日写信给加琳娜：“从你的来信得知我们女儿的健康状况之后，我彻夜未眠。怎么会这样呢？我非常担心她……我要你坚强起来，不要向命运低头……软弱在斗争中永远不会赢得胜利。”[49] 幸运的是，玛丽亚康复并活了下来。

全会过后，批判反党集团运动的范围扩大了。报刊上刊登了经过删节的关于反党集团问题的中央委员会决议。苏共还召开了一系列会议，声讨莫洛托夫、马林科夫和卡冈诺维奇。7 月 2 日，朱可夫向国防部党组成员发表讲话，与会者有安东诺夫、巴格拉米扬、华西列夫斯基、科涅夫、梅列茨科夫、罗科索夫斯基以及其他元帅和将军。朱可夫重复了他在全会上说过的内容，强调反党集团在斯大林时代历次大镇压中所应承担的责任。这次他特别提到了布尔加宁在事件中“不光彩的”角色。据朱可夫说，这起阴谋的一部分，是要 281
把克格勃的控制权交给布尔加宁。布尔加宁本来在主席团会议上是附和这起阴谋的，但在全会上当他看到风向不对的时候，就转而反对反党集团了。[50]

7月中旬，朱可夫在列宁格勒参加海军节庆祝活动的时候，再次谴责了阴谋分子。7月15日，他发表了一次被广为报道的讲话，批评反党集团反对赫鲁晓夫做出的要在肉类、牛奶和黄油的人均产量上超过美国的承诺，批评反党集团抵制政治经济决策中的分权化。但是，朱可夫对反党集团的批判，主要还是针对他们反对批判对斯大林的个人崇拜。[51]在列宁格勒之行中，陪同朱可夫的是“朱可夫夫人”——这表明，尽管和加琳娜事已至此，但他与亚历山德拉的婚姻还没有结束。

赫鲁晓夫分子的攻击

1957年10月，朱可夫在一大群高级军官的陪同下访问了南斯拉夫和阿尔巴尼亚，想要复制自己之前访问印度和缅甸时的轰动与成功。他们没有乘飞机，而是别具一格，乘着苏联的现代化巡洋舰“古比雪夫号”于10月5日从塞瓦斯托波尔出发前往贝尔格莱德。这是朱可夫的第一次海上之旅，而且他似乎很享受这次航行，尽管他此时与海军的关系并不太好。除了不同军种之间多年来存在的竞争之外，还因为赫鲁晓夫与主管海军的N. G. 库兹涅佐夫（N. G. Kuznetsov）海军元帅最近为了大型水面舰队的建设计划问题发生了冲突。朱可夫支持赫鲁晓夫的选择，主张优先发展以潜艇为基础的舰队。库兹涅佐夫因为1955年10月塞瓦斯托波尔的军舰发生爆炸并导致数百名水兵丧生而被解除职务。

在通过博斯普鲁斯海峡的时候，“古比雪夫号”碰到了美国第六舰队的几艘军舰（一艘航空母舰，一艘巡洋舰，两艘护卫舰和几艘驱逐舰）。按照惯例，美国舰只的乘员在甲板上列队并用信号向苏联国防部部长致意。朱可夫并不感到高兴，而是抗议说："他们有什么必要在这儿？他们的舰船为什么不待在自己的水域？"此次航行中比较愉快的氛围，还给了朱可夫参加船上的音乐会并演奏手风琴的机会。[52] 282

10月8日，"古比雪夫号"抵达南斯拉夫的扎达尔（Zadar）港，朱可夫一行在那里按照惯例马不停蹄地开始了参观、会议、仪式和演讲。对朱可夫而言，最有意义的就是与铁托的"邂逅"。他是在这个南斯拉夫人的克罗地亚家乡见到他的，他们还在那里一起去打山羊。"对我来说，这是一次非常成功的狩猎，"朱可夫回忆说，"我打到了四只山羊，铁托只打到了一只。看得出来，他对自己的成绩很不满意。"[53]10月16日，朱可夫向莫斯科呈交了自己与铁托谈话的报告，并特别提到南斯拉夫想要改善与苏联的关系，并在反对帝国主义的共同舞台上一起行动。10月17日，朱可夫离开贝尔格莱德前往阿尔巴尼亚首都地拉那（Tirana），在那里进行了类似的参观，并与阿尔巴尼亚共产党首脑恩维尔·霍查（Enver Hoxha）举行了会谈。[54]

但让朱可夫不高兴的是，国内媒体对他的出访只做了有限的报道。10月12日，他写信给赫鲁晓夫，抱怨《真理报》对于自己的出访只有简短的报道，没有发表自己以及南斯拉夫同志讲话的全文。这在南斯拉夫领导层那里造成了不好的印象。如果中央认为发表我的讲话不太合适，朱可夫在电报中说，那它或许该宣布我已经离开了南斯拉夫。主席团在10月14日回电中说，现在在国外访问的苏联代表团有两个，一个是最高苏维埃代表团，去了中国，一个是"军事"代表团，去了南斯拉夫。假如对朱可夫的出访宣扬太多，那无论是对世界舆论还是对中国人，或许都不太好接受。朱可夫对这一解释并不满意。10 月 16 日，他再次写信给赫鲁晓夫，给他上了上政治课：“我们是大国，是世界共产主义者和工人运动的物质、精神基础，我们不该——譬如为了中国而得罪小国。”[55]

可能正是这些气头上的话，促使赫鲁晓夫最终做出了决定——特别是先前跟朱可夫已经有过一次政策上的分歧。那
283 是这一年的早些时候，朱可夫主张在空中侦察问题上对美国做出让步，以此来保证各项协议的遵守。美国人赞成的“开放天空”最初是艾森豪威尔在日内瓦峰会上提出的，它意味着苏联要向美国的间谍飞机开放自己的领空，以换取进入美国领空的权利。苏联人一开始同意有限开放，但在 1957 年 8 月有关“开放天空”的一个更为广泛的协议出笼的时候，虽然朱可夫赞成，但赫鲁晓夫却表示反对了。“我不完全同意朱可夫同志的观点，”他对主席团说，“敌人的潜力更大。谁的潜力更大，谁就会对情报更感兴趣。他们并不了解我们所有的东西。敌人不会接受的，这一点我同意朱可夫的看法。但要是它接受了怎么办呢？那就糟了。”[56] 这次讨论的结果是，苏联还是坚持目前的立场，即有限制地开放天空。不过，在朱可夫被解除职务之后，赫鲁晓夫就连有限开放天空的提议也撤销了，而且还让苏联退出联合国的裁军谈判。

朱可夫第二次失势的这出戏从他还在阿尔巴尼亚的时候就开场了。10 月 17 日，武装力量总政治部主任 A. S. 热尔托夫（A. S. Zheltov）在主席团会议上向他发难。热尔托夫在会上说，武装力量中的政治工作受到了忽视。朱可夫说过，他要让军事委员会（即武装力量中的政治机构）从属于军事指挥员。据热尔托夫说，朱可夫把“政工人员”说

成是“红胡子”，如果给他们刀子，就会杀了所有的指挥员。热尔托夫指责说，朱可夫对他抱有敌意，如果没有得到批准，就不让自己下部队。“为什么？就因为我据说反对过任命他为国防部部长。因为我看不惯他的自命不凡。”热尔托夫的指控一定是事先安排好的，因为如果没有赫鲁晓夫的授意，他是不敢这样批评朱可夫的。参加主席团会议的有科涅夫及地面部队总司令罗季翁·马利诺夫斯基（Rodion Malinovsky）元帅。他们为军队政治工作的状况（虽然不是为朱可夫本人）做了辩解，但他们对热尔托夫的反对意见没有被采纳。会议决定成立一个委员会，对加强武装力量中 284
党的工作问题进行检查。两天后，委员会向主席团提交了报告，并正式通过了一项决议——它特别规定，军事委员会要负责武装力量的所有重大决策。同时还决定，召开驻莫斯科和列宁格勒地区武装力量中的党的积极分子会议。

10月22和23日，赫鲁晓夫在莫斯科的两次这样的会议上都发表了讲话。他并没怎么指名道姓地批评朱可夫，但明眼人都看得出来，朱可夫的日子已经不多了。赫鲁晓夫的指责有一条跟斯大林格勒战役的纪录片有关。该片把朱可夫和华西列夫斯基说成是1942年11月反攻的主要设计师，而这项功劳本来是应该归于他自己和叶廖缅科的。两天后，文化部部长写信给中央委员会，详细描述了朱可夫对影片编辑工作的干涉，认为影片内容“宣扬了对朱可夫同志的个人崇拜”。[57]

在23日的会议上，赫鲁晓夫讲得比较露骨一点。他向自己的听众指出，他已经解除了什捷缅科将军苏联军事情报机构负责人的职务，因为他和朱可夫未经党的领导批准，就成立了一个学校，专门训练从事军事破坏活动的特工人员。

赫鲁晓夫提醒在场的人，什捷缅科先前就曾因和贝利亚有联系而被解除了副总参谋长职务，并调去担任西伯利亚军区的参谋长。但朱可夫在成了国防部部长之后，又让什捷缅科回到莫斯科负责军事情报机构。[58]赫鲁晓夫想说的是，在什捷缅科的任用问题上，在擅自批准成立特工学校的问题上，朱可夫的判断力很差劲。

对于正在发生的一切，身在阿尔巴尼亚的朱可夫可能听到也可能没有听到风声。他在10月26日回到莫斯科的时候得了感冒，当天晚些时候参加主席团会议时状态不太好。不过，他还是为自己的立场做了有力的辩护，否认自己想把武装力量和党分裂开来，并要求成立委员会来调查那些指控。他承认存在对自己的个人崇拜，但否认自己对荣誉有什么个人企图。在讨论中，赫鲁晓夫提到朱可夫心甘情愿接受美国
285 人的“开放天空”政策，并建议解除朱可夫的国防部部长职务。这一决定被一致通过，同时一致通过的还有由马利诺夫斯基接替他的职务的决定。[59]

主席团会议后，朱可夫打电话给赫鲁晓夫，问是怎么回事。赫鲁晓夫说，在很快召开的中央委员会会议上一切就都会明白的。朱可夫答道：“我想我们之前的友好关系让我有权利直接问你，你为什么对我变得不友好了。”赫鲁晓夫回答说：“不要那么激动，我们还是会给你安排工作的。”[60]

1957年10月28和29日，中央委员会开会通过了解除朱可夫职务并对其进行谴责的决定。苏斯洛夫再次成为赫鲁晓夫的首席打手，但他也得到了许多将军和元帅的支持——这一方面是因为那些人要向党的领袖表忠心，另一方面也是因为他们与朱可夫的宿怨。对朱可夫的指控包括：企图让军队脱离党的领导；太自以为是，把卫国战争的胜利归功于自

己。苏斯洛夫在批评朱可夫的时候还加油添醋，说朱可夫有揽权的倾向。苏斯洛夫的指控得到了热尔托夫的支持。接着，朱可夫得到了答辩的机会。自然，他重申了自己对于党的忠诚，表示自己没有任何削弱党在军队中的权威的想法，相反，利用军事指挥员——他们大多既是军官又是经验丰富的共产党员——加强党在武装力量中的地位，正是他的政策。朱可夫在发言时受到了赫鲁晓夫的质问，就像他自己在六月全会上对待莫洛托夫反党集团的成员一样。

朱可夫的同僚也提出了一大堆指控。总参谋长索科洛夫斯基在发言中声称，朱可夫没有经过商量，就把总参谋部的一份说苏联永远不会发动战争的文件，改成有可能率先发动进攻。铁木辛哥元帅重复了苏斯洛夫有关朱可夫贪恋权力的看法，并说他总以为自己一贯正确。科涅夫和索科洛夫斯基一样，声称在 1946 年朱可夫受到斯大林指责时为他说过话， 286
但他现在要批评朱可夫的个人崇拜。曾经和赫鲁晓夫一起在斯大林格勒共过事的叶廖缅科喋喋不休，说朱可夫不诚实，把组织斯大林格勒大反攻的功劳据为己有。另一位参加过斯大林格勒战役的将领崔可夫指责说，对斯大林的个人崇拜已经被对朱可夫的个人崇拜取代了。罗科索夫斯基着重说了朱可夫的粗暴和不尊重自己的同事，并拿自己在莫斯科战役期间与朱可夫发生过争执为例。朱可夫不“只是在战争期间表现粗鲁”，罗科索夫斯基说，“他的指挥方式实在令人反感；我们听到的除了不停地咒骂和扬言要枪毙人之外，什么也没有。”马利诺夫斯基也特别指出了朱可夫的粗鲁，说自己从来没听他讲话不带脏字的。华西列夫斯基因病缺席了此次全会。他要是去了，会不会和别人一样指责朱可夫，这很难说。估计他肯定会那样做，他们两人的关系在 20 世纪 60

年代朱可夫第二次平反前一直比较淡。

全会临近结束的时候朱可夫再次发言，感谢中央委员们的批评，并承认自己犯了错误。但在一点上，他的立场又非常坚定。有人说这不是他第一次在中央委员会面前交代自己的错误时改变主意了，1946 年的时候他就拒绝承认自己的领导方式有错。朱可夫的机敏之处在于，虽然他接受了现在对自己的那些批评，但他没有，而且也不会去承认自己在 1946 年就错了。

全会上最后发言的是赫鲁晓夫。在这次典型的长篇大论式的讲话中，他把对朱可夫的指责的范围扩大到他的战绩，特别是与 1941 年的基辅失守、1942 年的哈尔科夫惨败以及斯大林格勒战役有关的战绩。赫鲁晓夫还指责朱可夫不懂得现代的军事技术。会议最后通过一项决议，批准了主席团的决定，解除朱可夫的国防部部长职务，取消其中央委员和主席团成员资格。[61]党籍算是保住了，但几周之内他就被剥夺了所有的权力。

287 全会过后，在武装力量和苏共内部，以及在更为广泛的公共领域，都开展了批判朱可夫的运动。在 10 月 31 日的莫斯科党员会议上，莫斯卡连科元帅指责朱可夫“虚荣、以自我为中心、极端傲慢和自我陶醉”，而马利诺夫斯基则猛烈抨击他的“固执己见、专制独裁、野心勃勃、自命不凡”。也许最不厚道的要属他的老朋友巴格拉米扬的批评了，据说他说朱可夫“就是个病人，骨子里就自我膨胀”。[62]

10 月 27 日的《真理报》最后一版，在全会之前就迫不及待地向世人公布了马利诺夫斯基接替朱可夫担任国防部部长的消息。[63]11 月 3 日，苏联报刊刊登了中央委员会的决议——《论改善我国陆海军中党的政治工作问题》——并披露说朱可夫之所以被解除职务，是因为他所采取的政策削弱了武装力量中的党的工作。决议批评了对朱可夫的个人崇拜以及这种个人崇拜对卫国战争“真实历史”的歪曲。决议还提到朱可夫在对外政策上的“冒险主义”——大概是影射在与美国的裁军谈判问题上他和赫鲁晓夫有过争执。《真理报》当天还发表了科涅夫的长文，批评朱可夫的战绩。科涅夫表示，德国人在1941年6月发动进攻的时候，朱可夫是总参谋长，理应对随后发生的溃败负责。科涅夫还批评朱可夫不该把斯大林格勒大反攻和强攻柏林之类的行动的功劳无端地据为己有。据科涅夫说，伟大的卫国战争的胜利，与其说是斯大林、大本营和朱可夫的功劳，不如说是（像他自己那样的）各个方面军指挥官的功劳。而且，科涅夫指出，虽然朱可夫喜欢批评斯大林的个人崇拜，但朱可夫的目的不是批评个人崇拜本身，而是要加强对他自己的崇拜。[64]几个月之后，朱可夫在街上碰巧遇到了科涅夫。朱可夫不想跟他说什么，但科涅夫主动请他搭自己的车，说他并没有忘记他们以前的友情。朱可夫拒绝了，他提醒科涅夫不要忘记自己在全会上的表现，那会儿他可一点都不像个朋友。[65]

在朱可夫担任国防部部长之后，虽然对他逐渐产生了个人崇拜，但那并非其有意为之。至于党和军队的关系，人们
每每会把朱可夫的解职解读为在这两个集团之间存在着制度 288
性冲突，解读为是他个人想要维护武装力量的独立性。实际上，这件事既简单又复杂。无论是在当时还是在事后，朱可夫都坚决否认自己想要削弱党对武装力量的控制。他后来说过：“对我个人而言，党的话永远都是法律。”[66]而且他还

特意称赞了政治委员的作用，强调党的领导地位。朱可夫本人是一名忠贞的共产党员，这一点永远都不该忘记。但是，他对党应该如何去控制和影响武装力量，确实有自己的想法。从 20 世纪 20 年代的伏龙芝改革开始，朱可夫就一直坚定地拥护一长制，也就是由一个人来指挥。朱可夫跟伏龙芝一样，认为军事决策应该由指挥官独自掌控，政治委员的作用是做好武装力量内部的宣传工作。保证党对军队的控制的，是指挥官本人要成为或者就应该是忠诚的共产党员。朱可夫还强烈主张，政治委员要既是优秀的共产党员，又是优秀的军人。

在朱可夫担任国防部部长期间，为了强化一长制同时又提高武装力量中政治工作的效果，曾经有过许多举措和指示。例如，在 1957 年 4 月下达的关于党在武装力量中的组织工作的指示中，有一条是禁止利用党的会议去批评指挥官下达的命令，但其余的谈的都是加强党员在军队中的地位，同时还谈到职业军官的政治表现。[67]关于武装力量中的党的工作，朱可夫采取的许多政策都是在他就任国防部部长之前就有的。当朱可夫在 1956 年 5 月发布命令，要求通过强化一长制来改善军队的纪律状况时，他就是在要求落实 1951 年斯大林时代的一项政策。[68]指控朱可夫企图削弱党在武装力量中的作用，这是一个有力的政治借口，可以解除他的职务，但其实这样的罪名是毫无根据的。

朱可夫认为，赫鲁晓夫之所以决定把他搞掉，主要是由
289 于个人原因——因为朱可夫在思想上的独立性以及他拒绝迎合日益严重的对赫鲁晓夫的个人崇拜。赫鲁晓夫也担心朱可夫会像艾森豪威尔一样，想在政治上更进一步。但是，朱可夫说：“我从来没有觊觎过国家权力——我是个军人，军队

就是我的事业。”[69]

朱可夫后来说他知道赫鲁晓夫要对他动手，但现在并没有发现任何同时期的证据可以支持这样的说法。所有的迹象都表明，1957 年时困扰着朱可夫的，是与 1946 年斯大林清洗他时同样的问题：政治上的天真再加上傲慢自大的个性。

朱可夫失势的消息传到西方后，西方社会对于此事的前因后果一时是议论纷纷。其中差不多属于当时分析得最准确的，是中情局的一份日期为 1959 年 6 月的简报。它的结论是：“朱可夫被解职的原因似乎是他按照自己的看法忠于职守，政治上不够圆滑老练，真心实意地坚持行使一名主席团正式成员和苏联部长在理论上拥有的权力。”[70]

最有先见之明的是印度驻莫斯科大使 K. P. S. 梅农（K. P. S. Menon）于 1957 年 11 月 5 日写在日记中的一段话：

> 斯大林去世后，在俄罗斯的天空中，没有哪颗星星比朱可夫更亮。现在想要遮住他光亮的那些企图，只能说是可鄙的。苏共也许能让朱可夫从公众的视线中消失，但无法从人们的心头抹掉对他的记忆……最终，真理将取得胜利，克利娥①会把朱可夫安排到与亚历山大·苏沃洛夫、米哈伊尔·库图佐夫以及亚历山大·涅夫斯基那样的宠儿比肩的位置……而俄罗斯人民会永远怀着一颗爱戴之心感念他。[71]

① Clio，希腊神话中主管历史的女神。——译者注

13

最后一战：争夺历史，1958～1974

290 回家倒头大睡，这就是朱可夫熬过十月全会打击的方式。“我决心不做牺牲品，”他告诉康斯坦丁·西蒙诺夫，“不消沉，不垮掉，不丧失自己的生活意志……我回到家中，吃了安眠药，睡了几个小时，起来，吃点东西，又吃安眠药倒头大睡，起来，再吃安眠药倒头大睡。就这样过了15天……睡梦中，折磨我的一切又历历在目……我据理力争，伤心难过——这一切都是在我的梦中。然后，15天后，我钓鱼去了。”[1]

朱可夫私生活中不得消停的纠葛也加剧了他的痛苦。在被解除国防部部长职务之后，他和加琳娜的私情也被他妻子发现了。从加琳娜在斯维尔德洛夫斯克的时候，亚历山德拉就对她有所耳闻，但她不知道加琳娜已经搬到了莫斯科。对于加琳娜女儿玛丽亚的事情，亚历山德拉也不知道。事实上，只是在四年之后当朱可夫想要得到自己的合法妻子的同意以收养玛丽亚的时候，她才了解到这件事。对于自己私生活中的危机，朱可夫解决问题的办法是，把他在格拉诺夫斯克街的寓所换成两处小一点的房子，一处给亚历山德拉，一处给女儿埃拉，而他自己则搬到了乡间别墅，与加琳娜及玛

丽亚住到一起。直到朱可夫夫妇于1965年离婚之前，无论
是叶拉还是埃拉，都不知道自己的父母事实上已经分开。在
真的发现此事之后，她们都站到自己母亲一边，一年多没和 291
朱可夫说话。[2]后来，朱可夫在1966年与加琳娜结了婚。

退休

赫鲁晓夫在解除朱可夫国防部部长的职务时答应过给他另行安排工作，但这个承诺没有兑现。1958年2月，主席团要求朱可夫从武装力量退休，尽管按照苏联的标准来看，条件还算不错。他得到了一大笔退休金，还有专用的小汽车及优厚的医疗和安全保障。他可以保留自己的公寓和别墅。要是想穿，他也可以穿军服。[3]

不太受欢迎的是克格勃的监视。从他们的报告中我们得知，幽居在家的朱可夫动辄批评赫鲁晓夫的统治，而且不仅是在自己的家中。1959年9月，克格勃向赫鲁晓夫报告，在V. V. 克留科夫将军（歌唱家利季娅·鲁斯拉诺娃的丈夫）的葬礼上，朱可夫在与其他送葬者交谈时，批评党的军人退休金政策，并说政治军官的权势越来越大，是在削弱武装力量。

1963年5月，克格勃报告说，朱可夫说接替自己担任国防部部长的马利诺夫斯基元帅是“马屁精”。他批评说，苏联在空间计划上投入太多，在来访的外国要人身上花钱也大手大脚，这些放在斯大林时代是不会有的。朱可夫还对官方从1960年开始出版的由赫鲁晓夫分子编写的多卷本《伟大的卫国战争史》冷嘲热讽。[4]该书声称西方盟国对苏联的战时援助意义不大，但在朱可夫看来，美国援助的物资让苏联增加了自

己的装备储备，并转而生产坦克之类的必需品。这名克格勃官员在报告的最后特别提到，朱可夫及其家人很快就要去度假了，届时就有机会弄清楚他在自己的回忆录中写了什么。

这份克格勃特别报告触及了一些敏感的话题。1963 年 6 月，主席团决定委托列昂尼德·勃列日涅夫等人向朱可夫提
292 出警告：他如果再说三道四，就要被开除党籍并遭逮捕。但是，当勃列日涅夫这个月的晚些时候去看朱可夫的时候，那位元帅并没有悔意。他告诉勃列日涅夫，自己无法接受 1957 年十月全会的决议，因为没有给他申诉的机会。尤其让他愤怒的是决议中提到的冒险主义罪名："我什么时候在什么地方是个冒险主义者了？说我是个冒险主义者是指什么事情？我入党 43 年，参加过四次战争，为祖国牺牲了自己的健康，却莫名其妙地说我干了冒险主义的事情？证据呢？这种证据根本就没有。"朱可夫否认自己在和他人谈话时批评过党，并要求与指控者当面对质。另外，朱可夫也保证自己会永远忠于党，并让勃列日涅夫放心：对于自己正在写的回忆录，没有什么可担心的。[5]

被剔出书面的历史

20 世纪 50 年代末，朱可夫开始撰写回忆录，当时针对他的运动接连不断，想要诋毁他的历史声誉和人品。首先发难的是科涅夫，他在全会后的 1957 年 11 月，在《真理报》上发表文章，从多个方面严厉批评了朱可夫的战时表现。1958 年，苏联最重要的军事历史学家 E. A. 鲍尔京（E. A. Boltin）将军的权威文章，批评朱可夫在 1941 年担任总参谋长期间，没有为战争做好充分的准备。他作为总参谋

长的种种不足，成了官方的卫国战争史第 2 卷中的主要内容，就连在 1941 年时担任国防人民委员的铁木辛哥也受到了牵连。但是，更具杀伤力的还是马利诺夫斯基在 1959 年的苏共二十一大上的指控。他说朱可夫有“波拿巴主义”倾向——也就是说，觊觎最高权力。赫鲁晓夫在 1961 年的苏共二十二大上又重提这项指控。[6]对其名誉的这些非常公开的攻击，为军事回忆录的作者批评朱可夫的战时表现铺平了道路。他们一般都把他描写成一个既不了解复杂的军事事务又对同僚骄横跋扈的人。[7]1964 年 2 月，朱可夫写信给赫鲁晓夫，抗议回忆录的作者和历史学家不但把他描写成波拿
巴主义者，而且还是冒险主义者、修正主义者和对党有关武 293
装力量的批评心怀不满的人。[8]

许多历史出版物对朱可夫在战争中的作用只字不提，这对他而言，就和前面的那些指责一样，是令人气愤的。在 1958 年的一本研究列宁格勒之围的书中，凡是提到他在 1941 年 9 月对保卫这座城市起到关键作用的地方，都被删掉了。在 1960 年的一本研究东波美拉尼亚行动的书中，朱可夫的名字甚至连提都没提，而由他担任指挥官的白俄罗斯第 1 方面军是参加那次行动以便为即将开始的强攻柏林清除威胁的主力之一。《伟大的卫国战争史》第 1 卷承认朱可夫指挥了哈拉哈河战役，但认为红军打败日军并非他的功劳。1962 年，前总参谋长、朱可夫任国防部部长时曾经做过他的副手的 V. D. 索科洛夫斯基元帅，出版了那本最权威的苏联军事战略教科书。战争期间以及战后，索科洛夫斯基曾以许多不同的身份与朱可夫共过事，但他在论述苏联在二战时期的战略思想的发展时，根本就没有提到自己以前的上司。当然，朱可夫不是个伟大的战略思想家，

但他在卫国战争期间所表现出来的指挥才干，确实为苏联的作战方式的改进做出了很大贡献。索科洛夫斯基也没有提到朱可夫在1955～1957年担任国防部部长时在军事战略方面的观点，而这段时期是苏联人从传统的战争观念向核时代战争观念过渡的关键阶段。1964年，索科洛夫斯基编了一本关于莫斯科战役的书。他在那次战役中曾是朱可夫的参谋长，对朱可夫在战争转折关头所起的核心作用十分清楚，但他却无视这一事实，在书中几乎没有提及朱可夫。1965年，罗科索夫斯基主编了一本关于斯大林格勒战役的权威教科书，书中对朱可夫在局势发展中的作用的承认仅限于说他在战役期间担任过斯大林的大本营代表。[9]此时的朱可夫想必有威灵顿公爵老年时有过的那种感慨：每当读到某些历史学家对滑铁卢战役的描述时，他就开始疑惑，不知道自己是否参加过那场战役！[10]

在这样的背景下，朱可夫在回忆录中在极力为自己的战时表现辩护的同时，明显不太愿意谈论自己的失败和缺
294 点，就毫不奇怪了——因为他不想给批评者提供攻击自己的口实。

当朱可夫开始撰写回忆录的时候，这样做是出于信念。因为只要赫鲁晓夫还在台上，回忆录就没有发表的机会。当埃拉问他为什么还要劳心费神的时候，他对她说自己是“为桌子”、“为历史”而写的。[11]然而，1964年10月，对赫鲁晓夫内外政策极度失望并受够了他的专横的领导作风的主席团，把他赶下了台。像朱可夫一样，赫鲁晓夫也隐退到自己的乡间别墅中写回忆录去了。20世纪70年代，这些回忆录在西方出版并引起了轰动；它们所披露的内容，多年来一直支配着西方对于苏联历史的看法。在1974年出

版的回忆录第二卷中，赫鲁晓夫用整整一章的篇幅讲述了1957年解除朱可夫职务的经过。他再次重申，在他看来，朱可夫有波拿巴主义倾向，所以才必须解除他的国防部部长职务。同时，赫鲁晓夫也谨慎地向朱可夫表示了某种程度的敬意："我尊重朱可夫的才干和判断力。我们在一起谈正事的时间很多，在一起打鸭子的时间也很多……作为军人，朱可夫特别敏锐而灵活。"[12]

平反

赫鲁晓夫下台后，朱可夫并没有立即得到平反，但也没拖多长时间。1965年3月，朱可夫写信给苏共领导层，说自己是赫鲁晓夫独裁倾向的受害者并要求平反。[13]这封信似乎没有得到答复，但一个月之后，苏联官方新闻机构塔斯社在广播中谈到了朱可夫的老对头科涅夫对他的某些评价。科涅夫说，朱可夫有他的缺点，但他是一个伟大的军事指挥官，理应参加即将举行的纪念卫国战争胜利二十周年的庆祝活动。5月8日，苏联新领导人勃列日涅夫在克里姆林宫发表了关于此次纪念活动的主旨讲话。朱可夫应邀出席了会议。当他进入会议大厅的时候，人们起立鼓掌欢迎。勃列日涅夫在讲话中提到朱可夫（和斯大林）名字的时候，掌声
更加热烈。第二天，朱可夫和许多元帅一起，再次站到了列 295
宁陵墓上方的主席台上，检阅参加胜利阅兵的军队。阅兵仪式结束后，在克里姆林宫的招待会上，人们向正在就座的朱可夫鼓掌欢迎。后来，朱可夫参观了莫斯科的作家俱乐部，并在那里做了即席讲话。讲话所显示出的理智与谦逊，给康斯坦丁·西蒙诺夫留下了深刻的印象。[14]赫鲁晓夫分子这些

年来对朱可夫的攻击，并没怎么影响到朱可夫的声望。他过去是，而且将来依然是那位伟大的、从希特勒带来的灾难性失败中挽救了苏联并率领这个国家取得了一场伟大胜利的将军。

1966 年 11 月，朱可夫和包括科涅夫、罗科索夫斯基以及崔可夫在内的其他“常胜元帅”一起，参加了纪念莫斯科战役胜利二十五周年的庆祝大会。当元帅们出现在主席台上的时候，观众们长时间地热烈鼓掌。就在掌声逐渐平息的时候，一个代表高喊：“光荣属于朱可夫元帅！”全场再次响起了热烈的掌声。这种过分的赞美让主持大会的苏共代表颇为不快。[15]同月，在朱可夫即将迎来自己七十岁生日的时候，他得到了自己的第 5 枚“列宁勋章”，而他一生所获得的军功章和奖章，包括英国、法国、美国、波兰、蒙古、意大利、保加利亚、捷克斯洛伐克、南斯拉夫、埃及和中国颁发的，一共有将近 70 枚。[16]

1965 年 6 月，苏联军史领域最重要的杂志——《军史杂志》发表了朱可夫的文章，回应了崔可夫有关他未能在 1945 年 2 月占领柏林的批评。这是个信号，即允许朱可夫再次发表自己的文字。从那以后直至去世，写文章、接受采访和出席现场，这些要求让他应接不暇。[17]朱可夫在公开场合说的和写的，主要和战争有关，但他对当代出现的新情况也非常关注。例如，他在一篇文章中警告说不能让越南战争酿成新的世界大战，而且还批评中国在世界事务中扮演的角色及其对苏联的指责（这是在中苏分裂时期），警告说北京与华盛顿之间有可能建立友好关系。[18]

在朱可夫发表的比较值得关注的文字中，有他 1968 年关于莫斯科战役和斯大林格勒战役以及 1970 年关于库尔斯

克战役的几篇长文。[19]朱可夫还为拍摄这些战役的纪录片接 296
受过采访。朱可夫对斯大林格勒战役的电影剧本做了大量的修改。他建议制片人不要使用俚语，因为那样可能对年轻人的教育有害。[20]朱可夫在为拍摄莫斯科战役纪录片接受采访的时候，西蒙诺夫也在场。让他印象深刻的是，朱可夫不顾前一天摔倒所带来的疼痛而表现出来的专注和对细节的记忆。[21]在这两部纪录片中，朱可夫的表现都有点儿生硬，但自信而威严。1969 年 8 月，他在接受格鲁吉亚电视台的采访时说，他们的同乡斯大林，“在与德国及其盟友的斗争中，是个了不起的组织者”，他显示出杰出的实施战略行动的能力，以及将战争进行到底并取得最终胜利的意志。[22]

不过，朱可夫并没有把时间都花在公共活动或回忆录的撰写上。他要照顾自己的女儿玛丽亚，而此时作为他第二任妻子的加琳娜——她是个医生和传染病专家——则在莫斯科医院工作。他还修复了与叶拉和埃拉的关系。他常常和加琳娜一起去剧院，包括莫斯科大剧院，但他更喜欢看歌剧而不是芭蕾舞剧。他还要侍弄花草，到当地的树林采蘑菇。他的乡间别墅里有放映室，一家人在一起看过很多电影。他读了很多书，不单是关于军事历史和理论方面的，还有俄罗斯的文学经典。此外，他还一如既往地出去打猎和钓鱼。[23]

回忆录

1965 年 7 月，俄罗斯新闻出版社（APN）的编辑安娜·米尔基娜（Anna Mirkina）与朱可夫接洽有关回忆录的写作事宜。据米尔基娜说，事情的起因是，法国的一家出版社要出版苏联军事与政治方面的系列回忆录。朱可夫与新闻出版社曾经打过交道。1965 年年初，出版社委托他撰写有关德国投降方面的文章。1965 年 3 月，新闻出版社把文章的副本给了苏共领导层，并要求允许发表。文章一直没有发表，但回忆录后来吸收了它里面的内容。[24]

297 朱可夫邀请米尔基娜到自己在莫斯科西面的昆采沃（Kuntsevo）别墅见他。朱可夫的别墅（那是斯大林在 1942 年给他的）绝非那种乡间的小别墅，而是相当气派的两层大宅。米尔基娜记得，门厅的墙上装饰着莫斯科战役期间拍摄的朱可夫及其参谋人员的照片。从门厅进去是一间布置得井井有条的宽大的餐厅。餐厅中央是一张铺着白色桌布的椭圆形大餐桌。桌子上方有水晶做的漂亮的枝形吊灯。靠一侧的墙壁摆放着一张沉重的橡木餐柜，角落里有一座声音悦耳的时钟。钟旁有一张小桌，上面摆了朱可夫的半身塑像和 T-34 坦克模型。餐厅通向阳台，那上面有一张小圆桌和两把休闲椅。

随意穿着家居服的朱可夫，领着米尔基娜来到自己的书房。书房很大，但相当舒适，采光也很好。书房里有一张蒙着旧的绿色皮革的大写字台，朱可夫背窗而坐，那样光线比较好。房间里摆满了朱可夫用来写回忆录的书籍，墙上还挂了一幅他母亲的照片。[25]

当米尔基娜答应朱可夫，说新闻出版社是一家正规的出版社，它支持他说出有关战争的真相时，朱可夫便愉快地同意了把回忆录交给他们出版。出版合同是在 1965 年 8 月签的，它让朱可夫干劲十足，要完成写作。到 1966 年秋天，他给出版社交了 1430 页的打印稿。[26]稿子并不是朱可夫本人打印的，他也不喜欢口授。他用的是普通手写的方式，因为——他告诉米尔基娜——那样可以方便他整理自己的思绪。然后手稿内容是由加琳娜的母亲克拉夫季娅·叶夫根尼娅（Klavdiya Evgeniya）打印的。[27]

到20世纪60年代中期，朱可夫已获准查阅位于莫斯科郊外波多雷斯克（Podolsk）的国防部档案馆资料。他在那里研究了大约1500份文件。[28]从档案中引用的许多材料让他的回忆录具有一种独特的真实性和权威性。在苏联解体前的那段时间，他的回忆录成了历史学家们重要的资料来源和苏联档案向学术研究开放的起点。

朱可夫写回忆录并不是闭门造车，他经常与统帅部及战争期间共过事的同志们商量、交谈和通信。这其中包括华西
列夫斯基、巴格拉米扬和罗科索夫斯基。他还与《军史杂 298
志》的编辑以及向他约稿或征求意见的众多出版社和报纸杂志的代表们交谈过。这些交流也不都是建设性的。例如，1965年4月，朱可夫写信给罗科索夫斯基，指正在他自己看来后者在接受《文学报》有关战争的采访时所犯的错误。朱可夫尤其在意的是，罗科索夫斯基没有质疑赫鲁晓夫时代冒出来的种种战争神话，特别是那些夸大赫鲁晓夫在战争进程中的作用的神话。[29]

朱可夫在这段时间中最亲密的朋友是A. N. 安季片科（A. N. Antipenko）将军。后者在朱可夫1945年指挥白俄罗斯第1方面军时做过他的军需官，而且战后也和他一同在德国共过事。安季片科回忆说，1957年十月全会之后不久，他在保健中心遇到了朱可夫。在他们拥抱的时候，朱可夫问他为什么不害怕。当安季片科回答说有什么好害怕的时候，朱可夫说，在来保健中心的路上，他碰到了与自己相识的其他两位将军，他们不想跟他照面，就故意走到街的对面。安季片科说，既然他战争期间和朱可夫共过事，他为什么要那

样？打那以后，两人就经常在一起，打猎、钓鱼、看演出、讨论朱可夫的回忆录。[30]赫鲁晓夫下台后，安季片科积极奔走，呼吁为朱可夫平反。他对勃列日涅夫和苏共其他领导人说，那样做在国内外会深得人心。1969 年朱可夫的回忆录出版后，安季片科给苏共最重要的杂志《共产主义者》写信，强烈要求撤销 1957 年十月全会的决定。[31]这封信没有公开，而且现在也没有任何证据可以证明，在勃列日涅夫时代曾经考虑过采取这样激进的举措。要推翻 1957 年十月全会的结论，难就难在它除了会使当初支持赫鲁晓夫的其他中央委员（包括那时带头批判而且在勃列日涅夫执政时依然主管苏共意识形态的米哈伊尔·苏斯洛夫）的判断力，也会使勃列日涅夫本人的判断力受到质疑。它还可能牵扯到对
299 在 1957 年六月全会上被开除党籍的莫洛托夫与马林科夫及卡冈诺维奇的反党集团的处理问题。他们也在游说，要求给他们在政治上平反。

朱可夫退休期间与安季片科的亲密关系是一件稀罕的事。朱可夫在成年后有过许多追随者、崇拜者、战友、喝酒打猎的同伴以及工作上的搭档，但亲密的男性朋友很少。除了安季片科，可以说只有巴格拉米扬与朱可夫的友谊深厚而持久了。朱可夫与华西列夫斯基的关系有段时间很近，但在赫鲁晓夫时代他被贬之后就不行了，此后两人的关系一直没有完全修复。叶拉与华西列夫斯基的儿子尤里的离婚，某种程度上肯定使这种关系变得更加疏远了。

写完回忆录之后，朱可夫面临的问题是，要与苏联审查人员就回忆录的内容进行协商。在苏联，所有的出版物都要经过某种程序，由官方进行审查和删改，而事实证明，这对于朱可夫来说是一个漫长的过程。1967 年 12 月，已经

等得不耐烦的朱可夫当面请求勃列日涅夫加快速度。1968年2月，他又再次催促此事。但直到1968年4月，由国防部部长格列奇科（Grechko）元帅领导的小组才拿出了关于回忆录的报告。该小组的评价总的来说是肯定的，但也批评朱可夫有夸大他自己作用的倾向，而对党的集体贡献，尤其是党的领导层的贡献，没有给予足够的重视。报告特别提到了朱可夫对战争即将打响之前的那段时间的描述，认为他低估了党的战备工作的意义。具体来说，例如，朱可夫夸大了20世纪30年代对红军的清洗所造成的负面影响。格列奇科的结论是，回忆录要出版，但必须做进一步的修改和更正。[32]

回忆录接着就交给了由历史学家 G. A. 德波林（G. A. Deborin）负责的编辑小组。德波林小组与朱可夫及 V. G. 科莫洛夫（V. G. Komolov）——新闻出版社请来协调作者与编辑关系的记者——对需要修改的地方进行了处理。据科莫洛夫说，修改的过程很艰难，朱可夫对许多要求做出的改动都很不满。[33]尽管如此，这项工作的进展还是很快的。到1968
年夏天时，核准出版的文本已经得到了中央委员会的同 300
意。[34]不过，书中公布的数百幅照片也必须得到审查人员的核准。

由于看不到未经删节的朱可夫原稿，现在对审查中所做的改动很难有一个全面的判断，但可以肯定，有几百页的内容以及整段整段的话都被删去了，或者做了大的改动。增加的内容也很多。一个众所周知的例子就是添加了这样一段话——朱可夫在那里说：1943年4月到北高加索去的时候，他本想能够征询一下政治委员列昂尼德·勃列日涅夫上校的意见，但可惜没有遇到这位未来的苏联领导人。“明眼人会看出来的。”朱可夫的女儿玛丽亚记得他这样说过——意思是，元帅是不会和上校商量事情的。据玛丽亚说，是她母亲说服了朱可夫："没有人会相信这些话是他写的，而如果他不妥协，书就根本出不来。"[35]

这部得到官方批准的回忆录终于在1969年4月出版了。尽管原计划要印50万册，但由于纸张短缺，只能印10万册，接着又采取了一种可以节约纸张的版式印了20万册。[36]这些书很快就销售一空。到最后，这部回忆录又印刷和售出了几百万册，不仅是在苏联，而且在世界各地，并被译成了各种文字。苏联公众热情高涨，朱可夫收到了无数的读者来信：有表示祝贺的，有进行指正的，也有为将来的再版提建议的。[37]官方的反应比较平淡，至少最初是这样的；1969年4月，苏共中央发布命令，对朱可夫的回忆录不准做任何评论、解释或摘引。[38]不过在7月的时候，《共产主义者》发表了华西列夫斯基的长篇评论。它以一种非常肯定而且巧妙的方式，没有宣扬朱可夫的个人功绩，而是突出了他的爱国主义精神和他对共产党及苏维埃国家的忠诚。文章的标题是《献给苏联士兵》——这和朱可夫回忆录的标题是一样的。1969年11月的《军史杂志》也发表了一篇高度肯定的评论文章。[39]

301 胜利和悲剧

尽管回忆录的出版对朱可夫来说是一场胜利，但他个人的生活却变得越来越艰难了。1967年12月，加琳娜接受了一次手术，并被诊断出患了癌症，医生估计还能再活五年。同月，亚历山德拉死于中风。生病的朱可夫无法出席葬礼，但他把自己锁在房间里锁了一整天。[40]

似乎这些还不够，1968年1月，朱可夫自己在莫斯科城外的阿尔汉格尔斯科耶（Arkhangel'skoe）疗养院疗养时也得了严重的中风，导致身体左侧偏瘫。他有一个月的时间丧失了行动能力，而且在恢复之后，说话仍然含糊不清，走路必须靠人扶着。1968年12月，朱可夫写信给勃列日涅夫，问能不能把自己用了十五年的“吉尔”牌车子换成比较舒适的“海鸥”。他对勃列日涅夫解释说，自己要经常到诊所治疗，“海鸥”车的质量比较好，可以让他“坐在里面觉得软和些”。[41]勃列日涅夫对朱可夫的请求是怎么处理的，现在不得而知。

加琳娜有病在身，朱可夫又行动不便，这让加琳娜在不同地方治疗的时候，夫妇二人不得不长时间地分开。他在1973年7月的信中对她说：“我日夜想念你。”1973年11月，加琳娜病情恶化，并于11月13日去世，年仅四十七岁。在她去世前，朱可夫已无力去医院探望了。加琳娜被葬在莫斯科有名的新圣女公墓（Novodevichy），那里长眠着苏联时代的许多最杰出的人物，包括1971年去世的赫鲁晓夫。朱可夫拄着拐杖，在巴格拉米扬的搀扶下参加了葬礼。“这样的打击，我是挨不过去了，”他告诉玛丽亚。[42]

但他还是挨了过来，事实上还完成了他的回忆录第二版的修订工作，有些地方做了更正，并在评论和读者反馈的基础上增添了若干新的章节：列宁格勒之围、叶利尼亚战役以及大本营和苏联统帅部的运作方式。为了帮助朱可夫写大本营那章，出版社还抽调了历史学家叶夫根尼·茨维塔耶夫（Evgeny Tsvetaev），他曾经帮助写过什捷缅科将军的回忆录。第二版的准备工作是从1973年开始的，但由于朱可夫 302
的身体不好而进展缓慢，因为遵照医嘱，他一天只能工作一个小时。茨维塔耶夫要朱可夫详细描述大本营的运作方式，但朱可夫坚持说自己是在写回忆录，不是科学小册子。结果就采取了折中的方式，那一章既带有回忆的成分，又描写了大本营的总体运作。即便如此，对于想弄清战争期间苏联统帅部运作方式的历史学家来说，它注定是一份非常重要的文本。[43]

尽管朱可夫和加琳娜的身体都不好，但他对于采访和约稿还是一如既往地有求必应。例如，1972 年 2 月，塔斯社请他写篇文章，要在 2 月 23 日苏联建军节那天发表在国家的青年报上。“保卫国家和在苏联军队服役，”朱可夫告诉青年读者说，“是一项神圣的义务和光荣而高尚的责任，是一件令人感到荣耀和骄傲的事情。”1972 年 12 月，朱可夫在一本由一群战争老兵撰写的书的序言中写道：“岁月流逝，许多战争老兵都已离我们而去，而其他的也在渐渐老去。但老兵们永远不会放弃。他们的青春热情还在，他们还依然在不懈地努力。”[44]

这是对朱可夫本人的恰如其分的写照，他与疾病和衰老的抗争已经快到尽头了。加琳娜去世后，朱可夫自己的身体也每况愈下，他没能活着看到自己回忆录第二版的出版。1974 年 6 月 18 日，他在克里姆林宫的医院与世长辞。仅仅几周之后，经他修订的回忆录就出版了。

朱可夫的葬礼是自斯大林去世以来苏维埃国家的最大的事情。出席葬礼的有他的四个女儿，叶拉、埃拉、马加丽塔和玛丽亚。这也是人们第一次，也是唯一的一次看到她们在一起。

讣告刊登在 6 月 20 日的《真理报》上。在苏联高级军政领导人的长长的名单中，排在最前面的是苏共总书记勃列日涅夫。讣告的内容如下：

> 苏联人民及其武装力量蒙受了巨大的损失。一位杰出的军事领导人和卫国战争的著名的英雄，已离我 303
> 们而去……在与德国法西斯侵略者的斗争中，党总是把他派到最困难的地方。作为列宁格勒方面军和西方方面军司令员，他是列宁格勒保卫战和莫斯科保卫战的组织者之一……他负责过斯大林格勒方面军和顿河方面军的作战协调工作，并在库尔斯克为粉碎希特勒的军队和在解放乌克兰及白俄罗斯的过程中发挥了重要的作用。在战争的最后阶段，G. K. 朱可夫指挥白俄罗斯第1方面军，和其他方面军一起，把敌人消灭在他们自己的巢穴。在党委托给他的所有岗位上，G. K. 朱可夫都展示出不屈的意志、勇气和组织才能……格奥尔吉·康斯坦丁诺维奇·朱可夫——列宁主义政党的真正的儿子、勇敢的战士和杰出的指挥员——将永远铭记在苏联人民的心中。[45]

华西列夫斯基的悼词也于次日发表在《真理报》上。他特别称赞了朱可夫的指挥艺术，他的谋划、准备和实施大规模军事行动的能力。“拥有杰出的军事才能的格奥尔吉·康斯坦丁诺维奇，在理解复杂的战略形势并对不断发展的事态做出正确的分析方面，能力超群……在制订行动计划时，他总是采取创造性的、原创性的方式。”[46]

当朱可夫的遗体被安放在莫斯科中央陆军剧院接受公众的瞻仰时，成千上万的市民排队表达他们的敬意。在6月21日他的骨灰被安葬在克里姆林宫墙体中的时候，为首的扶柩人是勃列日涅夫。在随后举行的追悼会上，主要的发言者是国防部部长格列奇科。[47]

一首名为《朱可夫之死》（1974）的诗，作者为苏联流亡作家约瑟夫·布罗茨基（Joseph Brodsky），表达了对朱可夫的显然是矛盾的感情：

他让多少士兵
血洒异国他乡！
他可曾感到惋惜？
裹着平民床单的他
临终之际
是否还记得他们？
304 缄默无语。
当他在地下与他们相遇
他会对他们说些什么？
“是我开战的。”[48]

朱可夫崇拜的兴起

朱可夫死后的名声比他晚年的时候还要大——事情常常如此——他的葬礼就是对他的崇拜的开始。他的地位被抬高到二战中最伟大的苏军将领。虽然在某种程度上这种崇拜还在勃列日涅夫的掌控之中，但在官修的历史中，在无数的战争纪录片中，甚至在专为儿童和青年编写的有关其功绩的书籍中，对朱可夫都是大书特书。[49]为了表示纪念，他出生的村子被更名为“朱可夫村”。1980年新发现的一颗小行星也是以他的名字来命名的。

20世纪80年代后期出版了两本回忆朱可夫的文集。[50]

撰稿人包括叶拉和埃拉，她们都把朱可夫描写成一往情深的丈夫、慈祥的父亲和顾家的男人，他竭尽全力克服其军队工作给自己的个人生活所带来的种种困难。姐妹俩还出版了她们的父亲写给她们以及她们母亲的书信。从这些信件可以看出，虽然朱可夫的职业角色是个作风强硬的指挥官，但他私底下也可以是一个细心、体贴、温柔的人。

同样热情支持自己父亲的还有玛丽亚。朱可夫去世的时候，他的私人文件都留给了她。许多文件都被党的官员拿走存放在国家档案馆了，但在剩下的当中，有他的回忆录的原稿。被苏共审查人员删去的材料大部分只具有学术价值，但也含有朱可夫对战前苏联武装力量受到的清洗的大量议论，包括说他自己也差点儿成为斯大林的牺牲品。从原稿来看，朱可夫对斯大林的批评比 1969 年官方批准出版的和 1974 年经过修订的回忆录还要严厉。1990 年在玛丽亚的支持下出版的朱可夫回忆录第十版，吸收了大量的原先被删掉的材料。两年后出版的第十一版增添的内容更多。[51]这个新版的 305
回忆录在一定程度上拉开了朱可夫和斯大林的距离。

对朱可夫在 20 世纪 80 年代的形象产生了很大影响的另一个重要的新情况，是 1987 年在康斯坦丁·西蒙诺夫去世后发表的《为 G. K. 朱可夫的传记而准备的笔记》——那位著名的苏联作家已于 1979 年去世了。笔记的主要内容是从 20 世纪 30 年代后期直到 60 年代中期他与朱可夫的多次见面和谈话的情况。西蒙诺夫对朱可夫的记述，重点是把他当作一个活生生的个人而非将军——特别是，他在情感上是如何对待自己在战后所遭受的痛苦的。该书在总体上把朱可夫人性化了，从而改变了赫鲁晓夫分子把他涂抹成的自私自利的残暴形象。在西蒙诺夫的笔下，朱可夫既刚强又脆弱，既自信也善于自我反省，既固执己见也会根据经验灵活变通。[52]

关于朱可夫，20世纪80年代后期另外还发表了N.G.帕夫连科（N.G.Pavlenko）中将的题为“对一位指挥官命运的反思”的有影响力的系列文章，此时苏联正处于戈尔巴乔夫时代，公开透明，对苏联的历史也更加开放。前《军史杂志》编辑帕夫连科，曾经为朱可夫在1965年能够再次发表自己的作品出过力。帕夫连科和西蒙诺夫一样，主要强调了苏共在战后对朱可夫的不公正待遇。这不仅是指在斯大林和赫鲁晓夫执政期间他遭到的贬黜，还包括在勃列日涅夫时代他没有完全得到平反。关于不公正待遇，帕夫连科提到的一个例子是，在1971年的苏共二十四大上，虽然朱可夫已被选为代表，但因为害怕他在大会上的人气盖过勃列日涅夫而没让他参加。[53]

1991年苏联解体后，后苏联时代的俄罗斯需要新的英雄，以取代已经名声扫地的共产党政权所树立的那些偶像，而朱可夫就是最好的人选。20世纪80年代后期，他被成功地重新塑造为一个具有独立个性的人物。相比于他对斯大林和苏维埃体制的忠诚而言，他的爱国主义精神和职业素养被认为是更重要的。他是卫国战争的英雄，而那场战争在绝大多数俄罗斯人的眼中，依然是神圣的。而且从民族来说，他也的的确确是俄罗斯的英雄。正如他的女儿叶拉所言，朱可夫“本质上完完全全是俄罗斯的。他热爱俄罗斯的一切：土地和人民，音乐和艺术，风俗和饮食”。[54]朱可夫的明确
306 的俄罗斯身份，对于用民族主义取代社会主义作为国家合法性基础的后苏联时代的政权来说，有着重要的意义。

在新俄罗斯，朱可夫注定要成为名人，而这件事的最初

迹象是，发行饰有他的肖像的纪念币。接着是在 1994 年 5 月，时任俄罗斯总统鲍里斯·叶利钦颁布了两条与朱可夫有关的命令。第一条是要求赶在 1995 年 5 月纪念卫国战争胜利五十周年之前，为朱可夫建造一座纪念物。第二条是创设两种新的军功章——“朱可夫奖章”和“朱可夫勋章”。由雕塑家 V. M. 克雷科夫（V. M. Klykov）和建筑设计师 U. 格里戈里耶夫（U. Grigoriev）制作的纪念朱可夫的大型塑像，描绘了他在 1945 年胜利阅兵仪式上的马上雄姿。塑像赶在胜利纪念日之前完成了，并及时安放在红场的主入口处。它现在仍然是那里吸引着俄罗斯和外国游客的最重要的景观。1996 年，在朱可夫一百周年诞辰纪念日的当天，朱可夫村扩大并升级为镇，而且还建了一座朱可夫纪念馆。1999 年，叶利钦政府发布总统委员会报告，撤销赫鲁晓夫 1957 年的对朱可夫的所有指控，同时还决定公布 1957 年苏共中央十月全会的会议记录——在那次会议上，朱可夫曾经与指控自己的赫鲁晓夫分子有过正面交锋。[55]

官方的这些积极的姿态，与专门的展览、纪念章、庆祝大会、报刊上的歌颂文章、向他致敬的电视纪录片、献给他的诗作和歌曲，以及出版与他熟识的人所写的更加生动的回忆录相比，只是确认朱可夫俄罗斯民族英雄地位的热潮中的一部分。1992 年，由俄罗斯人撰写的为数众多的朱可夫传记中的第一部出版了，[56]而在整个 20 世纪 90 年代以及在进入 21 世纪以后，关于他以及他的丰功伟业的书籍，差不多每年都至少要出版几本。这些文献大多把朱可夫说成是“常胜元帅”。宣扬其错误和缺点的不同的声音同样也可以听到。对那些批评者来说，朱可夫不是个英雄，而是个恶棍，是斯大林和苏维埃国家的忠实而冷酷的仆人，他所代表的事业——共产主义——以及过去的那段历史，是俄罗斯要遣责而不是歌颂的。[57]

307 关于朱可夫，也有许多虚构的描述，包括亚历山大·索尔仁尼琴（Aleksandr Solzhenitsyn）在1995年发表的一篇短篇小说，当时他刚刚结束在美国的流亡生活返回俄罗斯不久。在小说中，索尔仁尼琴想象朱可夫正在撰写自己的回忆录，对于如何描写自己与斯大林的关系很是作难。在索尔仁尼琴的笔下，朱可夫曾经是处在斯大林的直接控制之下的，但他在战争期间自信心的增加以及他们之间比较平等的关系，导致苏联独裁者在1946年将其外放。但是，朱可夫并没有把自己的不幸归咎于斯大林。1956年2月赫鲁晓夫在苏共二十大上揭露的内容，动摇但并未完全破坏他对苏联独裁者的信赖。

索尔仁尼琴的故事是以朱可夫的各种回忆录为基础的。在他对一个忠实的共产主义者的描写中，有很多真实的成分。后者热爱军队生活，他的冷酷无情的指挥风格与其说是出于个人的选择，不如说是基于对军事事务必要性的判断。索尔仁尼琴猜测，朱可夫在1956年曾经考虑过是否要采取行动反对苏共。这种事情是不太可能的。现在并没有任何证据可以证明这样的设想，而且对于朱可夫这样一个共产党员的觉悟，索尔仁尼琴的敏锐描述也让人难以相信他曾经动摇过对党的信心。[58]

暮年的朱可夫完成过一份现如今在世界各地的报纸杂志上常见的名人问卷调查。他的答案由他的女儿玛丽亚保存：

问：人的一生中最重要的是什么？

朱可夫：感觉尽到了责任。

问：在人的身上，你最看重的品质是什么？

朱可夫：正直。

问：对男人来说呢？

朱可夫：勇气和胆量。

问：对女人来说呢？

朱可夫：忠诚和温柔。

问：你喜欢的颜色是什么？

朱可夫：天蓝色。

问：特别喜欢的作家？

朱可夫：列夫·托尔斯泰（Lev Tolstoy）、米哈伊尔·肖洛霍夫（Mikhail Sholokhov）、亚历山大·特瓦尔多夫斯基（Alexander Tvardovsky）。

问：俄罗斯最有天赋的指挥官？

朱可夫：苏沃洛夫和库图佐夫。不能把他们分开。 308

问：特别喜欢的作曲家？

朱可夫：柴可夫斯基（Tchaikovsky）。

问：什么是你不会原谅的？

朱可夫：背叛！

问：你嫉妒你的朋友吗？

朱可夫：是的！我总是嫉妒布琼尼（元帅）。他是个手风琴大师。[59]

14

常胜元帅

309 就在1974年6月朱可夫去世前不久，他完成了自己回忆录第二版的工作。写一篇新的结束语是他作为作者的最后的任务。第一版在结尾部分对共产党、光荣的社会主义制度、优秀的苏联人民和对纳粹的伟大胜利，照例歌颂了一番。第二版尽管也重复了这些虔诚的言辞，但已疾病缠身、快到生命尽头的朱可夫做了更多的反省："在我的一生中，像所有其他人一样，也有自己的欢乐、痛苦和不幸。对我来说，生命中最重要的，就是为我的祖国服务，为我的人民服务。我可以问心无愧地说，为了尽到我的责任，我已经竭尽全力。"

一心想把爱国主义火炬传给年青一代的朱可夫，呼吁他们要珍惜打过仗的那些人做出的巨大牺牲，要善待仍然在世的老兵，尤其是要汲取历史的教训："我们的事业需要年轻人来继承。他们要从我们的成功和失败中吸取经验和教训，这一点很重要。"

朱可夫最后回顾了自己的童年生活，特意提到俄国革命对他这个年轻人的决定性的影响。它改变了他的前途，让他

“有机会去过一种完全不同的生活，一种活泼有趣、充满各种激动人心的经历和重要行动的生活”。[1]

朱可夫心满意足地走了。他对自己一生的工作，对自己为党和祖国的优异的服务是满意的。苏联人民也几乎全都是 310
满意的。对他们而言，朱可夫是爱国英雄，他在危难纷乱之际，在唯有对事业有绝对的、毫不动摇的献身精神可以拯救苏联的时刻，为自己的祖国做出了杰出的贡献。如今的俄罗斯人依然认为朱可夫是个英雄，虽说现在几乎没有人像他那样毫不动摇地信奉共产主义。

朱可夫为什么还享有这么高的声望，这一点其实并不难理解。在打赢 1941 ~ 1945 年卫国战争的那些声名显赫、才华横溢的苏联将领中，没有谁现在的光芒还能盖过朱可夫。对于从希特勒手中拯救俄罗斯和苏联的那些重大的转折关头和战役，唯有朱可夫是一个不漏全都参与的。在一场让苏联付出了 2500 万人死亡的代价，耗费了全国 1/3 的财富并毁掉了数万座村庄、城镇和城市的战争中，朱可夫是而且永远是“常胜元帅”。在某些方面，这是一场“皮洛士式的胜利”，但要是被并入希特勒的种族主义帝国从而处于受奴役的地位，那就更糟了。

战争期间朱可夫经历过许多挫败，而他麾下的部队在通往胜利的道路上，伤亡也很惊人。但是，只要赢得战争，就可以让所有针对具体战役或行动的批评，或者是有关不同行动路线和不同指挥决定的种种带有假设性质的议论，全都偃旗息鼓。在俄罗斯，朱可夫作为一名伟大的将军的威名，还会一代一代地传下去。原因很简单，那就是不管他犯过什么样的错误，有过什么样的失败，他还是赢得了最伟大同时也是最具决定性的胜利。

俄罗斯军人对朱可夫的看法也和民众一样。俄罗斯军事科学院院长 M. A. 加列耶夫（M. A. Gareev）将军——他本人也是参加过莫斯科战役的老兵——在其 2004 年对卫国战争的苏军高级将领的研究中认为，朱可夫作为指挥官具有如下品质：无穷的创造力，大战在即时的深思熟虑和灵活性，对每次行动的周密计划和准备，以及在追求自己目标时的勇敢与坚定。加列耶夫的结论是：在俄罗斯军事史上，作为伟
311 大的指挥官，只有 18 世纪沙皇的将领和战略家、从未有过败绩的亚历山大·苏沃洛夫可与朱可夫相提并论。[2]

然而，朱可夫是个伟大的指挥官，却不是传说中无与伦比的军事天才。在战略理论或军事思想方面，他并未做出任何具有深远影响的贡献。至于说如何进行现代战争，他也没有留下任何深刻的洞见。在哈拉哈河，在莫斯科和斯大林格勒战役中，在 1944～1945 年通往柏林的道路上——他的战场表现的确非常敏锐，但他的才能在于调度，而不是作战的创新或想象力。同样，虽然朱可夫的强硬同时也往往粗暴的领导风格在全面战争的危难时刻有它的用处，但它的转移价值（transfer value）却值得怀疑。要让人们全力以赴，如果用严厉的纪律处分相威胁，并不一定就是最有效的办法。其他许多苏军将领的领导风格都大不相同，但也一样是成功的。这其中最明显的例子就是罗科索夫斯基——在他看来，对部队既要强调纪律，又要进行鼓励。

朱可夫的特别之处在于其非同寻常的求胜意志。他在自己的一生中展示出了强烈的追求成功的决心，以及努力完成任务的强大干劲。对他周围的人来说，朱可夫的执拗也带来这样一种自信，即哪怕是最困难的局面，也能转危为安。这一点在 1941 年夏天形势严峻的那几个月表现得最为突出，

后来在 1942 年的斯大林格勒，当德国和轴心国军队显得势不可当的时候也是如此。朱可夫在任何时候都不会动摇，也不会让自己因为有可能失败而畏首畏尾。他的决策总是干脆利落，毫不含糊。

在遇到似乎无法克服的困难时，朱可夫那种出了名的泰然自若与其说源自个人的勇气——虽然他并不缺少勇敢——不如说源自最大程度的自我约束。朱可夫对官兵们的要求——自控与服从——与他对自己的要求是相似的。作为一名作战指挥官，朱可夫在大本营内部的核心指挥班子中，会尽力争取做出他所赞成的决定，争取他用来执行自己命令所需的兵力和资源。可是决定一旦做出，命令一旦下达，哪怕
并不是一切都如其所愿，朱可夫也会执行命令，而且希望其 312
他所有人也都如此。

意志力、自我约束、坚决、处变不惊，朱可夫性格上的这些特点，得到了才智上的一些重要品质的补充：思维清晰、目标明确，再加上愿意从经验中汲取教训。所有伟大的将领都必须具备这样的能力，即透过自己所处的复杂的战略形势和战场上的混乱局面，弄清楚什么才是关键性的部署、决定和目标，以便采取适当而有效的行动。此外，既要坚持追求己方的作战目标，必要时又要灵活选择实现该目标的途径，这一点同样重要。

在战争的头几年，这种必备的能力在朱可夫那里发挥得并不稳定。例如，在 1941 年夏天他担任总参谋长的时候，未能放弃进攻战计划并转而采取战略防御态势——如果那样，或许就可以更好地遏制德军的闪电入侵了。又例如，1942 年他在勒热夫—维亚济马地区采取了一连串的军事行动，想把德国中央集团军群从其位于莫斯科前方的阵地上赶

走，最后却以“火星行动”的失败而收场。但是，朱可夫在战争的进程中逐渐懂得，有时候为了更有效地脱离接触，为了用暂停或终止行动来取得长远的胜利，后撤也是必要的。

关于朱可夫的将才，还要说的就是他的战略眼光。他在战争期间一次又一次的行动，起初都胃口极大。1941 年 6 月德军入侵时，他想对敌方领土发动战略性的反入侵，为的是一举扭转局面，就像他在 1941 年 1 月的图上作业中所做的那样。同年 12 月莫斯科反攻的目标，不仅是要从苏联首都赶走德军，还要发动一场倒转过来的“巴巴罗萨行动”，把他们彻底赶出俄国。1942 年 11 月，苏军把德国第 6 集团军包围在斯大林格勒，这被视为对南方集团军群和中央集团军群实施更大合围行动的开始。1943 年 1 月的“北极星行动”的目标，除了要解除对列宁格勒的封锁，还要包围北方集团军群。这些宏大的目标并没有实现，但在此过程中所
313 取得的成功，为 1944～1945 年的解放白俄罗斯和波兰，并使朱可夫进逼柏林的“巴格拉季昂行动”和“维斯瓦河—奥德河行动”奠定了基础。

朱可夫的那些雄心勃勃的军事行动，并不只是他个人的想入非非或别出心裁。斯大林和大本营也都有类似的想法，而且它们与苏联在社会改造中好大喜功的传统是一脉相承的。朱可夫对军事事务的理解便是在这种传统中形成的。虽然它可以允许有创造性，但其强调纪律和服从的威权主义的等级制色彩非常强烈。朱可夫更多的是靠干劲和魄力而不是想象力来实现自己的目标，这一点与整个苏维埃体制中主流的精神特质是一致的。所以，朱可夫有那么大的成就，有一个特别的原因，即，他是苏联的将军。他要是在其他任何一支军队，都不可能有那么大的作用。

作为一名苏联的将军，朱可夫指挥着一支特别的军队，一支由农民组成的军队，他们只受过有限的教育和差不多的基本的军事训练。这些穿着制服的农民，有许多人，连同他们的父母和祖父母，都经历过强制集体化所带来的痛苦。虽然有些人对共产主义事业是真心地坚定地拥护的，但至少有同样多的人对这一事业是不了解、不关心甚至抱有敌意的。在苏德战争惊心动魄的恶战中，很难想象除了依靠严厉的纪律和惩罚，还能有别的什么办法可以把这样一支军队团结起来，而这种方式毫无疑问是严厉无情的。战争期间在苏联人自己的部队中，被处死者达到了惊人的158000人。还有数万人被送进了所谓的惩戒营，让他们有机会为自己的罪行和不端赎罪，如果他们足够幸运、能够在这种死亡率高达50%的炮灰部队中活下来的话。现在并没有任何迹象可以表明，朱可夫对自己批准采取的那些严厉措施曾经懊悔甚至犹豫过。

应该记住，朱可夫是在斯大林这位非常得力的最高统帅的手下服役的众多才华横溢的苏军将领之一。就其对战争转折关头的所有重大战役都做出了决定性的贡献而言，如果说朱可夫是二战中最伟大的将军，那也不仅仅是靠他个人的努 314
力。他是苏军统帅部的一员，而苏军统帅部作为一个集体，表现非常出色。可以说，与将领们个人的天赋、能力和功绩相比，斯大林对他们的管理同样重要。斯大林凭借其领导艺术和权威地位，把一个个强悍且时常发生冲突的人物捏合到一块，激发出他们个人和集体的最优秀的才能，唤起他们的忠诚感，团结一致，共渡难关，争取胜利。在这一群体中，就个人而言，朱可夫是斯大林最大的依靠。朱可夫一次次毫不犹豫地——尽管并不总是没有异议——为苏联独裁者带来了军事上的胜利。他从不挑战独裁者的至高无上的地位，或者有追求胜利之外的非分之想。他，其实就是“斯大林的将军”。[3]

这位苏联的传奇人物与二战中其他伟大的指挥官相比又如何呢？而且，比什么呢？简单统计胜利的次数，并不能说明单个战役打得有多么艰难。人物的个性不代表作战的技艺。在同侪中拥有的人气或招惹的是非，无法成为衡量才能和水平的标准。至于朱可夫，比较起来就更难了，因为就像艾森豪威尔说的，这位苏联将军“作为负责指挥重大战役的领导者，他的经验要超过我们时代的其他任何人”。

也许最恰当的做法是把他与苏军的高级指挥官们相比，尤其是科涅夫、罗科索夫斯基和华西列夫斯基。但这些将军谁也没有扮演过像朱可夫扮演的那么多不同的角色，因为他分别做过总参谋长、方面军司令、大本营协调员和副最高统帅。华西列夫斯基干过不同的工作，但主要还是作为大本营代表，而且他是到战争快要结束的时候才担任方面军的指挥工作的。朱可夫、科涅夫和罗科索夫斯基在成功之外也都有过失败，所以很难去评判他们作为方面军司令彼此功绩的大小。科涅夫和罗科索夫斯基在战后颇有怨言，说自己方面军的行动受到了总参谋部和朱可夫、华西列夫斯基这些大本营代表的干预，说自己作为现场指挥官知道什么才是最好的选择。但无论是科涅夫还是罗科索夫斯基，都从未遇到过这样
315 的挑战，即从中央来协调并指导牵扯到多个方面军的军事行动，所以，要是让他们来做，他们的表现能有多好，以及这样的经历是否会改变他们的指挥风格或者改变他们的胜率，那还是个未知数。

在性格及领导风格方面，朱可夫与科涅夫非常相似。作为下辖多个集团军的方面军指挥官，他们都以一种冷酷的决

心驱使着自己的部队前进，而且为了实现既定目标，只要有必要，就不惜任何代价。两人都属于进攻型，喜欢主动出击，但也都知道何时该叫停进攻并调整部署。罗科索夫斯基处理问题的方式更加巧妙而聪明，至少是在涉及自己最直接的同事和下属的时候。正如罗科索夫斯基在回忆录中指出的，斯大林在必要时也很善于采取审慎而耐心的方式，尽管苏联独裁者也可以发脾气，可以使用威胁和侮辱性的语言——这些都属于朱可夫和科涅夫领导方式中的典型做法。

如果与苏联之外的将领相比，他们的许多特点，不管好坏，朱可夫的身上都有。[4]朱可夫最喜爱的美军将领是艾森豪威尔，这个人和他自己一样，能够有效地管理负责数百万名士兵的庞大而复杂的组织。而两人之所以能做到这一点，都是因为他们在自己的周围团结了一批忠实而有才干、能够胜任这项工作的副手。不过，朱可夫缺乏艾森豪威尔的外交技巧。虽然两人在战后都成功地进入政坛，但事实证明，朱可夫在政治上还比较稚嫩。

巴顿将军由于掌掴两名生病的士兵而出了名——因为他以为他们是在装病。① 而现在有报告说，朱可夫偶尔也会打骂自己的部下。他的这种做法是在沙皇军队中养成的，因为这种事情在沙皇军队中司空见惯。巧合的是，巴顿和朱可夫

① 在1943年夏天的西西里登陆作战中，巴顿指挥的美国第7集团军损失很大。8月3日，巴顿在战地医院视察时发现，有一位住院士兵身上没有任何外伤。他问这名士兵得了什么病，回答是“烦躁不安”。巴顿听了勃然大怒，以为这位实际上患有战斗疲劳症的士兵是贪生怕死、逃避战斗，于是就又打又骂，把他拖出了帐篷。8月10日，在另一所战地医院，又发生了类似的事情，而且这次巴顿还拔出手枪，扬言要亲手毙掉那名“胆小鬼”。这两起掌掴士兵的事件在美国国内引起了强烈的反应，结果，巴顿不但向当事人道了歉，他的职业生涯还因此受到很大的影响。——译者注

都始终如一地坚持训练，以此来强化战场纪律。两人都崇尚进攻并告诉自己的士兵，要想消灭敌人，就要和他们搏斗。巴顿同朱可夫一样，在战争期间成了传奇人物，深受广大公众及自己士兵的爱戴。这两位指挥官最喜欢做的就是与自己的部队一起行动，而且要尽可能地靠近前线。

316 另一位深受官兵爱戴和信赖的将领是英国陆军元帅伯纳德·蒙哥马利。朱可夫和蒙哥马利的共同之处在于，都喜欢对行动进行周密的计划和准备。为了保证胜利，两人都会动用大量的资源，集中压倒性优势的兵力。不太走运的是，两人在得到其他高级指挥官的爱戴的同时，也招致自己同侪的嫉妒和敌意。

朱可夫对于德军将领不屑一顾，其中的原因部分在于他们的亲纳粹的政治观点，但主要还是因为那些幸存的将领激怒了他，因为他们在回忆录中声称：他们之所以输掉战争，是因为希特勒在战略上的失误、俄国的恶劣天气以及红军在数量上的绝对优势，这种数量优势使苏联人承受伤亡的能力大大超过了德国国防军。在朱可夫看来，他们谁都不愿承认，苏军高超的指挥艺术才是他们输掉战争的首要原因。

战争期间，唯一差不多与朱可夫一样有着巨大人气的德军将领是陆军元帅埃尔温·隆美尔，但隆美尔是个战场上的战术家，而不是个战略家或大规模行动的组织者。在隆美尔最终输掉的北非战役中，他麾下只有少量的兵力。事先精心策划的战役也许并非朱可夫的最强项，但他在哈拉哈河地区和 1941 年 8 月叶利尼亚攻势中作战的实施情况，肯定可以比得上隆美尔在北非的成就。还有，隆美尔幸亏没到俄国前线作战，那里可是让许多德军将领折戟沉沙、丢掉自己性命和名声的地方。

能够活下来讲述东线战场的战斗故事的两位德军将领是

海因茨·古德里安将军和陆军元帅埃里希·冯·曼施坦因（Erich von Manstein），他们的名字经常出现在朱可夫的回忆录中。实际上，他是引用他们书中的内容来佐证自己对历次战役的叙述的真实性。但是，朱可夫在自己的写作中除了一带而过地提到冯·曼施坦因“有胆识”之外，根本没想去评价他们两人的战绩。

在“巴巴罗萨行动”中，古德里安的部队和朱可夫的部队在莫斯科战役中有过正面交锋。古德里安把自己在苏联首都门口的失败归咎于糟糕的天气，但是正如朱可夫喜欢指出的，寒冷的天气对于苏德双方的士兵来说，都是一样的。当德国第6集团军被围困在斯大林格勒的时候，负责救援的 317
德军指挥官是冯·曼施坦因。尽管那次行动失败了，但后来在掩护顿河河畔的罗斯托夫以南的德军撤退时——他们在希特勒夺取苏联巴库油田的行动中失败了——曼施坦因发挥了重要的作用。曼施坦因像朱可夫一样，证明了自己不仅长于进攻，而且精于防守。

将朱可夫和道格拉斯·麦克阿瑟（Douglas MacArthur）将军进行比较也许是最有趣的。和朱可夫一样，麦克阿瑟在太平洋战争初期也被敌人的凶猛攻势打了个措手不及，结果在1941～1942年与日军在菲律宾的作战中连遭败绩，损失惨重。但麦克阿瑟后来又卷土重来，发起了一连串漂亮的两栖作战，夺回了那些岛屿，还有婆罗洲和新几内亚。如果日本人没在广岛和长崎遭到原子弹轰炸以及在苏军进攻中国东北的日军之后于1945年8月投降认输，麦克阿瑟就会成为进攻日本本土的先锋，从而遇到朱可夫在战争中多次遇到的那种规模的军事考验。与朱可夫一样，麦克阿瑟也是相信自己的直觉和判断更甚于相信别人，而且也都不愿主动承认自己的错误。但朱可夫不像麦克阿瑟在其回忆录中那样过分，因为后者声称，自己在军事生涯中没有犯过任何重大的错误。

在对这些可与之相比的将领有了大致的了解后，可以得出的结论是，尽管朱可夫在军事活动的任何一个领域都不是“迄今为止最好的”，但他是二战中综合能力最优秀的将领。他既拥有战斗的勇气，又拥有远大的战略眼光、决心和组织能力。虽然他不能得到自己所有同侪的真心实意的尊重，但他自己的士兵对他不仅仅是畏惧，还有爱戴和信任。遭遇挫败时他就隐忍以待，取得胜利时他就兴高采烈。他有着似乎是无穷的精力和不管困难多大都要取得成功的意志。

战后，这些品质在朱可夫那里再次派上了用场，当时他先后受到斯大林和赫鲁晓夫的人身和政治攻击。两次他都没有灰心，而是决心在失意后东山再起。朱可夫在战后的沉浮，几乎和他在战时的表现一样，给人留下了深刻的印象。
318 就像在战争中一样，朱可夫从失败和逆境中胜利归来。

构成朱可夫生活和事业大起大落的背景的，是现已不复存在的苏维埃体制。作为一个坚定的共产主义者，他拥护这一体制；不管这一体制有什么样的缺陷，它都是他服务与忠诚的对象。具有讽刺意味的是，只是由于 1991 年苏联政权的垮台，人们才有可能剥离种种神话和政治上的歪曲，着手研究并揭示出朱可夫作为一名将军和一个男子汉的真正形象。

后苏联时代的朱可夫传奇还在继续发酵。但是，新的证据材料的出现让我们有可能从经常是平淡无奇的现实中廓清诱人的神话，真正抓住一个从农民的贫苦生活中崛起并成长为伟大的将军和英雄人物的男人身上的复杂性与矛盾性，而这个英雄不仅仅属于俄罗斯人民，还属于所有珍惜他为战胜纳粹德国而做出的无可比拟的贡献的人。

注 释

1 荣耀易逝：格奥尔吉·朱可夫元帅的浮沉

[1] 我对胜利阅兵的描述主要依据苏联方面有关的新闻片——《1945年的胜利阅兵》（*Parad Pobedy 1945*）。朱可夫讲话的打字稿是在2010年4月莫斯科庆祝卫国战争胜利65周年的展览中展出的。关于朱可夫讲话的预演情况来自他的女儿叶拉，作者于2010年4月在莫斯科对她进行了采访。

[2] 作者对叶拉·朱可娃的采访，莫斯科，2010年4月。

[3] K. Simonov, *Glazami Cheloveka Moego Pokoleniya* (Moscow: APN, 1989), p. 330.

[4] A. Mirkina, *Vtoraya Pobeda Marshala Zhukova* (Moscow: Vniigmi-Mtsd, 2000), p. 24.

[5] *Georgy Zhukov: Stenogramma Oktyabr'skogo (1957g.) Plenuma TsK KPSS i Drugie Dokumenty* (Moscow: Democratiya, 2001), part one, docs. 9 - 10.

[6] "F. I. Tolbukhin," *Pravda*, October 19, 1949.

[7] *Bol'shaya Sovetskaya Entsiklopediya*, 2nd ed. (Moscow: Ogiz, 1952), pp. 222 - 223.

[8] *Marshal Zhukov: Polkovodets i Chelovek*, vol. 2 (Moscow: APN, 1988), p. 70.

[9] "U Groba Velikogo Vozhdya," *Krasnaya Zvezda*, March 9, 1953.

[10] *Time*, May 9, 1955.

[11] *Istoriya Velikoi Otechestvennoi Voiny Sovetskogo Souza*, 6 vols. (Moscow: Voenizdat, 1960 - 1965).

[12] C. Ryan, *The Last Battle* (London: NEL, 1968), p. 169.

[13] E. Salisbury ed., *Marshal Zhukov's Greatest Battles* (London: Sphere,

1971；最初由 Harper & Row 出版社在 1969 出版），p. 4。

[14] 埃里克森的评论可见于俄罗斯国家军事档案馆的朱可夫卷宗，里面有国外媒体对他的评论的剪报。Rossiiskii Gosudarstvennyi Voennyi Arkhiv（后面用 RGVA 表示），F. 41107，Op. 1，D. 85.

[15] G. K. Zhukov，*Vospominaniya i Razmyshleniya*（Moscow：APN，1969）. 英译本名为《朱可夫元帅回忆录》（*The Memoirs of Marshal Zhukov*）（London：Jonathan Cape，1971）。

[16] G. K. Zhukov，*Vospominaniya i Razmyshleniya*，2 vols.（Moscow：APN，1974）. 这一版的英文本是两卷本的《G. 朱可夫：回忆与反思》（*G. Zhukov*，*Reminiscences and Reflections*，Moscow：Progress Publishers，1985）。

[17] "V Poslednii Put'：Pokhorony Marshala Sovetskogo Souza G. K. Zhukova，" *Pravda*，June 22，1974.

[18] V. Suvorov，*Ten' Pobedy*（Donetsk：Harvest，2003），pp. 17，26.

[19] G. K. Zhukov，*Vospominaniya i Razmyshleniya*，3 vols.，10th and 11th eds.（Moscow：APN，1990－1992）. 这两版对原先被剔除的材料都用斜体标出。据奥托·普林斯顿·钱尼的计算，第十版相对于以前各版增加了 125 页的内容，而第十一版又增加了 35 页。O. P. Chaney，*Zhukov*，rev. ed.（Norman：University of Oklahoma Press，1996），p. 527.

[20] 朱可夫的个人卷宗可见于 RGVA。有大约 190 个卷宗，其中包括与其回忆录有关的手稿和材料、演讲稿、文章、通信和个人的纪念物品（F. 41107，Ops. 1－2）。该档案馆还藏有与哈拉哈河战役有关的朱可夫系列卷宗（F. 32113，Op. 1）。

2 青春传奇：从农家子弟到共产主义战士，1896～1921

[1] 除非另作说明，本章有关朱可夫生平的信息都来自朱可夫回忆录的前三章。G. Zhukov，*Reminiscences and Reflections*，vol. 1（Moscow：Progress Publishers，1985）（后文简称为 Zhukov，*Reminiscences*）. 在本书中，从头至尾参考的都是 1974 年版朱可夫回忆录俄文修订本的 1985 年英译本。需要注意的是，朱可夫是在 12 月 2 日庆祝自己的生日的，而这也是许多苏联参考书中记载的日期。这是因为在朱可夫出生的时候，俄罗斯还在使用儒略历，而儒略历当时要比其他国家使用的公历晚 12 天。这两种历法之间的差距到 20 世纪时增加到 13 天。1918 年，布尔什维克采用公历，而那意味着所有人都必须修改他们的生日。许多人像朱可夫一样，加了 13 天，而不是本来应该加的 12 天。

[2] V. Daines，*Zhukov*（Moscow：Molodaya Gvardiya，2005），p. 9.

[3] M. Zhukova，*Marshal Zhukov—Moi Otets*（Moscow：Izdanie Sretenskogo Monastyriya，2005），p. 25. 还有一种说法给出的朱可夫的母亲嫁给康斯坦丁时的年龄是二十九岁。

[4] Zhukov, *Reminiscences*, vol. 1, p. 19.

[5] M. Zhukova, *Marshal Zhukov*, p. 34.

[6] A. N. Buchin, *170000 Kilometrov s G. Zhukovym* (Moscow: Molodaya Gvardiya, 1994), pp. 29 – 30.

[7] 参见他女儿叶拉的回忆录《父亲》, in *Marshal Zhukov: Polkovodets i Chelovek*, vol. 1 (Moscow: APN, 1998), p. 30。

[8] Zhukov, *Reminiscences*, vol. 1, p. 24.

[9] 转引自 A. Axell, *Marshal Zhukov: The Man Who Beat Hitler* (London: Pearson, 2003), p. 2。

[10] E. Zhukova, "Interesy Ottsa," in *Marshal Zhukov: Polkovodets i Chelovek*, vol. 1, pp. 47 – 48. 对保存下来的朱可夫的藏书以及他对它们的注释的分析，可见于 V. S. Astrakhanskii, "Biblioteka G. K. Zhukova," *Arkhivno-Informatsionnyi Bulleten'*, no. 13, 1996。

[11] *Marshal Zhukov: Moskva v Zhini i Sud'be Polkovodtsa* (Moscow: Glavarkhiva Moskvy, 2005), pp. 21 – 22.

[12] G. K. Zhukov, *Vospominaniya i Razmyshleniya*, 11th ed., vol. 1 (Moscow: APN, 1992), p. 64（此后略写为 Zhukov, *Vospominaniya*）。本书从头至尾都是以朱可夫回忆录俄文第十一版为参考。这是朱可夫回忆录最完整的版本。在苏联时代，这段对话被删掉了。当时的布尔什维克（即共产党）的政策是，反对战争并试图推翻沙皇政府，而朱可夫的这番话表明，他此时的政治观点是爱国的，而不是社会主义的。后来朱可夫在生前一直坚持认为，他为了自己国家的利益打了四场战争：第一次世界大战、俄国内战、1939 年在中蒙边境与日本的战争以及第二次世界大战。

[13] Zhukov, *Reminiscences*, vol. 1, p. 43.

[14] Zhukov, *Reminiscences*, vol. 1, p. 49.

[15] RGVA, F. 41107, Op. 1, D. 86, L. 5.

[16] Zhukov, *Reminiscences*, p. 52.

[17] M. von Hagen, *Soldiers in the Proletarian Dictatorship: The Red Army and the Soviet Socialist State, 1917 – 1930* (Ithaca, N. Y.: Cornell University Press, 1990), p. 39.

[18] Daines, *Zhukov*, p. 28.

[19] V. Krasnov, *Zhukov: Marshal Velikoi Imperii* (Moscow: Olma-Press, 2005), pp. 18 – 19. 他在自己的回忆录中说，在 1919 年 3 月 1 日他入党的时候，并不存在入党预备期。这种说法不准确，年份搞错了。

[20] B. V. Sokolov, *Georgy Zhukov: Triumf i Padeniya* (Moscow: Ast, 2003), p. 44.

[21] 这些文件可见于 Krasnov, *Zhukov*, pp. 24 – 31。

[22] Zhukov, *Reminiscences*, vol. 1, pp. 85 – 87.

[23] E. Zhukova, "Otets," in *Marshal Zhukov: Polkovodets i Chelovek*, p. 30.

3 军人生活：一名红军指挥员所受的教育，1922～1938

[1] Zhukov, *Reminiscences*, vol. 1, p. 75.

[2] 对两次世界大战期间的红军进行的研究有：J. Erickson, *The Soviet High Command: A Military-Political History, 1918 - 1941*, 3rd ed. (London: Frank Cass, 2001); M. von Hagen, *Soldiers in the Proletarian Dictatorship: The Red Army and the Soviet Socialist State, 1917 - 1930* (Ithaca, N. Y.: Cornell University Press, 1990); R. R. Reese, *Stalin's Reluctant Soldiers: A Social History of the Red Army, 1925 - 1941* (Lawrence: University Press of Kansas, 1996); R. R. Reese, *Red Commanders: A Social History of the Soviet Army Officer Corps, 1918 - 1991* (Lawrence: University Press of Kansas, 2005); S. W. Stoecker, *Forging Stalin's Army: Marshal Tukhachevsky and the Politics of Military Innovation* (Boulder, Colo.: Westview, 1998); W. J. Spahr, *Stalin's Lieutenants: A Study of Command Under Stress* (Novato, Calif.: Presidio, 1997); L. Samuelson, *Plans for Stalin's War Machine: Tukhachevskii and Military-Economic Planning, 1925 - 1941* (London: Palgrave, 2000); D. R. Stone, *Hammer and Rifle: The Militarization of the Soviet Union, 1926 - 1933* (Lawrence: University Press of Kansas, 2000)。

[3] J. Stalin, *Leninism* (London: Allen & Unwin, 1942), p. 366.

[4] 2010年4月，我在莫斯科采访朱可夫的女儿叶拉时，她说，在朱可夫的家中，对斯大林既不崇拜，也不贬低。

[5] Zhukov, *Reminiscences*, vol. 1 p. 97.

[6] Zhukov, *Reminiscences*, vol. 1 p. 98.

[7] V. A. Afanas'ev, *Stanovlenie Polkovodcheskogo Iskusstva G. K. Zhukova* (Moscow: Svyatigor, 2006), p. 22.

[8] 这些文件有许多可见于 V. Krasnov, Zhukov: *Marshal Velikoi Imperii* (Moscow: Olma-Press, 2005), p. 44ff。

[9] A. L. Kronik, "Molodost' Marshala," in I. G. Aleksandrov ed., *Marshal Zhukov: Polkovodets i Chelovek* (Moscow: APN, 1988), p. 66.

[10] Zhukov, *Reminiscences*, vol. 1, p. 107.

[11] K. Rokossovsky, *A Soldier's Duty* (Moscow: Progress Publishers, 1970), p. 84；关于罗科索夫斯基：R. Woff, "Rokossovsky," in H. Shukman ed., *Stalin's Generals* (London: Phoenix, 2001).

[12] I. K. Bagramyan, *Tak Shli My k Pobede* (Moscow: Voenizdat, 1988), p. 7；关于巴格拉米扬：G. Jukes, "Bagramyan," in Shukman ed., *Stalin's Generals*。

[13] Zhukov, *Reminiscences*, vol. 1, p. 108.

[14] Zhukov, *Reminiscences*, vol. 1, pp. 109 - 113.

[15] I. Mastykina, *Zheny i Deti Georgiya Zhukova* (Moscow: Komsomol'skya Pravda, 1996). 这本书中提到的马斯蒂基纳对朱可夫女儿等人的采访，最初发表于1996年6月7日、1996年8月23日、1996年8月

30 日和 1996 年 10 月 4 日的《共青团真理报》。

[16] Afanas'ev, *Stanovlenie Polkovodcheskogo Iskusstva G. K. Zhukova*, p. 33.

[17] 关于第二次世界大战之前苏联军事思想的发展状况：M. R. Habeck, *Storm of Steel: The Development of Armour Doctrine in Germany and the Soviet Union, 1919 – 1939* (Ithaca, N. Y.: Cornell University Press, 2003); S. Naveh, *In Pursuit of Military Excellence: The Evolution of Operational Theory* (London: Frank Cass, 1997); H. Fast Scott and W. F. Scott, eds., *The Soviet Art of War* (Boulder, Colo.: West-view, 1982); 以及 S. J. Main, "The Red Army and the Future War in Europe, 1925 – 1940," in S. Pons and A. Romano, eds., *Russia in the Age of Wars, 1941 – 1945* (Milan: Feltrinelli, 2000)。

[18] 关于图哈切夫斯基：S. Naveh, "Tukhachevsky," in Shukman ed., *Stalin's Generals*。

[19] Zhukov, *Reminiscences*, vol. 1, pp. 137 – 139.

[20] Erickson, *The Soviet High Command*, p. 800.

[21] Afanas'ev, *Stanovlenie Polkovodcheskogo Iskusstva G. K. Zhukova*, p. 22.

[22] *Marshal Zhukov: Moskva v Zhizni i Sud'be Polkovodtsa* (Moscow: Glavarkhiva Moskvy, 2005), pp. 48 – 49.

[23] 在 20 世纪 80 年代有报道说，罗科索夫斯基在与两位苏联记者的私下交谈中曾经表示，朱可夫当时是明升暗降，被免去了旅长职务，因为他的下属反映他过于严厉和粗暴（N. G. Pavlenko, "Razmyshleniya o Sud'be Polkovodtsa," *Voenno-Istoricheskii Zhurnal*, no. 10, 1988, p. 17). 罗科索夫斯基的这次谈话据说是在 1966 年夏天，当时的朱可夫在赫鲁晓夫时代被孤立后还没有完全平反。他们两人的关系也还处于低潮，因为朱可夫认为罗科索夫斯基与赫鲁晓夫合伙贬低他在卫国战争中的作用。

[24] A. M. Vasilevsky, *A Lifelong Cause* (Moscow: Progress Publishers, 1981), pp. 485 – 486. 关于华西列夫斯基：Jukes, "Vasilevsky," in Shukman ed., *Stalin's Generals*。

[25] Krasnov, *Zhukov*, pp. 74 – 76.

[26] Zhukov, *Reminiscences*, vol. 1, p. 119.

[27] Zhukov, *Reminiscences*, vol. 1, pp. 136 – 139.

[28] Zhukov, *Reminiscences*, vol. 1, p. 141, 162.

[29] L. F. Minuk, "Komandir Divizii," in *Marshal Zhukov: Polkovodets i Chelovek*, vol. 1 (Moscow: APN, 1998), pp. 100 – 115。

[30] 他的两位女儿的回忆除了可见于前面所参考的资料之外，还可参见下面这则对她们的采访。"Papa Chetverok ne Lyubil. Dnevnik Smotrel Pridirchivo," *Izvestiya*, December 1, 2006. 感谢斯蒂芬·怀特（Stephen White）教授为我提供了文章的副本。

[31] Zhukov, *Reminiscences*, pp. 171 – 174.

[32] M. Fainsod, *How Russia is Ruled* (Cambridge, Mass.: Harvard University Press, 1963), p. 479.

[33] 关于斯大林战前对红军的清洗，参见 R. R. Reese，“The Impact of the Great Purge on the Red Army,” *The Soviet and Post-Soviet Review*, vol. 19, nos. 1 - 3, 1992，以及 R. R. Reese，“The Red Army and the Great Purges,” in J. A. Getty and R. T. Manning, eds. , *Stalinist Terror: New Perspectives* (Cambridge, U. K. : Cambridge University Press, 1993)；O. F. Suvenirov, *Tragediya RKKA, 1937 - 1938* (Moscow: Terra, 1998)； P. P. Wieczorkiewicz, *Lancuch Smierci: Czystka w Armii Czerwonej, 1937 - 1939* (Warsaw: RYTM, 2001)；以及 A. A. Pechenkii, *Voennaya Elita SSSR v 1935 - 1939gg: Repressii i Obnovlenie* (Moscow, 2003)。

[34] 有关“大恐怖”的文献非常多。一部出色的文献汇编是 J. Arch Getty and O. V. Naumov, eds. , *The Road to Terror: Stalin and the Self-Destruction of the Bolsheviks, 1932 - 1939* (New Haven, Conn. : Yale University Press, 1999)。

[35] Zhukov, *Reminiscences*, vol. 1, p. 171.

[36] Zhukov *Vospominaniya*, vol. 1, chap. 6 各处。

[37] 转引自 O. P. Chaney, *Zhukov*, rev. ed. (Norman: University of Oklahoma Press, 1996), pp. 54 - 55。

[38] 20 世纪 90 年代初有证据表明，朱可夫本人至少也指控过一名大清洗的受害者。然而，后来人们才发现，在这份所谓的控告材料上出现的“G. 朱可夫”是另一个叫朱可夫的人。参见 W. J. Spahr, *Zhukov: The Rise and Fall of a Great Captain* (Novato, Calif. : Presidio, 1993), pp. 234 - 235。

4 一将成名：哈拉哈河，1939

[1] 伏罗希洛夫命令的大部分内容可见于 V. Krasnov, *Zhukov: Marshal Velikoi Imperii* (Moscow: Olma-Press, 2005), p. 98。命令的原文连同克拉斯诺夫援引的其他许多文件，都在俄罗斯国家军事档案馆有关哈拉哈河战役的展览中展出过（2010 年 4 月，莫斯科）。

[2] 这封信的复印件见于 E. Zhukova，“Interesy Ottsa,” in *Marshal Zhukov: Polkovodets i Chelovek*, vol. 1 (Moscow: APN, 1998), pp. 52 - 53。朱可夫在自己的回忆录中说，他在 6 月 2 日见到了伏罗希洛夫，于 6 月 5 日抵达蒙古。他还暗示，他被派到哈拉哈河，目的是接管指挥权而不只是检查工作。但是，文件记录显示的情况正好相反。参见 Zhukov, *Reminiscences*, vol. 1, pp. 177 - 178。

[3] 参见 E. O. Clubb，“Armed Conflict in the Chinese Borderlands, 1917 - 1950,” in R. L. Garthoff ed. , *Sino-Soviet Military Relations* (New York: Praeger, 1966)；J. Colvin, *Nomonhan* (London: Quartet, 1999)；G. Lenson, *The Damned Inheritance: The Soviet Union and the Manchurian Crisis, 1924 - 1935* (Tallahassee, Fla. : Diplomatic Press, 1974)。

[4] J. Haslam, *The Soviet Union and the Threat from the East, 1933 – 1941* (London: Macmillan Press, 1992), pp. 93 – 94.

[5] Krasnov, *Zhukov*, pp. 100 – 101.

[6] Krasnov, *Zhukov*, pp. 101 – 102.

[7] V. Daines, *Zhukov* (Moscow: Molodaya Gvardia, 2005), p. 95.

[8] Krasnov, *Zhukov*, pp. 112 – 114. 在克拉斯诺夫的书的这部分内容中，收录了朱可夫这段时期下达的一些命令的原文。（我所见到的）原件可见于 RGVA, F. 32113, Op. 1, Dd. 3, 5。

[9] 朱可夫与沙波什尼科夫以及伏罗希洛夫与库利克之间的通话，还有伏罗希洛夫给库利克的不要干涉的命令，这些内容都转引自 Krasnov, *Zhukov*, pp. 118 – 120。

[10] Daines, *Zhukov*, pp. 114 – 116.

[11] V. A. Afanas'ev, *Stanovlenie Polkovodcheskogo Iskusstva G. K. Zhukova* (Moscow: Svyatigor, 2006), p. 83; J. Erickson, *The Soviet High Command: A Military-Political History, 1918 – 1941*, 3rd ed. (London: Frank Cass, 2001), p. 533.

[12] Zhukov, *Reminiscences*, vol. 1, pp. 185 – 186.

[13] Zhukov, *Reminiscences*, vol. 1, pp. 186 – 188.

[14] 该命令的原文可见于 Afanas'ev, *Stanovlenie Polkovodcheskogo Iskusstva G. K. Zhukova*, pp. 233 – 234。

[15] Zhukov, *Reminiscences*, vol. 1, p. 192.

[16] Krasnov, *Zhukov*, p. 137.

[17] 转引自 B. V. Sokolov, *Georgy Zhukov* (Moscow: Ast, 2003), p. 143。

[18] K. Simonov, *Glazami Cheloveka Moego Pokoleniya* (Moscow: APN, 1989), pp. 319 – 320.

[19] 关于什捷尔恩与朱可夫之间的不和，更多的证据材料可见于彼得·格里戈连科（Petro G. Grigorenko）中将的回忆录。格里戈连科，20世纪60～70年代苏联的异见人士，被当局在精神病院关押了七年，理由是如果他反对共产主义制度，他一定是疯了。在被迫移居美国十年之后，格里戈连科于1987年去世。1939年6月，格里戈连科是刚从红军总参军事学院毕业并被派往远东的学员之一。他在驻扎在那里的什捷尔恩方面军群中服役。格里戈连科对作为军事指挥官的朱可夫的描写有很多贬抑之词，说在6月的战斗中，朱可夫为了应对日军的连续进攻，就在不同的作战区域来回调动部队，结果前线到处都是临时的小分队，一片混乱。格里戈连科认为，朱可夫之所以会犯这种低级错误，是因为他没在总参军事学院学习过，接受的军事教育不够。他还报告说，只是在什捷尔恩介入之后，问题才得以解决。必须得说，这种说法很可能是不实的。朱可夫没在总参军事学院接受过教育，但他参加过其他许多培训班，而且是经验丰富的高级军官，不会犯这种重大错误。事实上，格里戈连科的回忆录对朱可夫有很深的偏见。与对朱可夫的态度相反，什捷尔恩反倒显得差不多是个圣徒般的人物，并被认为是哈拉哈河大捷的功臣。格

里戈连科对待什捷尔恩和朱可夫的不同态度，部分原因可能与这两人随后的命运有关。朱可夫变成了苏联最著名的军人，而什捷尔恩在 1941 年 10 月遭到斯大林主义分子的清洗并被处死。参见 P. G. Grigorenko, *Memoirs* (New York: Norton, 1982), pp. 105 – 129。

[20] 这封信的复印件见于 E. Zhukova, "Interesy Ottsa," pp. 53 – 54。

[21] Daines, *Zhukov*, pp. 126 – 127.

[22] A. D. Coox, *Nomonhan: Japan Against Russia, 1939* (Stanford, Calif.: Stanford University Press, 1990), p. 572. 坎尼战役发生在公元前 216 年罗马与迦太基的第二次布匿战争期间。

[23] W. J. Spahr, *Stalin's Lieutenants: A Study of Command Under Stress* (Novato, Calif.: Presidio, 1997), p. 213.

[24] O. P. Chaney, *Zhukov*, rev. ed. (Norman: University of Oklahoma Press, 1996), pp. 68, 72, 74.

[25] Simonov, *Glazami Cheloveka Moego Pokoleniya*, pp. 309 – 310. 另一位在场的记者是 D. I. 奥尔滕贝格（D. I. Ortenberg）。他在卫国战争期间是《红星报》的编辑。在他有关哈拉哈河战役和朱可夫的回忆中，表达了与西蒙诺夫类似的印象。参见他的 "Nezabyvaemoe," in S. S. Smirnov et al., eds., *Marshal Zhukov: Kakim My Ego Pomnim* (Moscow: Politizdat, 1988)。

[26] K. Simonov, *Tovarishchi po Oruzhiu* (Moscow: Gosudarstvennoe Izdatel'stvo Khudozhestvennoi Literatury, 1961). 小说初版于 1952 年。

[27] "O Kampanii 1939g v Raione r. Khalkhin-Gol," RGVA, F. 32113, Op. 1, D. 2. 在报告上署名的还有政治委员 M. S. 尼基谢夫（M. S. Nikishev）。

5 在基辅：演习与备战，1940

[1] 关于斯大林的讲话，参见 O. A. Rzheshevsky and O. Vekhvilyainen (eds.), *Zimnyaya Voina, 1939 – 1940* (Moscow: Nauka, 1999), pp. 272 – 282。英文译文可见于 A. O. Chubaryan and H. Shukman, eds., *Stalin and the Soviet-Finnish War, 1939 ~ 1940* (London: Frank Cass, 2002)。

[2] "*Zimnyaya Voina*": *Rabota nad Oshibkami, Aprel' – Mai 1940g.* (Moscow: Letnii Sad, 2004), doc. 82; *Glavnyi Voennyi Sovet RKKA, 1938 – 1941: Dokumenty i Materialy* (Moscow: Rosspen, 2004), p. 5. 对铁木辛哥改革所做的完美的概述，见于 W. J. Spahr, *Stalin's Lieutenants: A Study of Command Under Duress* (Novato, Calif.: Presidio, 1997), chap. 10。1940 年 7 月 24 日，朱可夫成为最高军事委员会委员。

[3] J. Colvin, *Nomonhan* (London: Quartet, 1999), p. 13.

[4] 参见 V. Anfilov, "Timoshenko," in H. Shukman ed., *Stalin's Generals* (London: Phoenix, 2001)。铁木辛哥没有出版过回忆录。

[5] *Na Priyome u Stalina* (Moscow: Novyi Khronograf, 2008), p. 300. 朱可夫

第二天再次去见斯大林的时候，时间长了许多，但这次是和另外一些高级军官一起去的（p. 301）。朱可夫在回忆录中把见到斯大林的日期以及自己被调到基辅的日期，错记成 1940 年 5 月初。

[6] Zhukov, *Vospominaniya*, vol. 1, p. 287.

[7] "O Prisvoenii Voinskikh Zvanii Vyeshemu Nachal'stvuushemu Sostavu Krasnoiarmii," *Pravda*, June 5, 1940.

[8] 详情参见 R. S. Irinarkhov, *Kievskii Osobyi* (Minsk: Harvest, 2006)，以及 M. Mel'tukhov, *Upushchennyi Shans Stalina* (Moscow: Veche, 2000)。

[9] Zhukov, *Reminiscences*, vol. 1, pp. 227 - 228.

[10] R. R. Reese, *Stalin's Reluctant Soldiers: A Social History of the Red Army, 1925 - 1941* (Lawrence: University Press of Kansas, 1996), pp. 175 - 185. 里斯的叙述依据的是俄罗斯国家军事档案馆中有关基辅军区的记录。

[11] 苏联的进攻基本上是和平的，没出什么事情，但朱可夫在回忆录中谈到一个小插曲：为了防止罗马尼亚人违背协议，从被占领地区转移禁止转移的设备和物资，他曾命令两个空降旅在两个坦克旅的支援下，夺取普鲁特（Prut）河上几座桥梁的控制权。第二天，斯大林打电话给他，告诉他罗马尼亚大使提出抗议，说苏联坦克登上了普鲁特河岸。斯大林想知道那是怎么做到的。当朱可夫解释说只是把空降部队空投到那里而坦克则是独自从陆路设法到达那里的时候，斯大林哈哈大笑。苏联书报审查人员看来把这种幽默感都毁掉了，他们把这整段的内容都从朱可夫的回忆录中删掉了。共产党控制的罗马尼亚在二战后成了苏联的盟友，但对于许多罗马尼亚人来说，失去比萨拉比亚和北布科维纳依然是他们心中的痛。直到朱可夫回忆录的第十版在 1990 年出版的时候，这段让人不快的内容才又重新出现。Zhukov, *Vospominaniya*, vol. 1, pp. 289 - 291.

[12] 指示的原文可见于 V. Krasnov, *Zhukov: Marshal Velikoi Imperii* (Moscow: Olma-Press, 2005), pp. 150 - 154。另见 Reese, *Stalin's Reluctant Soldiers*, p. 184。

[13] K. Rokossovsky, *A Soldier's Duty* (Moscow: Progress Publishers, 1970), p. 5.

[14] O. P Chaney, *Zhukov*, rev. ed. (Norman: University of Oklahoma Press, 1996), pp. 81 - 82. 摘自卡拉什尼科夫回忆录中的一段内容，可见于 *Marshal Zhukov: Moskva v Zhizni i Sud'be Polkovodtsa* (Moscow: Glavarkhiv, 2005), pp. 97 - 99。

[15] *Khrushchev Remembers* (London: Sphere, 1971), p. 144.

[16] 参见 O. Rzheshevsky "Shaposhnikov," in H. Shukman ed., *Stalin's Generals*。

[17] *1941 God*, vol. 2 (Moscow: Demokratiya, 1998), pp. 557 - 571.

[18] Ibid., vol. 1, doc. 95.

[19] Ibid., doc. 117.

[20] Ibid., doc. 134.

[21] G. Gorodetsky, *Grand Delusion*: *Stalin and the German Invasion of Russia* (New Haven, Conn.: Yale University Press, 1999), pp. 121 - 124.

[22] M. V. Zakharov, *General'nyi Shtab v Predvoennye Gody* (Moscow: Ast, 1989), pp. 220 - 224.

[23] *1941 God*, vol. 1, doc. 224.

[24] Zhukov, *Reminiscences*, vol. 1, p. 121.

[25] I. Kh. Bagramyan, *Tak Shli My k Pobede* (Moscow: Voenizdat, 1977), pp. 7 - 9.

[26] V. A. Afanas'ev, *Stanovlenie Polkovodcheskogo Iskusstva G. K. Zhukova* (Moscow: Svyatigor, 2006), pp. 110 - 113.

[27] 会议议程的记录可见于"Nakanune Voiny: Materialy Soveshchaniya Vyschego Rukovodyashchego Sostava RKKA 23 - 31 Dekabrya 1940g," *Russkii Arkhiv*: *Velikaya Otechestvennaya Voina*, *1941 - 1945*, vol. 12 (1) (Moscow: Terra, 1993)。

[28] G. Zhukov, "Kharakter Sovremnnoi Nastupatel'noi Operatsii," in ibid., pp. 129 - 151.

[29] Ibid., pp. 152 - 172.

[30] D. G. Pavlov, "Ispol'zovanie Mekhanizirovannykh Soedinenii v Sovremennoi Nasupatel'noi Operatsi i Vvod Mekhanizirovannogo Korpusa v Proryv," in ibid., pp. 252 - 300. 关于巴甫洛夫在苏联坦克理论发展中的作用，参见 M. R. Habeck, *Storm of Steel*: *The Development of Armour Doctrine in Germany and the Soviet Union*, *1919 - 1939* (Ithaca, N. Y.: Cornell University Press, 2003), passim。

[31] "Zakluchitel'naya Rech' Narodnogo Komissara Oborony Souza SSR Geroya i Marshala Sovetskogo Souza S. K. Timoshenko na Voennom Soveshchanii 31 Dekabrya 1940g," *Russkii Arkhiv*: *Velikaya Otechestven naya Voina*, *1941 - 1945*, vol. 12 (1) (Moscow: Terra, 1993), pp. 338 - 372.

[32] *Na Priyome u Stalina*, p. 322.

[33] 对这个小插曲的最完整的描述，可见于未经删节的朱可夫回忆录：Zhukov, *Vospominaniya*, vol. 1, pp. 291 - 292. 由此看来，铁木辛哥的讲话以小册子的形式在武装力量内部发行之前，已经吸收了斯大林的修改意见。参见 *1941 God*, vol. 1, p. 498, no. 2. 铁木辛哥 1941 年讲话的复印件可见于国会图书馆手稿部沃尔科戈诺夫文件。

[34] 关于这两场军演，参见 Zakharov, *General'nyi Shtab v Predvoennye Gody*, pp. 239 - 250; Gorodetsky, *Grand Delusion*, pp. 127 - 129; P. N. Bobylev, "K Kakoi Voine Gotovilsya General'nyishtab RKKA v 1941 godu," *Otechestvennaya Istoriya*, no. 5, 1995; 及 B. Fugate and L. Dvoretsky, *Thunder on the Dnepr*: *Zhukov-Stalin and the Defeat of Hitler's Blitzkrieg* (Novato, Calif.: Presidio, 1997), chap. 1。富盖特和德沃列茨基对这两场军演的论述是基于这样一个假说：在苏联人应对德国入侵的计划中，要故意牺牲掉巴甫洛夫的西部军区，目的是先把德国国防军引入俄国腹地，然后再发动反攻，而这样的反攻最

终是于 1941 年 12 月在莫斯科开始的。为此，富盖特和德沃列茨基还设想，在 1941 年 2 月，还有过第三场演习，没让巴甫洛夫参加，而上述情节就是在第三场演习中发生的。这个猜测很有趣，但现在并没有得到任何直接的证据支持。它把斯大林、朱可夫和铁木辛哥想得太有先见之明了。

[35] 转引自 Chaney, *Zhukov*, p. 89。

[36] E. Mawdsley, "Crossing the Rubicon: Soviet Plans for Offensive War in 1940 - 1941," *International History Review*, December 2003, pp. 826 - 827.

[37] K. Meretskov, *Serving the People* (Moscow: Progress Publishers, 1971), pp. 122 - 127; *Na Priyome u Stalina*, p. 322.

6 灾难的制造者？朱可夫与 1941 年 6 月 22 日

[1] Zhukov, *Reminiscences*, vol. 1, pp. 379 - 380.

[2] *Russkii Arkhiv: Velikaya Otechestvennaya Voina, 1941 - 1945*, vol. 13 (1), Prikazy Narodnogo Komissara Oborony SSSR, *1937 - 1941*, Iunya 1941g (Moscow: Terra, 1994), doc. 108.

[3] 关于 1939 ~ 1941 年的苏德关系，参见 G. Roberts, *Stalin's Wars: From World War to Cold War, 1939 - 1953* (London: Yale University Press, 2006), chap. 2。

[4] 苏联军方可查阅的情报报告都收集在 *Voennaya Razvedka Informiruet: Dokumenty Razvedypravleniya Krasnoi Armii, 1939 - 1941* (Moscow: Demokratiya, 2008)。

[5] Ibid., docs. 7.13, 7.22, 7.33, 7.38, 7.47, 7.57, 7.65, 7.82.

[6] E. Mawdsley, *Thunder in the East: The Nazi-Soviet War, 1941 - 1945* (London: Hodder Arnold, 2005), pp. 33 - 34.

[7] *1941 God*, vol. 1, docs. 273 - 274, vol. 2, doc. 549; D. M. Glantz, *Stumbling Colossus: The Red Army on the Eve of World War* (Lawrence: University Press of Kansas, 1998), pp. 100 - 101; E. Mawdsley, "Crossing the Rubicon: Soviet Plans for Offensive War in 1940 - 1941," *International History Review*, December 2003; M. Mel'tukhov, *Upushchennyi Shans Stalina* (Moscow: Veche, 2000), pp. 347 - 348.

[8] *1941 God*, vol. 1, doc. 315. 注意：已公布的三月计划的内容并不完整。

[9] Ibid., vol. 2, doc. 473.

[10] A. Werth, *Russia at War, 1941 - 1945* (London: Pan, 1965), p. 132.

[11] 参见 J. Forster and E. Mawdsley, "Hitler and Stalin in Perspective: Secret Speeches on the Eve of Barbarossa," *War in History*, vol. 11, no. 1, 2006。

[12] Mawdsley, "Crossing the Rubicon," p. 838.

[13] *1941 God*, vol. 2, docs. 481 - 483; L. Rotundo, "Stalin and the Outbreak

of War in 1941," *Journal of Contemporary History*, vol. 24, 1989, p. 283.

[14] Mawdsley, "Crossing the Rubicon."

[15] *Na Priyome u Stalina* (Moscow: Novyi Khronograf, 2008), pp. 334 - 335.

[16] *Voennaya Razvedka*, docs. 7. 90, 7. 91, 7. 95, 7. 97, 7. 98, 7. 104.

[17] G. Gorodetsky, *Grand Delusion: Stalin and the German Invasion of Russia* (New Haven, Conn.: Yale University Press, 1999), pp. 287 - 293.

[18] *Voennaya Razvedka*, doc. 7. 107.

[19] Zhukov, *Reminiscences*, vol. 1, p. 276.

[20] 关于斯大林与 1941 年 6 月 22 日，参见 Gorodetsky, *Grand Delusion*, 以及 Roberts, *Stalin's Wars*。

[21] Zhukov, *Reminiscences*, vol. 1, p. 277.

[22] 关于 6 月 21 ~22 日朱可夫和铁木辛哥与斯大林几次见面的时间，参见 *Na Priyome u Stalina*, pp. 337 - 338。

[23] 这三道命令的译文可见于 D. M. Glantz, *Barbarossa: Hitler's Invasion of Russia, 1941* (Stroud, U. K.: Tem-pus, 2001), pp. 242 - 243。

[24] Zhukov, *Reminiscences*, vol. 1, pp. 284 - 285.

[25] I. K. Bagramyan, *Tak Shli My k Pobede* (Moscow: Voenizdat, 1988), p. 65.

[26] *Na Priyome u Stalina*, p. 339. 朱可夫在回忆录中说，6 月 26 日深夜，他回到莫斯科后直接去了斯大林的办公室（Zhukov, *Reminiscences*, vol. 1, p. 305）。据斯大林会客日志的记载，下午 4 点至 5 点的时候他在那里，9 点至 10 点的时候又去了那里。

[27] Zhukov, *Reminiscences*, vol. 1, p. 309. 斯大林的会客日志证实他当天不在自己的办公室。

[28] A. Mikoyan, *Tak Bylo* (Moscow: Vargrius, 1999), p. 390.

[29] *The Memoirs of Marshal Zhukov* (London: Jonathan Cape, 1971), p. 268.

[30] *Russkii Arkhiv: Velikaya Otechestvennaya Voina, 1941 - 1945*, vol. 16 (1), Stavka VGK: Dokumenty i Materialy 1941 god (Moscow: Terra, 1996), doc. 41.

[31] *1941 God*, vol. 2, doc. 635.

[32] *Organy Gosudarstvennoi Bezopasnosti SSSR v Velikoi Otechestvennoi Voine*, vol. 2, book 1 (Moscow: Rus', 2000), docs. 379, 436, 437, 438.

[33] G. Jukes, "Meretskov," in H. Shukman ed., *Stalin's Generals* (London: Phoenix, 1997).

[34] 参见 *Organy Gosudarstvennoi Bezopasnosti*, docs. 293, 306, 384, 413, 424, 490, 550。

[35] 这些命令有许多可见于 vol. 16 (1), Stavka VGK: Dokumenty i Materialy 1941 god。

[36] Ibid., docs. 115, 117. 朱可夫在自己的回忆录中也复述了其他一些通话的内容。

[37] Stavka VGK: Dokumenty i Materialy 1941 god, doc. 101.

[38] Zhukov, *Reminiscences*, vol. 1, pp. 379 - 380.

[39] RGVA, F. 41107, Op. 1, D. 54, L. 57.

[40] *Na Priyome u Stalina*, pp. 343 – 345.

[41] *Russkii Arkhiv*, vol. 13 (2), Prikazy Narodnogo Komissara Oborony SSSR, 22 Iunya 1941g – 1942g, doc. 36.

[42] Stavka VGK: Dokumenty i Materialy 1941 god, doc. 168.

[43] Stavka VGK: Dokumenty i Materialy 1941 god, doc. 10, p. 361.

[44] Stavka VGK: Dokumenty i Materialy 1941 god, doc. 255。

[45] 转引自 A. M. Vasilevsky, *A Lifelong Cause* (Moscow: Progress Publishers, 1981), p. 110。

[46] Stavka VGK: Dokumenty i Materialy 1941 god, doc. 280.

[47] Stavka VGK: Dokumenty i Materialy 1941 god, doc. 130.

[48] Zhukov, *Reminiscences*, vol. 1, p. 383.

[49] Stavka VGK: Dokumenty i Materialy 1941 god, doc. 15, pp. 365 – 366.

[50] H. C. Cassidy, *Moscow Dateline* (Boston: Houghton Mifflin, 1943), p. 123. 至于沃思对此次参观的描述，可参见 A. Werth, *Russia at War, 1941 – 1945* (London: Pan, 1965), pp. 188 – 195。

[51] 转引自 Glantz, *Barbarossa*, pp. 90 – 91。

[52] 转引自 V. Krasnov, *Zhukov: Marshal Velikoi Imperii* (Moscow: OlmaPress, 2000), pp. 210 – 212。

[53] Zhukov, *Vospominaniya*, vol. 1, pp. 304 – 305.

[54] RGVA, F. 41107, Op. 1, D. 17, Ll. 1 – 50. 这份50页的打印稿，标题是“伟大的卫国战争的最初阶段”，是准备用来作为回忆录的一章的。此处的引文摘自该文件的第38～41页。该卷宗有许多这样的文件，包括几个手写的片断。

[55] Ibid., p. 265.

7 斯大林的将军：拯救列宁格勒和莫斯科，1941

[1] *Na Priyome u Stalina* (Moscow: Novyi Khronograf, 2008), pp. 614 – 615.

[2] 朱可夫对斯大林的总体看法见于 Zhukov, *Reminiscences*, vol. 1, chap. 11。在苏联解体的时候，这一章令他的出版商们非常尴尬，因为他们想把朱可夫打扮成一个反斯大林主义者。所以他们就加了一个编注，说朱可夫对斯大林的描述合乎“时代精神”(Zhukov, *Vospominaniya*, vol. 2, p. 73)。

[3] 例如，参见“Korotko o Staline,” Pravda, January 20, 1989。

[4] *Russkii Arkhiv: Velikaya Otechestvennaya Voina, 1941 – 1945*, vol. 16 (1), Stavka VGK: Dokumenty i Materialy 1941 god (Moscow: Terra, 1996), doc. 82.

[5] *Russkii Arkhiv: Velikaya Otechestvennaya Voina, 1941 – 1945*, vol. 16 (1), Stavka VGK: Dokumenty i Materialy 1941 god (Moscow: Terra, 1996), doc. 83.

[6] 转引自 N. Lomagin, *Neizvestnaya Blokada*, vol. 1 (Moscow: OlmaPress, 2002), p. 63。

[7] Zhukov, *Reminiscences*, vol. 1, pp. 398 - 401. 档案中对该故事有另一种说法。朱可夫给出的他和斯大林见面的日期是 9 月 7 日，并说斯大林问他接下来想去哪里。他建议说列宁格勒或西南地区。当斯大林决定派他到列宁格勒时，他建议由铁木辛哥指挥西南方面军。RGVA, F. 41107, Op. 1, D. 54, L. 58.

[8] Zhukov, *Reminiscences*, vol. 1, pp. 417 - 418.

[9] *Na Priyome u Stalina*, p. 349.

[10] Stavka VGK: Dokumenty i Materialy 1941, docs. 252, 253.

[11] 费久宁斯基和贝切夫斯基回忆录中的有关内容可见于 S. Bialer, *Stalin and His Generals: Soviet Military Memoirs of World War II* (London: Souvenir Press, 1970)。

[12] 转引自 D. M. Glantz, *The Battle for Leningrad, 1941 - 1944* (Lawrence: University Press of Kansas, 2002), p. 76。

[13] 转引自 D. M. Glantz, *The Battle for Leningrad, 1941 - 1944* (Lawrence: University Press of Kansas, 2002), pp. 81 - 82。

[14] 转引自 Ella Zhukova, "Interesy Ottsa," in I. G. Aleksandrov ed., *Marshal Zhukov: Polkovodets i Chelovek* (Moscow: APN, 1988), pp. 54 - 55。

[15] Glantz, *The Battle for Leningrad*, p. 83; J. Erickson, "Zhukov," in M. Carver ed., *The War Lords: Military Commanders of the Twentieth Century* (Barnsley, U. K.: Pen & Sword, 2005), p. 250; E. Mawdsley, *Thunder in the East: The Nazi-Soviet War, 1941 - 1945* (London: Hodder Arnold, 2005), pp. 84 - 85; V. Beshanov, *Leningradskaya Oborona* (Minsk: Kharvest, 2006), pp. 124 - 125.

[16] Stavka VGK: Dokumenty i Materialy 1941, doc. 339.

[17] 关于列宁格勒之围，参见哈里森·索尔兹伯里的无与伦比的《900 天》(New York: Harper & Row, 1969)。

[18] *G. K. Zhukov v Bitve pod Moskvoi: Sbornik Dokumentov* (Moscow: Mosgorarkhiv, 1994), docs. 3, 5, 7, 17.

[19] I. S. Konev, "Osen'u 1941 goda," and G. K. Zhukov, "Vospominaniya Komanduushchego Frontom," in *Bitva za Moskvu*, 3rd ed. (Moscow: Moskovskii Rabochii, 1975), pp. 55 - 56, 68 - 69. 该书初版于 1968 年。在科涅夫的文章发表之前，编辑给朱可夫发了一篇征求意见的样稿。朱可夫反应激烈。他写信给编辑说，科涅夫的稿子谎话连篇，其中涉及他本人被任命为西方方面军司令一事，如果它就这样发表，他就撤回自己给这本书的文稿（RGVA, F. 41107, Op. 1, D. 77, L. 8）。最后，科涅夫的文章发表时基本上原封未动，同时发表的还有朱可夫自己的文章。

[20] K. Simonov, *Glazami Cheloveka Moego Pokoleniya* (Moscow: APN, 1989), p. 364.

[21] 参见 V. Krasnov, *Zhukov: Marshal Velikoi Imperii* (Moscow: Olma-Press, 2000), pp. 237 - 241。华西列夫斯基对这件事采取了折中的说法:"10 月 9 日,在一次与最高统帅的例行谈话中形成了一个决定,把西方方面军和预备队方面军合并成西方方面军。我们大家,包括科涅夫在内……都同意斯大林的建议,任命朱可夫为合并后的方面军司令。" A. M. Vasilevsky, *A Lifelong Cause* (Moscow: Progress Publishers, 1981), p. 115.

[22] 关于科涅夫,参见 O. Rzheshevsky, "Konev," in H. Shukman ed., *Stalin's Generals* (London: Phoenix, 2001) 以及 J. Erickson, "Konev," in Carver ed., *The War Lords*。科涅夫回忆录的英文版名为《胜利的年代》(*Year of Victory*) (Moscow: Progress Publishers, 1969)。他的更完整的俄文版回忆录是 I. S. Konev, *Zapiski Komanduushchego Frontom* (Moscow: Voenizdat, 1981)。

[23] Mawdsley, *Thunder in the East*, p. 95.

[24] *G. K. Zhukov v Bitve pod Moskvoi*, doc. 23. 关于莫斯科的恐慌情绪,参见 R. Braithwaite, *Moscow 1941* (New York: Knopf, 2006), chap. 12; A. Nagorski, *The Greatest Battle* (London: Aurum, 2007), chap. 7; 以及 A. Werth, *Russia at War, 1941 - 1945* (London: Pan Books, 1965), pp. 224 - 233.

[25] W. J. Spahr, *Zhukov: The Rise and Fall of a Great Captain* (Novato, Calif.: Presidio, 1993), p. 72. 奥滕贝格回忆的说法可见于 S. S. Smirnov et al., eds., *Marshal Zhukov: Kakim My Ego Pomnim* (Moscow: Politizdat, 1988)。

[26] *G. K. Zhukov v Bitve pod Moskvoi*, doc. 12.

[27] Stavka VGK: Dokumenty i Materialy 1941, doc. 66.

[28] Stavka VGK: Dokumenty i Materialy 1941, doc. 32.

[29] Zhukov, *Reminiscences*, vol. 2, p. 31.

[30] Zhukov, *Reminiscences*, vol. 2, p. 31.

[31] J. Stalin, *On the Great Patriotic War of the Soviet Union* (London: Hutchinson, 1943 - 1944), pp. 21 - 23.

[32] Zhukov, *Reminiscences*, vol. 2, p. 66.

[33] *G. K. Zhukov v Bitve pod Moskvoi*, doc. 37.

[34] K. Rokossovsky, *A Soldier's Duty* (Moscow: Progress Publishers, 1970), p. 78.

[35] 转引自 O. P. Chaney, *Zhukov*, rev. ed. (Norman: University of Oklahoma Press, 1996), p. 179。这段话在出版的罗科索夫斯基回忆录中被删掉了。

[36] Ibid., pp. 85 - 86. 华西列夫斯基在自己的回忆录中对莫斯科战役期间的斯大林有类似的评论:"斯大林可能会非常急躁而粗暴;但在这样一个严峻的时期,(他)对自己下级的关心给人的印象更为深刻。" Vasilevsky, *A Lifelong Cause*, p. 118.

[37] Vasilevsky, *A Lifelong Cause*, p. 121.

[38] Zhukov, *Reminiscences*, vol. 2, pp. 44 – 46.

[39] *Na Priyome u Stalina*, p. 355.

[40] *G. K. Zhukov v Bitve pod Moskvoi*, doc. 62.

[41] D. Glantz, *Barbarossa: Hitler's Invasion of Russia, 1941* (Stroud, U. K.: Tempus, 2001), p. 188.

[42] 转引自 E. Mawdsley, *December 1942: Twelve Days That Began a World War* (London: Yale University Press, 2011), pp. 219 – 220。

[43] *Bitva za Moskvu: Moskovskaya Operatsiya Zapadnogo Fronta, 16 Noyabrya 1941g. – 31 Yanvarya 1942g.* (Moscow: Tranzitkniga, 2006), p. 240. 这是苏军总参谋部自己对莫斯科反攻的研究。战争期间撰写并秘密传阅的这类研究报告有很多，目的是汲取并传播重大军事行动的经验。这些研究报告非常宝贵，它们从苏方的视角对历次战役的过程做了清晰的描述，而且还提到了从其他任何地方都无法找到的一些重要档案文献。

[44] A. Werth, *The Year of Stalingrad* (London: Hamish Hamilton, 1946), p. 99.

[45] 转引自 Vasilevsky, *A Lifelong Cause*, p. 152。

[46] 我对 1942 年在勒热夫和维亚济马地区的历次行动的概述，是基于 S. Gerasimova, *Rzhev 42: Pozitsionnaya Boinya* (Moscow: Yauza-Eksmo, 2007)。该书附有若干地图及大本营的相关命令。格拉西莫娃的伤亡数字受到了 M. A. 加利耶夫（M. A. Gareev）将军的质疑："O Nashikh Poteryakh podo Rzhevom i Vyaz'moi," *Voenno-Istoricheskii Zhurnal*, no. 3, 2002。

[47] Zhukov, *Reminiscences*, vol. 2, p. 62. 在 20 世纪 60 年代《军史杂志》的编辑对朱可夫的采访中（没有发表），朱可夫对叶夫列莫夫提出的批评要比他在自己的回忆录中所写的多，但他承认自己对于此次失败负有责任，而且还指出，他自己远不只是在这一次行动中犯了错误（*Kommunist*, no. 14, 1988, p. 96）。

[48] 参见 V. Mel'nikov, *Ikh Poslal na Smert' Zhukov? Gibel' Armii Generala Efremova* (Moscow: Eksmo, 2009)；另见 Krasnov, *Zhukov*, pp. 304 – 31; Spahr, *Zhukov*, pp. 84 – 87; 以及 Chaney, *Zhukov*, pp. 197 – 200。

[49] 该文件的复印件可见于 Volkogonov Papers, Library of Congress, Manuscript Division。

[50] Zhukov, *Reminiscences*, vol. 2, pp. 52 – 55.

[51] Zhukov, *Reminiscences*, vol. 2, p. 86.

[52] *Khrushchev Remembers* (London: Sphere, 1971), pp. 536 – 537.

[53] K. S. Moskalenko, *Na Ugo-Zapadnom Napravlenii*, 2nd. ed., vol. 1 (Moscow: Nauka, 1975), pp. 168 – 213.

[54] Vasilevsky, *A Lifelong Cause*, pp. 163 – 164.

[55] I. K. Bagramyan, *Tak Shli My k Pobede* (Moscow: Voenizdat, 1998), pp. 305 – 353.

[56] 这些文件可见于 D. M. Glantz, *Kharkov 1942: Anatomy of a Military*

Disaster Through Soviet Eyes (Shepperton, U. K.: Ian Allan, 1998)。格兰茨在这部非常有价值的书中还对此次战役以及苏方有关此次惨败的讨论做了详细的描述。

[57] Glantz, *Kharkov 1942: Anatomy of a Military Disaster Through Soviet Eyes*, pp. 224 – 225.

[58] Ibid.

[59] 参见 M. N. Ramanichev, "Nevidannoe Ispytanie," in G. N. Sevast'yanov ed., *Voina i Obshchestvo, 1941 – 1945*, vol. 1 (Moscow: Nauka, 2004), p. 88。

[60] Vasilevsky, *A Lifelong Cause*, p. 157.

[61] 参见 P. P. Chevela, "Novye Ispytania," in V. A. Zolotarev and G. N. Sevast'v yanov, eds., *Velikaya Otechestvennaya Voina, 1941 – 1945*, vol. 1 (Moscow: Nauka, 1998 – 1999), pp. 325 – 327。另见 Ramanichev, "Nevidannoe Ispytaniye"。

[62] Stalin, *On the Great Patriotic War of the Soviet Union*, pp. 32, 34.

8　胜利的设计师？斯大林格勒，1942

[1] B. Wegner, "The War Against the Soviet Union, 1942 – 1943," in H. Boog et al., eds., *Germany and the Second World War*, vol. 6 (Oxford, U. K.: Clarendon Press, 2001).

[2] H. R. Trevor-Roper, *Hitler's War Directives, 1939 – 1945* (London: Sidgwick & Jackson, 1964), p. 117.

[3] J. Stalin, *On the Great Patriotic War of the Soviet Union* (London: Hutchinson, 1943 – 1944), p. 38.

[4] Trevor-Roper, *Hitler's War Directives*, pp. 129 – 130.

[5] 从苏军总参谋部每天的简报中摘录的大量内容可见于 *Stalingradskaya Bitva*, 2 vols. (Moscow: Olma-Press, 2002)。这其中除了有大本营的指示、方面军和集团军的报告等其他许多文件之外，还有许多摘自苏联报刊的文章。

[6] *Stalingrad, 1942 – 1943: Stalingradskaya Bitva v Dokumentakh* (Moscow: Biblioteka, 1995), docs. 109 – 110, 120.

[7] *Khronika Ognenykh Dnei, 17 Iulya 1942, 2 Fevralya 1943*, Volgograd, 2002. 这个日期最初是在 1943 年苏军总参谋部撰写的对斯大林格勒战役的研究报告中提出的。参见 L. Rotundo ed., *Battle for Stalingrad: The 1943 Soviet General Staff Study* (London: Pergamon-Brassey's, 1989), pp. 12 – 13。

[8] 第 227 号命令的完整的英文译文可见于 G. Roberts, *Victory at Stalingrad: The Battle That Changed History* (London: Pearson/Longman, 2002) 中的附录。

[9] A. Werth, *Russia at War, 1941 – 1945* (London: Pan, 1965), part 4.

[10] "Na Uge," *Krasnaya Zvezda*, July 19, 1942.

[11] "Ob Ustanovlenii Polnogo Edinonachaliya i Uprazdnenii Instituta Voennykh Komissarov v Krasnoi Armii," *Krasnaya Zvezda*, October 10, 1942.

[12] 关于 1942 年 8 月斯大林与丘吉尔的会谈，参见 G. Roberts, *Stalin's Wars: From World War to Cold War, 1939 – 1953* (London: Yale University Press, 2006), pp. 134 – 143。

[13] J. Erickson, "Zhukov," in M. Carver ed., *The War Lords: Military Commanders of the Twentieth Century* (Barnsley, U. K.: Pen & Sword, 2005), pp. 251 – 252.

[14] 关于崔可夫，参见 R. Woff, "Chuikov," in H. Shukman ed., *Stalin's Generals* (London: Phoenix, 2001)。

[15] 关于斯大林格勒战役，参见 Roberts, *Victory at Stalingrad*; A. Beevor, *Stalingrad* (London: Penguin, 1999); W. Craig, *Enemy at the Gates* (London: Hodder & Stoughton, 1973); M. Jones, *Stalingrad: How the Red Army Triumphed* (Barnsley, U. K.: Pen & Sword, 2007); D. M. Glantz & J. M. House, *Armageddon at Stalingrad* (Lawrence: University Press of Kansas, 2009); 以及 J. S. A. Hayward, *Stopped at Stalingrad: The Luftwaffe and Hitler's Defeat in the East, 1942 – 1943* (Lawrence: University Press of Kansas, 1998)。

[16] 朱可夫在回忆录中说自己是在 8 月 27 日到斯大林格勒去的，但斯大林的会客日志和其他文献显示，8 月 31 日之前他一直在莫斯科。

[17] *G. K. Zhukov v Stalingradskom Bitve: Sbornik Dokumentov* (Moscow: Biblioteka, 1996), pp. 66 – 67.

[18] *Stalingrad, 1942 – 1943*, doc. 220.

[19] Zhukov, *Reminiscences*, vol. 2, pp. 93 – 99.

[20] Rotundo ed., *Battle for Stalingrad*, p. 415.

[21] 参见 *Stalingrad*, 1942 – 1943, docs. 221, 225, 227, 228, 229, 231, 258。

[22] Zhukov, *Reminiscences*, vol. 2, p. 129.

[23] 从 1942 年 11 月 29 日起在《消息报》《真理报》《红星报》上发表的文章、社论和声明。

[24] D. M. Glantz, *Soviet Military Deception in the Second World War* (London: Frank Cass, 1989), chap. 5.

[25] D. M. Glantz, *After Stalingrad: The Red Army's Winter Offensive, 1942 – 1943* (Solihull, U. K.: Helion, 2009), p. 391.

[26] O. P. Chaney, *Zhukov*, rev. ed. (Norman: University of Oklahoma Press, 1996), p. 237.

[27] *Na Priyome u Stalina* (Moscow: Novyi Khronograf, 2008), pp. 396 – 398.

[28] Glantz, *After Stalingrad*, p. 426. 这是格兰茨在他的书中逐字翻译并引用的诸多文件之一。我对"北极星行动"以及朱可夫在这次行动中

的作用的论述，几乎全是以格兰茨的这本书为基础的。

[29] Zhukov, *Reminiscences*, vol. 2, pp. 150 – 152.

9 西进！从库尔斯克到华沙，1943 ~ 1944

[1] Ella Zhukova, "Interesy Ottsa," in *Marshal Zhukov: Polkovodets i Chelovek*, vol. 1 (Moscow: APN, 1998), p. 55.

[2] Era Zhukova, "Otets," in ibid., p. 43.

[3] Era Zhukova, "Otets," in ibid., p. 56.

[4] 1943 年 10 月和 1944 年 2 月的书信引自 V. Daines, *Zhukov: Rozhdennyi Pobezhdat'* (Moscow: Yauza/Eksmo, 2008), pp. 384 – 385, 406 – 407。

[5] I. Mastykina, *Zheny i Deti Georgiya Zhukova* (Moscow: Komsomol'skya Pravda, 1996), pp. 86 – 87. 朱可夫给马加丽塔的信件的影印件可见于 *Georgy Zhukov: Al'bom* (Moscow: Poligrafresursy, 1995)。马加丽塔提到的道格拉斯飞机是由苏联人获准制造的美国飞机。战争期间这种名为"里苏诺夫 Li – 2"的飞机转为军用并装备了武器。

[6] 在准备自己回忆录的第二版时，朱可夫花了几页的篇幅对自己的后援团队的各位成员表示感谢。由于某种原因，这部分致谢的内容并没有发表（RGVA, F. 41107, Op. 1, D. 52, Ll. 72 – 76).

[7] 别多夫的回忆可见于他的"Ryadom s Marshalom"以及 V. Peskov, "Govoryat Sputniki Zhukova,"两者都见于 *Marshal Zhukov: Polkovodets i Chelovek*。

[8] A. N. Buchin, *170000 Kilometrov s G. Zhukovym* (Moscow: Molodaya Gvardiya, 1994), p. 42. 该回忆录由 N. N. 雅科夫列夫的系列采访组成，后者于 1992 年出版了关于朱可夫的首部严肃的俄文传记。

[9] B. V. Sokolov, *Georgy Zhukov: Triumf i Padeniya* (Moscow: Ast, 2003), pp. 433 – 442; "Zheny i Docheri Marshala Zhukova," *Komsomol'skaya Pravda*, June 7, 1996, August 22, 1996, September 30, 1996. 感谢鲍里斯·索科洛夫让我参考马斯蒂基纳的这些采访，它们都重印于她的 *Zheny i Deti Georgiya Zhukova*。

[10] *Georgy Zhukov: Stenogramma Oktyabr'skogo (1957g.) Plenuma TsK KPSS i Drugie Dokumenty* (Moscow: Democratiya, 2001), p. 593.

[11] R. R. Reese, *Why Stalin's Soldiers Fought* (Lawrence: University Press of Kansas, 2011), pp. 300 – 301.

[12] W. J. Spahr, *Zhukov: The Rise and Fall of a Great Captain* (Novato, Calif: Presidio, 1993), p. 133.

[13] Zhukov, *Reminiscences*, vol. 2, pp. 150 – 152.

[14] S. M. Shtemenko, *The Soviet General Staff at War, 1941 – 1945*, vol. 1 (Moscow: Progress Publishers, 1970), pp. 152 – 153. 这些文件还可见于"Podgotovka k Kurskoi Bitve," *Voenno-Istoricheskii Zhurnal*, no. 6, 1983。

[15] Zhukov, *Reminiscences*, vol. 2, p. 160. 朱可夫把商讨的日期记成4月11~12日，但斯大林的会客日志表明，与斯大林一起召开的这些重要会议是在4月16~18日。参见 *Na Priyome u Stalina*, pp. 403-404。

[16] Ibid., pp. 211, 159. 关于安东诺夫，可参见理查德·沃夫（Richard Woff）的文章，见于 H. Shukman ed., *Stalin's Generals*（London: Phoenix, 1997）。罗科索夫斯基也很钦佩安东诺夫，说他是"作战艺术大师"，但他认为其对斯大林过于顺从。

[17] Shtemenko, *The Soviet General Staff at War*, vol. 1, p. 90; vol. 2（Moscow: Progress Publishers, 1985）, p. 473.

[18] 这项命令的复印件可见于 Volkogonov Papers, Library of Congress, Manuscript Division。

[19] 关于苏军的计划及准备情况，参见 D. M. Glantz and J. M. House, *The Battle of Kursk*（Lawrence: University Press of Kansas, 1999）。

[20] D. M. Glantz, *Soviet Military Deception in the Second World War*（London: Frank Cass, 1989）, pp. 146-182.

[21] K. Rokossovsky, *A Soldier's Duty*（Moscow: Progress Publishers, 1970）, p. 202. 2002年出版的罗科索夫斯基回忆录增订版补充了一些材料，批评了大本营向各方面军派遣朱可夫这样的代表的做法，认为他们成了方面军指挥官与斯大林及总参谋部之间不必要的障碍（K. Rokossovsky, *Soldatskii Dolg* [Moscow: Olma-Press, 2002], pp. 265-66）。这样的怨言在方面军指挥官中看来是比较常见的，而且也在意料之中。因为他们当然希望可以和莫斯科的统帅部直接联系。朱可夫和华西列夫斯基这些担任大本营代表的人，辩称这种体制乃是指挥之链中的必要环节。这似乎也是斯大林和总参谋部的观点，因为战争期间的趋势就是不断加强大本营代表在战场上的权威。

[22] 转引自 Daines, *Zhukov*, p. 358。

[23] 参见 T. P. Mulligan, "Spies, Ciphers and 'Zitadelle': Intelligence and the Battle of Kursk, 1943," *Journal of Contemporary History*, vol. 22, 1987; 以及 V. Korovin, *Sovetskaya Razvedka i Kontrrazvedka v gody Velikoi Otechestvennoi Voiny*（Moscow: Rus', 2003）, pp. 113-122。

[24] 参见"Podgotovka k Kurskoi Bitve," *Voenno-Istoricheskii Zhurnal*, no. 6, 1983。

[25] A. M. Vasilevsky, *A Lifelong Cause*（Moscow: Progress Publishers, 1981）, p. 272.

[26] Zhukov, *Reminiscences*, vol. 2, p. 182. 关于在普罗霍罗夫卡进行的战斗，可进一步参见 V. Zamulin, *Demolishing the Myth: The Tank Battle at Prokhorovka*（Solihull, U. K.: Helion, 2011）。

[27] *Main Front: Soviet Leaders Look Back on World War II*（London: Brassey's Defence Publishers, 1987）, p. 118.

[28] Zhukov, *Reminiscences*, vol. 2, pp. 194, 208.

[29] A. Werth, *Russia at War, 1941-1945*（London: Pan, 1965）, p. 619.

[30] A. Werth, *Russia at War, 1941 – 1945* (London: Pan, 1965), pp. 551 – 552.

[31] E. Mawdsley, *Thunder in the East: The Nazi-Soviet War, 1941 – 1945* (London: Hodder Arnold, 2005), pp. 274 – 275.

[32] Zhukov, *Reminiscences*, p. 213.

[33] Rokossovsky, *A Soldier's Life*, p. 211.

[34] Zhukov, *Reminiscences*, vol. 2, p. 233.

[35] V. Krasnov, *Zhukov: Marshal Velikoi Imperii* (Moscow: Olma-Press, 2000), p. 408.

[36] V. Krasnov, *Zhukov: Marshal Velikoi Imperii* (Moscow: Olma-Press, 2000), pp. 409 – 412.

[37] J. Erickson, *The Road to Berlin* (London: Weidenfeld & Nicolson, 1983), p. 141.

[38] Zhukov, *Reminiscences*, vol. 2, p. 221.

[39] A. Read and D. Fisher, *The Fall of Berlin* (London: Pimlico, 2002), p. 153.

[40] 关于这次会议的唯一信息来源是朱可夫（Zhukov: *Reminiscences*, vol. 2, p. 225 – 231. 华西列夫斯基也提到过它（*A Lifelong Cause*, pp. 307 – 309），但他在写自己的回忆录之前已经读过朱可夫的回忆录。在斯大林的会客日志中没有任何证据可以证明召开过这样的会议，但考虑到参加会议的人数很多，它无论如何都不会是在他的办公室召开的。朱可夫说这次会议是在 12 月中旬，但有关他在此次战争中的行踪的详细年表显示，它想必是在这个月的月初召开的。参见 S. I. Isaev, "Vekhi Frontoogo Puti," *Voenno-Istoricheskii Zhurnal*, no. 10, 1991。这是一份相当有用的文件，但在文献证据出现空白的地方，作者就接受了朱可夫在其回忆录中的说法。

[41] Zhukov, *Reminiscences*, vol. 2, p. 238.

[42] 文件的复印件可见于 Krasnov, *Zhukov*, p. 417。

[43] 朱可夫在回忆录中引用了第二封，但没有引用第一封电报的内容，他把此事说成是斯大林不是责备他，而是责备瓦图京。参见 Zhukov, *Reminiscences*, vol. 2, pp. 247 – 249。

[44] Ibid., p. 250.

[45] 转引自 Daines, *Zhukov*, pp. 421 – 422。

[46] Shtemenko, *The Soviet General Staff at War*, vol. 1, chap. 11.

[47] Zhukov, *Reminiscences*, vol. 2, p. 257ff.

[48] 命令的复印件可见于国会图书馆手稿部沃尔科戈诺夫文件。

[49] *Na Priyome u Stalina*, pp. 433 – 434. 据什捷缅科说（vol. 1, p. 238），在与斯大林一起召开这些会议之前，5 月 22 日和 23 日预先做了一些讨论，参加者有总参谋部、朱可夫、华西列夫斯基及各方面军司令。

[50] *Russkii Arkhiv: Velikaya Otechestvennaya Voina, 1941 – 1945*, vol. 16 (4), *Stavka VGK: Dokumenty i Materialy, 1944 – 1945* (Moscow: Terra, 1993), docs. 113 – 116. 另见 D. M. Glantz and H. S. Orenstein,

Belorussia 1944: The Soviet General Staff Study (London: Frank Cass, 2001), pp. 14 –28.

[51] *Stalin's Correspondence with Churchill, Atlee, Roosevelt and Truman, 1941 –1945* (London: Lawrence & Wishart, 1958), doc. 260, p. 215; doc. 274, p. 224.

[52] Zhukov, *Reminiscences*, vol. 2, pp. 273 –274.

[53] *Marshal Zhukov: Polkovodets i Chelovek*, pp. 324 –325.

[54] 巴托夫回忆录的摘要可见于 S. Bialer, *Stalin and His Generals: Soviet Military Memoirs of World War II* (London: Souvenir Press, 1970), pp. 417 –420. 巴托夫的书在 20 世纪 70 年代再版时，有关朱可夫的这些诽谤性的内容都被删掉了。参见 Spahr, *Zukhov: The Rise and Fall of a Great Captain*, p. 149。

[55] Zhukov, *Reminiscences*, vol. 2, p. 279.

[56] Stavka VGK 1944 –1945, docs. 162 –163, p. 120.

[57] Erickson, *The Road to Berlin*, p. 228.

[58] Zhukov, *Reminiscences*, vol. 2, pp. 286 –287.

[59] Shtemenko, *The Soviet General Staff at War*, vol. 2, pp. 71 – 81; *Na Priyome u Stalina*, p. 438.

[60] *SSSR i Pol'sha, 1941 –1945: k Istorii Voennogo Souza* (Moscow: Terra, 1994), doc. 7, p. 201.

[61] Ibid., doc. 29, pp. 218 – 219. 这一文件的译文可见于 Shtemenko, vol. 2, pp. 93 –94.

[62] Ibid., doc. 55, p. 245.

[63] Ibid., doc. 100, p. 310.

[64] 关于“巴格拉季昂行动”及夺取华沙失利的情况，参见 A. Tucker-Jones, *Stalin's Revenge: Operation Bagration and the Annihilation of Army Group Centre* (Barnsley, U. K.: Pen & Sword, 2009)。

[65] Werth, *Russia at War*, p. 786.

[66] *Stalin's Correspondence with Churchill, Atlee, Roosevelt and Truman*, doc. 321, p. 254; docs. 322 –323, pp. 254 –255.

[67] *Shtemenko*, vol. 2, pp. 102 – 104; 以及 A. Chmielarz, “Warsaw Fought Alone: Reflections on Aid to and the Fall of the 1944 Uprising,” *The Polish Review*, vol. 39, no. 4, 1994, p. 421。

[68] 对斯大林的作用的详细探讨可见于 G. Roberts, *Stalin's Wars: From World War to Cold War, 1939 – 1953* (London: Yale University Press, 2006)。

[69] Zhukov, *Reminiscences*, vol. 2, pp. 301 –303.

[70] Zhukov, *Reminiscences*, vol. 2, p. 310.

[71] Ibid., pp. 296 –300; *Liberation Mission of the Soviet Armed Forces in the Second World War* (Moscow: Progress Publishers, 1975), pp. 172 –182.

[72] Stavka VGK 1944 –1945, doc. 234, p. 162.

[73] *Na Priyome u Stalina*, p. 443.

[74] Stavka VGK 1944 – 1945, doc. 248, p. 170.

[75] Rokossovsky, *A Soldier's Life*, p. 267.

[76] Zhukov, *Vospominaniya*, vol. 3, p. 175. 这些话在苏联时代出版的回忆录中被删掉了。

10　红色风暴：征服德国，1945

[1] *Na Priyome u Stalina*, p. 443.

[2] S. Bialer, *Stalin and His Generals: Soviet Military Memoirs of World War II* (London: Souvenir Press, 1970), p. 467.

[3] 斯大林对科涅夫说西里西亚是“金子”，要他小心，不要对该地区的工业资源造成太大的损坏。I. Konev, *Year of Victory* (Moscow: Progress Publishers, 1969), pp. 5, 67 – 68.

[4] S. M. Shtemenko, *The Soviet General Staff at War, 1941 – 1945*, 2 vols. (Moscow: Progress Publishers, 1970, 1986). 俄文第一卷初版于1968年，第二卷是1973年。

[5] 关于什捷缅科的战时生涯，参见 G. Jukes, “Shtemenko,” in H. Shukman ed., *Stalin's Generals* (London: Phoenix, 2001)。

[6] Zhukov, *Reminiscences*, vol. 2, p. 319.

[7] O. P. Chaney, *Zhukov*, rev. ed. (Norman: University of Oklahoma Press, 1996), p. 297. 钱尼指出，在1966年朱可夫七十岁生日那天被授予“列宁勋章”的时候，嘉奖令中特意提到他在“维斯瓦河—奥德河行动”中对装甲力量的使用。

[8] “维斯瓦河—奥德河行动”战后被苏军总参谋部视为闪电进攻的典范，参见对俄罗斯总参谋长的采访，*Krasnaya Zvezda*, May 7, 2005。

[9] *Russkii Arkhiv: Velikaya Otechestvennaya Voina, 1941 – 1945*, vol. 16 (4): Stavka VGK: Dokumenty i Materialy 1944 – 45 gg (Moscow: Terra, 1993), doc. 40, pp. 326 – 28.

[10] 转引自 P. T. Kunitskii, “Padenie Berlina: Kogda Ona Moglo Sostoyat'sya?” *Voenno-Istoricheskii Zhurnal*, no. 9, 2006。

[11] Zhukov, *Reminiscences*, vol. 2, p. 328.

[12] “Marshal G. K. Zhukov: Nastuplenie na Berlin Mogu Nachat 19 – 20. 2. 45,” *Voenno-Istoricheskii Zhurnal*, no. 2, 1995.

[13] Kunitskii, “Padenie Berlina.”

[14] Konev, *Year of Victory*, pp. 5ff.

[15] 关于崔可夫，参见 R. Woff, “Chuikov,” in Shukman ed., *Stalin's Generals*. 另可参见崔可夫的英文版回忆录：*The Beginning of the Road* (London: MacGibbon & Kee, 1963)。

[16] 崔可夫文章的译文可见于 Bialer, *Stalin and His Generals*, pp. 500 – 505。

[17] 转引自 M. I. Golovin, “Uroki Dvukh Operatsii,” *Voenno-Istoricheskii*

Zhurnal, no. 1, 1988, p. 25。有关此次会议的资料来源于 Kunitskii, "Padenie Berlin"。

[18] G. Zhukov, "Na Berlinskom Napravlenii," *Voenno-Istoricheskii Zhurnal*, no. 6, 1965. 这篇文章的译文可见于 H. E. Salisbury ed., *Marshal Zhukov's Greatest Battles* (London: Sphere, 1971)。在一封给《军史杂志》编辑部的信中，崔可夫对朱可夫的文章做了回应，重申了自己的观点，即本来是可以在 1945 年 2 月拿下柏林的。杂志编辑 N. G. 帕夫连科把信给了朱可夫并征求意见。朱可夫建议不要发表，因为，他说，崔可夫的说法"得不到对当时形势的科学分析的支持"。1965 年 8 月，帕夫连科代表编辑部写信给崔可夫，退回了那封信。他指出，在大本营的全力支持下，朱可夫在 2 月中旬之前一直在考虑攻取柏林："无论是大本营还是白俄罗斯第 1 方面军，在 2 月 20 日之前一直想着进攻柏林。" RGVA F. 41107, Op. 1, D. 71, LL. 54 - 74.

[19] V. A. Zolotarev and G. N. Sevast'yanov eds., *Velikaya Otechestvennaya Voina, 1941 - 1945*, vol. 3 (Moscow: Nauka, 1999), p. 251.

[20] 参见 Kunitskii, "Padenie Berlina," pp. 5 - 6。

[21] K. Rokossovsky, *A Soldier's Duty* (Moscow: Progress Publishers, 1970), p. 305.

[22] 感谢拜尔勒大使接受我的采访，并为我提供了有关他父亲的情况。约瑟夫·拜尔勒的故事可见于 http://www.506infantry.org/stories/beyrle_his.htm. 另见托马斯·泰勒（Thomas H. Taylor）对拜尔勒事迹的记述：*Behind Hitler's Lines* (New York: Ballantine, 2004)。

[23] F. D. Vorob'ev et al., *Poslednii Shturm* (Berlinskaya Operatsiya 1945g) (Moscow: Voenizdat, 1970), pp. 44 - 45. 参见 J. Erickson, "Poslednii Shturm: The Soviet Drive to Berlin, 1945," in G. Bennett, *The End of the War in Europe* 1945 (London: HMSO, 1996), p. 21。

[24] 转引自 C. Ryan, *The Last Battle* (London: NEL, 1968), p. 142。

[25] *Na Priyome u Stalina*, p. 450.

[26] 斯大林这封信的复印件可见于 O. A. Rzheshevskii, "Poslednii Shturm: Zhukov ili Konev," *Mir Istorii*, http://gpw.tellur.ru。

[27] Konev, *Year of Victory*, p. 79. 科涅夫说这次会议是在 4 月 1 日，但据斯大林的会客日志，它是在 2 日召开的。*Na Priyome u Stalina*, p. 450. 无论是朱可夫还是什捷缅科，在回忆录中都没有提及此事，尽管后者确实说到，在大本营，人们普遍认为盟军想抢在红军之前夺取柏林。

[28] *Na Priyome u Stalina*, p. 450.

[29] O. A. Rzheshevsky, "Vzyat' Berlin! Novye Dokumenty," *Novaya i Noveishaya Istoriya*, no. 4, 1995.

[30] Bialer, *Stalin and His Generals*, p. 500.

[31] I. S. Konev, *Zapiski Komanduushchego Frontom* (Moscow: Voenizdat, 1981), p. 404.

[32] Zhukov, *Vospominaniya*, vol. 3, pp. 225 – 226. 在苏联时代各个版本的朱可夫回忆录中，这段话被删掉了。

[33] 关于柏林战役，参见 A. Beevor, *Berlin: The Downfall 1945* (London: Penguin, 2002); A. Read and D. Fisher, *The Fall of Berlin* (London: Pimlico, 2002); Ryan, *The Last Battle*; and T. Le Tissier, *Marshal Zhukov at the Oder* (Stroud, U. K.: Sutton, 2008)。

[34] 转引自 M. Jones, *Total War: From Stalingrad to Berlin* (London: John Murray, 2011), pp. 280 – 281。

[35] Konev, *Year of Victory*, pp. 105 – 108.

[36] J. Erickson, *The Road to Berlin* (London: Weidenfeld & Nicolson, 1983), pp. 571 – 572.

[37] J. Erickson, *The Road to Berlin* (London: Weidenfeld & Nicolson, 1983), p. 578.

[38] C. Bellamy, *Absolute War: Soviet Russia in the Second World War* (London: Macmillan, 2007), p. 664.

[39] Ibid., p. 586. 命令的复印件可见于 Volkogonov Papers, Library of Congress, Manuscript Division。

[40] Zhukov, *Reminiscences*, vol. 2, p. 395.

[41] 参见 L. Bezymenksi, *The Death of Adolf Hitler* (London: Michael Joseph, 1968)。

[42] Zhukov, *Reminiscences*, vol. 2, p. 401.

[43] 1945 年 5～6 月朱可夫在斯大林办公室参加会议的情况可见于 *Na Priyome u Stalina*, pp. 454 – 457. 关于斯大林与远东战争，可参见 T. Hasegawa, *Racing the Enemy: Stalin, Truman and the Surrender of Japan* (Cambridge, Mass.: Harvard University Press, 2005)，以及 G. Roberts, *Stalin's Wars: From World War to Cold War, 1939 – 1953* (London: Yale University Press, 2006), pp. 279 – 295. 据说进攻并占领北海道——日本本土在北方的岛屿——也是讨论的议题之一，但朱可夫不同意，认为它"过于冒险"。参见 J. Haslam, *Russia's Cold War* (New Haven, Conn.: Yale University Press, 2011), p. 60.

[44] "Press-Konferentsiya u Marshala G. Zhukova," *Pravda*, June 10, 1945. 陪同朱可夫出席记者招待会的是副外交人民委员 A. Y. 维辛斯基 (A. Y. Vyshinsky)。

[45] A. Werth, *Russia at War, 1941 – 1945* (London: Pan, 1965), pp. 889 – 893.

[46] 朱可夫所说的日期大体上是对的。6 月 19 日，他参加了在斯大林办公室召开的军事会议，讨论了苏联加入远东战争的问题，并计划在 8 月开始向驻满洲的日军发动进攻。*Na Priyome u Stalina*, p. 457.

[47] Zhukov, *Reminiscences*, vol. 2, pp. 423 – 424.

[48] W. J. Spahr, *Zhukov, The Rise and Fall of a Great Captain* (Novato, Calif.: Presidio, 1993), pp. 192 – 193.

[49] Ibid., p. 194. 巴顿在 1945 年 12 月死于车祸。

朱可夫

[50] Zhukov, *Reminiscences*, vol. 2, pp. 442, 449 - 451.

[51] 研究苏联在德国的占领体制的两部经典之作是 J. P. Nettl, *The Eastern Zone and Soviet Policy in Germany, 1945 - 1950* (London: Oxford University Press, 1951), 以及 N. M. Naimark, *The Russians in Germany: A History of the Soviet Zone of Occupation, 1945 - 1949* (Cambridge, Mass.: Harvard University Press, 1995)。

[52] B. R. von Oppen, *Documents on Germany Under Occupation, 1945 - 1954* (London: Oxford University Press, 1955), pp. 29 - 35.

[53] R. Murphy, *Diplomat Among Warriors* (New York: Doubleday, 1964), pp. 258 - 259.

[54] Zhukov, *Vospominaniya*, vol. 3, pp. 317, 350 - 351.

[55] 转引自 Chaney, *Zhukov*, p. 347。

[56] Eisenhower Papers, Pre-Presidential Principal File, Box 110, File on Joseph Stalin, Deane to Eisenhower, August 28, 1945, Eisenhower Presidential Library, Abilene, Kansas.

[57] *Sovetsko-Amerikanskie Otnosheniya, 1939 - 1945* (Moscow: Materik, 2004), doc. 346.

[58] *Sovetsko-Amerikanskie Otnosheniya, 1939 - 1945* (Moscow: Materik, 2004), doc. 8.

[59] *Sovetsko-Amerikanskie Otnosheniya, 1939 - 1945* (Moscow: Materik, 2004), docs. 104, 107.

[60] Spahr, *Zukhov: The Rise and Fall of a Great Captain*, pp. 185 - 186.

[61] G. Zhukov, *Vosominaniya i Razmyshleniya*, vol. 3 (Moscow: APN, 1992), p. 35.

[62] G. P. Kynin and J. Laufer, eds., *SSSR i Germanskii Vopros, 1941 - 1949*, vol. 2 (Moscow: Mezhdunarodnye Otnosheniya, 2000), doc. 54.

[63] "Stenogramma Vystupleniya Glavnonachal'stvuushchego SVAG—Glavnokomanduushchego GSOVG G. K. Zhukova," *Sovetskaya Voennaya Administratsiya v Germanii, 1945 - 1949* (Moscow: Rosspen, 2005), pp. 90 - 100.

[64] 参见 Naimark, *The Russians in Germany*, chap. 2。

[65] *SSSR i Germanskii Vopros*, doc. 42.

[66] Naimark, *The Russians in Germany*, p. 77.

[67] G. Roberts, *Stalin's Wars: From World War to Cold War, 1939 - 1953* (London: Yale University Press, 2006), p. 264.

[68] "Marshal G. K. Zhukov u Svoikh Izbiratelei," *Pravda*, January 28, 1946.

[69] *Georgy Zhukov: Stenogramma Oktyabr'skogo (1957g.) Plenuma TsK KPSS i Drugie Dokumenty* (Moscow: Democratiya, 2001), doc. 1.

11 外放：贬黜与平反，1946 ~ 1954

[1] G. Zhukov, "Korotke o Staline," *Pravda*, January 20, 1989.

[2] *Georgy Zhukov*: *Stenogramma Oktyabr'skogo* (*1957g.*) *Plenuma TsK KPSS i Drugie Dokumenty* (Moscow: Democratiya, 2001), part one, doc. 2 and n. 2, p. 640.

[3] *Georgy Zhukov*: *Stenogramma Oktyabr'skogo* (*1957g.*) *Plenuma TsK KPSS i Drugie Dokumenty* (Moscow: Democratiya, 2001), part one, doc. 2 and n. 2, pp. 586 –591.

[4] *Georgy Zhukov*: *Stenogramma Oktyabr'skogo* (*1957g.*) *Plenuma TsK KPSS i Drugie Dokumenty* (Moscow: Democratiya, 2001), part one, doc. 2 and n. 2, doc. 3.

[5] 参见 P. Sudoplatov, *Special Tasks*: *The Memoirs of an Unwanted Witness—A Soviet Spymaster* (London: Warner, 1994), pp. 313 –314, 328。

[6] 参见 G. Roberts, *Molotov*: *Stalin's Cold Warrior* (Washington, D. C. : Potomac, 2012), pp. 17 –18。

[7] 参见 G. Roberts, *Stalin's Wars*: *From World War to Cold War*, *1939 –1953* (London: Yale University Press, 2006), chap. 11。

[8] *Marshal Zhukov*: *Polkovodets i Chelovek*, vol. 2 (Moscow: APN, 1988), p. 70.

[9] Zhukov, *Vospominaniya*, vol. 3, p. 364; Zhukov, "Korotke o Staline."

[10] K. Simonov, *Glazami Cheloveka Moego Pokoleniya* (Moscow: APN, 1989), p. 330. 钱尼修订版的《朱可夫传》使这段内容引起了我的注意。参见 O. P. Chaney, *Zhukov*, rev. ed. (Norman: University of Oklahoma Press, 1966), pp. 373 –374。

[11] S. P. Markov, "Poslevoennye Gody," in *Marshal Zhukov*: *Polkovodets i Chelovek*, vol. 1 (Moscow: APN, 1988), p. 21.

[12] 参见 V. Krasnov, *Zhukov*: *Marshal Velikoi Imperii* (Moscow: Olma-Press, 2000), p. 463。

[13] *Georgy Zhukov*: *Stenogramma Oktyabr'skogo*, part one, docs. 6, 8, n. 11, p. 643. 根据斯大林的会客日志，他与朱可夫的最后一次见面是在1946年4月29日。与某些记载相反，朱可夫并没有出席1947年取消其候补委员资格的中央委员会会议。

[14] Ibid., doc. 9, 以及 n. 13, p. 643; W. J. Spahr, *Zhukov*: *The Rise and Fall of a Great Captain* (Novato, Calif. : Presidio, 1993), pp. 206 –207。

[15] A. Mirkina, *Vtoraya Pobeda Marshala Zhukova* (Moscow: Vniigmi-Mtsd, 2000), p. 24.

[16] 参见 Krasnov, *Zhukov*, pp. 467 –470。

[17] *Georgy Zhukov*: *Stenogramma Oktyabr'skogo*, pp. 591 –593.

[18] Ibid., part one, doc. 10.

[19] Zhukov, "Korotke o Staline."

[20] "Pavel Semenovich Rybalko," *Pravda*, August 28, 1948.

[21] *Georgy Zhukov*: *Stenogramma Oktyabr'skogo*, pp. 641 –642.

[22] *Reabilitatsiya*: *Kak Eto Bylo*, vol. 1 (Moscow: Materik, 2000), docs. 26 –27.

[23] "F. I. Tolbukhin," *Pravda*, October 19, 1949.

[24] *Bol'shaya Sovetskaya Entsiklopediya*, 2nd ed. (Moscow: Ogiz, 1952), pp. 222 - 223.

[25] Spahr, *Zhukov*, p. 209.

[26] Chaney, *Zhukov*, p. 380.

[27] *Marshal Zhukov: Polkovodets i Chelovek*, vol. 2, p. 70.

[28] I. Mastykina, *Zheny i Deti Georgiya Zhukova* (Moscow: Komsomol'skya Pravda, 1996), pp. 78 - 79.

[29] Marshal Zhukov: *Moskva v Zhizn i Sud'be Polkovodtsa* (Moscow: Glavarkhiv, 2005), pp. 491. 这段引文出自朱可夫女儿手中的他的“日记”，但这个日记显得像是事后而不是当时写的，写的时间现在还不清楚。

[30] Ibid., pp. 493 - 494.

[31] Ibid., pp. 495 - 503.

[32] Mastykina, *Zheny i Deti Georgiya Zhukova*, passim.

[33] “Posle Smerti Stalina,” *Georgy Zhukov: Stenogramma Oktyabr'skogo*, pp. 620 - 639. 该文件的原件可见于 RGVA, F. 41107, Op. 2, D. 1。它是一份既没有署名和日期也没有校订过的打印稿。就像它的编辑们所说的，它不像是朱可夫本人写的，倒像是其他人根据与朱可夫的谈话写的。编辑们认为该文件的日期大概是在 1963 ~ 1964 年。

[34] “Posle Smerti Stalina,” p. 621.

[35] “U Groba Velikogo Vozhdya,” *Krasnaya Zvezda*, March 9, 1953.

[36] “Posle Smerti Stalina,” p. 622.

[37] Ibid., pp. 623 - 624. 据赫鲁晓夫说，朱可夫进入房间并对贝利亚喊道，“举起手来!”当贝利亚伸手去拿自己的公文包时，赫鲁晓夫担心里面有枪，就抓住了他的胳膊。*Khrushchev Remembers* (London: Sphere, 1971), pp. 303 - 304.

[38] Chaney, *Zhukov*, p. 388.

[39] 参见 D. Holloway, *Stalin and the Bomb* (New Haven, Conn.: Yale University Press, 1994), p. 325ff. 关于托茨科耶试验或演习的一些文献可见于 Volkogonov Papers, Library of Congress, Manuscript Division。

[40] 20 世纪 80 年代，有些参加过此次演习的军人声称，他们的健康状况不佳就是因为受到核辐射的影响。还有报道说，托茨科耶地区的癌症发病率要高于正常水平。这些说法让朱可夫的批评者找到了更多的攻击他的理由。例如，维克托·苏沃洛夫（Victor Suvorov）很不恰当地把朱可夫在托茨科耶的试验与二战期间纳粹在集中营囚禁者身上进行的医学试验相提并论。在有关苏联原子弹工程的研究方面，西方最主要的专家大卫·霍洛韦的看法比较公允。他指出，美国人也进行过类似的试验。“当时，为了保护部队和村民是采取了措施的，这一点很明显；但同样明显的是，统帅部认为部队在核战场上面临的情况将会是残酷的，所以就想在演习中创造这种条件。”Holloway, *Stalin and the Bomb*, p. 328.

12 国防部部长：凯旋与模仿剧，1955～1957

[1] *Prezidium TsK KPSS*, *1954 - 1964*, vol. 1 (Moscow: Rosspen, 2004), p. 40.

[2] 参见 G. Roberts, "Stalin and the Katyn Massacre," in G. Roberts ed., *Stalin: His Times and Ours* (Dublin: IAREES, 2005)。

[3] 关于赫鲁晓夫，参见 W. Taubman: *Khrushchev: The Man and His Era* (London: Simon & Schuster, 2003)。

[4] *Khrushchev Remembers* (London: Sphere, 1971), p. 144.

[5] 作者对叶拉·朱可娃的采访，莫斯科，2010 年 4 月。

[6] "Marshal G. K. Zhukov Interviewed by William Randolph Hearst, Jr., J. Kingsbury Smith, and Frank Conniff, February 7, 1955," *New Times*, no. 8, 1955. 采访内容发表于 2 月 13 日的《真理报》。

[7] 参见 M. Evangelista, "*Why Keep Such an Army?*": *Khrushchev's Troop Reductions*, Cold War International History Project Working Paper No. 19, December 1997。

[8] *Khrushchev Remembers: The Last Testament* (London: André Deutsch, 1974), p. 15.

[9] "Proposal of the Soviet Government on the Reduction of Armaments, Prohibition of Atomic Weapons, and Elimination of the Threat of Another War," *New Times*, no. 20, pp. 2 - 6.

[10] 参见 G. Roberts, *A Chance for Peace? The Soviet Campaign to End the Cold War*, *1953 - 1955*, Cold War International History Project Working Paper No. 57, December 2008。

[11] "Protokol: O Sozdanii O'bedenennu Komandovaniya Vooruzhennyi Sila Gosudarst-uchastnik Dogovora o Druzhbe, Sotrudnichestve i Vzaimoi Pomoshi," *Arkhiv Vneshnei Politiki Rossiiskoi Federatsi*, F. 6, Op. 14, Pap/4, D. 54, Ll. 68 - 74.

[12] "Russia's Marshal Zhukov," *Time*, May 9, 1955.

[13] 波伦 1955 年 6 月 10 日给国务卿约翰·福斯特·杜勒斯（John Foster Dulles）的报告，见于 Eisenhower Papers, Anne Whitman Files, International Series, Box 49, USSR 1953 - 1955, File 1, Eisenhower Presidential Library, Abilene, Kansas。

[14] 转引自 O. P. Chaney, *Zhukov*, rev. ed. (Norman: University of Oklahoma Press, 1996), p. 400。

[15] 波伦的这两次会谈的记录可见于 Eisenhower Presidential Library: Dulles Papers, General Correspondence and Memoranda Series, Box no. 3, File: Strictly Confidential U-Z (2)。特罗扬诺夫斯基的记录：*Georgy Zhukov: Stenogramma Oktyabr'skogo*, part two, docs. 11 - 12。存档的特罗扬诺夫斯基的记录的复印件可见于 Rossiiskii Gosudarstvennyi Arkhiv Noveishei Istorii, F. 5, Op. 30, D. 116。这两套记录在大的细节上没有不同。会后比对记录是苏联及西方译员通行的做法。我在这里的叙

述结合了两者的内容。

[16] O. Troyanovsky, *Cherez Gody i Rasstoyaniya* (Moscow: Vargrius, 1997), p. 191.

[17] 转引自 Chaney, *Zhukov*, p. 402。

[18] A. Gromyko, *Memories* (London: Hutchinson, 1989), pp. 166 - 167.

[19] Troyanovsky, *Cherez Gody i*, pp. 193 - 194.

[20] Troyanovsky, *Cherez Gody i*, pp. 193 - 194.

[21] *Prezidium TsK KPSS, 1954 - 1964*, vol. 1, pp. 41 - 42; A. Fursenko and T. Naftali, *Khrushchev's Cold War* (New York: Norton, 2006), pp. 28 - 29.

[22] 关于莫洛托夫与赫鲁晓夫的斗争，参见 G. Roberts, *Molotov: Stalin's Cold Warrior* (Washington, D. C.: Potomac, 2012)。

[23] *Khrushchev Remembers*, p. 539.

[24] *Georgy Zhukov: Stenogramma Oktyabr'skogo*, p. 124.

[25] *Georgy Zhukov: Stenogramma Oktyabr'skogo*, p. 148.

[26] *Georgy Zhukov: Stenogramma Oktyabr'skogo*, pp. 126 - 133; *Reabilitatsiya: Kak Eto Bylo*, vol. 2 (Moscow: Materik, 2003), doc. 8, part 1, doc. 14, part 3.

[27] 这份文件，连同其他一些相关的文件，可见于 Volkogonov Papers, Library of Congress, Manuscript Division。

[28] *Sovetskii Souz i Vengerskii Krizis, 1956 goda* (Moscow: Rosspen, 1998), doc. 83. 在冷战国际史项目的网站中，可以查到这其中许多文件的英译本。

[29] *Sovetskii Souz i Vengerskii Krizis, 1956 goda* (Moscow: Rosspen, 1998), doc. 82.

[30] E. I. Malashenko, "Osobyi Korpus v Ogne Budapeshta," *Voenno-Istoricheskii Zhurnal*, nos. 10 - 12, 1993, no. 1, 1994. 这是马拉申科对1956年事件的回忆。

[31] 参见同上及 *Georgy Zhukov: Stenogramma Oktyabr'skogo*, part two, doc. 39。

[32] *Sovetskii Souz i Vengerskii Krizis*, doc. 100.

[33] *Sovetskii Souz i Vengerskii Krizis*, doc. 105.

[34] 转引自 Chaney, *Zhukov*, p. 413。

[35] *Sovetskii Souz i Vengerskii Krizis*, doc. 115.

[36] *Sovetskii Souz i Vengerskii Krizis*, doc. 125.

[37] *Sovetskii Souz i Vengerskii Krizis*, doc. 132.

[38] *Sovetskii Souz i Vengerskii Krizis*, docs. 159, 160, 166, 179, 180, 184, 188, 192. 这些文件存档的复印件可见于 Fund 89: The Soviet Communist Party on Trial, Op. 45, Dd. 26 - 40。

[39] *Georgy Zhukov: Stenogramma Oktyabr'skogo*, part two, doc. 44.

[40] 关于朱可夫的印度和缅甸之行，参见 Chaney, *Zhukov*, pp. 417 - 419; 以及 W. J. Spahr, *Zhukov: The Rise and Fall of a Great Captain* (Novato,

Calif.: Presidio, 1993), pp. 228 - 230。

[41] 转引自 V. A. Afanas'ev, *Stanovlenie Polkovodcheskogo Iskusstva G. K. Zhukova* (Moscow: Svyatigor, 2006), p. 250。

[42] 参见 S. A. Christensen and F. P. Jensen, "Superpower Under Pressure: The Secret Speech of Minister of Defence Zhukov in East Berlin, March 1957," http://www.php.isn.ethz.ch/collections/coll_ zhukov/zhukov.cfm。朱可夫讲话的两个版本之间的联系也可见于该网站(Parallel History Project)。

[43] "Iz Vystupleniya Marshala Zhukova na Nauchnoi Konferentsii Mai 1957g.," 感谢 S. A. 克里斯滕森(S. A. Christensen)博士给我提供了此次讲话的复印件,其来源是捷克军事档案馆。

[44] *Georgy Zhukov: Stenogramma Oktyabr'skogo*, part two, doc. 49.

[45] "Posle Smerti Stalina," in ibid., p. 625.

[46] Ibid., pp. 628 - 630.

[47] Taubman, *Khrushchev*, pp. 314 - 320.

[48] *Molotov, Malenkov, Kaganovich, 1957: Stenogramma Iun'skogo Plenuma TsK KPSS i Drugie Dokumenty, Mezhdunarodnyi Fond* (Moscow: Demokratiya, 1998), pp. 38 - 39, 41, 67.

[49] *Marshal Zhukov: Moskva v Zhizn i Sud'be Polkovodtsa*, p. 498.

[50] "Vystuplenie: Marshala Sovetskogo Souza G. K. Zhukova na Sobranii Partiinogo Aktiva Ministerstva Oborony i Moskovsogo Garnizona 2 Iulya 1957g.," 复印件见于 Volkogonov Papers, Library of Congress, Manuscript Division。

[51] "Anti-Party Bloc Fought Exposé of Stalin Cult—Zhukov," *The Current Digest of the Soviet Press*, vol. 9, no. 25, 1957.

[52] Spahr, *Zhukov*, pp. 236 - 237; Fursenko and Naftali, *Khrushchev's Cold War*, p. 77; *Marshal Zhukov: Moskva v Zhizni i Sud'be Polkovodtsa*, pp. 373 - 375.

[53] "Posle Smerti Stalina," p. 633.

[54] *Georgy Zhukov: Stenogramma Oktyabr'skogo (1957g.)*, part four, docs. 15, 18, 19.

[55] *Georgy Zhukov: Stenogramma Oktyabr'skogo (1957g.)*, part four, docs. 12 - 14.

[56] *Prezidium TsK KPSS, 1954 - 1964*, vol. 1, p. 264. 另见 Fursenko and Naftali, *Khrushchev's Cold War*, p. 153。

[57] *Georgy Zhukov: Stenogramma Oktyabr'skogo (1957g.)*, part four, docs. 1 - 6, 10, 15.

[58] Ibid., p. 217.

[59] Ibid., docs. 15 - 16.

[60] "Posle Smerti Stalina," p. 635.

[61] *Georgy Zhukov: Stenogramma Oktyabr'skogo*, part 5, doc. 19.

[62] 这段引文出自赫鲁晓夫的传记作者美国人威廉·陶布曼,他说:"跟这样的朋友和同事在一起,朱可夫根本就不需要敌人。" Taubman,

Khrushchev, pp. 362 - 363.

[63] Chaney, *Zhukov*, p. 445.

[64] I. S. Konev, "Sila Sovetskoi Armii i Flota—v Rukovodstve Partii, v Nerazryvnoi Svyazi s Narodom," *Pravda*, November 3, 1957.

[65] "Posle Smerti Stalina," p. 639.

[66] *Marshal Zhukov: Polkovodets i Chelovek*, vol. 2 (Moscow: APN, 1988), p. 71.

[67] *Georgy Zhukov: Stenogramma Oktyabr'skogo (1957g.)*, pp. 605 - 611.

[68] Ibid., part two, doc. 29. 在解除朱可夫国防部部长职务并将其逐出党的领导集体的十月全会上，让他受到指责最多的就是这份文件。可进一步参见 T. J. Colton, "The Zhukov Affair Reconsidered," *Soviet Studies*, vol. 29, April 1977。

[69] "Posle Smerti Stalina," p. 632; *Marshal Zhukov: Polkovodets i Chelovek*, vol. 2, p. 70.

[70] CIA Staff Study, "Party-Military Relations in the USSR and the Fall of Marshal Zhukov, 8 June 1959," p. 42, http://www.foia.cia.gov. 感谢马克·克雷默（Mark Kramer）让我查阅这方面的资料。

[71] 转引自 Chaney, *Zhukov*, p. 464。

13 最后一战：争夺历史，1958 ~ 1974

[1] K. Simonov, *Glazami Cheloveka Moego Pokoleniya* (Moscow: APN, 1989), p. 391. 钱尼的书引起了我对这段话的注意。参见 O. P. Chaney, *Zhukov*, rev. ed. (Norman: University of Oklahoma Press, 1996), pp. 464 - 465。

[2] I. Mastykina, *Zheny i Deti Georgiya Zhukova* (Moscow: Komsomol'skya Pravda, 1996), pp. 56 - 57; 作者对叶拉·朱可夫的采访，莫斯科，2010 年 4 月。

[3] *Georgy Zhukov: Stenogramma Oktyabr'skogo (1957g.) Plenuma TsK KPSS i Drugie Dokumenty* (Moscow: Democratiya, 2001), part five, docs. 37 - 38; RGVA, F. 41107, Op. 1, D. 73, Ll. 1 - 2. 签署关于他的退休待遇的政府命令的，是他的老对头尼古拉·布尔加宁，这也是后者在赫鲁晓夫于 1958 年 3 月解除其总理职务之前做的最后的事情之一。

[4] P. N. Pospelov ed., *Istoriya Velikoi Otechestvennoi Voiny Sovetskogo Souza*, 6 vols. (Moscow: Voenizdat, 1960 - 1965).

[5] *Georgy Zhukov: Stenogramma Oktyabr'skogo*, part five, docs. 39 - 41, and pp. 611 - 614. 和勃列日涅夫一起去的是另一位主席团成员 Z. T. 谢尔杜克（Z. T. Serduk）。

[6] 参见 T. J. Colton, "The Zhukov Affair Reconsidered," *Soviet Studies*, vol. 29, April 1977; P. M. Cocks, "The Purge of Marshal Zhukov," *Slavic Review*, vol. 22, no. 3, 1963; 以及 M. Gallagher, "Trends in the Soviet

Historiography of the Second World War," in J. Keep ed. , *Contemporary History in the Soviet Mirror* (New York: Praeger, 1964)。

[7] 参见巴托夫、别洛夫、比留佐夫、贝切夫斯基 、崔可夫和罗科索夫斯基等人的回忆录的摘要。S. Bialer, *Stalin and His Generals*: *Soviet Military Memoirs of World War II* (London: Souvenir Press, 1970)。

[8] *Georgy Zhukov*: *Stenogramma*, part five, doc. 42.

[9] D. V. Pavlov, *Leningrad v Blokade* (Moscow: Voenizdat, 1958); A. S. Zav'yalov and T. E. Kalyanin, *Vostochno—Pomeranskaya Operatsiya* (Moscow: Voenizdat, 1960) *Istoriya Velikoi Otechestvennoi Voiny Sovetskogo Souza*, vol. 1, pp. 240, 244; V. D. Sokolovsky ed. , *Voennaya Strategiya* (Moscow: Voenizdat, 1962); Bialer, *Stalin and His Generals*, p. 25; K. K. Rokossovsky ed. , *Velikaya Pobeda na Volge* (Moscow: Voenizdat, 1965).

[10] 这是布赖恩·邦德（Brian Bond）在其对朱可夫元帅的最伟大的战役的评论中提出的观点。参见 *The Listener*, July 31, 1969. 复印件见于朱可夫的个人卷宗: RGVA, F. 41107, Op. 1, D. 85。

[11] A. Mirkina, *Vtoraya Pobeda Marshala Zhukova* (Moscow: Vniigmi-Mtsd, 2000), p. 10.

[12] *Khrushchev Remembers*: *The Last Testament* (London: André Deutsch, 1974), pp. 13 – 14.

[13] *Georgy Zhukov*: *Stenogramma Oktyabr'skogo*, part six, doc. 6.

[14] O. P. Chaney, *Zhukov*, rev. ed. (Norman: University of Oklahoma Press, 1996), pp. 468 – 470.

[15] G. A. Kumanev, *Ryadom so Stalinym* (Moscow: Byliia, 1999), pp. 144 – 148. 这本书中还收录了朱可夫在这次大会上讲话的原文（第 160 ~ 172 页）。

[16] *Marshal Zhukov*: *Moskva v Zhizni i Sud'be Polkovodtsa* (Moscow: Glavarkhiv, 2005), p. 544.

[17] 这方面的许多资料都可见于 RGVA, F. 41107, Op. 1, D. 54。

[18] "Neskol'ko Voprosov iz Sovremennogo Polozheniya," RGVA, F. 41107, Op. 1, D. 78. Ll. 80 – 82.

[19] *Bitva za Moskvu* (Moscow: Moskovskii Rabochii, 1968); *Stalingradskaya Epopeya* (Moscow: Nauka, 1968); *Kurskaya Bitva* (Moscow: Nauk, 1970).

[20] RGVA, F. 41107, Op. 1, D. 76, Ll. 2, 31 – 128.

[21] Chaney, *Zhukov*, p. 475.

[22] RGVA, F. 41107, Op. 1, D. 79, Ll. 49 – 50.

[23] Mirkina, *Vtoraya Pobeda Marshala Zhukova*, p. 47; *Marshal Zhukov*: *Moskva v Zhizn i Sud'be Polkovodtsa*, pp. 503 – 507. 这是摘自玛丽亚的回忆录。

[24] *Georgy Zhukov*: *Stenogramma Oktyabr'skogo*, part six, doc. 5.

[25] Mirkina, *Vtoraya Pobeda Marshala Zhukova*, passim. 在朱可夫博物馆中

复制了朱可夫的书房，包括他原来用过的写字台等家具。博物馆的那张台子上蒙的是红色毛毡，而不是米尔基娜记得的绿色皮革，但也许朱可夫用过它。

[26] 米尔基娜说手稿是1966年3月交的，但朱可夫在自己的信中说是在秋天。

[27] G. Zhukov, "Korotke o Staline," *Pravda*, January 20, 1989.

[28] A. Samsonov, "Looking Truth in the Eye," *Moscow News*, no. 18, 1987.

[29] *Georgy Zhukov: Stenogramma Oktyabr'skogo*, part 6, doc. 7.

[30] N. A. Antipenko, "My Znali Druga Druga 25 let," in *Marshal Zhukov: Polkovodets i Chelovek*, vol. 1 (Moscow: APN, 1988), p. 324.

[31] *Georgy Zhukov: Stenogramma Oktyabr'skogo*, part 6, docs. 3, 4, 9, 18, 19; RGVA, F. 41107, Op. 1, D. 119.

[32] *Georgy Zhukov: Stenogramma Oktyabr'skogo*, part 6, docs. 12, 13, 15.

[33] Mirkina, *Vtoraya Pobeda Marshala Zhukova*, pp. 53 – 55.

[34] *Georgy Zhukov: Stenogramma Oktyabr'skogo*, part 6, docs. 16 – 17.

[35] 转引自 Chaney, *Zhukov*, p. 476 以及 W. J. Spahr, *Zhukov, The Rise and Fall of a Great Captain* (Novato, Calif.: Presidio, 1993), p. 262。

[36] RGVA, F. 41107, Op. 1, D. 54, L. 75.

[37] 其中有些例子可见于 Mirkina, *Vtoraya Pobeda Marshala Zhukova*, pp. 103 – 126。

[38] Spahr, *Zhukov*, p. 262.

[39] A. Vasilevsky, "Sovetskomu Soldatu Posvyashchaetsya," *Kommunist*, July 1969; A. Beloborodov, "Polkovodets o Voennykh Sobytiyakh i Ludyakh," *Voenno-Istoricheskii Zhurnal*, no. 11, 1969.

[40] 作者对叶拉·朱可娃的采访，莫斯科，2010年4月。

[41] RGVA, F. 41106, Op. 1, D. 172.

[42] *Marshal Zhukov: Moskva v Zhizn i Sud'be Polkovodtsa*, pp. 508 – 515. 这部分内容是玛丽亚回忆录的摘要，其中有朱可夫和加琳娜在他们最后几年中的通信。

[43] E. Tsvetaev, "Poslednii Podvig G. K. Zhukova," in S. S. Smirnov et al., *Marshal Zhukov: Kakim My Ego Pomnim* (Moscow: Politizdat, 1988).

[44] RGVA F. 41107, Op. 1, D. 54, L. 184; D. 73, L. 113.

[45] "Marshal Sovetskogo Souza Georgii Konstantinovich Zhukov," *Pravda*, June 20, 1974.

[46] A. Vasilevsky, "Pamyati Slavnogo Polkovodtsa," *Pravda*, June 21, 1974.

[47] "V Poslednii Put': Pokhorony Marshala Sovetskogo Souza G. K. Zhukova," *Pravda*, June 22, 1974.

[48] 由杰弗里·罗伯茨翻译。

[49] S. Alekseev, *Rasskazy o Marshale Zhukove* (Moscow: Malysh, 1977). 这本书引起我的注意还要感谢 V. A. 阿法纳西耶夫的杰作中附有注释的参考书目。参见 V. A. Afanas'ev, *Stanovlenie Polkovodcheskogo Iskysstva G. K. Zhukova* (Moscow: Svyatigor, 2006)。

[50] *Marshal Zhukov: Polkovodets i Chelovek*, 2 vols. (Moscow: APN, 1988); *Marshal Zhukov: Kakim My Ego Pomnim* (Moscow: Politizdat, 1989).

[51] G. K. Zhukov, *Vospominaniya i Razmyshleniya*, 3 vols., 10th and 11th eds. (Moscow: APN, 1990 - 1992).

[52] 西蒙诺夫的笔记见于 *Voenno-Istoricheskii Zhurnal*, nos. 6, 7, 9, 10, 12, 1987。另见 Simonov, *Glazami Cheloveka Moego Pokoleniya*。

[53] N. G. Pavlenko, "Razmyshleniya o Sud'be Polkovodtsa," *Voenno-Istoricheskii Zhurnal*, nos. 10 - 12, 1988.

[54] *Marshal Zhukov: Polkovodets i Chelovek*, vol. 1, p. 35.

[55] *Georgy Zhukov: Stenogramma Oktyabr'skogo (1957g.) Plenuma TsK KPSS i Drugie Dokumenty*, pp. 583 - 84.

[56] N. Yakovlev, *Zhukov* (Moscow: Molodaya Gvardiya, 1992). 雅科夫列夫早先曾经为年轻人写过一本简短的朱可夫传记: *Stranitsy Zhizni Marshala G. K. Zhukova* (Moscow: Detskaya Literatura, 1985)。值得一提的还有一名叙利亚人 1991 年用俄文出版的朱可夫传记: M. Tlas, *Marshal G. K. Zhukov: Polkovodets, Strateg* (Moscow: Leksika, 1991)。

[57] 例如, 参见 A. N. Mertsalov and L. A. Mertsalova, *Inoi Zhukov*, *Moscow* 1996; A. N. Mertsalov, "G. K. Zhukov v Publikatsiyakh za period s 1996 do 2001gg," *Voenno-Istoricheskii Arkhiv*, nos. 5 and 6, 2001; B. V. Sokolov, *Georgy Zhukov: Triumf i Padeniya* (Moscow: Ast, 2003); 以及 V. M Safir, "Novye Mify o Velikoi Otechestvennoi Data Izgotovleniya—2006 god," *Voenno-Istoricheskii Arkhiv*, nos. 9 and 10, 2007。

[58] A. Solzhenitsyn, "Times of Crisis," in *Apricot Jam and Other Stories* (Edinburgh, U. K.: Canongate Books, 2011).

[59] *Marshal Zhukov: Moskva v Zhizn i Sud'be Polkovodtsa*, pp. 490 - 491.

14 常胜元帅

[1] G. K. Zhukov, *Reminiscences*, vol. 2, pp. 474 - 481. 另见 *The Memoirs of Marshal Zhukov* (London: Jonathan Cape, 1971), pp. 690 - 692。

[2] M. A. Gareev, *Polkovodtsy Pobedy i Ikh Voennoe Nasledie* (Moscow: Isan, 2004), pp. 125 - 137.

[3] 关于作为最高统帅的斯大林, 参见 G. Roberts, *Stalin's Wars: From World War to Cold War, 1939 - 1953* (London: Yale University Press, 2006)。

[4] 一部为了进行比较而编辑的优秀文集是 M. Carver ed., *The War Lords: Military Commanders of the Twentieth Century* (Barnsley, U. K.: Pen & Sword, 2005)。文集收录了约翰·埃里克森所写的关于朱可夫和科涅夫的几篇文章。

参考文献

档案

Arkhiv Vneshnei Politiki Rossiiskoi Federatsii (AVPRF—Foreign Policy Archive of the Russian Federation)

Eisenhower Papers, Eisenhower Presidential Library, Abilene, Kansas

Fond 89: The Soviet Communist Party on Trial (Hoover Institution Microfilm Collection)

Rossiiskii Gosudarstvennyi Arkhiv Noveishei Istorii (RGANI—Russian State Archive of Recent History)

Rossiiskii Gosudarstvennyi Arkhiv Sotsial'no-Politicheskoi Istorii (RGASPI—Russian State Archive of Social-Political History)

Rossiiskii Gosudarstvennyi Voennyi Arkhiv (RGVA—Russian State Military Archive)

Volkogonov Papers, Library of Congress, Manuscript Division

报纸

The Current Digest of the Soviet Press

Izvestiya

Komsomol'skaya Pravda

Krasnaya Zvezda (Red Star)

Pravda

公开文件

1941 god, 2 vols. Moscow: Demokratiya, 1998.

Georgy Zhukov: Stenogramma Oktyabr'skogo (1957g.) Plenuma TsK KPSS i Drugie Dokumenty. Moscow: Democratiya, 2001.

G. K. Zhukov v Bitve pod Moskvoi: Sbornik Dokumentov. Moscow: Mosgorarkhiv, 1994.

G. K. Zhukov v Stalingradskom Bitve: Sbornik Dokumentov. Moscow: Biblioteka, 1996.

Glavnyi Voennyi Sovet RKKA, 1938–1941: Dokumenty i Materialy. Moscow: Rosspen, 2004.

"Kievskaya Nastupatel'naya Operatsiya v Dokumentakh." *Voenno-Istoricheskii Zhurnal*, no. 11, 1983.

KPSS o Vooruzhennykh Silakh Sovetskogo Souza: Dokumenty, 1917–1968. Moscow: Voenizdat, 1969.

Kurskaya Bitva, 2 vols. Moscow: Olma-Press, 2003.

"Marshal G. K. Zhukov: Nastuplenie na Berlin Mogu Nachat 19–20.2.45." *Voenno-Istoricheskii Zhurnal*, no. 2, 1995.

Marshal Zhukov: Moskva v Zhizni i Sud'be Polkovodtsa. Moscow: Glavarkhiv, 2005.

Molotov, Malenkov, Kaganovich, 1957: Stenogramma Iun'skogo Plenuma TsK KPSS i Drugie Dokumenty. Moscow: Mezhdunarodnyi Fond 'Demokratiya,' 1998.

Organy Gosudarstvennoi Bezopasnosti SSSR v Velikoi Otechestvennoi Voine, vol. 2. Moscow: Rus', 2000.

"Pobeda na Kurskoi Duge." *Voenno-Istoricheskii Zhurnal*, no. 7, 1983.

"Podgotovka k Kurskoi Bitve." *Voenno-Istoricheskii Zhurnal*, no. 6, 1983.

Prezidium TsK KPSS, 1954–1964, vols. 1 and 2. Moscow: Rosspen, 2004, 2006.

Reabilitatsiya: Kak Eto Bylo, 2 vols. Moscow: Materik, 2000, 2003.

Reabilitatsiya: Politicheskie Protsessy, 30–50-Kh godov. Moscow: Politizdatel, 1991.

Russkii Arkhiv: Velikaya Otechestvennaya Voina, 1941–1945. Moscow: Terra, 1993–2000.

Vol. 12 (1) Nakanune Voiny: Materialy Soveshchaniya Vysshego Rukovodyashchego Sostava RKKA, 23–31 Dekabrya 1940g

Vol. 13 (1) Prikazy Narodnogo Komissara Oborony SSSR, 1937–41, Iunya 1941g

Vol. 13 (2) Prikazy Narodnogo Komissara Oborony SSSR, 22 Iunya 1941g–1942g

Vol. 13 (3) Prikazy Narodnogo Komissara Oborony SSSR, 1943–1945gg

Vol. 14 (1) SSSR i Pol'sha, 1941–1945: k Istorii Voennogo Souza

Vol. 14 (2) Krasnaya Armiya v Stranakh Tsentral'noi, Severnoi Evropy i na Balkanakh: Dokumenty i Materialy, 1944–1945

Vol. 16 (1) Stavka VGK: Dokumenty i Materialy 1941 god

Vol. 16 (2) Stavka VGK: Dokumenty i Materialy 1942 god

Vol. 16 (3) Stavka VGK: Dokumenty i Materialy 1943 god

Vol. 16 (4) Stavka VGK: Dokumenty i Materialy 1944–1945gg

Vol. 23 (1) General'nyi Shtab v Gody Velikoi Otechestvennoi Voiny: Dokumenty i Materialy 1941 god

Vol. 23 (2) General'nyi Shtab v Gody Velikoi Otechestvennoi Voiny: Dokumenty i Materialy 1942 god

Vol. 23 (3) General'nyi Shtab v Gody Velikoi Otechestvennoi Voiny: Dokumenty i Materialy 1943 god

Vol. 23 (4) General'nyi Shtab v Gody Velikoi Otechestvennoi Voiny: Dokumenty i Materialy 1944–45gg

Sovetskaya Voennaya Administratsiya v Germanii, 1945–1949, 3 vols. Moscow: Rosspen, 2004–2006.
Sovetskii Souz i Vengerskii Krizis, 1956 goda. Moscow: Rosspen, 1998.
SSSR i Germanskii Vopros, 1941–1949, vol. 2. Moscow: Mezhdunarodnye Otnosheniya, 2000.
Stalingrad, 1942–1943: Stalingradskaya Bitva v Dokumentakh. Moscow: Biblioteka, 1995.
Stalingradskaya Bitva, 2 vols. Moscow: Olma-Press, 2002.
Voennaya Razvedka Informiruet: Dokumenty Razvedypravleniya Krasnoi Armii, 1939–1941. Moscow: Demokratiya, 2008.
von Oppen, B. R. (ed.). *Documents on Germany Under Occupation, 1945–1954*. London: Oxford University Press, 1955.
"Zimnyaya Voina": Rabota nad Oshibkami, Aprel'–Mai 1940g. Moscow: Letnii Sad, 2004.

参考著作

Georgy Zhukov: Al'bom. Moscow: Poligrafresursy, 1995.
Isaev, S. I. "Vekhi Frontovogo Puti." *Voenno-Istoricheskii Zhurnal*, no. 10, 1991.
Marshal Sovetskogo Souza G. K. Zhukov: Kronika Zhizni. Moscow: Russkaya Kniga, 1998.
Na Priyome u Stalina: Tetradi (Zhurnaly) Zapisei Lits, Prinyatykh I. V. Stalinym (1924–1953). Moscow: Novyi Khronograf, 2008.
Platanov, S. P. (ed.). *Vtoraya Mirovaya Voina, 1939–1945: Al'bom Skhem*. Moscow: Voenizdat, 1958.
Rzheshevsky, O. A. (ed.). *Kto Byl Kto v Velikoi Otechestvennoi Voine, 1941–1945*. Moscow: Respublika, 2000.
Taylor, B. *Barbarossa to Berlin: A Chronology of the Campaigns on the Eastern Front 1941 to 1945*, 2 vols. Staplehurst, U.K.: Spellmount, 2003–2004.
Velikaya Otechestvennaya Voina, 1941–1945gg: Kampanii i Strategicheskie Operatsii v Tsifrakh, 2 vols. Moscow: MVD Rossii/Glavarkhiv Goroda Moskvy, 2010.

回忆录

Aleksandrov, I. G. (ed.), *Marshal Zhukov: Polkovodets i Chelovek*, 2 vols. Moscow: APN, 1988.
Antipenko, N. "Ot Visly do Odera." *Voenno-Istoricheskii Zhurnal*, no. 3, 1965.
Bagramyan, I. K. *Tak Shli My k Pobede*. Moscow: Voenizdat, 1988.
Bialer, S. *Stalin and His Generals: Soviet Military Memoirs of World War II*. London: Souvenir Press, 1970.
Buchin, A. N. *170 000 Kilometrov s G. Zhukovym*. Moscow: Molodaya Gvardiya, 1994.
Cassidy, H. C. *Moscow Dateline*. Boston: Houghton Mifflin, 1943.
Chuikov, V. I. *Konets Tret'ego Reikha*. Moscow: Rossiya, 1973.
———. *Ot Stalingrada do Berlina*. Moscow: Voenizdat, 1980.

"G. K. Zhukov: Iz Neopublikovannykh Vospominanii." *Kommunist*, no. 14, 1988.
Griogorenko, P. G. *Memoirs*. New York: Norton, 1982.
Gromyko, A. *Memories*. London: Hutchinson, 1989.
Khrushchev, Nikita. *Khrushchev Remembers*. London: Sphere, 1971.
———. *Khrushchev Remembers: The Last Testament*. London: André Deutsch, 1974.
Konev, I. *Year of Victory*. Moscow: Progress Publishers, 1969.
———. *Zapiski Komanduushchego Frontom*. Moscow: Voenizdat, 1981.
Kuznetsov, N. G. *Kursom k Pobede*. Moscow: Golos, 2000.
———. *Nakanune*. Moscow: Voenizdat, 1969.
Main Front: Soviet Leaders Look Back on World War II. London: Brassey's Defence Publishers, 1987.
Malashenko, E. I. "Osobyi Korpus v Ogne Budapeshta." *Voenno-Istoricheskii Zhurnal*, nos. 10–12, 1993, no. 1, 1994.
Mastykina, I. *Zheny i Deti Georgiya Zhukova*. Moscow: Komsomol'skya Pravda, 1996. Interviews with Zhukov's daughters and others originally published in *Komsomol'skaya Pravda*, June 7, 1996, August 22, 1996, September 30, 1996, and October 3, 1996.
Meretskov, K. A. *Na Sluzhbe Narodu*. Moscow: Politizdat, 1968.
———. *Serving the People*. Moscow: Progress Publishers, 1971.
Mikoyan, A. *Tak Bylo*. Moscow: Vargrius, 1999.
Mirkina, A. *Vtoraya Pobeda Marshala Zhukova*. Moscow: Vniigmi-Mtsd, 2000.
Moskalenko, K. S. *Na Ugo-Zapadnom Napravlenii*, 2nd. ed., 2 vols. Moscow: Nauka, 1975.
Naimark, N. M. *The Russians in Germany: A History of the Soviet Zone of Occupation, 1945–1949*. Cambridge, Mass.: Harvard University Press, 1995.
"Papa Chetverok ne Lyubil. Dnevnik Smotrel Pridirchivo." *Izvestiya*, December 1, 2006 (Interview with Era and Ella Zhukova).
Rokossovsky, K. *Soldatskii Dolg*. Moscow: Olma-Press, 2002.
———. *A Soldier's Duty*. Moscow: Progress Publishers, 1970.
Samsonov, A. M. (ed.), *9 Maya 1945 goda*. Moscow: Nauka, 1970.
———. *Stalingradskaya Epopeya*. Moscow: Nauka, 1998.
Shtemenko, S. "Kak Planirovalas' Poslednyaya Kampaniya po Razgromu Gitlerovskoi Germanii." *Voenno-Istoricheskii Zhurnal*, no. 5, 1965.
———. *The Soviet General Staff at War, 1941–1945*, 2 vols. Moscow: Progress Publishers, 1970, 1986.
Simonov, K. *Glazami Cheloveka Moego Pokoleniya*. Moscow: APN, 1989.
Smirnov, S. S., et al. (eds.). *Marshal Zhukov: Kakim My Ego Pomnim*. Moscow: Politizdat, 1988.
Sudoplatov, P. *Special Tasks: The Memoirs of an Unwanted Witness—A Soviet Spymaster*. London: Warner, 1994.
Troyanovsky, O. *Cherez Gody i Rasstoyaniya*. Moscow: Vargrius, 1997.
Vasilevsky, A. M. *A Lifelong Cause*. Moscow: Progress Publishers, 1981.
Yeremenko, A. I. *Stalingrad*. Moscow: Voenizdat, 1961.
———. *V Nachale Voiny*. Moscow: Ast, 2006.
Zakharov, M. V. *General'nyi Shtab v Predvoennye Gody*. Moscow: Ast, 2005.

Zhukov, G. "Korotke o Staline." *Pravda*, January 20, 1989.
———. *Reminiscences and Reflections*, 2 vols. Moscow: Progress Publishers, 1985.
———. *Vospominaniya i Razmyshleniya*, 10th and 11th eds., 3 vols. Moscow: APN, 1992.
Zhukova, M. *Marshal Zhukov—Moi Otets*. Moscow: Sretenskogo Monastyriya, 2005.

二手研究

Abaturov, V. *1941: Na Zapanom Napravlenii*. Moscow: Yauza-Eksmo, 2007.
Afanas'ev, V. A. *Stanovlenie Polkovodcheskogo Iskusstva G. K. Zhukova*. Moscow: Svyatigor, 2006.
Andy, J. "Politics and the Soviet Military: Civil-Military Relations in the Soviet Union in the Khrushchev Era, 1953–1964." U.K.: University of Birmingham, Ph.D. thesis, 2011.
Antonov, V. S. "Tri Epizoda iz Memuarov Znamenitogo Polkovodtsa." *Voprosy Istorii*, no. 3, 2003.
Astrakhanskii, V. S. "Biblioteka G. K. Zhukova," *Arkhivno-Informatsionnyi Bulleten'*, no. 13, 1996.
Axell, A. *Marshal Zhukov: The Man Who Beat Hitler*. London: Pearson, 2003.
Beevor, A. *Berlin: The Downfall 1945*. London: Penguin, 2002.
———. *Stalingrad*. London: Penguin, 1999.
Bellamy, C. *Absolute War: Soviet Russia in the Second World War*. London: Macmillan, 2007.
Beshanov, V. *God 1942—"Uchebnyi."* Minsk: Kharvest, 2002.
———. *Leningradskaya Oborona*. Minsk: Kharvest, 2006.
Bezymenski, L. *The Death of Adolf Hitler*. London: Michael Joseph, 1968.
Bitva pod Kurskom. Moscow: Khranitel', 2006.
Bitva za Berlin. Moscow: Ast, 2007.
Bitva za Dnepr, 1943g. Moscow: Khranitel', 2007.
Bitva za Moskvu. Moscow: Moskovskii Pabochii, 1968.
Bitva za Moskvu: Moskovskaya Operatsiya Zapadnogo Fronta, 16 Noyabrya 1941g.–31 Yanvarya 1942g. Moscow: Tranzitkniga, 2006.
Bobylev, P. N. "K Kakoi Voine Gotovilsya General'nyishtab RKKA v 1941 godu?" *Otechestvennaya Istoriya*, no. 5, 1995.
Boog, H., et al. (eds.). *Germany and the Second World War*, vol. 6. Oxford, U.K.: Clarendon Press, 2001.
Braithwaite, R. *Moscow 1941*. New York: Knopf, 2006.
Bykov, K. *Khar'kovskii "Kotel" 1942*. Moscow: Yauza-Eksmo, 2007.
Carver, M. (ed.). *The War Lords: Military Commanders of the Twentieth Century*. Barnsley, U.K.: Pen & Sword, 2005.
Chaney, O. P. *Zhukov*, rev. ed. Norman: University of Oklahoma Press, 1996.
Chmielarz, A. "Warsaw Fought Alone: Reflections on Aid to and the Fall of the 1944 Uprising." *The Polish Review*, vol. 39, no. 4, 1994.
Christensen, S. A., and F. P. Jensen. "Superpower Under Pressure: The Secret Speech of Minister of Defence Zhukov in East Berlin, March 1957. www .php. isn.ethz.ch/collections/coll_zhukov.

Chubaryan, A. O., and H. Shukman (eds.). *Stalin and the Soviet-Finnish War, 1939–1940.* London: Frank Cass, 2002.

Cocks, P. M. "The Purge of Marshal Zhukov." *Slavic Review,* vol. 22, no. 3, 1963.

Colton, T. J. "The Zhukov Affair Reconsidered." *Soviet Studies,* vol. 29, April 1977.

Colvin, J. *Nomonhan.* London: Quartet, 1999.

———. *Zhukov: The Conqueror of Berlin.* London: Weidenfeld & Nicolson, 2004.

Coox, A. D. *Nomonhan: Japan Against Russia, 1939.* Stanford, Calif.: Stanford University Press, 1990.

Craig, W. *Enemy at the Gates.* London: Hodder & Stoughton, 1973.

Daines, V. *Zhukov.* Moscow: Molodaya Gvardia, 2005.

———. *Zhukov: Rozhdennyi Pobezhdat'.* Moscow: Yauza-Eksmo, 2008.

Erickson, J. "Poslednii Shturm: The Soviet Drive to Berlin, 1945." In G. Bennett (ed.), *The End of the War in Europe 1945.* London: HMSO, 1996.

———. *The Road to Berlin.* London: Weidenfeld & Nicolson, 1983.

———. *The Road to Stalingrad.* New York: Harper & Row, 1975.

———. *The Soviet High Command: A Military-Political History, 1918–1941,* 3rd ed. London: Frank Cass, 2001.

———. "Zhukov," in M. Carver (ed.). *The War Lords: Military Commanders of the Twentieth Century.* Barnsley, U.K.: Pen & Sword, 2005.

Evangelista, M. *"Why Keep Such an Army?": Khrushchev's Troop Reductions.* Cold War International History Project Working Paper No. 19, December 1997.

Fainsod, M. *How Russia Is Ruled.* Cambridge, Mass.: Harvard University Press, 1963.

Forster, J. and E. Mawdsley. "Hitler and Stalin in Perspective: Secret Speeches on the Eve of Barbarossa." *War in History,* vol. 11, no. 1, 2006.

Fugate, B., and L. Dvoretsky. *Thunder on the Dnepr: Zhukov-Stalin and the Defeat of Hitler's Blitzkrieg.* Novato, Calif.: Presidio, 2001.

Fursenko, A., and T. Naftali. *Khrushchev's Cold War.* New York: Norton, 2006.

Gallagher, M. P. *The Soviet History of World War II: Myths, Memories, Realities.* New York: Praeger, 1963.

———. "Trends in the Soviet Historiography of the Second World War." In J. Keep (ed.), *Contemporary History in the Soviet Mirror.* New York: Praeger, 1964.

Gareev, M. A. *Polkovodtsy Pobedy i Ikh Voennoe Nasledie.* Moscow: Isan, 2004.

Garthoff, R. L. (ed.). *Sino-Soviet Military Relations.* New York: Praeger, 1966.

Gerasimova, S. *Rzhev 42: Pozitsionnaya Boinya.* Moscow: Yauza-Eksmo, 2007.

Getty, J. A., and R. T. Manning (eds.). *Stalinist Terror: New Perspectives.* Cambridge, U.K.: Cambridge University Press, 1993.

Getty, J. Arch, and O. V. Naumov (eds.). *The Road to Terror: Stalin and the Self-Destruction of the Bolsheviks, 1932–1939.* New Haven, Conn.: Yale University Press, 1999.

Glantz, D. M. *After Stalingrad: The Red Army's Winter Offensive, 1942–1943.* Solihull, U.K.: Helion, 2009.

———. *Barbarossa: Hitler's Invasion of Russia, 1941.* Stroud, U.K.: Tempus, 2001.

———. *The Battle for Leningrad, 1941–1944.* Lawrence: University Press of Kansas, 2002.

———. *Colossus Reborn: The Red Army at War, 1941–1943.* Lawrence: University Press of Kansas, 2005.

———. *Kharkov 1942: Anatomy of a Military Disaster Through Soviet Eyes.* Shepperton, U.K.: Ian Allan, 1998.

———. *Soviet Military Deception in the Second World War.* London: Frank Cass, 1989.

———. *Stumbling Colossus: The Red Army on the Eve of World War.* Lawrence: University Press of Kansas, 1998.

———. *Zhukov's Greatest Defeat: The Red Army's Epic Disaster in Operation Mars, 1942.* Shepperton, U.K.: Ian Allan, 2000.

Glantz, D. M., and J. M. House. *Armageddon at Stalingrad.* Lawrence: University Press of Kansas, 2009.

———. *The Battle of Kursk.* Lawrence: University Press of Kansas, 1999.

———. *To the Gates of Stalingrad: Soviet-German Combat Operations, April–August 1942.* Lawrence: University Press of Kansas, 2009.

Glantz, D. M., and H. S. Orenstein. *Belorussia 1944: The Soviet General Staff Study.* London: Frank Cass, 2001.

Golovin, M. I. "Uroki Dvukh Operatsii." *Voenno-Istoricheskii Zhurnal,* no. 1, 1988.

Gorodetsky, G. *Grand Delusion: Stalin and the German Invasion of Russia.* New Haven, Conn.: Yale University Press, 1999.

Habeck, M. R. *Storm of Steel: The Development of Armour Doctrine in Germany and the Soviet Union, 1919–1939.* Ithaca, N.Y.: Cornell University Press, 2003.

Haslam, J. *The Soviet Union and the Threat from the East, 1933–1941.* London: Macmillan, 1992.

Hayward, J.S.A. *Stopped at Stalingrad: The Luftwaffe and Hitler's Defeat in the East, 1942–1943.* Lawrence: University Press of Kansas, 1998.

Holloway, D. *Stalin and the Bomb.* New Haven, Conn.: Yale University Press, 1994.

Irinarkhov, R. S. *Kievskii Osobyi.* Minsk: Harvest, 2006.

Isaev, A. *Berlin 45-go.* Moscow: Yauza-Eksmo, 2007.

———. *Georgy Zhukov.* Moscow: Yauza-Eksmo, 2006.

———. *Mify i Pravda o Marshale Zhukove.* Moscow: Yauza-Eksmo, 2010.

———. *Nastuplenie Marshala Shaposhnikova.* Moscow: Yauza-Eksmo, 2005.

———. *Stalingrad.* Moscow: Yauza-Eksmo, 2005.

Jones, M. *Stalingrad: How the Red Army Triumphed.* Barnsley, U.K.: Pen & Sword, 2007.

———. *Total War: From Stalingrad to Berlin.* London: John Murray, 2011.

Karpov, V. *Marshal Zhukov.* Moscow: Veche, 1994.

Krasnov, V. *Zhukov: Marshal Velikoi Imperii.* Moscow: Olma-Press, 2000.

Kulikov, V. G. *Tri Marshala Pobedy*. Moscow: RAN, 1999.
Kumanev, G. A. *Ryadom so Stalinym*. Moscow: Byliia, 1999.
———. *Stalingradskaya Bitva*. Moscow: Bimpa, 2007.
Kunitskii, P. T. "Padenie Berlina: Kogda Ona Moglo Sostoyat'sya?" *Voenno-Istoricheskii Zhurnal*, no. 9, 2006.
Lenson, G. *The Damned Inheritance: The Soviet Union and the Manchurian Crisis*. Tallahassee, Fla.: Diplomatic Press, 1974.
Le Tissier, T. *Marshal Zhukov at the Oder*. Stroud, U.K.: Sutton, 2008.
Lomagin, N. *Neizvestnaya Blokada*, 2 vols. Moscow: Olma-Press, 2002.
Mal'kov, V. "Pochemu Marshal Zhukov ne Letal v SSha?" *Sputnik*, no. 5, 1994.
Mawdsley, E. "Crossing the Rubicon: Soviet Plans for Offensive War in 1940–1941." *International History Review*, December 2003.
———. *December 1941: Twelve Days That Began a World War*. London: Yale University Press, 2011.
———. *Thunder in the East: The Nazi-Soviet War, 1941–1945*. London: Hodder Arnold, 2005.
Mel'nikov, V. *Ikh Poslal na Smert' Zhukov? Gibel' Armii Generala Efremova*. Moscow: Eksmo, 2009.
Mel'tukhov, M. *Upushchennyi Shans Stalina*. Moscow: Veche, 2000.
Mertsalov, A. N. "G. K. Zhukov v Publikatsiyakh za period s 1996 do 2001gg." *Voenno-Istoricheskii Arkhiv*, nos. 5 and 6, 2001.
———, and L. A. Mertsalova. *Inoi Zhukov*. Moscow, 1996.
Mulligan, T. P. "Spies, Ciphers and 'Zitadelle': Intelligence and the Battle of Kursk, 1943." *Journal of Contemporary History*, vol. 22, 1987.
Murphy, R. *Diplomat Among Warriors*. New York: Doubleday, 1964.
Nagorski, A. *The Greatest Battle*. London: Aurum, 2007.
Naumov, V. P. " 'Delo' Marshala G. K. Zhukova, 1957g." *Novaya i Noveishaya Istoriya*, no. 1, 2001.
Naveh, S. *In Pursuit of Military Excellence: The Evolution of Operational Theory*. London: Frank Cass, 1997.
Nettl, J. P. *The Eastern Zone and Soviet Policy in Germany, 1945–1950*. London: Oxford University Press, 1951.
Operatsiya "Bagration." Moscow: Olma-Press, 2004.
Pavlenko, N. G. "Razmyshleniya o Sud'be Polkovodsta." *Voenno-Istoricheskii Zhurnal*, nos. 10–12, 1988.
Pavlov, D. V. *Leningrad v Blokade*. Moscow: Voenizdat, 1958.
Pons, S., and A. Romano (eds.). *Russia in the Age of Wars, 1941–1945*. Milan: Feltrinelli, 2000.
Pospelov, P. N. (ed.). *Istoriya Velikoi Otechestvennoi Voiny Sovetskogo Souza*, 6 vols. Moscow: Voenizdat, 1960–1965.
Read, A., and D. Fisher. *The Fall of Berlin*. London: Pimlico, 2002.
Reese, R. R. *Red Commanders: A Social History of the Soviet Army Officer Corps, 1918–1991*. Lawrence: University Press of Kansas, 2005.
———. *Stalin's Reluctant Soldiers: A Social History of the Red Army, 1925–1941*. Lawrence: University Press of Kansas, 1996.
———. *Why Stalin's Soldiers Fought*. Lawrence: University Press of Kansas, 2011.
Roberts, G. *A Chance for Peace? The Soviet Campaign to End the Cold War,*

1953–1955. Cold War International History Project Working Paper No. 57, December 2008.
———. *Molotov: Stalin's Cold Warrior*. Washington, D.C.: Potomac, 2012.
———. *Stalin: His Time and Ours*. Dublin: IAREES, 2005.
———. *Stalin's Wars: From World War to Cold War, 1939–1953*. London: Yale University Press, 2006.
———. *Victory at Stalingrad: The Battle That Changed History*. London: Pearson/Longman, 2002.
Rokossovsky, K. K. (ed.). *Velikaya Pobeda na Volge*. Moscow: Voenizdat, 1965.
Rotundo, L. "Stalin and the Outbreak of War in 1941." *Journal of Contemporary History*, vol. 24, 1989.
Rotundo, L. (ed.). *Battle for Stalingrad: The 1943 General Staff Study*. London: Pergamon-Brassey's, 1989.
Runov, V. A. *Zhukov protiv Gal'dera*. Moscow: Yauza-Eksmo, 2010.
Ryan, C. *The Last Battle*. London: NEL, 1968.
Rzheshevsky, O. A. "Poslednii Shturm: Zhukov ili Konev." *Mir Istorii*, http://gpw.tellur.ru.
———. "Vzyat' Berlin! Novye Dokumenty." *Novaya i Noveishaya Istoriya*, no. 4, 1995.
Safir, V. M. "Novye Mify o Velikoi Otechestvennoi." *Voenno-Istoricheskii Arkhiv*, nos. 9 and 10, 2007.
Salisbury, H. *The 900 Days: The Siege of Leningrad*. New York: Harper & Row, 1969.
Salisbury, H. (ed.). *Marshal Zhukov's Greatest Battles*. London: Sphere, 1971.
Samuelson, L. *Plans for Stalin's War Machine: Tukhachevskii and Military-Economic Planning, 1925–1941*. London: Palgrave, 2000.
Scott, H. Fast, and W. F. Scott (eds.). *The Soviet Art of War*. Boulder, Colo.: Westview, 1982.
Shukman, H. (ed.). *Stalin's Generals*. London: Phoenix, 1997.
Simonov, K. *Tovarishchi po Oruzhiu*. Moscow: Gosudarstvennoe Izdatel'stvo Khudozhestvennoi Literatury, 1961.
Sokolov, B. V. *Georgy Zhukov: Triumf i Padeniya*. Moscow: Ast, 2003.
Sokolovsky, V. D. (ed.). *Voennaya Strategiya*. Moscow: Voenizdat, 1962.
Spahr, W. J. *Stalin's Lieutenants: A Study of Command Under Stress*. Novato, Calif.: Presidio, 1997.
———. *Zhukov: The Rise and Fall of a Great Captain*. Novato, Calif.: Presidio, 1993.
Stalingradskaya Epopeya. Moscow: Nauka, 1968.
Stoecker, S. W. *Forging Stalin's Army: Marshal Tukhachevsky and the Politics of Military Innovation*. Boulder, Colo.: Westview, 1998.
Stone, D. R. *Hammer and Rifle: The Militarization of the Soviet Union, 1926–1933*. Lawrence: University Press of Kansas, 2000.
Stone, D. R. (ed.). *The Soviet Union at War*. Barnsley, U.K.: Pen & Sword, 2011.
Suvorov, V. *Beru Svoi Slova Obratno*. Donetsk: Harvest, 2005.
———. *The Chief Culprit: Stalin's Grand Design to Start World War II*. Annapolis, Md.: Naval Institute Press, 2008.
———. *Icebreaker: Who Started the Second World War*. London: Hamish Hamilton, 1990.

———. *Ten' Pobedy*. Donetsk: Harvest, 2003.

Sverdlov, F. D. *Oshibki G.K. Zhukova (god 1942)*. Moscow: Monolit, 2002.

Taubman, W. *Khrushchev: The Man and His Era*. London: Simon & Schuster, 2003.

Taylor, T. H. *Behind Hitler's Lines*. New York: Ballantine, 2004.

Tlas, Marshal M. *G. K. Zhukov: Polkovodets, Strateg*. Moscow: Leksika, 1991.

Trevor-Roper, H. R. *Hitler's War Directives, 1939–1945*. London: Sidgwick & Jackson, 1964.

Tucker-Jones, A. *Stalin's Revenge: Operation Bagration and the Annihilation of Army Group Centre*. Barnsley, U.K.: Pen & Sword, 2009.

Ustinov, D. F. (ed.). *Istoriya Vtoroi Mirovoi Voiny, 1939–1945*, 12 vols. Moscow: Voenizdat, 1973–1978.

von Hagen, M., *Soldiers in the Proletarian Dictatorship: The Red Army and the Soviet Socialist State, 1917–1930*. Ithaca, N.Y.: Cornell University Press, 1990.

Vorob'ev, F. D., et al. *Poslednii Shturm (Berlinskaya Operatsiya 1945g)*. Moscow: Voenizdat, 1970.

Vorotnikov, M. F. *G. K. Zhukov na Khalkhin-Gole*. Omsk: OKI, 1989.

Weeks, A. L. *Stalin's Other War: Soviet Grand Strategy, 1939–1941*. Lanham, Md.: Rowman & Littlefield, 2002.

Werth, A. *Russia at War, 1941–1945*. London: Pan, 1965.

———. *The Year of Stalingrad*. London: Hamish Hamilton, 1946.

Yakovlev, N. *Zhukov*. Moscow: Molodaya Gvardiya, 1992.

Yarushina, L. V. *Tri Marshala Pobedy*. Moscow: RAN, 1999.

Zamulin, V. *Demolishing the Myth: The Tank Battle at Prokhorovka*. Solihull, U.K.: Helion, 2011.

Zav'yalov, A. S., and T. E. Kalyanin. *Vostochno—Pomeranskaya Operatsiya*. Moscow: Voenizdat, 1960.

Zhuk, U. A. *Neizvestnye Stranitsy Bitvy za Moskvu*. Moscow: Khranitel', 2005.

Zolotarev, V. A., and G. N. Sevast'yanov (eds.). *Velikaya Otechestvennaya Voina, 1941–1945*. 4 vols. Moscow: Nauka, 1998–1999.

索　引

（索引中的页码为原书页码，即本书的页边码。）

朱可夫

朱可夫

图书在版编目(CIP)数据

朱可夫：斯大林的将军/（英）罗伯茨（Roberts，G.）著；李晓江译.—北京：社会科学文献出版社，2015.5（2020.12重印）

ISBN 978-7-5097-7167-9

Ⅰ.①朱… Ⅱ.①罗… ②李… Ⅲ.①朱可夫（1896～1974）-生平事迹 Ⅳ.①K835.125.2

中国版本图书馆CIP数据核字（2015）第045793号

朱可夫
——斯大林的将军

著　　者／［英］杰弗里·罗伯茨
译　　者／李晓江

出 版 人／谢寿光
项目统筹／段其刚　董风云
责任编辑／张金勇

出　　版／社会科学文献出版社·甲骨文工作室（分社）（010）59366427
地址：北京市北三环中路甲29号院华龙大厦　邮编：100029
网址：www.ssap.com.cn
发　　行／市场营销中心（010）59367081　59367083
印　　装／三河市东方印刷有限公司

规　　格／开　本：787mm×1092mm　1/16
印　张：29.75　插　页：1.25　字　数：334千字
版　　次／2015年5月第1版　2020年12月第6次印刷
书　　号／ISBN 978-7-5097-7167-9
著作权合同登记号／图字01-2013-9291号
定　　价／69.00元